数字化管理创新系列教材

数字智能时代的
管理信息系统

柳毅　金鹏　雒兴刚　编著

清华大学出版社
北京

内容简介

本书全面、系统地介绍了数字智能时代管理信息系统的概念、结构、技术和应用,结合数字经济大环境,从管理、应用视角剖析管理信息系统与前沿应用实际需求,介绍智能制造系统、电子商务、决策支持系统等的相关概念、管理问题、经典理论解释以及 IT 技术与管理的关系,回答"管理信息系统怎么用"的问题;同时,又从系统分析、设计、实现角度详细阐述数据库、Web 开发技术、系统规划方法、结构化系统分析方法、面向对象系统分析方法,并结合典型信息系统开发过程讲解如何在业务流程中提取信息并描述流程中的数据,回答"管理信息系统怎么造"的问题。

本书实用性强,含大量案例,不仅保留了供应链管理、业务流程重组这些经过实践检验有生命力的经典内容,还涉及很多与时俱进的管理信息系统新内容、新案例。本书配有教学课件、习题详解,为广大教师和学生提供课程答疑和教学服务。

本书适合信息管理与信息系统、电子商务、工商管理等专业的本科生和研究生使用。

本书封面贴有清华大学出版社防伪标签,无标签者不得销售。
版权所有,侵权必究。举报: 010-62782989,beiqinquan@tup.tsinghua.edu.cn。

图书在版编目(CIP)数据

数字智能时代的管理信息系统/柳毅,金鹏,锥兴刚编著. —北京: 清华大学出版社,2020.7(2025.3 重印)
数字化管理创新系列教材
ISBN 978-7-302-55852-1

Ⅰ.①数… Ⅱ.①柳… ②金… ③锥… Ⅲ.①企业管理-管理信息系统-教材 Ⅳ.①F272.7

中国版本图书馆 CIP 数据核字(2020)第 107424 号

责任编辑:刘向威　张爱华
封面设计:文　静
责任校对:梁　毅
责任印制:宋　林

出版发行:清华大学出版社
网　　址:https://www.tup.com.cn,https://www.wqxuetang.com
地　　址:北京清华大学学研大厦 A 座　　　邮　编:100084
社 总 机:010-83470000　　　　　　　　　邮　购:010-62786544
投稿与读者服务:010-62776969,c-service@tup.tsinghua.edu.cn
质量反馈:010-62772015,zhiliang@tup.tsinghua.edu.cn
课件下载:https://www.tup.com.cn,010-83470236

印 装 者:三河市龙大印装有限公司
经　　销:全国新华书店
开　　本:185mm×260mm　　印　张:22.25　　字　数:543 千字
版　　次:2020 年 8 月第 1 版　　　　　　　印　次:2025 年 3 月第 4 次印刷
印　　数:2101~2400
定　　价:69.00 元

产品编号:087521-01

总序

2003年,在习近平新时代中国特色社会主义思想的重要萌发地浙江,时任省委书记的习近平同志提出建设"数字浙江"的决策部署。在此蓝图的指引下,"数字浙江"建设蓬勃发展,数字化转型和创新成为当前社会的共识和努力方向。特别是党的十八大以来,我国加快从数字大国向数字强国迈进,以"数字产业化、产业数字化"为主线推动经济高质量发展,我国进入数字化发展新时代。

数字强国战略的实施催生出大量数字化背景下的新产业、新业态和新模式,响应数字化发展需求的人才培养结构和模式也在发生显著变化。加强数字化人才培养已成为政、产、学、研共同探讨的时代话题。高等教育更应顺应数字化发展的新要求,顺变、应变、求变,加快数字化人才培养速度、提高数字化人才培养质量,为国家和区域数字化发展提供更好的人才支撑和智力支持。数字化人才不仅包括数字化技术人才,也包括数字化管理人才。当前,得益于新工科等一系列高等教育战略的实施以及高等学校数字人才培养模式的改革创新,数字化技术的人才缺口正在逐步缩小。但相较于数字经济的快速发展,数字化管理人才的供给缺口仍然巨大,加强数字化管理人才的培养和改革迫在眉睫。

近年来,杭州电子科技大学管理学院充分发挥数字化特色明显的学科优势,努力推动数字化管理人才培养模式的改革创新。2019年,在国内率先开设"数字化工程管理"实验班,夯实信息管理与信息系统专业的数字化优势,加快工商管理专业的数字化转型,强化工业工程专业的数字化特色。当前,学院数字化管理人才培养改革创新已经取得良好的成绩:2016年,信息管理与信息系统专业成为浙江省"十三五"优势本科专业(全省唯一),2019年入选首批国家一流本科建设专业。借助数字化人才培养特色和优势,工业工程和工商管理专业分别入选首批浙江省一流本科建设专业。通过扎根数字经济管理领域的人才培养,学院校友中涌现了一批以独角兽数字企业联合创始人、创业者以及知名数字企业高管为代表的数字化管理杰出人才。

杭州电子科技大学管理学院本次组织出版的"数字化管理创新"系列教材,既是对学院前期数字化管理人才培养经验和成效的总结提炼,也为今后深化和升华数字化管理人才培养改革创新奠定了坚实的基础。该系列教材既全面剖析了技术、信息系统、知识、人力资源等数字化管理的要素与基础,也深入解析了运营管理、数字工厂、创新平台、商业模式等数字化管理的情境与模式,提供了数字化管理人才所需的较完备的知识体系建构;既在于强化系统开发、数据挖掘、数字化构建等数字化技术及其工程管理能力的培养,也着力加强数据分析、知识管理、商业模式等数字化应用及其创新能力的培养,勾勒出数字化管理人才所需的创新能力链条。

"数字化管理创新"系列教材的出版是杭州电子科技大学管理学院推进数字化管理人才培养改革过程中的一项非常重要的工作,将有助于数字化管理人才培养更加契合新时代需求和经济社会发展需要。"数字化管理创新"系列教材的出版放入当下商科人才培养改革创新的大背景中也是一件非常有意义的事情,可为高等学校开展数字化管理人才培养提供有益的经验借鉴和丰富的教材资源。

作为杭州电子科技大学管理学院的一员,我非常高兴地看到学院在数字化管理人才培养方面所取得的良好成绩,也非常乐意为数字化管理人才培养提供指导和支持。期待学院在不久的将来建设成为我国数字化管理人才培养、科学研究和社会服务的重要基地。

是为序!

中国工程院 机械与运载工程学部 院士
工 程 管 理 学 部

2020年6月

前言

管理信息系统涉及计算机技术与应用、管理科学理论与工程、人工智能理论、信息系统开发方法等内容相互渗透发展起来的多学科知识。自20世纪70年代至今,管理信息系统得到飞速的发展和应用,从企业管理信息系统、电子商务、物联网到万物互联的数字智能时代,管理信息系统已经深入到数字经济领域社会的方方面面。数字智能时代管理信息系统的建立、应用,标志着一个企业、地区乃至一个国家的数字化水平和管理现代化、信息化水平。

为深化数字经济时代信息管理类专业的教学改革,全面体现数字智能驱动下企业信息管理的新模式、新范式,我们组织具有丰富管理信息系统教学经验的教师编写本书,力图培养具有数据思维的高素质信息管理人才。本书具有以下特点:

(1) 内容完整。本书以管理信息系统基础理论为起点,对管理信息系统的体系结构、相关支撑技术、战略规划方法、系统开发方法等内容进行系统阐述,使读者通过对本书的阅读,形成完整的管理信息系统知识架构。

(2) 案例新颖。本书每章开篇都以数字智能时代典型企业案例为切入点,对数字技术驱动和数字管理环境下的电子商务、智能制造及IoT(物联网)物流系统等的新模式和新应用进行介绍,为读者进行数字经济背景下信息管理研究提供指导。

(3) 实用性强。本书对管理信息系统分析设计方法进行重点阐述。基于结构化系统分析设计方法和面向对象分析设计方法两大模块,分别介绍了管理信息系统分析、系统设计、系统实施各阶段的主要任务及相关技术方法,使读者通过学习,能够初步具有构建管理信息系统的实践能力,达到学以致用的目的。

本书由杭州电子科技大学柳毅老师负责组织编写和审稿。本书第1、2、4、5、6、10、11章由柳毅老师编写;第3章和第7~9章由金鹏老师编写;第12~15章由雒兴刚老师编写;附录A、B和参考文献部分由柳毅、金鹏老师编写。刘人怀院士、王晓耘教授对本书进行了认真审阅,提出许多建设性意见,使本书内容得到完善,在此对他们所付出的辛勤劳动表示诚挚的感谢。

本书组织严谨,逻辑清晰,可供信息管理与信息系统、电子商务、物流管理等信息管理类或工商管理类相关专业的本科生与硕士生学习,也可作为计算机技术与应用相关从业人员的参考书。

由于编者水平所限,书中难免有疏漏之处,敬请读者批评指正。

编 者

2020 年 3 月 16 日

目录

第 1 章　信息系统与管理 ·· 1
  1.1　数据、信息、知识与智慧 ··· 2
      1.1.1　数据的概念 ··· 2
      1.1.2　信息的概念 ··· 3
      1.1.3　知识的概念 ··· 5
      1.1.4　智慧的概念 ··· 6
      1.1.5　数据、信息、知识与智慧的 DIKW 体系 ················· 6
  1.2　系统与信息系统 ··· 7
      1.2.1　系统 ·· 7
      1.2.2　信息系统 ·· 9
  1.3　信息系统对企业管理的影响 ··· 11
  1.4　信息系统的发展趋势 ··· 15
  本章小结 ·· 18
  课后练习 ·· 18

第 2 章　管理信息系统概论 ·· 19
  2.1　管理信息系统的概念 ··· 20
      2.1.1　管理信息系统的定义 ··· 20
      2.1.2　管理信息系统的特点 ··· 21
      2.1.3　管理信息系统的层次结构 ····································· 21
  2.2　管理信息系统与组织环境 ··· 26
      2.2.1　管理信息系统与组织内在环境因素的关系 ········· 26
      2.2.2　管理信息系统与组织外在环境因素的关系 ········· 28
  2.3　典型管理信息系统 ··· 29
      2.3.1　物料需求计划 ··· 29

  2.3.2 制造资源计划 ·· 30
  2.3.3 企业资源计划 ·· 32
  2.3.4 MRP、MRPⅡ、ERP 三者的区别与联系 ·· 34
 本章小结 ··· 34
 课后练习 ··· 34

第 3 章 智能决策支持系统 ··· 35
 3.1 决策支持系统定义及体系结构 ·· 36
  3.1.1 决策支持系统的定义 ·· 36
  3.1.2 DSS 与 MIS 的关系 ·· 38
  3.1.3 决策支持系统 DSS 的体系结构 ··· 38
 3.2 科学决策与决策支持系统 ·· 41
  3.2.1 科学决策 ·· 41
  3.2.2 决策过程 ·· 42
 3.3 人工智能 ··· 44
  3.3.1 人工智能的基本概念及历史 ··· 44
  3.3.2 人工智能的主要技术 ·· 45
 3.4 基于人工智能技术的智能决策支持系统 ··· 51
  3.4.1 智能决策支持系统的定义及体系结构 ··· 51
  3.4.2 基于专家系统的智能决策支持系统 ·· 52
 3.5 智能决策支持系统案例——厦门航空航班智能恢复系统 ······························ 53
  3.5.1 项目概述 ·· 53
  3.5.2 项目背景 ·· 53
  3.5.3 项目介绍 ·· 53
  3.5.4 项目应用 ·· 55
  3.5.5 项目影响 ·· 55
 本章小结 ··· 55
 课后练习 ··· 56

第 4 章 互联网技术与应用 ·· 57
 4.1 计算机网络 ·· 57
  4.1.1 计算机网络的分类 ··· 58
  4.1.2 计算机网络的拓扑结构 ··· 60
  4.1.3 计算机网络体系结构 ·· 63
  4.1.4 计算机网络的工作模式 ··· 69
  4.1.5 移动互联网技术与应用 ··· 70
 4.2 HTML ·· 73
  4.2.1 HTML 简介 ··· 73
  4.2.2 HTML 的结构概念 ··· 74
  4.2.3 常用的 HTML 标记及属性 ·· 74

目 录

- 4.3 Dreamweaver ··· 75
  - 4.3.1 Dreamweaver 8 简介 ·· 75
  - 4.3.2 在 Dreamweaver 中编写 HTML 文件 ··· 77
  - 4.3.3 保存并查看 HTML 文件 ··· 78
- 本章小结 ··· 79
- 课后练习 ··· 79

第 5 章 数据库理论与应用 ·· 80
- 5.1 数据库的基本概念 ··· 80
  - 5.1.1 数据库与数据表的概念 ·· 80
  - 5.1.2 数据库应用系统 ··· 82
  - 5.1.3 数据库的发展阶段 ·· 82
  - 5.1.4 数据库的应用 ··· 85
- 5.2 数据库的基本模型 ··· 87
  - 5.2.1 概念模型及其表示 ·· 87
  - 5.2.2 数据库关系模型及规范化 ·· 89
- 5.3 SQL ·· 93
  - 5.3.1 SQL 概述 ··· 93
  - 5.3.2 SQL 数据查询语句 ··· 94
- 5.4 Microsoft Access 数据库应用实例 ·· 100
  - 5.4.1 构建数据库系统的流程 ··· 100
  - 5.4.2 学生成绩管理数据库的设计 ··· 100
  - 5.4.3 教工管理数据库表的设计 ·· 101
- 5.5 非关系型数据库 MongoDB ·· 102
  - 5.5.1 NoSQL 对传统数据库设计思维的影响 ··· 103
  - 5.5.2 MongoDB 的扩展 ··· 104
  - 5.5.3 MongoDB 的使用 ··· 104
- 本章小结 ·· 105
- 课后练习 ·· 105

第 6 章 管理信息系统战略规划 ·· 107
- 6.1 管理信息系统战略规划概述 ··· 108
  - 6.1.1 管理信息系统战略规划的地位与作用 ·· 108
  - 6.1.2 管理信息系统战略规划的目标与内容 ·· 109
  - 6.1.3 管理信息系统战略规划的基本步骤 ··· 111
  - 6.1.4 信息系统发展阶段模型 ··· 111
- 6.2 管理信息系统战略规划方法 ··· 114
  - 6.2.1 关键成功因素法 ··· 114
  - 6.2.2 战略目标集转换法 ·· 116
  - 6.2.3 企业系统规划法 ··· 116

    6.2.4 管理信息系统规划方法比较 …………………………………………… 122
  6.3 管理信息系统业务流程再造 ………………………………………………………… 122
    6.3.1 业务流程重组 ……………………………………………………………… 122
    6.3.2 业务流程重组分类 ………………………………………………………… 123
    6.3.3 业务流程重组项目实施要点 ……………………………………………… 124
    6.3.4 业务流程重组项目实施方法 ……………………………………………… 124
    6.3.5 韩都衣舍：互联网驱动的自有品牌服装零售实施案例 ………………… 125
 本章小结 ……………………………………………………………………………………… 127
 课后练习 ……………………………………………………………………………………… 127

第 7 章 管理信息系统开发方法 …………………………………………………………… 128

  7.1 管理信息系统的开发过程管理 …………………………………………………… 128
  7.2 管理信息系统的生命周期模型 …………………………………………………… 130
    7.2.1 系统分析阶段 ……………………………………………………………… 130
    7.2.2 系统设计阶段 ……………………………………………………………… 131
    7.2.3 系统使用、系统维护和更新换代阶段 …………………………………… 132
  7.3 管理信息系统的开发策略 ………………………………………………………… 135
  7.4 管理信息系统的开发方法 ………………………………………………………… 135
    7.4.1 结构化系统开发方法 ……………………………………………………… 135
    7.4.2 原型法 ……………………………………………………………………… 137
    7.4.3 面向对象系统分析设计方法 ……………………………………………… 139
    7.4.4 极限编程开发方法 ………………………………………………………… 143
    7.4.5 计算机辅助开发方法 ……………………………………………………… 143
    7.4.6 各种系统开发方法的比较 ………………………………………………… 144
 本章小结 ……………………………………………………………………………………… 146
 课后练习 ……………………………………………………………………………………… 146

第 8 章 结构化系统分析 ……………………………………………………………………… 147

  8.1 可行性研究和详细调查概述 ……………………………………………………… 148
    8.1.1 可行性研究的任务和内容 ………………………………………………… 148
    8.1.2 可行性分析的报告 ………………………………………………………… 148
    8.1.3 详细调查的目的、原则 …………………………………………………… 149
  8.2 管理业务调查 ……………………………………………………………………… 150
    8.2.1 组织结构调查 ……………………………………………………………… 150
    8.2.2 管理功能调查 ……………………………………………………………… 150
    8.2.3 管理业务流程调查 ………………………………………………………… 151
  8.3 数据流程分析 ……………………………………………………………………… 155
    8.3.1 数据流程分析的内容和目的 ……………………………………………… 155
    8.3.2 数据流程图的绘制 ………………………………………………………… 155
  8.4 数据字典 …………………………………………………………………………… 160

目　录

　　　8.4.1　数据项 ··· 160
　　　8.4.2　数据结构 ·· 160
　　　8.4.3　数据流 ··· 161
　　　8.4.4　数据存储 ·· 162
　　　8.4.5　外部实体 ·· 163
　　　8.4.6　处理逻辑 ·· 163
　8.5　描述处理逻辑的工具 ··· 164
　　　8.5.1　决策树 ··· 165
　　　8.5.2　决策表 ··· 165
　　　8.5.3　结构化描述语言 ··· 166
　8.6　系统化分析 ·· 166
　　　8.6.1　分析系统目标 ··· 166
　　　8.6.2　分析业务流程 ··· 166
　　　8.6.3　数据的汇总和分析 ··· 167
　　　8.6.4　分析数据流程 ··· 168
　　　8.6.5　功能分析和划分子系统 ··· 168
　　　8.6.6　数据存储分析 ··· 169
　　　8.6.7　数据查询要求分析 ··· 169
　　　8.6.8　数据的输入输出分析 ·· 169
　　　8.6.9　确定新系统的数据处理方式 ·································· 169
　8.7　提出新系统的逻辑方案 ·· 170
　本章小结 ·· 170
　课后练习 ·· 170

第9章　结构化系统设计 ·· 171
　9.1　系统设计的主要工作 ·· 172
　9.2　代码设计 ·· 173
　　　9.2.1　代码的功能 ·· 173
　　　9.2.2　代码的编写 ·· 173
　　　9.2.3　代码的种类 ·· 174
　　　9.2.4　代码结构中的校验位 ·· 174
　9.3　功能结构设计 ··· 175
　　　9.3.1　功能结构图 ·· 175
　　　9.3.2　HIPO图 ··· 176
　9.4　信息系统流程图设计 ·· 178
　9.5　系统物理配置方案设计 ·· 180
　　　9.5.1　设计依据 ·· 180
　　　9.5.2　计算机硬件选择 ··· 181
　　　9.5.3　计算机网络的选择 ··· 181

	9.5.4 数据库管理系统的选择	182
	9.5.5 应用软件的选择	182
9.6	制定设计规范	182
9.7	数据存储设计	182
	9.7.1 文件的分类	182
	9.7.2 文件的组织方式	183
	9.7.3 文件设计	185
	9.7.4 数据库设计	186
9.8	输出设计	188
	9.8.1 输出设计的内容和方法	189
	9.8.2 输出设计示例	190
9.9	输入设计	190
	9.9.1 输入设计的内容	190
	9.9.2 输入方式的选择	191
	9.9.3 输入格式设计	191
本章小结		192
课后练习		193

第10章 管理信息系统面向对象系统分析 194

10.1	面向对象的基本概念	195
10.2	UML	196
	10.2.1 UML 中的图	198
	10.2.2 UML 中的关系	201
	10.2.3 UML 中的视图	203
10.3	面向对象系统分析	204
	10.3.1 系统分析的过程	204
	10.3.2 系统分析的工作内容	204
10.4	面向对象的系统需求分析	205
	10.4.1 系统需求的获取与分析	205
	10.4.2 系统功能和角色的识别	206
	10.4.3 基于 UML 的系统需求分析过程	206
	10.4.4 基于 B/S 模式的在线销售系统需求分析	208
10.5	面向对象的 UML 静态建模	209
	10.5.1 对象/类模型的组成	210
	10.5.2 对象/类静态建模过程	210
	10.5.3 标识系统实体类	210
	10.5.4 标识对象/类的属性	211
	10.5.5 标识对象/类的操作	211
	10.5.6 确定对象/类之间的关系	212

  10.5.7 建立系统类图 ………… 212
本章小结 …………………… 213
课后练习 …………………… 213

第11章 管理信息系统面向对象系统设计 …… 214

11.1 面向对象系统设计内容 …………………… 214
11.2 面向对象系统总体设计和详细设计 ………… 215
  11.2.1 面向对象系统设计的任务 ………… 215
  11.2.2 系统详细设计（动态建模） ………… 216
11.3 系统体系结构设计 ………………… 220
  11.3.1 子系统分解与功能模块 ………… 220
  11.3.2 系统逻辑体系结构设计 ………… 222
  11.3.3 系统物理体系结构设计 ………… 226
11.4 系统数据管理设计 ………………… 227
  11.4.1 数据管理设计 ………… 227
  11.4.2 从 UML 映射到关系数据模型 ………… 228
11.5 系统界面设计 ………………… 229
本章小结 …………………… 230
课后练习 …………………… 230

第12章 电子商务与移动电子商务 …… 231

12.1 电子商务 ……………………… 232
  12.1.1 电子商务概述 ………… 232
  12.1.2 电子商务中信息流、资金流、物流的关系 ………… 233
12.2 电子商务的发展历程 ………………… 234
  12.2.1 电子商务的产生 ………… 234
  12.2.2 我国电子商务的发展 ………… 235
12.3 电子商务的特点与运行模式 ………………… 236
  12.3.1 电子商务的特点 ………… 236
  12.3.2 电子商务的运行模式 ………… 238
12.4 电子商务的基本功能 ………………… 240
12.5 电子商务信息平台 ………………… 241
12.6 移动电子商务 ………………… 244
  12.6.1 移动电子商务的定义 ………… 244
  12.6.2 移动电子商务的特征 ………… 245
  12.6.3 移动电子商务的分类 ………… 245
  12.6.4 移动终端操作系统 ………… 246
  12.6.5 移动定位服务 ………… 247
  12.6.6 移动支付 ………… 248
  12.6.7 移动游戏 ………… 248

本章小结		249
课后练习		249

第 13 章 　物流信息技术与系统 ·········· 250

- 13.1 物流信息概述 ·········· 251
  - 13.1.1 物流信息的定义 ·········· 251
  - 13.1.2 物流信息的特点 ·········· 253
  - 13.1.3 物流信息的作用 ·········· 253
  - 13.1.4 物流信息的分类 ·········· 255
- 13.2 物流信息技术 ·········· 257
  - 13.2.1 物流信息技术的概念 ·········· 257
  - 13.2.2 物流信息技术的组成 ·········· 257
  - 13.2.3 典型的现代物流信息技术 ·········· 258
- 13.3 物流信息系统平台 ·········· 260
  - 13.3.1 第三方物流平台 ·········· 260
  - 13.3.2 电子商务自营物流 ·········· 261
  - 13.3.3 云物流 ·········· 261
- 13.4 RFID 技术 ·········· 262
  - 13.4.1 RFID 的基本概念 ·········· 262
  - 13.4.2 RFID 的具体应用 ·········· 262
- 13.5 物联网技术 ·········· 263
  - 13.5.1 物联网的基本概念 ·········· 263
  - 13.5.2 物联网的作用与影响 ·········· 264
  - 13.5.3 物联网的应用 ·········· 265
- 本章小结 ·········· 267
- 课后练习 ·········· 267

第 14 章 　客户关系管理系统 ·········· 268

- 14.1 客户关系管理概述 ·········· 269
  - 14.1.1 客户关系管理的定义 ·········· 269
  - 14.1.2 客户、关系和管理概念的再认识 ·········· 270
- 14.2 客户关系管理系统 ·········· 271
  - 14.2.1 客户关系管理系统的组成 ·········· 271
  - 14.2.2 客户关系管理系统的分类 ·········· 272
- 14.3 数据挖掘的概念 ·········· 274
  - 14.3.1 数据挖掘的基本概念 ·········· 274
  - 14.3.2 数据挖掘的功能分类 ·········· 275
- 14.4 数据挖掘的方法 ·········· 277
  - 14.4.1 关联规则挖掘功能及方法 ·········· 277
  - 14.4.2 分类分析功能及方法 ·········· 279

14.4.3 聚类分析功能及方法 ················· 280
　14.5 基于数据挖掘的企业客户关系管理 ················· 281
　　　14.5.1 客户关系管理与数据挖掘功能映射 ················· 282
　　　14.5.2 客户关系管理数据挖掘应用体系 ················· 282
　本章小结 ················· 285
　课后练习 ················· 285

第 15 章　智能制造系统 ················· 286

　15.1 柔性制造系统 ················· 288
　　　15.1.1 柔性制造系统的定义 ················· 288
　　　15.1.2 柔性制造系统的功能及优点 ················· 289
　　　15.1.3 柔性制造系统的划分 ················· 290
　　　15.1.4 柔性制造系统的组成 ················· 290
　15.2 计算机集成制造系统 ················· 291
　　　15.2.1 计算机集成制造系统概念的发展 ················· 292
　　　15.2.2 计算机集成制造系统的功能组成 ················· 293
　　　15.2.3 开发应用计算机集成制造系统的主要方法 ················· 296
　15.3 智能制造系统 ················· 297
　　　15.3.1 智能制造的概念 ················· 297
　　　15.3.2 智能制造系统的特点 ················· 298
　　　15.3.3 智能制造的支撑技术 ················· 299
　　　15.3.4 智能制造的主要研究内容及目标 ················· 300
　　　15.3.5 智能制造与人工智能、计算机集成制造系统的关系 ················· 301
　15.4 智能制造系统案例——高端变压器产品智能制造数字化车间 ················· 302
　　　15.4.1 项目概述 ················· 302
　　　15.4.2 实施企业背景 ················· 302
　　　15.4.3 智能制造建设思路 ················· 302
　　　15.4.4 项目具体建设内容 ················· 303
　　　15.4.5 项目实施效果 ················· 304
　本章小结 ················· 304
　课后练习 ················· 305

附录 A　系统分析工具介绍 ················· 306

　A.1 Visio 软件简介 ················· 306
　A.2 Visio 在管理信息系统分析中的应用 ················· 307
　A.3 PowerDesigner 软件简介 ················· 311

附录 B　管理信息系统分析与设计案例 ················· 317

　B.1 龙泉青瓷生产管理信息系统概述 ················· 317
　　　B.1.1 系统开发的目的 ················· 317
　　　B.1.2 系统开发的可行性分析 ················· 317

B.2 青瓷生产管理信息系统分析 318
　B.2.1 系统业务流程分析 318
　B.2.2 系统数据流程分析 320
　B.2.3 数据字典 324
B.3 青瓷生产管理信息系统设计 329
　B.3.1 功能结构图设计 329
　B.3.2 数据库设计 330
　B.3.3 输入输出设计 334

参考文献 338

第1章 信息系统与管理

本章学习目标

- 了解信息的概念、特征及度量;
- 进一步了解系统和信息系统的概念、模型、特征和功能;
- 了解信息系统对组织管理在计划职能、组织职能、领导职能和控制职能四大方面所发挥的作用;
- 对信息系统的发展历史和趋势进行初步的了解和掌握。

信息、物质和能源是人类社会发展的三大资源。工业革命使人类在开发、利用物质和能源两种资源上取得了巨大成功,其结果是创造了工业时代。当今,随着以计算机技术、通信技术、网络技术为代表的现代信息技术的飞速发展,人类社会从工业时代阔步迈向信息时代,人们越来越重视信息技术对传统产业的改造以及对信息资源的开发利用。信息化是由工业社会向信息社会演化的动态过程。它反映了从有形的物质产品起主导作用的社会到无形的信息产品起主导作用的社会的转型。在这个过程中,整个社会普遍采用信息技术和电子信息设备,更有效地开发信息资源,使信息资源创造的价值在国民生产总值中的比例逐步上升至占主导地位。

前 导 案 例

宁波雅戈尔集团(以下简称雅戈尔)领导认识到信息化对加强基层管理的重要性。首先通过内部机构调整,理顺管理关系,改革业务流程,然后开始大刀阔斧地进行整体信息化建设,采用统一的信息系统平台,为规范信息系统铺平道路。

重新将目光聚焦在服装业上的雅戈尔将数字化作为重整服装业的

重要一步。以往,传统零售业竞争力低下,很大程度上是因为产品同质化和供需不匹配。相对于"有用就好",消费者更愿意为喜欢的商品买单。了解消费者的需求,按需匹配,推顾客之所想,爱顾客之所爱,是新零售业对"货"的重构。

雅戈尔正在尝试将数字化消费者与现实中的消费者结合在一起,让数据成为核心的生产要素,调配生产资料,调整生产关系。同时,雅戈尔在新零售业下的"场"是全渠道的融合,智能系统为其"装修",效率更高,体验更好。2018 年 10 月 23 日,雅戈尔时尚体验馆 001 号开业。该馆融入了大量新科技,5G AR 试衣镜、5G 智能导购机器人、3D 量体,这些技术将共同营造"5G+VR/AR"的沉浸式购物体验。雅戈尔努力的方向是构建数字化的"人、货、场"三要素。

近年来,雅戈尔建立了"智慧中台"。以库存为例,从消费者的视角来看,打通线上线下库存后,买家可以在线上下单,线下离他最近的店会进行配送,并享受一样的价格。同样,当买家在线下店看到一件心仪的衣服,但店里没有尺码时,也可以在线下下单,由线上或线下有货的其他门店配送。而要实现这种快速的反应体系,还需要一颗强大的"物流心脏"。2018 年 10 月 22 日,雅戈尔国际时尚研发中心和智能物流中心启动仪式在雅戈尔总部举行,启动大会上雅戈尔与中国邮政签订了全面战略合作协议,这个高科技物流"心脏",将引进全球领先的光伏发电+5G 技术、RFID 技术、蜂巢多穿货到人系统、AGV 无人叉车、机械臂等先进的物联网技术和设备,无缝链接数据中台,联动智慧营销、智能制造,构建起全景智慧供应链体系。

1.1 数据、信息、知识与智慧

1.1.1 数据的概念

要理解什么是信息,首先要理解什么是数据。数据(Data)是表示现实事物的符号,是指那些未经加工的或是着重对一种特定现象的描述。这些符号不仅包括数字,还包括字符、文字、图形等。例如一个配件的成本、当前的位置以及一个人的年龄等都是数据。关于数据的定义,比较典型的有以下四种:

(1) 数据是对现实生活的理性描述,尽可能地从数量上反映现实世界,也包括汇总、排序、比例等处理。

(2) 数据是一系列外部环境事实,未经组织的数字、词语、声音和图像等。

(3) 数据是计算机程序加工的"原料"。例如,一个代数方程求解程序中所用的数据是整数或实数,而一个编译程序或文本编辑程序中使用的数据是字符串。随着计算机软硬件的发展、计算机应用领域的扩大,数据的含义也扩大了。例如,当今计算机可以处理的图像、声音等都被认为是数据的范畴。

(4) 数据泛指对客观事物的数量、属性、位置及其相互关系的抽象表示,以适合于用人工或自然的方式进行保存、传递和处理。

数据经过处理后仍然是数据。处理数据是为了便于更好地解释。只有经过解释,数据才有意义,才成为信息。可以说,信息是经过加工以后对客观世界产生影响的数据。

例如,行驶中汽车时速表上的数据不一定成为信息,只有当司机需要观察时速表上的数据以便做出加速或减速的决定时,它才成为信息。同一数据,每个人的解释可能不同,其对决策的影响也可能不同。决策者利用处理的数据做出决策,可能取得成功,也可能遭受失败,关键在于对数据的解释是否正确,因为不同的解释往往来自不同的背景和目的。

1.1.2 信息的概念

1. 信息的定义

信息论奠基人香农认为"信息是人们对事物了解不确定性的减少或消除"。该定义被人们看作是经典性定义而加以引用,它强调了信息的客观机制与效果。

控制论之父维纳(N. Weiner)则认为"信息既不是物质也不是能量,信息是人与外界相互作用的过程、互相交换的内容的名称"。该定义强调了信息与物质、能量这两大概念的区别。

我国学者钟义信认为"信息是事物存在的方式或运动的状态,以及对这种方式/状态的直接或间接表述"。该定义强调信息是事物自身显示其存在方式和运动状态的属性,是客观存在的事物现象。

薛华成教授认为"信息是经过加工过的数据,它对接收者有用,对决策或行为有现实或潜在的价值"。该定义在管理信息系统领域被普遍接受,它强调信息在决策和行为中的价值,反映信息作为一种战略性资源的内在含义。

本书认为信息(Information)是关于客观事实的可通信的知识。

首先,信息是客观世界各种事物的特征的反映。信息的范围极广,比如气温变化属于自然信息,遗传密码属于生物信息,企业报表属于管理信息,等等。

其次,信息是可以通信的。信息是构成事物联系的基础。由于人们通过感官直接获得的周围的信息极为有限,因此,大量的信息需要通过传输工具获得。

最后,信息形成知识。信息与人类认知能力相结合产生了知识。人们正是通过获得信息来认识事物、区别事物和改造世界的。

2. 信息的特征

(1) 普遍性。信息是事物运动的状态和方式,只要有事物存在,只要有事物的运动,就会有其运动的状态和方式,就存在着信息。无论在自然界、人类社会,还是在人类思维领域,绝对的真空是不存在的,绝对不运动的事物也是没有的。按照应用领域,信息可以分为管理信息、社会信息、科技信息等。

(2) 客观性。信息是事物变化和运动状态的反映,它以客观存在为前提,其实质内容具有客观性。信息的客观性特征是由信息源的客观性决定的。

(3) 时效性。信息的时效是指从信息源发送信息,经过接收、加工、传递、利用的时间间隔及其时效。使用信息越及时,使用程度越高,时效性越强。

(4) 不完全性。关于客观事实的信息是不可能全部得到的,这与人们认识事物的程度有关。因此,数据收集或信息转换要有主观思路,要运用已有的知识进行分析和判断,只有正确地舍弃无用的和次要的信息,才能正确地使用信息。

(5) 等级性。管理系统是分等级的(如分公司级、工厂级、车间级等),处在不同级别的管理者有不同的职责,处理的决策类型不同,需要的信息也不同,因此,可以将信息分为战略信息、战术信息和作业信息。信息系统概念层次结构如图1.1所示。

图 1.1　信息系统概念层次结构

战略信息是关系到上层管理部门对本部门要达到的目标,关系到为达到这一目标所必需的资源水平和种类,以及确定获得资源、使用资源和处理资源的指导方针等方面进行决策的信息。例如,产品投产、停产,新厂选择厂址,开拓新市场等。

战术信息也称为管理控制信息,是使管理人员能掌握资源利用情况,并将实际结果与计划相比较,从而了解是否达到预定目的,并指导其采取必要措施更有效地利用资源的信息。例如,月计划与完成情况的比较,库存控制等。管理控制信息一般来自所属各部门,并跨越于各部门之间。

作业信息用来解决经常性的问题。它与组织日常活动有关,并用以保证切实地完成具体任务。例如,每天统计的产量、质量数据,打印工资单等。

(6) 变换性。信息的可转换性可从两方面来体现。一是信息的表达形式和记存形式具有可转换性,它可以由不同的方法和不同的载体来载荷,这一特征在多媒体时代尤为重要。按照反映形式,信息可分为数字信息、图像信息和声音信息等。二是信息可以转换为物质财富和精神财富。

(7) 价值性。管理信息是经过加工并对生产经营活动产生影响的数据,是一种资源,因而是有价值的。索取一份经济情报,或者利用大型数据库查阅文献所付费用是信息价值的部分体现。信息的使用价值必须经过转换才能实现。由于信息寿命衰老得快,因此转换必须及时。如某车间可能窝工的信息知道得早,及时备料或安插其他工作,信息资源就转换为物质财富。反之,事已临头,知道了也没有用,转换已不可能,信息也就没有什么价值了。管理的艺术在于驾驭信息,也就是说,管理者要善于转换信息,去实现信息的价值。

3. 信息的度量

不同的数据资料中包含的信息量可能差别很大:有的数据资料包含的信息量多一些,有的则少一些。数据资料中含信息量的多少是由其消除对事物的认识"不确定程度"来决定的。在获得数据资料之前,人们对某一事物认识不清,存在着不确定性,获得数据资料之后,就有可能消除这种不确定性。数据资料能消除人们认识上的不确定性。数据资料所消除的人们认识上"不确定性"的大小,也就是数据资料中所含信息量的大小,如图 1.2 所示。

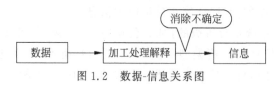

图 1.2　数据-信息关系图

信息量的大小取决于信息内容消除人们认识的不确定程度,消除的不确定程度大,则发出的信息量就大;消除的不确定程度小,则发出的信息量就小。如果事先就确切地知道消息的内容,那么消息中所包含的信息量就等于零,这样就可以利用概率来度量信息。按照香农的定义,信息量的公式是:

$$I = \log \frac{后验概率}{先验概率} \tag{1.1}$$

这个公式实际上就是后验概率和先验概率之比,这里 log 只不过是一种单值变换。这个比值在后验概率越大、先验概率越小时信息量越大。也就是说,如果事先对某件事的知识很少,收到信息后能使这种知识增加很多,那么这个信息所含信息量就大。这与人们通常的定性理解是相符的。

例如,现在某甲到 1000 人的学校去找某乙,这时,在某甲的头脑中,某乙所处的可能性空间是该学校的 1000 人。当传达室人员告诉他:"这个人是管理系的",而管理系有 100 人,那么,他获得的信息为 100/1000=1/10。通常,我们不直接用 1/10 来表示信息量,而用 1/10 的负对数来表示,即 $-\log 1/10 = \log 10$。如果管理系的人告诉他,某乙在管理信息系统教研室,那么他获得了第二个信息。假定管理信息系统教研室共有 10 人,则第二个信息的确定范围又缩小到原来的 $100/1000 \times 10/100 = 10/1000$。显然:

$$-\log(100/1000) + [-\log(10/100)] = -\log(10/1000)$$

只要可能性范围缩小了,获得的信息量总是正的;如果可能性范围没有变化,$-\log 1 = 0$,获得的信息量就是零;如果可能性范围扩大了,信息量变为负值,人们对这事件的认识就变得更模糊了。

信息量的单位叫比特(b,是二进位制数字中的位)。一个比特的信息量是指含有两个独立均等概率状态的事件所具有的不确定性能被全部消除所需要的信息。在这种单位制度下,信息量的定义公式可写成:

$$H(x) = -\sum P(X_i) \text{lb} P(X_i) \quad i = 1, 2, 3, \cdots, n \tag{1.2}$$

其中,X_i 代表第 i 个状态(总共有 n 个状态),$P(X_i)$ 代表出现第 i 个状态的概率,$H(x)$ 就是用以消除这个系统不确定性所需要的信息量。

例如,硬币下落可能有正反两种状态,出现这两种状态的概率都是 1/2,即:

$$P(X_i) = 0.5$$

这时

$$H(x) = -[P(X_1) \text{lb} P(X_1) + P(X_2) \text{lb} P(X_2)] = -(-0.5 - 0.5) = 1(比特)$$

同理可得,投掷均匀正六面体骰子的 $H(x)$ 为 2.6 比特。

1.1.3 知识的概念

知识(Knowledge)是对信息的加工、吸收、提取、评价的结果,是反映各种事物的信息进入人脑,对神经细胞产生作用后留下的痕迹。信息与人类认知能力相结合,就产生了知识。

(1) 知识是让从定量到定性的过程得以实现的抽象的、逻辑的东西。知识需要通过信息使用归纳、演绎方法得到。信息只有在经过广泛深入的实践检验,被人消化、吸收并成为个人的信念和判断取向之后才能成为知识。

(2) 知识是一种流动性质的综合体,其中包括结构化的经验、价值以及经过文字化的信息。在组织中，知识不仅存在于文件与存储系统中，也蕴含在日常例行工作、过程、执行与规范中。知识来自信息，信息转变成知识的过程中，均需要人们亲自参与。知识包括"比较""结果""关联性"与"交谈"过程。

（3）国际经济合作组织编写的《知识经济》(Knowledge Based Economy)中对知识的界定就是知道是什么(Know-What)、知道为什么(Know-Why)、知道怎么做(Know-How)、知道谁(Know-Who)。这样的界定可以概括为"知识是4个W"。

（4）Harris 将知识定义为：知识是信息、文化脉络以及经验的组合。其中，文化脉络为人们看待事情时的观念，会受到社会价值、信仰、天性以及性别等的影响；经验则是个人从前所获得的知识；而信息则是在数据经过存储、分析以及解释后所产生的，因此信息具有实质内容与目标。

知识之所以在数据与信息之上，是因为它更接近行动并与决策相关。信息虽给出数据中一些有一定意义的东西，但往往会在时间效用失效后其价值开始衰减；只有人们通过归纳、演绎、比较等手段对信息进行挖掘，使其有价值的部分沉淀下来，并与人类知识体系相结合，这部分有价值的信息才能转变成知识。

1.1.4 智慧的概念

智慧(Wisdom)是知识层次中的最高一级，它同时也是人类区别于其他生物的重要特征。

（1）定义智慧时，英国科学家图灵1950年发表了题为《计算机能思考吗？》的论文，肯定机器是可以思考的。如果一台机器能够通过图灵实验，那它就是智慧的。图灵实验的本质就是让人在不接触对方的情况下，通过特殊方式与对方进行一系列问答，如果对方在相当长一段时间内无法通过这些问题判断对方是人还是机器，那就可以认为这台机器具有与人等同的智力，这个机器就是智慧的。

（2）智慧—知识选择的应对行动方案可能有多种，但选择哪个行动方案靠智慧，而行动则又会产生新的智慧。

（3）Arthur Anderson 管理顾问公司认为智慧以知识为根基，加上个人的运用能力、综合判断、创造力及实践能力来创造价值。

因此，智慧是人类基于已有的知识，针对物质世界运动过程中产生的问题，根据获得的信息进行分析、对比、演绎找出解决问题方案的能力。这种能力运用的结果是将信息的有价值部分挖掘出来并使之成为已有知识架构的一部分。

1.1.5 数据、信息、知识与智慧的 DIKW 体系

DIKW 体系是关于数据、信息、知识及智慧的体系，可以追溯至托马斯·斯特尔那斯·艾略特所写的诗——《岩石》。在首段，他写道："我们在哪里丢失了知识中的智慧？又在哪里丢失了信息中的知识？"(Where is the wisdom we have lost in knowledge? /Where is the knowledge we have lost in information?)。1982年12月，美国教育家哈蓝·克利夫兰引用艾略特的这些诗句在其出版的《未来主义者》一书中提出"信息即资源"(Information as a Resource)的主张。其后，教育家米兰·瑟兰尼、管理思想家罗素·艾可夫进一步将此理论发扬光大，前者在1987年撰写了《管理支援系统：迈向整合知识管理》(Management Support Systems: Toward Integrated Knowledge Management)，后者在1989年撰写了《从数据到智慧，人类系统管理》(From Data to Wisdom, Human Systems Management)，如图1.3所示。

图 1.3 数据、信息、知识与智慧的关系图

DIKW 体系就是关于数据（Data）、信息（Information）、知识（Knowledge）及智慧（Wisdom）的体系。DIKW 体系将数据、信息、知识、智慧纳入到一种金字塔形的层次体系，当中每一层比下一层都赋予一些特质。

数据是客观事实的数字化、编码化、序列化和结构化，它是将客观事实记录下来的、可以鉴别的符号，这些符号不仅指数字，而且包括字符、文字、图形等；信息是数据在信息媒介上的映射，是经过加工的具有特定含义的数据，它对接收者的行为产生影响，对接收者的决策具有价值；通过原始观察及量度获得了数据，分析数据间的关系获得了信息。在行动上应用信息产生了知识。智慧关心未来，它含有暗示及滞后影响的意味。

知识是从相关信息中过滤、提炼及加工而得到的有用资料。特殊背景/语境下，知识将数据与信息、信息与信息在行动中的应用之间建立有意义的联系，它体现了信息的本质、原则和经验。此外，知识基于推理和分析，还可能产生新的知识。最后来看智慧，智慧是人类所表现出来的一种独有的能力，主要表现为收集、加工、应用、传播知识的能力，以及对事物发展的前瞻性看法。在知识的基础上，通过经验、阅历、见识的积累，而形成的对事物的深刻认识、远见，体现为一种卓越的判断力。

整体来看，知识的演进层次可以双向演进。从噪声中分拣出来数据，转换为信息，升级为知识，升华为智慧。这样一个过程，是信息的管理和分类过程，让信息从庞杂无序到分类有序，各取所需，这就是一个知识管理的过程。反过来，随着信息产生与传播手段的极大丰富，知识产生的过程其实也是一个不断衰退的过程，从智慧传播为知识，从知识普及为信息，从信息变为记录的数据。

在当今海量数据、信息爆炸时代下，知识起到去伪存真、去粗存精的作用。知识使信息变得有用，可以在具体工作环境中，对于特定接收者解决"如何"开展工作的问题，提高工作的效率和质量。同时，知识的积累和应用，对于启迪智慧、引领未来起到了非常重要的作用。

1.2 系统与信息系统

1.2.1 系统

1. 系统的概念

系统是由处于一定的环境中相互联系和相互作用的若干组成部分结合而成并为达到

整体目的而存在的集合。

(1) 系统是由若干要素组成的。这些要素可能是个体,也可能本身就是一个系统。比如运算器、控制器、存储器、输入输出设备组成计算机硬件,而计算机硬件又是计算机系统的一个组成部分。

(2) 系统有一定的结构。系统的组成要素之间相互联系,它们在数量上的比例和时空上的联系方式就是系统的结构。没有无结构的系统,也没有离开系统的结构。一切系统都以一定的结构形式存在和运动,比如宇宙结构、人体结构、产业结构等。

(3) 系统有一定的功能,对于人造系统来说有一定的目的性。系统的功能是指系统与外部环境相互作用的能力,由系统的结构决定。比如企业,这个系统的功能就是充分利用组织内部资源和外部环境实现盈利。

2. 系统的特征

一般系统的特征包括整体性、目的性、相关性、环境适应性等。下面对这些特征逐一进行讨论。

(1) 整体性。一个系统至少要由两个或更多的可以相互区别的要素或子系统组成,它是这些要素和子系统的集合。作为集合的整体系统的功能要比所有子系统的功能的总和还大。

(2) 目的性。人造系统都具有明确的目的性。所谓目的就是系统运行要达到的预期目标,它表现为系统所要实现的各项功能。系统目的或功能决定着系统各要素的组成和结构。

(3) 相关性。系统内的各要素既相互作用,又相互联系。这里所说的联系包括结构联系、功能联系、因果联系等。这些联系决定了整个系统的运行机制。

(4) 环境适应性。系统在环境中运转。环境是一种更高层次的系统。系统与其环境相互交流,相互影响,进行物质的、能量的或信息的交换。不能适应环境变化的系统是没有生命力的。

3. 系统的模型

1) 系统的一般模型

系统需要与外部环境相互作用,系统接收外部环境物质、能量和信息的输入,并将经过系统处理后的物质、能量和信息输出到外部环境。系统的边界把系统从环境中分离出来,边界之内是系统,边界之外是环境。图1.4所示为系统的一般模型。

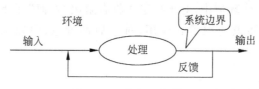

图1.4 系统的一般模型

2) 复杂系统模型

系统具有层次性,一个系统可由若干个子系统组成,而它本身是更为复杂的系统组成部分,复杂系统的子系统通过接口联系起来,其模型如图1.5所示。

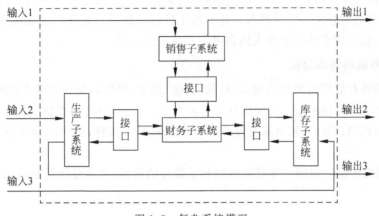

图 1.5 复杂系统模型

1.2.2 信息系统

1. 信息系统的概念

信息系统是 20 世纪信息科学、计算机科学、管理科学、决策科学、系统科学、人工智能等相互渗透而发展起来的一门学科。信息系统是一个人造系统,它由人、硬件、软件和数据资源组成,目的是及时、正确地收集、加工、存储、传递和提供信息,实现组织中各项活动的管理、调节和控制。

面向管理是信息系统的显著特点,以计算机为基础的信息系统可以定义为:结合管理理论和方法,应用信息技术解决管理问题,为管理决策提供支持的系统。管理模型、信息处理模型、系统实现条件三者结合产生的信息系统,如图 1.6 所示。

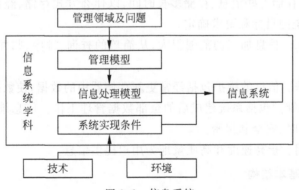

图 1.6 信息系统

管理模型指系统服务对象领域的专门知识,以及分析和处理该领域问题的模型,也称为对象的处理模型。信息处理模型指系统处理信息的结构和方法。管理模型中的理论和分析方法,在信息处理模型中转换为信息获取、存储、传输、加工、使用的规则。系统实现的基础条件指可供应用的计算机技术和通信技术、从事对象领域工作的人员,以及对这些资源的控制与融合。

信息系统包括信息处理系统和信息传输系统两个方面。信息处理系统对数据进行处理,使它获得新的结构与形态或者产生新的数据。比如计算机系统就是一种信息处理系统,通过它对输入数据的处理可获得不同形态的新的数据。信息传输系统不改变信息本身的内容,作用是把信息从一处传到另一处。由于信息的作用只有在广泛交流中才能充分发挥出来,因此,通信技术的进步极大地促进信息系统的发展。

2. 信息系统的基本功能

信息系统具有数据的采集和输入、传输、存储、加工、维护和使用等基本功能。

（1）数据的采集和输入。识别信息有三种方法：第一,由决策者识别；第二,由系统分析员亲自观察识别；第三,先由系统分析员观察得到基本信息,再由决策人员调查,加以修正、补充。

（2）数据的传输。包括计算机系统内和系统外的传输,实质是数据通信,其一般模式如图 1.7 所示。

图 1.7　数据传输的一般模式

信源即是信息的来源,编码是把信息变成信号,是指按照一定规则排列起来、适合在信道上传输的符号序列。信道就是信息传递的通道,是传输信息的媒介,信道的关键问题是信道的容量。噪声就是杂音或干扰。译码是编码的反变换,其过程与编码相反。信宿即是信息的接收者,可以是人、机器或者另一个信息系统。

（3）信息的存储。数据存储的设备目前主要有三种：纸、胶卷和计算机存储器。对数据存储设备的一般要求是存储容量大且价格便宜。信息存储的概念比数据存储的概念要广,主要问题是确定存储哪些信息、存储多长时间、以什么方式存储、经济上是否合算等,这些问题都要根据系统的目标和要求确定。

（4）信息的加工。信息加工的范围很大,从简单的查询、排序、归并到负责的模型调试及预测。

（5）信息的维护。信息的维护包括经常更新存储器中的数据,使数据保持可用的状态。广义上来讲,信息的维护包括系统建成后的全部数据管理工作。信息维护的主要目的在于保证信息的准确、及时、安全和保密。

（6）信息的使用。指高速度和高质量地为用户提供信息。

3. 信息系统的基本结构

信息系统的功能是指信息系统从环境接收信息并将之转换为另一种形式的信息的能力,它是系统内在能力的外在表现,是由信息系统的结构决定的。从企业级信息系统的辅助管理的角度来看,信息系统的管理功能或者职能是根据企业组织的特定职能部门而划分的。一个组织的信息系统可以是企业的产、供、销、库存、计划、管理、预测、控制的综合系统,也可以是机关的事务处理、战略规划、管理决策、信息服务等的综合系统。

组织中各项活动表现为物流、资金流、事务流和信息流的运动。

物流是指实物的流动过程。物资的运输,产品从原材料采购、加工直至销售都是物流的表现形式。

资金流指的是伴随物流而发生的资金的流动过程。

事务流是各项管理活动的工作流程,如原材料进厂进行的验收、登记、开票、付款等流程,厂长做出决策前进行的调查研究、协商、讨论等流程。

信息流伴随以上各种流的流动而流动,它既是其他各种流的表现和描述,又是用于掌握、指挥和控制其他流进行的软资源。

在一个组织的全部活动中存在各式各样的信息流,而且不同的信息流用于控制不同的活动。若将几个信息流联系、组织在一起,服务于同类的控制和管理目的,就形成信息流的网,称为信息系统。

4. 信息系统的类型

按照处理的对象,可把信息系统分为作业信息系统和管理信息系统两大类。

1) 作业信息系统

作业信息系统的任务是处理组织的业务、控制生产过程、支持办公事务和更新有关的数据库。作业信息系统通常由以下三部分组成。

(1) 业务处理系统。业务处理系统的目标是迅速、及时、正确地处理大量的信息,提高管理工作的效率和水平,如进行产量统计、成本计算和库存记录等。

(2) 过程控制系统。过程控制系统主要用计算机控制正在进行的生产过程,如炼油厂通过敏感元件对生产数据进行监测,并予以实时调整。

(3) 办公自动化系统。办公自动化系统以先进技术和自动化办公设备(如文字处理设备、电子邮件、轻印刷系统等)支持人的部分办公业务活动。这种系统较少涉及管理模型和管理方法。

2) 管理信息系统

管理信息系统是对一个组织(单位、企业或部门)的信息进行全面管理的人和计算机相结合的系统。它综合运用计算机技术、信息技术、管理技术和决策技术,与现代化的管理思想、方法和手段结合起来,辅助管理人员进行管理和决策。

1.3 信息系统对企业管理的影响

企业信息化的任务在于通过有效地管理人、财、物等资源来实现企业目标,而要管理这些资源,需要通过反映这些资源的信息来管理。每个管理系统首先要收集反映各种资源的有效数据,然后再将这些数据加工成各种统计报表、图形或曲线,以便管理人员能有效地利用企业的各种资源来完成企业的使命。所以,企业信息化一定是服务于这些资源要素的运转的,如图1.8所示。

企业管理主要包括计划职能、组织职能、领导职能和控制职能四大方面,其中任何一方面都离不开信息系统的支持。

1. 信息系统对计划职能的支持

计划是对未来做出安排和部署。任何组织的活动实际上都有计划,只不过有些计划未必是正式计划而已。非正式计划容易造成不协调和不完整;正式计划不仅可以作为行动的纲领,而且是对执行结果进行评价的依据。管理的计划职能是为组织及其下属机构确定目标,拟订行动方案,并制订各种计划,使各项工作和活动都能围绕预定目标进行,从而达到

图 1.8 信息化对企业业务职能部门的支持

预期的效果。高层的计划管理还包括制定总的战略和总的政策。计划还应该为组织提供适应环境变化的手段与措施,因为急剧变化着的政治、经济、技术和其他因素,要求及时修订计划和策略。

信息系统对计划的支持包括如下四方面的内容:

(1) 支持计划编制中的反复试算。信息是制订计划和实施计划的基本依据。为了使计划切合实际,必须收集历史的和当前的数据,通过分析,研究变化的趋势和预测未来,还要围绕计划目标进行大量、反复的计算,拟订多种方案。在这个过程中,多方案的比较及每个方案中个别数据的变动都可能引起其他许多相关数据的变动。虽然计算方法不一定那么复杂,大都是一些简单的表达式,但表达式之间的关系却是错综复杂的,所以计算工作量特别大,通常需要事先设计一些计划模型,然后用不同的输入变量值去反复试算。这是一项十分烦琐的计算工作,如果没有计算机的支持,不仅工作量大,而且会影响计划编制人员的工作积极性。

(2) 支持对计划数据的快速、准确存取。为了实现计划管理职能,重要的是建立与计划有关的各种数据库、各类计划指标数据库、各种计划表格数据库等。

(3) 支持计划的基础——预测。预测是研究对未来状况做出估计的专门技术,而计划则是对未来做出安排和部署,以达到预期的目的,所以计划与预测虽然是两个不同的概念,但计划必须在预测的基础上进行。预测支持决策者做出正确的决策,制订可靠的计划。预测的范围很广,预测的方法也很多,诸如主观概率法、调查预测法、类推法、德尔菲法、因果关系分析法等。这些预测方法的计算量大,常常要用计算机来求解。

(4) 支持计划的优化。在编制企业计划时,经常会遇到对有限资源的最佳分配问题。例如,可能提出,生产哪几种产品(即如何搭配产品)可以在设备生产能力允许的约束条件下,获得最大的利润?对于这样一个问题,可以列出数学模型,然后在计算机上通过人机交互方式进行求解。

2. 信息系统对组织职能的支持

通常认为,组织是人所组成的社会系统,具有确定的目标,通过分工和协调来实现目标。组织职能包括人的组织和工作的组织。具体包括确定管理层次、建立各级组织结构、配备人员、规定职责和权限,并明确组织机构中各部门之间的相互关系、协调原则和方法。

信息技术是现阶段对企业组织进行改革的有效的技术基础,信息技术的发展促使企业组织的重新设计、企业工作的重新分工和企业职权的重新划分,从而进一步提高企业的管理水平。

传统企业组织结构采用"金字塔"式的、纵向的、多层次的集中管理,其运作过程按照一种基本不变的标准模式进行。其特点是:各项职能(生产、销售、财务、市场调研等)分工严格,应变能力差,管理效率低且成本高昂。随着信息技术的发展,上述这种传统的企业组织结构正在向扁平式结构的非集中管理转变,如图1.9所示。其特点是:

(1) 通信系统的完善使上下级指令传输系统上的中间管理层显得不再那么重要,甚至也没有必要再设立那么多的中间管理层。

(2) 部门分工出现非专业化分工的趋向,企业各部门的功能互相融合、交叉,如制造部门可能兼有销售、财务等功能。

(3) 计算机的广泛应用使得企业上下级之间、各部门之间及其与外界环境之间的信息交流变得十分便捷,从而有利于上下级和成员之间的沟通,也使企业可以随时根据环境的变化而采取统一的、迅速的整体行动和应变策略。

(4) "扁平化"管理的实质是"信息技术进步大大降低了组织内部信息交流的成本,从而使纵向(金字塔)的官僚体制开始崩溃""决策层和执行层之间距离缩小,下放权力和加强横向联系与协调"。

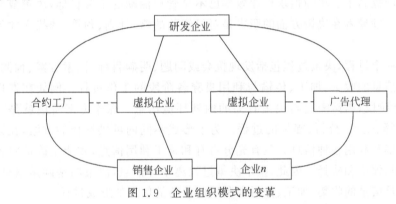

图1.9 企业组织模式的变革

另外,全球网络(Global Networks)的出现,使企业、公司的经营和生产不再受地理位置的限制,可以在全世界范围内运作,事务处理成本和协作成本都可明显降低;企业网络的建设,多媒体计算机和移动计算机的广泛应用使信息传送从文字向多媒体发展,使领导和管理人员接受更多的信息和知识,使企业对工作过程的重新设计成为可能,使个人和工作组之间的协调得以进一步加强,从而形成一种新的、管理层次少的组织形式——虚拟企业(Virtual Enterprise)。

虚拟企业既是一种组织结构,也是一种战略模式。这种组织的规模较小,决策集中化的程度很高,部门化的程度很低,甚至根本就不存在产品性或职能性的部门化。虚拟企业通过近乎实时的信息进行柔性的运作,管理工作更加依赖于管理人员之间的协作、配合以及信息技术应用,其实质是对信息流的管理。

在虚拟企业里管理者把大量的职能都移交给了外部力量。组织的核心是为数不多的管理人员,他们的主要任务是协调为本公司进行生产、销售、配送及其他重要职能活动的各组织之间的关系。只有依托于强有力的计算机网络,这种以信息管理为核心能力的组织形式才可能存在。许多具有重大影响的国际性企业都采取了虚拟组织的形式,其中包括耐克

（Nike）、戴尔计算机公司（Dell Computer）以及我国的美特斯邦威集团（Meters/Bonwe）等。虚拟企业组织示意图如图1.10所示。

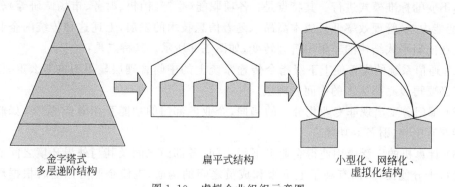

图1.10　虚拟企业组织示意图

3. 信息系统对领导职能的支持

随着社会经济的发展和市场竞争的加剧，企业面临的环境复杂多变，决策活动的频度与重要性空前提高了。单纯追求作业效率已不是管理活动的主要目标，决策成为现代管理的核心问题。领导者在决策方面的职责是对组织的战略、计划、预算、选拔人才等重大问题做出决定。

决策是一个过程，决策过程包括发现机会或问题、明确目标、探索方案、预测与评价、抉择等阶段。信息的收集、加工、传输与利用贯穿各阶段的工作过程。例如在发现机会与问题、明确目标阶段，当然需要与决策有关的内外环境信息。探索方案阶段就是对收集来的信息进行选择、变换、分析、提炼的过程。为了形成不同的可供选择的方案，在设计过程中通常还要收集和利用各种信息。只有充分占有和善于利用信息，才能正确地对各种方案进行分析、预测、评价和抉择。因此，整个决策过程离不开信息，决策的基础是信息，决策的形成过程也就是信息的收集、加工、分析和利用以及新的信息的形成过程。

在企业中决策并不只是高层管理人员的事。高层管理人员决定企业的经营目标与方针；中层管理人员贯彻执行高层管理决策，确定各部门的目标与计划；基层管理人员决定日常生产经营活动的作业计划，对现有资源进行合理安排与有效使用。在作业活动中，职工也在一定范围内对工作安排与工作方法进行选择，确定有关现场问题的处理方案。因此，决策贯穿着管理活动的全过程，组织中的成员都是决策者，他们在各个层次进行着决策活动。

因此，信息系统在领导职责方面是作为信息汇合点和神经中枢，对内对外建立并维持一个信息网络，以沟通信息、及时处理矛盾和解决问题，由此可见信息系统在支持领导职能方面的重要作用。

4. 信息系统对控制职能的支持

控制职能是对管理业务进行计量和纠正，确保计划得以实现。计划是为了控制，是控制的开始。执行过程中需要不断检测、控制，通常是把实际的执行结果和计划的阶段目标相比较，发现实施过程中偏离计划的缺点和错误。所以，为了实现管理的控制职能，就应随时掌握反映管理运行动态的系统监测信息和调控所必要的反馈信息。在企业管理方面，最主要的控制大多数都由信息系统支持和辅助。其内容包括：

（1）行为控制，指对人的管理。为了真正调动人的积极性和创造性，不能简单用行政命令、强制手段来管理，要借助于行为科学，通过收集、加工、传递、利用人的行为信息来对其行为进行协调和控制。

（2）人员素质控制，特别是关键岗位上人员素质的控制。

（3）质量控制，特别是重要产品的关键工序的质量控制和成品的质量控制。

（4）其他控制，包括库存控制、生产进度控制、成本控制和财务预算控制（产量、成本和利润的综合控制，资金运用控制和收支平衡控制等）。

随着科学技术的发展，许多企业的生产过程控制系统已与管理信息系统的各个子系统交换信息与沟通，从而形成一种更为综合的信息系统。对于生产过程的控制来说，信息系统有能力自动监控并调整生产的物理过程。例如，炼油厂和自动化装配线可利用敏感元件收集数据，经过计算机处理后对生产过程加以控制。

综上可知，信息系统对管理具有重要的辅助和支持作用，现代管理要依靠信息系统来实现其管理职能、管理思想和管理方法。

1.4 信息系统的发展趋势

虽然信息系统和信息处理在人类文明开始时就已存在，但直到第一台电子计算机于1946年问世，随着信息技术的飞跃和现代社会对信息需求的增长，它才迅速发展起来。信息系统经历了由单机到网络，由低级到高级，由电子数据处理到管理信息系统、再到决策支持系统，由数据处理到智能处理，由企业内部管理到向外拓展的过程。这个发展过程大致经历以下四个阶段。

1. 20 世纪 50 年代至 20 世纪 70 年代初期的发展

电子数据处理系统（Electronic Data Processing Systems，EDPS）的特点是数据处理的计算机化，目的是提高数据处理的效率。从发展阶段来看，它可分为单项数据处理和综合数据处理两个阶段。

（1）单项数据处理阶段（20 世纪 50 年代中期到 20 世纪 60 年代中期）。这一阶段是 EDPS 的初级阶段，主要用计算机部分代替手工劳动，进行一些简单的单项数据处理工作，如计算工资、统计产量等。

（2）综合数据处理阶段（20 世纪 60 年代中期到 20 世纪 70 年代初期）。这一时期出现了大容量直接存取的外存储器。此外，一台计算机能够带动若干终端，可以对多个过程的有关业务数据进行综合处理。这时各类信息报告系统应运而生。

信息报告系统是管理信息系统的雏形，其特点是按事先规定的要求提供各类状态报告，如生产状态报告、服务状态报告、研究状态报告。

（3）20 世纪 70 年代初随着数据库技术、网络技术的发展和科学管理方法的推广，计算机在管理上的应用日益广泛，管理信息系统（Management Information Systems，MIS）逐渐成熟起来。

管理信息系统最大的特点是高度集中，能将组织中的数据和信息集中起来，进行快速处理，统一使用。MIS 的处理方式是在数据库和计算机网络基础上的分布式处理系统。计算机网络和通信技术的发展,使得组织内部的各级管理能够联结起来,而且能够克服地理界限,将分散在不同地区的计算机网络互联,形成跨地区的各种业务信息系统和管理信息系统。

管理信息系统的另一个特点是利用定量化的科学管理方法,通过预测、计划、优化、管理、调节和控制等手段来支持决策。

2. 20 世纪 70 年代中期至 20 世纪 90 年代初期的发展

20 世纪 70 年代中期美国的 Michael S. Scott Morton 在《管理决策系统》一书中首次提出了"决策支持系统"的概念。决策支持系统(Decision Support Systems,DSS)不同于传统的管理信息系统。早期的 MIS 主要为管理者提供预定的报告,而 DSS 则是在人和计算机交互的过程中帮助决策者探索可能的方案,为管理者提供决策所需的信息。

DSS 无疑是 MIS 的重要组成部分,DSS 以 MIS 管理的信息为基础,是 MIS 功能上的延伸。从这个意义上,可以认为 DSS 是 MIS 系统发展的新阶段,是把数据库处理与经济管理数学模型的优化计算结合起来,具有管理、辅助决策和预测功能的管理信息系统。

综上所述,EDPS、MIS 和 DSS 各自代表了信息系统发展过程中的某一阶段,但至今它们仍各自不断地发展着。它们之间存在相互交叉的关系。EDPS 是面向业务的信息系统,MIS 是面向管理的信息系统,DSS 则是面向决策的信息系统。DSS 在组织中可能是一个独立的系统,也可能作为 MIS 的一个高层子系统存在。

3. 20 世纪 90 年代中期至 21 世纪的发展

20 世纪 90 年代中后期,出现了不少新型信息系统方面的新的概念,诸如经理信息系统、战略信息系统和计算机集成制造系统等。

(1) 经理信息系统(Executive Information System,EIS)。综合信息报告系统和决策支持系统的许多特征形成专供高层决策者使用的信息系统。其特点是:

① 数据调用方便,只要按少量键,便可控制整个系统的运行;

② 大量使用图表形式来显示整个企业或直到基层运营情况,并对存在的问题和异常情况及时报警。

(2) 战略信息系统(Strategic Information System,SIS)。它是一种把信息技术作为现实企业战略目标的竞争武器和主要手段的信息系统。例如,早期美国的 Merrill Lynch 公司运用相当复杂的信息技术,把贷款、信用卡和支票付款以及证券投资三项金融服务综合成一体,称为"现金管理账户",它突破了银行和证券经营部门的界限,使储户数量大增。

(3) 计算机集成制造系统(Computer Integrated Manufacturing System,CIMS)。它是信息系统集成化方面的发展,将相互独立发展起来的计算机辅助设计系统(CAD)、计算机辅助制造系统(CAM)与管理信息系统(MIS)综合为一个有机整体,从而成为设计、制造和管理过程自动化的系统,形成了整个组织范围内的集成化信息系统。

4. 数字时代以技术推进信息系统网络化、智能化发展

数字经济时代,"大、云、物、移"(即大数据、云计算、物联网、人工智能)等数字技术创新和迭代不断加速。Gartner 发布的《2018 年十大战略科技发展趋势报告》(*Top 10 Strategic*

Technology Trends for 2018)中提出,包括人工智能、虚拟现实、区块链等在内的新兴科技融合发展促进了数字经济的快速发展,为产业数字化应用提供了良好的示范。

网络化是信息系统发展的一个重要趋势。网络化是管理系统发展要求实现信息的有机集成的结果,也是计算机和通信技术发展的结果。1993 年,WWW(万维网)在 Internet 上的出现为信息系统的网络化创造了前所未有的条件。近年来,移动互联网的发展从根本上摆脱了固定互联网的限制和束缚,拓展了互联网应用场景,从 3G、4G 发展到 5G 促进了移动应用的广泛创新,5G 的重点是从移动互联网向物联网应用领域扩展,以满足未来上千倍流量增长和上千亿设备的联网需求。管理信息系统依托互联网从企业内部向外部发展,同时电子商务及电子数据交换技术的发展也不断推动着企业间信息系统的集成,随之出现了供应链管理信息系统、虚拟企业等许多新的概念。

在智能化方面,决策支持系统与人工智能、网络技术、数据库、数据仓库技术等结合形成了智能决策支持系统和群体决策支持系统,为组织提供更具智能分析能力的信息支持。

云计算技术的普及应用,改变了 IT 设施投资、建设和运维模式,降低了 IT 设施建设和运维成本,缩短了 IT 设施建设周期,提升了 IT 设施承载能力,加快了设备接入和系统部署。

移动互联网的发展、低成本的传感器和云计算的发展等推动了物联网发展,据估计 2020 年将有 500 亿台互联设备上线,未来接入物联网的终端数量还将以十倍、百倍的速度增加,物联网数据容量也呈指数增加,每两年便翻倍。

人工智能在提高效率和质量方面显现出巨大潜力,可能重构生产、消费等经济活动各环节,催生新技术、新产品、新业态。人工智能技术的发展显著提高了大数据自主分析能力。如果不具有智能技术,即使存在所需的庞大数据,也无法对大数据进行收集、处理、分析,无法从中发掘出新的意义、产生新的价值。人工智能技术通过读懂视频、音频甚至人类自然语言,分析物联网中大量琐碎的非结构化数据,可以总结出其中隐含的规律,支持智能决策。

区块链通过加密技术能形成一个去中心化的可靠、透明、安全、可追溯的分布式数据库,推动互联网数据记录、传播及存储管理方式变革,大大降低信用成本,简化业务流程,提高交易效率,重塑现有的产业组织模式、社会管理模式,提高公共服务水平,实现互联网从信息传播向价值转移的转变,区块链的应用通过降低交易成本、提高可信度并通过智能合约保障执行,在很多领域创造了机会,使得没有可信中心的交易成为可能。

近年来,随着数字经济领域的技术创新性成果在管理信息系统上应用形式的不断地涌现。例如,以 Web 2.0 为代表的社会性网络应用的发展深层次地改变了人们的社会交往行为以及协作式知识创造的形式,进而被引入企业经营活动中,创造出内部 Wiki(Internal Wiki)、预测市场(Prediction Market)等被称为"Enterprise 2.0"的新型应用,为企业知识管理和决策分析提供了更为丰富而强大的手段;以"云计算"(Cloud Computing)为代表的虚拟化技术,将 21 世纪初开始兴起的 IT 外包潮流推向了一个新的阶段;以 AI、大数据分析技术为代表的电子商务、电子政务,使得信息资源的开发与利用在战略决策、运作管理、精准营销、个性化服务等各个领域发挥出难以想象的巨大威力,如图 1.11 所示。

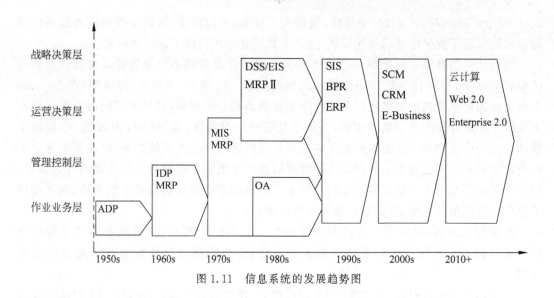

图 1.11 信息系统的发展趋势图

本章小结

本章介绍数据、信息和系统的概念及性质。信息是管理工作至关重要的组成部分,是管理信息系统的处理对象。信息具有普遍性、客观性、时效性、不完全性、等级性、变换性和价值性等性质。信息系统在结构上是一个由人、硬件、软件和数据资源组成的人造系统,其目的是及时、正确地收集、加工、存储、传递和提供信息,实现组织中各项活动的管理、调节和控制。组织管理的计划、组织、领导、控制等职能都离不开信息系统的支持。

课后练习

1.1 什么是数据、信息?信息和数据有何区别?

1.2 试述企业中的信息流与物流、资金流、事物流之间的关系。

1.3 什么是信息技术?信息技术在哪些方面能对管理提供支持?

1.4 试述传统金字塔式企业组织结构弊端和当前企业组织变革的主要特点。

1.5 信息技术和信息系统经历了怎样的发展历程?未来的信息系统发展具有哪些趋势?

第 2 章 管理信息系统概论

本章学习目标

- 了解管理信息系统的基本概念,包括定义和特点;
- 掌握管理信息系统的综合结构关系;
- 认清管理信息系统与组织内外部环境因素之间的关系;
- 理解 MRP、MRP Ⅱ 和 ERP 等典型管理信息系统。

前 导 案 例

沃尔玛公司(以下简称沃尔玛)是一家美国的世界性连锁企业,营业额为全球最大的公司,其控股人为沃尔顿家族,总部位于美国阿肯色州的本顿维尔。沃尔玛主要涉足零售业,是世界上雇员最多的企业,曾连续三年在美国《财富》杂志全球 500 强企业中居首。早在 20 世纪 60 年代中期,沃尔玛创始人山姆·沃顿就清楚地意识到,要在现有的基础上扩大经营规模,只有密切追踪信息处理技术的进步。1974 年,沃尔玛开始在其分销中心和各家商店运用计算机进行库存控制;1983 年,沃尔玛的整个连锁商店系统都用上条码扫描系统;1984 年,沃尔玛开发出市场营销管理软件系统,这套系统可以使每家商店按照自身的市场环境和销售类型制定出相应的营销产品组合;1985—1987 年,沃尔玛安装了公司专用的卫星通信系统,该系统的应用使得总部、分销中心和各商店之间可以实现双向的声音和数据传输,全球的 4000 家沃尔玛分店也都能够通过自己的终端与总部实时联系,加快对基础商业数据的收集、整理加工、决策传达和信息反馈的速度。当一个消费者在市场进行交易时,他(她)的年龄、住址、邮政编码、购物品牌、数量规格、消费总额等一系列基础商业数据都被记录,纳入整体销售状况的企业信息动态分析系统。沃尔玛各级营业人员运用企业信息系统,实时对这些

> 数据进行分类、加工和比较,最终整合成企业经营信息,如什么商品畅销、在什么时间畅销、销售变化周期有何规律、存量情况如何、何时需要补货等,实时传达至决策层。沃尔玛还将其商业信息网与供货商实现共享。20 世纪 90 年代,沃尔玛提出了集中管理的配送中心向各商店提供货源,并开发出了沃尔玛管理信息系统,它可以迅速得到所需的货品层面数据,观察销售趋势、存货水平和订购信息等。

2.1 管理信息系统的概念

20 世纪 60 年代,美国经营管理协会及其事业部第一次提出了建立管理信息系统的设想,但由于当时软硬件技术水平的限制和开发方法的落后,效果并不明显。进入 20 世纪 80 年代以后,随着各种技术特别是信息技术的迅速发展,管理信息系统也得到了进一步的发展,MIS 的概念逐步得到了充实和完善。

2.1.1 管理信息系统的定义

不同时期的研究者们从各自不同的角度对管理信息系统进行研究,从计算机系统实现、支持决策和人机系统的角度出发,分别给出了不同的定义,其中最具有代表性的定义有:

(1) 20 世纪 70 年代末 80 年代初,国内一些从事管理信息系统工作的学者根据我国的具体特点,对"管理信息系统"进行了概念界定,登载于《中国企业管理百科全书》上。该定义指出,管理信息系统是一个由人、计算机等组成的能进行信息的收集、传送、存储、加工、维护和使用的系统。管理信息系统能实测企业的各种运行情况,利用过去的数据预测未来,从全局出发辅助企业进行决策,利用信息控制企业的行为,帮助企业实现其规划目标。

(2) 1999 年,国内较早从事 MIS 研究与教学工作的著名专家、复旦大学薛华成教授对管理信息系统提出了新的定义:管理信息系统不仅是一个能向管理者提供帮助的基于计算机的人机系统,而且也是一个社会技术系统。因此,应将信息系统放在组织与社会这个大背景中去考查,并把考查的重点,从科学理论转向社会实践,从技术方法转向使用这些技术的组织与人,从系统本身转向系统与组织、环境的交互作用。

(3) 2000 年以后,随着供应链和万维网的发展,管理信息系统的概念也进行了相应的扩展。管理信息系统的概念定义为:通过对整个供应链上组织内和多个组织间的信息流管理,实现业务的整体优化,提高企业运行控制和外部交易过程的效率。

从上述定义来看,管理信息系统的概念是人们在不断的实践中总结出来的,说明管理信息系统的应用不仅依赖于信息技术本身,而且更多地依赖于组织的内外部环境。这是信息系统的社会技术系统属性的充分认识。近年来随着互联网技术的发展和电子商务的深入应用,管理信息系统已突破原有的信息交流平台。管理信息系统的应用范围也已经超出了一个组织或企业的边界,随着企业信息化的深入,管理信息系统的概念也在不断拓展和深化。

2.1.2 管理信息系统的特点

由上述管理信息系统的定义,可以看出管理信息系统具有如下特点:

1) 它是一个为管理决策服务的信息系统

它为管理决策服务,能够根据管理业务的需要及时提供信息,辅助管理者进行分析、计划、控制、预测和决策的信息系统。

2) 它是一个对组织乃至整个供应链进行全面管理的综合系统

管理信息系统贯穿了企业管理的全过程,同时又覆盖了管理业务的各个层面,其结构是一个为上下左右、纵横交错的管理信息系统,包含纵向(高、中、低层)、横向(人、财、物、产、供、销)等各种子系统的广泛结构。

3) 它是一个人机结合的系统

管理信息系统的目的在于辅助决策,而决策只能由人来做,因而它必然是一个人机结合的系统。在管理信息系统中,各级管理人员既是系统的使用者,又是系统的组成部分,因而,在管理信息系统的开发过程中,要根据这一特点,正确界定人和计算机在系统中的地位和作用,充分发挥人和计算机各自的长处,使系统得到整体的优化。

4) 它是一个需要与先进的管理方法和技术手段相结合的信息系统

人们在管理信息系统应用的实践中发现,如果只采用先进的计算机技术提高处理速度,而不应用科学的管理理论方法,那么管理信息系统的应用充其量只是减轻了管理人员的劳动,其作用发挥得十分有限。管理信息系统要发挥其在管理中的作用,就必须与现代化管理思想方法和先进生产模式融合起来的信息系统。

5) 它是多学科交叉形成的边缘学科

管理信息系统是一门综合的学科,其理论体系尚处于发展和完善的过程中。研究者从计算机科学、应用数学、管理理论、运筹学等相关学科中抽取相应的理论,构建了管理信息系统的理论基础,从而形成一门具有鲜明特色的边缘学科。

2.1.3 管理信息系统的层次结构

管理信息系统贯穿于企业的全过程,纵向概括了基于管理任务的信息层次结构;横向描述了基于管理组织职能的系统结构,因而其结构覆盖管理业务的各个层面,也包含各种子系统的综合结构。管理信息系统的综合结构可阐述为:

(1) 横向综合。横向综合就是把同一管理层次的各种职能综合在一起,运行控制层的人事、工资等子系统可以综合在一起,使基层的业务处理一体化。横向综合正向资源综合的方向发展,如按人把人员的信息综合到一个系统,按物把采购、进货、库存控制等综合到一起。

(2) 纵向综合。纵向综合就是把不同层次的管理信息智能综合起来。这种沟通了上下级之间的关系,便于决策者掌握情况进行正确的分析,如把各部门和总公司的各级财务系统综合起来,构成综合财务子系统。

(3) 纵横综合。纵横综合也称为总的综合,它使一个完全一体化的系统得以形成,能够做到信息集中、统一管理、程序模块共享、各子系统功能无缝集成。图 2.1 所示是管理信息系统的结构矩阵。

信息可以按照管理任务的层次进行分层,其层次结构如表 2.1 所示。

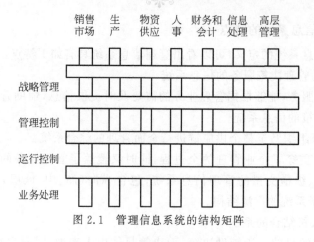

图 2.1 管理信息系统的结构矩阵

表 2.1 基于管理任务的信息层次

层　　次	内　　容
战略管理	确定企业的目标、政策和企业总方针的任务
管理控制(战术管理)	包括资源的获得、组织人员招聘与资金监控等
运行控制	有效地利用现有设备和资源,在预算限制内活动
业务处理	涉及企业的生产经营和管理活动

战略管理涉及企业的长远计划,处理中长期的事件,管理部门往往把外部信息和内部信息结合起来进行预测,如制定市场战略要大量地获取来自外部信息;管理控制(或战术管理)属于中期计划范围,包括资源的获取与组织、人员的招聘与训练、资金监控等方面;运行控制涉及作业的控制(如作业计划和调度等);业务处理是企业最基本的活动,它涉及企业的每一项生产经营和管理活动。其他组织的管理与企业的管理一样,存在类似的层次关系。

在实际的工作中,有时同一问题可以属于不同的管理层次,只是每个层次考虑问题的角度不同而已。如对于库存问题,运行控制层关心的是日常业务处理能否准确无误;管理控制层考虑的是如何根据运行控制数据,确定安全的库存量和订货次数;而战略管理层关心的是如何根据运行控制和管理控制的结构与战略目标、竞争者行为等因素,做出正确的库存战略管理。

由此可见,不同的管理层次对信息的需求是不同的。战略管理层和运行控制层所需信息的特性有很大差别,而管理控制层所需信息介于二者之间。表 2.2 描述了不同管理层次之间信息特性的差别。由这些差别可以看出,管理信息系统的不同层次具有不同的信息处理方法。

表 2.2 不同管理层次的信息特性

信 息 特 性	运 行 控 制	管 理 控 制	战 略 管 理
来源	内部	内部	外部
范围	确定	有一定确定性	很宽
概括性	详细	较概括	概括
时间性	历史	综合	未来
流通性	经常变化	定期变化	相对稳定
精确性要求	高	较高	低
使用频率	高	较高	低

第2章 管理信息系统概论

从管理决策问题的性质来看,在运行控制层上的决策大多属于结构化问题,而在战略管理层上的决策大多属于非结构化问题,管理控制层所做出的决策问题的性质介于结构化和非结构化之间。

战略管理层的决策内容,如确定和调整组织目标以及制定关于获取、使用各种资源的政策等,一般属于非结构化决策问题,决策者是企业或组织最高管理层。管理控制层所做出的决策是对各种资源的获取和使用进行有效的计划和控制等问题,它受战略管理层所制定的目标和策略限制,一般属于半结构化或结构化决策,决策者为组织的中层领导。运行控制层的决策是为了有效地完成具体任务或操作,有一定的周期性,一般属于结构化决策问题,决策者通常是组织的基层管理人员。

1. 基于管理层次的系统结构

从处理信息的等级性看,信息处理所需资源的等级性随管理任务的层次而变化。业务处理层的信息处理量较大,而战略管理在系统结构中所处层次较高,其所需信息等级性也高,其金字塔模型结构见图2.2。

系统的底部表示结构化的管理过程和决策,而顶部则为非结构化的管理过程和决策,中间则是介于结构化和非结构化之间的管理过程和决策,其所处层次越高,结构化程度越低,反之亦然。

图2.2 管理信息系统的金字塔模型结构

安东尼等人通过对欧美制造企业的长期研究提出了管理信息系统的金字塔模型结构。安东尼等人不仅考查了企业内部的业务流程和信息系统的基本结构,而且把企业放在整个经营环境中考查,把企业内外部环境结合起来,系统地描绘了企业内外信息流、资金流、物流的传递接收过程,反映了包含整个供应链信息管理的全景,安东尼金字塔模型如图2.3所示。

安东尼金字塔模型描述了物流、资金流、信息流的双向流动及其基本规律。物流的流程一般体现在从采购部件到产品销售出去的整个过程之中,是自上游向下游方向流动,先从供应商流到企业,再到批发商、分销商和消费者,即企业需要经过零部件采购、调拨、生产

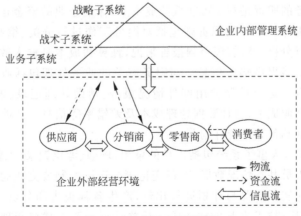

图2.3 安东尼金字塔模型

加工、发送、销售。资金流的流程与物流相反,是从下游向上游方向流动,即从消费者流到分销商及批发商,然后到企业(或直接到企业),再到供应商。与物流、资金流相比,信息流的流程要复杂得多。企业信息主要包括订货信息、发货信息、收支信息等。信息流在与物流、资金流互补的同时,又起着管理企业整体活动的作用。

2. 基于管理职能的管理信息系统结构

管理信息系统结构以按照使用信息的组织职能加以描述。系统所涉及的各职能部门都有着自己特殊的信息要求,需要专门设计相应的功能子系统,以支持其管理活动,同时各职能部门之间存在各种信息联系,从而使各个功能子系统构成一个有机结合的整体,管理信息系统正是完成信息处理的各功能子系统的综合。

例如,在制造企业中,管理信息系统可由下面所列出的主要子系统构成,每一个功能子系统完成有关功能的全部信息处理,包括业务处理、运行控制、管理控制和战略管理。

(1)销售与市场子系统。销售与市场子系统的功能通常包括产品的销售、推销以及售后服务的全过程。其中,业务处理有销售订单的处理、推销以及售后服务处理,运行控制活动包括雇用和培训销售人员,编制销售计划和按区域、产品、顾客对销售量进行定期分析。战略管理包括新市场的开拓和新市场的战略,它使用的信息有销售分析、竞争者分析、顾客调查信息、收入预测和技术预测等。

(2)生产子系统。生产子系统的功能包括产品的设计和制造、生产设备计划、作业调度、生产工人录用与培训、质量控制等。在生产子系统中,典型的业务处理有下生产指令,处理装配单、成品单和工时单等。运行控制要求把实际进度和计划比较,找出瓶颈环节。管理控制需要概括性的报告,反映进度、成本、所用工时等绩效变动情况。战略管理包括制造方法及各种自动化方案的选择。

(3)物资供应子系统。物资供应子系统包括采购、收货、库存控制、发放等管理活动。其中,业务处理涉及购货申请、购货订单、收获报告、库存票、提货单等。运行控制要求把物资供应情况与计划进行比较,产生库存水平、采购成本和库存等分析报告。管理控制包括计划库存与实际库存的比较、外购项目的成本、缺货情况及库存周转率等。战略管理主要涉及新的物资供应战略、对供应商的新政策以及自制与外购的比较分析等。此外,可能还有新供应方案等信息。

(4)财务和会计子系统。财务和会计虽然有着不同的目标和工作内容,但它们之间也有密切的联系。财务的职责是在尽可能低的成本下,保证企业的资金运转,包括托收管理、现金管理和资金筹措等。会计的职责则包括对财务工作进行分类、编制财务报表、制定预算及对成本数据进行分析。对管理控制报告来说,预算和成本是输入数据,也就是说,会计是为管理控制各种功能提供输入信息。与财务有关的业务处理包括收账凭证、支付凭证、分类账和股份转让等。运行控制使用例外情况报告、延误处理记录、未处理事项报告等。管理控制利用财务资源成本、会计数据处理成本及差错率等信息。战略管理包括确保资金充足的长期战略计划和预算系统计划等。

(5)人事子系统。人事子系统包括人员的录用、培训、考核记录、工资和终止聘用等,其业务处理内容涉及人员基本情况数据、工资变化等。运行控制要完成聘用、培训、改变工资等。管理控制主要对实际情况与计划进行比较,产生各种报告和分析结果,用以说明在岗工人的数量、招工费用、技术专长的构成等。战略计划主要由战略管理层来制订。它包括对招工、工资、培训、福利以及各种策略方案的评价。这些策略将确保企业能够完成战略目标所需的人力资源。人力资源战略管理还包括对就业制度、教育情况、地区工资率的变化及对聘用和留用人员的分析。

（6）高层管理子系统。每个组织都有一个最高领导层，由公司总经理和各职能部门的副总经理组成的委员会。高层管理子系统为高层领导服务，它的业务处理活动主要是信息的分析和决策的支持，处理的文件常常是信函、备忘录和高层领导向各职能部门发送的指示等。运行控制主要负责会议安排、信函管理和会晤记录文档。管理控制要求各功能子系统执行计划的当前综合报告。战略管理活动包括组织的经营方针和必要的资源计划等，它要综合内部和外部的信息。这里外部信息可能包括竞争者信息、区域经济指数、顾客偏好、提供服务的质量等。

（7）信息处理子系统。信息处理子系统的作用是保证各职能部门获得必要的信息资源和信息处理服务。该子系统典型的业务处理工作包括工作请求、采集数据的请求、软硬件情况的报告以及设计方面的建议。信息处理的运行控制包括日常任务的调度、差错率和设备故障信息等。对于新项目的开发，还包括程序员的工作进展情况和调试时间的安排。管理控制主要是针对计划情况和实际情况进行比较，如设备费用、程序员的能力、项目开发的实施计划等情况的比较。战略管理则主要关心功能的组织，如采用集中式还是分布式管理、制定信息系统的总体规划、确定硬件和软件的总体结构等。

综上所述，管理信息系统是由各功能子系统组成的，每一个子系统又可以分为四个主要的信息处理部分，即业务处理、运行控制、管理控制（战术管理）和战略管理。信息系统的每个功能子系统都有自己的文件，由数据库系统进行管理。在系统中还有为每个子系统专门设计的应用程序，以及为多个职能部门服务的公用程序，有关的各子系统都与这些公用程序连接。此外还有为多个信息系统应用程序共享的模型库与决策模型。图2.4表示一个管理信息系统的综合物理结构。

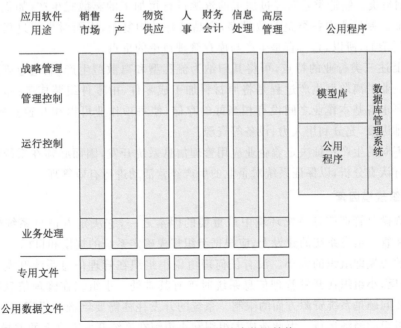

图2.4 管理信息系统的综合物理结构

2.2 管理信息系统与组织环境

管理信息系统的应用离不开一定的环境和条件,这里主要讨论与管理信息系统密切相关的组织内外部环境因素:生产过程因素、组织规模因素、管理的规范化因素、组织的系统性因素、人的因素等。这些因素对管理信息系统的应用有相当大的影响,在一定程度上决定着管理信息系统应用的成败。

2.2.1 管理信息系统与组织内在环境因素的关系

1. 生产过程因素

管理信息系统的特点之一就是信息技术与管理手段、思想和方法的结合。以工业企业管理信息系统为例,不同的企业有着不同的生产特征和千差万别的内外部环境,因而要求采用不同的管理方法。而任何一种管理方法只有与企业的具体情况相适应,才能充分发挥作用。工业企业的产品性质不同,品种繁多,结构复杂程度和产量不一,由此造成各企业生产过程的不同特点,从而造成管理方法上的差异。

从投入物的供求联系和劳动对象的性质来看,工业有采掘业和加工业之分。前者的劳动对象是自然资源,后者则是对原材料进行加工。由此,工业行业可分为三类:

(1) 采掘类。采掘类是指开采、挖掘自然资源的行业,如采矿业、采煤业、石油工业。这类生产一般需要较高投入,管理的重点一般为物料储运等。

(2) 冶炼类。冶炼类是直接对采掘类的产品进行加工的行业。它改变物料的物理、化学特性。这类生产一般是流程式生产,受生产设备专用性限制,灵活度小。在这类生产管理中,物料的储运和管理仍然十分重要。一些现代化的管理理论与方法,如线性规划、网络计划等,经实践检验,对这类管理非常有效。

(3) 制造类。制造类是对经过加工的资源进行再加工的离散式生产,如机械零件的加工和装配业。制造业中各类企业数量多,产品品种结构复杂,因而对生产过程的计划和管理也是最复杂的,所以,它一直是生产与库存管理讨论的重点。

根据上述三类行业的特点,可将其归纳为流程型和离散型生产,制造业则属于离散型生产。制造业的离散型生产过程是将原材料加工成零件,由零件组装成部件,最后总装成产品。它要求各基本作业之间设有相当好的存储,使每项作业可以相互独立地进行,以便合理地安排进度,充分利用人力、设备等资源。

由于不同的生产特征决定着企业应用管理信息系统开发,因而必须在系统进行总体规划之前进行认真分析,以保证系统对企业的生产经营活动进行有效管理。

2. 组织规模因素

组织规模是管理信息系统环境中最重要的因素之一,它决定着信息系统的目标和规模,因而,在管理信息系统的建设上,应根据组织规模确定系统的规模和目标。

组织的规模即组织的大小。没有任何理由说小组织在管理信息系统开发上比大组织更容易,相反,小组织在开发管理信息系统时确有其难处。小组织在管理信息系统开发上遇到的主要问题是系统资源方面的限制。系统的开发往往需要巨额的投资,甚至严重影响到一个小组织的经济运行。由此造成大组织和小组织在系统开发态度上的差异:大组织从应用效果上考虑,倾向于系统技术上的先进性和功能上的完整性;小组织由于受资金方面的限制,尽管有应用高档配置的管理信息系统的要求,常常以牺牲系统的性能为代价,采用一些低档的配置,因而小组织在应用管理信息系统时将冒更大的风险。

3. 管理的规范化因素

管理的规范化是管理组织、过程等的科学性与合理性的要求。管理的规范化程度受企业规模的影响较为明显。大组织由于管理的要求较高,因此,机构较为完备,管理活动也比较规范;小组织的管理往往集中在高层领导手中,各部门之间缺乏制度化的联系,领导决策有很大的主观性、随意性。管理信息系统是对组织管理的全过程进行管理的人机系统,自动化程度高,它的成功应用必须以规范的管理模式为基础,因而在系统开发之前,就必须对不规范的管理进行规范化,对于小组织尤其如此。

很多管理信息系统开发失败的原因就是在于没有认识到这个问题的重要性。对于许多要应用管理信息系统提高管理效率的组织而言,把开发应用管理信息系统作为规范管理、提高效率的契机,无疑比系统开发本身更具意义。

4. 组织的系统性因素

与组织的规模、管理的规范化程度一样,组织的系统性是管理信息系统应用中的又一重要环境因素,在一定程度上决定着管理信息系统的成败。组织管理是一个复杂的系统。

一个系统性的组织其管理过程是系统化的,可以被准确地描述和量化,能够产生与决策控制过程相关的数据。这样的系统的管理和决策能够在各个管理环节的支持下准确进行。

5. 人的因素

管理决策是一种非常复杂的活动,既有结构化的也有非结构化的。由于决策问题的性质不同,解决的方式也不一样。管理信息系统是解决结构化决策问题的现代化手段,可以提供快速、准确的决策。例如,某企业用 MRP Ⅱ 进行计划排产可在几十分钟内解决问题,而用手工方式要花 15 天。但是在现代管理中,更重要的是非结构化决策,因而在信息处理过程中,必须充分吸收人的经验和智慧,把计算机与人结合起来,充分发挥人和计算机各自的长处。

为此,在信息处理中,要充分考虑人既是系统的使用者,又是系统的组成部分这个特点。在系统设计中,应努力保持人和计算机之间的和谐,这样才能设计出真正优秀的信息系统。人机和谐主要应从以下三方面着手:

(1) 人性化界面。信息系统作为一个人机交互系统,友好的人机界面是必不可少的。界面的人性化设计能使系统的使用者在应用信息系统时,感到得心应手,因而,系统应通过人机交互的手段,通过灵活的接口满足不同用户的需求。

(2) 人与机器的合理分工。既然计算机与人在信息处理中各有其优缺点,在系统中,需要人与计算机进行合理分工,分析哪些问题可由计算机求解,哪些需要人的参与。人机的合理分工有利于消除对计算机的不切实际的幻想,以为计算机可以代替人的一切劳动。

(3) 提高终端用户的计算能力。随着科学技术的发展和有关产品成本的降低,终端或个人计算机得到广泛的应用,因而,提高终端用户的计算能力成为现代信息系统发展的方向。终端用户的计算能力的提高已使管理信息系统的结构发生了重大变革。用户通过终端使用各种功能强大的软件存取数据、开发模型并直接进行数据处理,从而改变了信息资源的组织、供应和使用方式。随着软件自动化技术的提高,终端用户可以利用有利的软件开发工具,根据需要自行开发和维护管理信息系统,管理信息系统正由信息资源的集中处理与控制向着用户自己控制、开发、运行的方式过渡。

信息处理与人的关系还表现在系统开发和应用过程中。由于管理信息系统的应用必然会对组织的管理方法提出新的要求,如调整管理机构等。管理人员在手工方式下积累起来的经验可能会失去作用,因而对新系统的应用会产生自觉或不自觉的抵触情绪。在开发过程中不能有效配合开发人员,在系统完成后又不能创造性地应用管理信息系统解决组织管理中的问题,往往使系统应用失败。因而,对各类人员进行计算机技术和现代管理方法的培训应当是系统开发的重要内容。

2.2.2 管理信息系统与组织外在环境因素的关系

管理信息系统除了与内在环境因素密切相关外,与外在环境因素也有非常重要的关联。例如,制造企业都是根据客户或市场需求开发产品、购进原料、加工制造出成品,并以商品的形式销售给客户和提供售后服务。因此需要与外部的各个相关企业进行信息和物质的交互。原材料从供方开始,沿着生产制造各个环节向需方移动,每个环节都存在"需方"和"供方"的对应关系,形成一条首尾相接的长链,称为供应链。

1. 供应链要素

供应链要素主要包括供应商、生产商、批发商、物流商和零售商。原材料和零部件供应商负责生产商的原材料及零部件的供应,生产或制造企业负责产品的研发、生产或售后服务,批发商负责产品到物流中心和各级代理的配送,运输仓储企业负责产品在物流各结点的流动,零售商负责将产品销售给顾客。

2. 供应链上的流

供应链上的结点企业在需求的驱动下通过供应链的职能分工与合作(生产、分销、零售等),以资金流、物流、信息流和商流实现整个供应链的不断增值。

商流包括各种商品交易的形式及流程。电子商务的兴起使有形店铺形式逐渐向无形的网络销售发展,简化了商流形式,但商流仍然表现为买卖双方的交易流程。物料的价值都要靠企业的业务活动才能流动起来。企业为谋求最大效益,企业组织机构必须保证工作流的畅通。

物流主要指狭义的物资流通,就是供应链上可见的商品物资经原材料供应商、生产商、批发商、运输商、零售商直到最终顾客手中的物资流动过程。制造商根据客户或市场的需求开发产品,购买原料,加工成品,以商品的形式销售给客户,提供售后服务。物料从供方开始,沿着各个环节向需方移动,为了保持物料的流动在各环节之间都存在运输、搬运和仓储。

信息流在整个供应链中的流动是双向的,它从整体的角度宏观地对整个管理信息系统进行处理和分析。它覆盖了其他"三流"的内容。需求信息从需方流向供方,供应信息与物料一起沿着供应链从供方流向需方。从广义上来看,物料、资金和商流都通过信息的形式得以反映。

资金流是前面三个流的结果,是管理信息系统的保障。这个流程表现为资金的逆向流动。为了合理利用资金，加强资金周转，必须通过企业财务成本系统来监控和调整供应链上的各项经营活动。同样，商品的成本也必须从整个供应链上下游各个环节的总体运营成本来考虑，不能只限于企业内部。

2.3 典型管理信息系统

为了充分理解管理信息系统在企业中的应用，这里将介绍以下典型的管理信息系统：物料需求计划（Material Requirement Planning，MRP）、制造资源计划（Manufacturing Resource Planning，MRPⅡ）和企业资源计划（Enterprise Resource Planning，ERP）。

2.3.1 物料需求计划

企业为了保证生产活动不间断进行，往往把原料等物料的库存量定得很高，这就使得库存投资增加，生产成本上升。为了解决生产中库存量高的问题，提高资金利用率，人们逐渐把注意力转向企业生产的物料需求上来，希望物料能在需要时运来，而不是过早地存放在仓库中。

1965 年美国的 Joseph A. Orlicky 博士与 Oliver W. Wight 等管理专家一起在深入调查美国企业管理状况的基础上，针对制造业物料需求随机性大的特点，提出了物料需求计划 MRP 的新管理思想，即根据产品的需求情况和产品结构，确定原材料和零部件的需求数量及订货时间，在满足生产需要的前提下，有效降低库存。MRP 不仅是一种新的计划管理方法，而且也是一种新的组织生产方式，如图 2.5 所示。

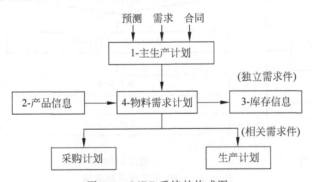

图 2.5 MRP 系统的构成图

随着计算机技术的发展，MRP 管理思想借助于计算机这一强有力的工具，发展成为一种科学的管理方法与有效的控制系统。MRP（物料需求计划）系统建立在两个假设的基础上，一是生产计划是可行的，即假定有足够的设备、人力和资金来保证生产计划的实现；二是假设物料采购计划是可行的，即有足够的供货能力和运输能力来保证完成物料供应。但在实际生产中，能力资源和物料资源都是有限的，因而往往会出现生产计划无法完成的情况。因此，为了保证生产计划符合实际，必须把计划和资源统一起来，以保证计划的可行性。MRP 是以物料计划人员或存货管理人员为核心的物料需求计划体系，它的涵盖范围仅仅为物料管理这一块。它主要用于非独立性需求（相关性需求）性质的库存控制，是一种保证既不出现短缺，也不积压库存的计划方法。它的出现和发展，引起了生产管理理论和实践的变革。

2.3.2 制造资源计划

制造资源计划(MRPⅡ)是对制造企业生产资源进行有效计划的一整套经营管理体系,是一种计划主导型的生产管理模式。MRPⅡ延伸和扩充闭环MRP,在MRP基础上增加能力需求计划,使系统具有生产计划与能力平衡过程形成闭环MRP,在闭环MRP基础上增加经营计划、销售、成本核算、技术管理,进而构成完整的MRPⅡ系统,如图2.6所示。

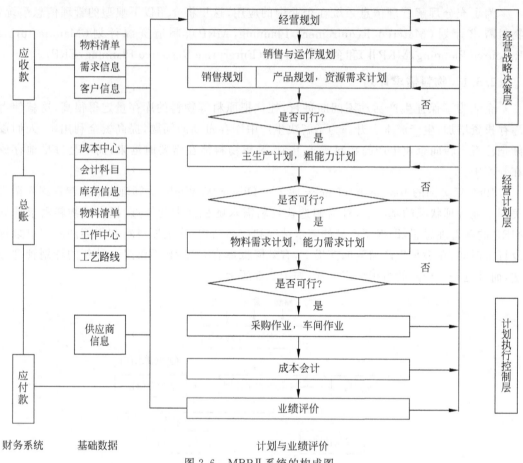

图 2.6 MRPⅡ系统的构成图

MRPⅡ作为一种现代化的管理思想和方法、一种管理哲学,其目标在于合理安排计划,充分利用各种制造资源,提高设备和工时利用率,实现均衡生产。由于MRPⅡ正确反映企业生产中人、财、物等要素和产、供、销等管理活动的内在逻辑联系,能够有效地组织企业的所有资源进行生产,全方位提高企业的管理效率,因而获得广泛的应用。近20年来,国外已有数万个企业建立并运行MRPⅡ系统,我国开发应用MRPⅡ的单位也已有数百家,MRPⅡ在离散式、流程式工业企业的管理中获得了成功的应用,形成有中国特色的MRPⅡ产品。

MRPⅡ系统是站在整个企业高度组织生产及一系列管理活动,把企业的生产、财务、销售、采购、管理等子系统综合起来,使各部分相互联系,相互提供数据。MRPⅡ的成本核算要利用库存记录和生产活动记录;供应计划是建立在生产计划上的按需供应;生产计划的制订要依赖于销售计划与生产计划大纲;能力平衡过程是各工作中心的可用能力与生产计划中的能力需求的平衡过程;设计部门不再是孤立的,而是与各项生产活动相联系;产品结构构成控制计划的重要方面,财务成本核算可及时进行,而不是事后算账。MRPⅡ把传统的账务处理同发生账务的事务结合起来,不仅说明账务的资金现状,而且追溯资金的来龙去脉,例如将体现债务债权关系的应付账、应收账同采购业务和销售业务集成起来、同供应商或客户的业绩或信誉集成起来、同销售和生产计划集成起来等,按照物料位置、数量或价值变化,使与生产相关的财务信息直接由生产活动生成。

MRPⅡ系统的核心在于各级计划管理,MRPⅡ是为实现一定的目标而制订生产计划、生产模型、车间管理和成本核算等方面的行动方案;控制是为了保证计划的完成而采取的措施。在 MRPⅡ系统中,计划从粗到细、从一般到具体分为五个层次,MRPⅡ系统计划排程过程如图 2.7 所示。

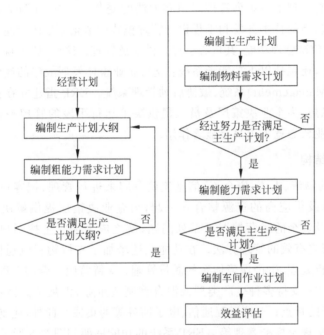

图 2.7　MRPⅡ系统计划排程过程

企业的经营计划是计划的最高层次,是企业总目标的具体体现。在这一计划中,企业的最高决策层根据市场调查和需求分析、国家政策、企业资源能力和历史状况、竞争对手情况等有关信息,制订企业的中长期发展规划,即确定在未来 2～7 年中,企业产品的品种、市场份额、产品年销售额、年利润、生产率等。经营计划的制订要考虑现有资源及未来可获得的资源,具有较大的预测成分。经营计划则是生产计划大纲、主生产计划、物料需求计划的基础。MRPⅡ同 MRP 的主要区别就是它运用管理会计的概念,用货币形式说明了执行企业"物料计划"带来的效益,实现物料信息同资金信息集成。衡量企业经营效益首先要计算产品成本,产品成本的实际发生过程还要以 MRP 系统的产品结构为基础,从最底层采购件的材料费开始,逐层向上将每一件物料的材料费、人工费和制造费(间接成本)累计,得出每一层零部件直至最终产品的成本。再进一步结合市场营销,分析各类产品的获利性。

2.3.3 企业资源计划

1. ERP 系统概念的提出

MRPⅡ的概念始终局限于企业内部,在决策支持上主要集中在结构化决策问题。20世纪90年代以来,包括供应商在内的供应链管理成为企业生产经营管理的重要部分,MRPⅡ系统已无法满足企业对资源全面管理的要求。MRPⅡ逐渐发展成为新一代的企业资源计划(ERP)系统。ERP是一种基于"供应链"的管理思想,是在 MRPⅡ的基础上扩展管理范围,把客户需求和企业内部的制造活动以及供应商的制造资源整合在一起,体现了完全按用户需求制造的思想。它把企业的物流、资金流、信息流统一起来进行管理,以求最大限度地利用企业现有资源,实现企业经济效益的最大化。

ERP 系统不仅是 MRPⅡ系统的制造、供销、财务功能扩展,而且是在新的市场环境下全新的经营理念,它体现了一系列管理思想和方法的变革:向内、外两个方向延伸,向内主张以精益生产方式、新的技术开发和工程设计管理模式改造企业生产管理系统;向外则增加战略决策功能和供应链管理功能,其核心思想是供应链管理。这样,ERP 除了具有 MRPⅡ的计划和控制功能外,还包括以下功能子系统:支持企业整体发展战略的经营系统、全面成本管理(Total Cost Management)系统、敏捷后勤管理系统。ERP 指建立在信息技术基础上,以系统化的管理思想,为企业决策层及员工提供决策运行手段的管理平台,对于改善企业业务流程,提高企业核心竞争力具有显著作用。

2. ERP 系统结构

ERP 把企业的物流、人流、资金流、信息流统一起来进行管理,把客户需要和企业内部的生产经营活动以及供应商的资源整合在一起,为企业决策层提供解决企业产品成本问题、提高作业效率及资金的运营情况一系列问题,使之成为能完全按用户需求进行经营管理的一种全新的行之有效的管理方法。在功能上还增加了支持物料流通体系的运输管理、仓库管理、在线分析处理、生产保障体系的质量管理;支持跨国经营的多国家地区、多工厂、多语种、多币制需求;支持多种生产类型或混合型制造企业,汇集了离散型生产、流水作业生产和流程型生产的特点;支持远程通信、电子商务等的集成。此外,还支持企业资本运行和投资管理、各种法规及标准管理等。ERP 系统的功能框架如图 2.8 所示。

3. ERP 的经营理念

1) 采用精益生产方式

ERP 将精益生产方式的概念引入企业的生产管理系统中,其目标是通过精益生产方式的实施使管理体系的运行更加顺畅。

2) 实现全球大市场营销战略与集成化市场营销

ERP 的目标是在市场规划、广告策略、价格策略、服务、销售、分销、预测等方面实现信息集成和管理集成,推行以"为顾客服务"为中心的经营方针;建立和完善企业商业风险预警机制和风险管理系统;进行经常性的市场营销与产品开发、生产集成性评价工作;优化企业的物流系统等。

3) 新的技术开发和工程设计管理模式

ERP 的一个重要目标就是通过对系统各部门持续不断的改进,最终提供令顾客满意的

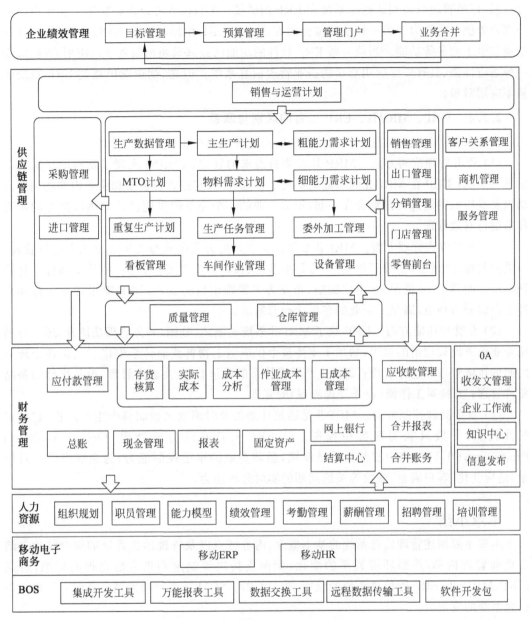

图 2.8 ERP 系统的功能框架

产品和服务。从这个角度出发,ERP 致力于构筑企业核心技术体系,实现从顶向下和从底向上的技术协调机制;利用 Internet 实现企业与外界的良好信息沟通。

随着应用的深入,ERP 的内容在发展。有些独立软件如供应链管理(Supply Chain Management,SCM)系统、客户关系管理(Custom Relation Management,CRM)系统等都是面向决策的,在电子商务环境中,为了利用 ERP 提高交易效率和改进决策制定过程,就必须改变业务运作模式,实现 ERP 与 SCM、CRM 的功能整合。如 SAP 的 ERP 软件和 Manugistics 的制造软件集成,可以实现整个供应链的优化。有的开发商也提供专门用于这类集成的软件,如日立计算机公司向美国公司提供的 TradeLink 软件包含了目录管理、批量定制、订单管理以及到数据库系统和 ERP 的链接。Tibco 公司为企业提供了连接内部和外部业务伙伴的能力。另一种功能整合的方法是在 ERP 中增加商业智能、决策支持、数据挖掘和电子商务等功能。当前一些 ERP 软件的功能已经远远超出制造业的应用范围,成为一种适应性强、具有广泛应用意义的企业管理信息系统。但是,制造业仍然是 ERP 系统的基本应用对象。

2.3.4 MRP、MRPⅡ、ERP 三者的区别与联系

具体来说 MRP、MRPⅡ、ERP 三者的区别与联系表现在:

(1) 资源管理范畴方面。MRP 是对物料需求的管理;MRPⅡ实现了物料信息同资金信息的集成;ERP 在 MRPⅡ的基础上扩展了管理范围,它把客户需求和企业内部的制造活动以及供应商的制造资源整合在一起,形成企业的一个完整的供应链并对供应链上的所有环节进行有效管理。

(2) 生产方式管理方面。MRPⅡ系统把企业归类为几种典型的生产方式来进行管理,如重复制造、批量生产、按订单生产、按订单装配、按库存生产等,对每一种类型都有一套管理标准。而到了 20 世纪 90 年代初期,企业为了紧跟市场的变化,ERP 能很好地支持和管理混合型制造环境,满足了企业的多样化经营需求。

(3) 在管理功能方面。ERP 除了 MRPⅡ系统的制造、分销、财务管理功能外,还充分利用企业业务流程重组的思想,增加了支持整个供应链上物料流通体系中供、产、需各个环节之间的运输管理和仓库管理;支持生产保障体系的质量管理、实验室管理、设备维修和备品备件管理;支持对工作流(业务处理流程)的管理。

(4) 事务处理控制方面。MRPⅡ是通过计划的及时滚动来控制整个生产过程,它的实时性较差,一般只能实现事中控制。而 ERP 支持在线分析处理(Online Analytical Processing,OLAP)、售后服务及质量反馈,强调企业的事前控制能力,为企业提供了对质量、适应变化、客户满意、绩效等关键问题的实时分析能力。

本章小结

本章主要阐述管理信息系统的基本概念、内容特点以及管理信息系统的综合结构。结合企业管理内部/外部环境关系的变化,面向支持决策制定和供应链管理的思想,讲述 MRP、MRPⅡ、ERP 等信息系统的应用,并与 CRM、SCM 等系统功能整合来深入了解管理信息系统的发展。

课后练习

2.1 管理信息系统应怎样定义?

2.2 从信息管理层次上划分,MIS 可分为哪几类?从系统功能和服务对象上划分又如何呢?

2.3 决策问题按性质可分为哪几类?举例说明。

2.4 简述管理信息系统与内外部环境之间的关系。

2.5 简述供应链环境下的管理信息系统的特点。

2.6 简述 MRP、MRPⅡ、ERP 的区别与联系。

第 3 章　智能决策支持系统

本章学习目标

- 掌握决策支持系统的定义及体系结构；
- 了解科学决策与决策支持系统之间的关系；
- 了解人工智能的概念及相关的技术；
- 掌握智能决策支持系统体系结构及系统功能。

全球经济数字化的进程以及信息技术的发展,消除了许多流通壁垒。企业比以往任何时候都面临着更为复杂的生存环境,竞争的压力对企业制定决策的质量、速度都有更高要求,更难以形成科学的"管理决策"并维护其竞争壁垒。

决策支持系统作为一种现代化管理工具,能够为企业提供各种决策信息以及许多商业问题的解决方案,从而减轻了管理者从事低层次信息处理和分析的负担,使得他们专注于最需要决策的工作,因此提高了决策的质量和效率。

前 导 案 例

成立于 1992 年 8 月的光大银行,拥有众多客户群,分支机构遍布国内外；同时光大银行以领先的理念为客户提供种类繁多的金融服务。对于一个如此庞大的机构,如此繁多的金融服务,管理的复杂性可想而知。近年来,通过综合柜台业务系统、阳光卡系统、网上银行系统和办公自动化系统等一系列信息化基础建设,光大银行率先实现了业务系统全国联网和总行数据大集中的商务智能系统。

在成功实现业务系统全国联网和总行数据大集中后,经营管理分析方面又出现了一些亟待解决的新问题,如统计数据不够及时准确、对决策分析缺乏专业化系统化支持、报表处理效率低、数据共享差、难以为以客户为中心的经营管理模式提供充足的信息支持、业绩考核没有理想的 IT 系统作为支撑等。众多新问题的出现是银行管理层始料未及的。

为了尽快突破海量数据的"封锁",挖掘其中蕴含的知识和信息,光大银行决策层于 2002 年年初开始立项商业智能及数据仓库系统。光大银行根据自身情况,以实际需要为导向,对各家方案的优劣进行仔细分析、反复考查、综合考虑,最终,菲奈特软件公司的高端商务智能产品 BI.Office 以其领先的技术和简便的操作从众多竞争者中脱颖而出,赢得了光大银行决策层的一致青睐。

经过商议,双方在国际结算业务统计分析、对公业务统计分析、信贷风险管理、客户经理业绩考核等方面签订了一系列合作计划。为了降低实施风险,将从国际结算业务统计分析系统开始,各个项目逐步实施。成功的选型是光大银行商业智能决策系统成功实施的开始。国际业务部商业智能的应用证明,光大银行所采取的"以部门为基础实施数据处理"的决定是正确的,也是务实的。

从 2002 年 12 月开始,菲奈特 BI.Office 商业智能决策系统相继应用于光大银行其他几个业务部门,形成相应部门的商业智能系统。这些商业智能系统以数据仓库技术为基础,把分散在各个业务系统的数据进行整合,数据经过清洗、转换,加载到数据仓库;再采用 OLAP(联机分析处理)和数据挖掘(Data Mining)等技术,为管理决策人员提供强大、灵活的日常查询和决策支持。

一个应用实例:有一段时间存款余额持续不断地增长,但是同期的流失客户数也在不断增长,这个问题引起了业务部分析人员的高度重视。该分析人员通过系统进行数据分析后发现,问题的根源在于很多客户经理为了完成揽存目标,费了大量的人力和成本开拓新行业、新客户,而忽略了对老客户的关系管理,才出现了存款余额和流失客户数同时增长的怪现象。于是他马上向主管领导反映,当天就在全行下达了整改通知,及时阻止了不良趋势的蔓延。

目前,光大银行的商业智能系统已经成为管理层进行战略实施、绩效考核不可或缺的工具,各级业务人员的日常经营分析在很大程度上也有赖于该系统的支持。BI.Office 商业智能决策系统在光大银行取得了圆满成功。

3.1 决策支持系统定义及体系结构

3.1.1 决策支持系统的定义

决策支持系统(Decision Supporting System,DSS)是以管理科学、运筹学、控制论和行为科学为基础,以计算机技术、仿真技术和信息技术为手段,解决半结构化的决策问题,支持决策活动的具有智能作用的人机系统。该系统能够为决策者提供决策所需的数据、信息和背景材料,帮助明确决策目标和进行问题的识别,建立或修改决策模型,提供各种备选方案,并且对各种方案进行评价和优选,通过人机交互功能进行分析、比较和判断,为正确决策提供必要的支持。

DSS 的概念是 20 世纪 70 年代提出的,并且在 20 世纪 80 年代获得发展。它的产生基于以下原因：传统的 MIS 没有给企业带来巨大的效益，人在管理中的积极作用要得到发挥；人们对信息处理规律的认识提高了，面对不断变化的环境需求，要求更高层次的系统来直接支持决策；计算机应用技术的发展为 DSS 提供了技术基础。

在 DSS 发展过程中，各个研究机构和学者从不同角度对 DSS 进行了定义。下面列举一些主要的观点。

R. H. Spraque 和 E. D. Carlson 对 DSS 的定义：决策支持系统具有交互式计算机系统的特征，帮助决策者利用数据和模型去解决半结构化问题。

在该定义中强调决策支持系统具有如下功能：
(1) 解决高层管理者常碰到的半结构化和非结构化问题。
(2) 把模型或分析技术与传统的数据存储和检索功能结合起来。
(3) 以对话方式使用决策支持系统。
(4) 能适应环境和用户要求的变化。

P. G. W. Keen 对 DSS 的定义：决策支持系统是决策(Decision)、支持(Support)、系统(System)三者汇集成的一体。即通过不断发展的计算机建立系统的技术，逐渐扩展支持能力，达到更好的辅助决策。传统的支持能力是指提供的工具能适用当前的决策过程，而理想的支持能力是主动地给出备选方案甚至决策备选方案。

S. S. Mittra 对 DSS 的定义：决策支持系统是从数据库中找出必要的数据，并利用数学模型的功能，为用户产生所需要的信息。

在该定义中强调决策支持系统具有如下功能：
(1) 为了做出决策，用户可以试探几种"如果，将如何"(What If…)的方案。
(2) DSS 必须具备一个数据库管理系统、一组以优化和非优化模型为形式的数学工具和一个能为用户开发 DSS 资源的联机交互系统。
(3) DSS 结构是由控制模块将数据存取模块、数据变换模块(检索数据，产生报表和图形)、模型建立模块(选择数学模型或采用模拟技术)三个模块连接起来实现决策问题的回答。

综合以上定义，决策支持系统可以定义为：决策支持系统是利用大量数据，有机组合各类模型，在计算机上建立多个方案，通过人机交互，辅助各级决策者实现科学决策的系统。图 3.1 所示为决策支持系统的结构示意图(两库结构)。

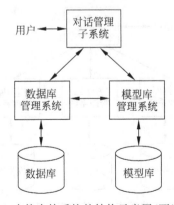

图 3.1　决策支持系统的结构示意图(两库结构)

3.1.2 DSS 与 MIS 的关系

DSS 是从 MIS 的基础上发展起来的,两者都是以数据库系统为基础,都需要进行数据处理,也都能在不同程度上为用户提供辅助决策信息。

DSS 与 MIS 的区别主要体现在以下六个方面:

(1) MIS 是面向中层管理人员,为管理服务的系统。DSS 是面向高层人员,为辅助决策服务的系统。

(2) MIS 是按事务功能(生产、销售、人事)综合多个事务处理的电子数据处理(Electronic Data Processing,EDP)。DSS 是通过多个模型的组合计算辅助决策的。

(3) MIS 是以数据库系统为基础、以数据驱动的系统。DSS 是以模型库系统为基础的、以模型驱动的系统。

(4) MIS 分析着重于系统的总体信息的需求,输出报表模式是固定的。DSS 分析着重于决策者的需求,输出数据的模式是复杂的。

(5) MIS 系统追求的是效率,即快速查询和产生报表。DSS 追求的是有效性,即决策的正确性。

(6) MIS 支持的是结构化决策。这类决策是已知的、可预见的,而且是经常的、重复发生的。DSS 支持的是半结构化决策。这类决策是既复杂又无法准确描述处理,且涉及大量计算,既要应用计算机又要用户干预,才能取得满意结果的决策。

3.1.3 决策支持系统 DSS 的体系结构

对决策支持系统发展影响最大的结构形式有两个:一个是 1980 年 R. H. Spraque 提出的三部件结构;另一个是 1981 年 R. H. Bonczek 等人提出的三系统结构。其中,三部件结构强调模型部件在决策支持系统中的作用;三系统结构强调知识系统在决策支持系统中的作用,它容易与人工智能中的知识系统混淆。在三部件的基础上增加知识部件形成智能决策支持系统,这已成为共识。

1. 三部件结构

1980 年 Spraque 提出著名的决策支持系统的三部件结构。在三部件结构中,决策支持系统由数据库、模型库等子系统与对话管理子系统构成。三库结构示意图如图 3.2 所示。

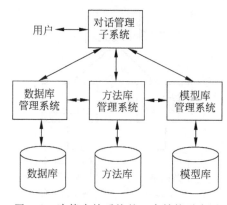

图 3.2 决策支持系统的三库结构示意图

对话管理子系统是 DSS 的人机接口界面,用户通过该子系统提出信息查询的请求或决策支持的请求;对话管理子系统对接收到的请求做检验,形成命令,为信息查询的请求进行数据库操作,提取信息,将所得信息传送给用户。对话部件主要完成以下功能:
- 提供丰富多彩的显示和对话形式;
- 输入输出转换;
- 控制决策支持的有效运行。

数据库子系统由数据库、数据析取模块及数据查询模块等部件组成。数据部件主要完成以下功能:
- 数据库存储的组织形式;
- 数据库管理系统功能;
- 数据库管理语言体系。

对决策支持的请求将识别问题与构建模型,从方法库中选择算法,从数据库读取数据,运行模型库中的模型,运行结果通过对话管理子系统传送给用户或暂存数据库待用。模型部件主要完成以下功能:
- 模型库中模型的表现形式;
- 模型库管理系统;
- 模型库管理系统的语言体系;
- 模型库管理系统的特定功能——模型程序的编辑和编译。

2. 四部件结构

除了图 3.2 所示的三库结构之外,四库结构在模型库、数据库及人机交互系统三个部件基础上,增加了知识库和方法库的管理和应用。四库结构示意图如图 3.3 所示。

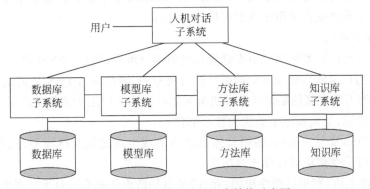

图 3.3 决策支持系统的四库结构示意图

1) 人机对话子系统

人机对话子系统是 DSS 中用户和计算机的接口,在操作者、模型库、数据库和方法库之间起着传送命令和数据的重要作用。

从系统使用角度来看,人机对话接口的设计目标是:
(1) 能使用户了解系统所能提供的数据、模型及方法的情况;
(2) 通过运行模型使用户取得或选择某种分析结果或预测结果;
(3) 在决策过程结束之后,能把反馈结果送入系统,对现有模型提出评价及修正意见;

(4) 当需要的时候,可以按使用者要求的方式,很方便地以图形及表格等丰富的表达方式输出信息、结论及依据等。

从系统维护的检验评价角度,人机对话接口的设计目标是:

(1) 能帮助维护人员了解系统运行状况,分析存在的问题,找出改进方法;

(2) 报告模型的使用情况(次数、结果、使用者的评价及改进要求);

(3) 利用统计分析工具,分析偏差的规律及趋势,为找出症结提供参考;

(4) 临时性、局部性地修改模型,运行模型,并将结果与实际情况对比,以助于发现问题。

2) 数据库子系统

数据库子系统由数据库、数据析取模块、数据字典、数据库管理系统及数据查询模块等部件组成。

(1) 数据库:DSS 数据库中存放的数据大部来源于 MIS 等信息系统的数据库,这些数据库被称为源数据库。源数据库与 DSS 数据库的区别在于用途与层次的不同,是模型库、方法库和人机对话子系统的基础部分。

(2) 数据析取模块:负责从源数据库提取能用于决策支持的数据,析取过程也是对源数据进行加工的过程,是选择、浓缩与转换数据的过程。

(3) 数据字典:用于描述与维护各数据项的属性、来龙去脉及相互关系,也可看作数据库的一部分。

(4) 数据库管理系统:用于管理、提供与维护数据库中的数据,也是与其他子系统的接口。

(5) 数据查询模块:用来解释来自人机对话及模型库等子系统的数据请求,通过查阅数据字典确定如何满足这些请求,并详细阐述向数据库管理系统的数据请求,最后将结果返回人机对话子系统或直接用于模型的构建与计算。

3) 模型库子系统

模型库子系统由模型库和模型库管理系统两部分组成,它是 DSS 中最复杂与最难实现的部分。DSS 用户是依靠模型库中的模型进行决策的,因此认为 DSS 是由模型驱动的。

(1) 模型库主要存储的是能让各种决策问题共享或专门用于某特定决策问题的模型基本模块或单元模型,是模型库子系统的核心部件;

(2) 使用 DSS 支持决策时,根据具体问题构造或生成决策支持模型,这些决策支持模型若有再用的可能性则也可存储于模型库;

(3) 从理论上讲,利用模型库中的"元件"可以构造出任意形式且无穷多的模型,以解决任何所能表述的问题。

4) 方法库子系统

方法库子系统是存储、管理、调用及维护 DSS 各部件要用到的通用算法、标准函数等方法的部件,方法库中的方法一般用程序方式存储。方法库子系统由方法库与方法库管理系统组成。

(1) 方法库是存储方法和程序模块的工具,具体有排序算法、分类算法、最小生成树算法、最短路径算法、计划评审技术(PERT)、线性规划、整数规划、动态规划、各种统计算法、各种组合算法等。决策支持系统的方法库如图 3.4 所示。

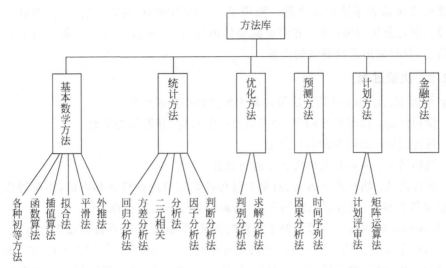

图 3.4 决策支持系统的方法库

按方法的存储方式,方法库可以被分为层次结构型方法库、关系型方法库、语义网络模型结构方法库和含有人工智能技术的方法库等。

(2) 方法库管理系统是方法库系统的核心部分,是方法库的控制机构。

3.2 科学决策与决策支持系统

3.2.1 科学决策

决策自古有之。从宏观上讲,决策就是制定政策;从微观上讲,决策就是做出决定。决策是指个人或集体为了达到或实现某一目标,借助一定的科学手段和方法,从若干备选方案中选择或综合成一个满意合理的方案,并付诸实施的过程。

科学决策是决策者依据科学方法、科学程序、科学手段所进行的决策工作。科学决策的主要特点是:

(1) 有科学的决策体系和运作机制。决策体系包括决策系统、参谋系统、信息系统、执行系统和监督系统。

(2) 遵循科学的决策过程。决策过程包括:提出问题和确定目标;拟定决策方案;决策方案的评估和优选;决策的实施和反馈。

(3) 重视"智囊团"在决策中的参谋咨询作用。

(4) 运用现代科学技术和科学方法。

决策按其性质可分为如下三类:

(1) 结构化决策,是指对某一决策过程的环境及规则,能用确定的模型或语言描述,以适当的算法产生决策方案,并能从多种方案中选择最优解的决策。

(2) 非结构化决策,是指决策过程复杂,不可能用确定的模型和语言来描述其决策过程,更无所谓最优解的决策。

(3) 半结构化决策,是介于以上二者之间的决策,这类决策可以建立适当的算法产生决策方案,从决策方案中得到较优的解。

非结构化决策和半结构化决策一般用于一个组织的中、高管理层,其决策者一方面需要根据经验进行分析判断,另一方面也需要借助计算机,通过决策支持系统为决策提供各种辅助信息,及时做出正确有效的决策。

3.2.2 决策过程

著名学者 H. A. Simon 认为决策过程主要由四个阶段组成。

(1) 情报活动:找出存在问题,确定信息决策目标,获取相关信息。

(2) 设计活动:拟订各种备选方案。

(3) 选择活动:从各种备选方案中进行选择。

(4) 评价活动:执行所选方案,对整个过程及其结果进行检查和评价,将所得信息作为下次信息决策的参考,或者提出新问题,启动新一轮信息决策过程。

H. A. Simon 的观点一方面强调了实践的意义,明确了决策的目的在于执行,而执行又反过来检查决策是否正确;另一方面把决策看成是一个不断循环的管理过程,即"决策—执行—再决策—再执行"的循环过程。此外,他还进一步认为:"决策过程中至关重要的因素是信息联系,信息是合理决策的生命线。"也就是说,不只是第一阶段需要情报活动,每个阶段都需要情报活动的参与。

这四个阶段可以分成更详细的九个步骤,即提出问题、确定目标、价值准则、拟订方案、分析评估、选择方案、实验验证、普遍实施和反馈检验。决策过程示意图如图 3.5 所示。

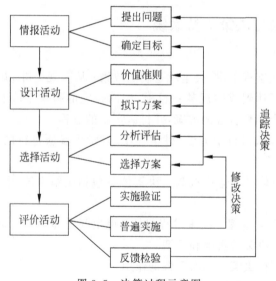

图 3.5 决策过程示意图

1. 提出问题

所有决策工作都从提出问题开始,一般通过寻找实际状况与理想要求(或标准)之间的差距,来发现和提出问题。这一步还需要恰当界定问题,即通过调查研究,分析问题产生的时间、地点、条件和环境,明确问题的性质和特点,确定问题的范围。

2. 确定目标

决策目标的正确与否对信息决策的成败关系极大。为确定决策目标,一般需要通过调查研究，找出产生问题的原因，还要进行科学预测，以恰当判断未来一段时间内要达到的结果。

决策目标一般有三个特点：
(1) 目标概念明确或决策目标数量化，这样就能保证各方对目标理解相同；
(2) 决策目标有时间限制，在规定的时间内完成；
(3) 决策目标有约束条件限制。

对于多目标的复杂任务，决策常常遵循以下两条原则：
(1) 在满足需要的前提下尽量减少目标个数。因为目标越多，选择方案就越多，会增加选择难度。
(2) 目标要分级落实，协调执行。要分析各个目标的重要性大小，先集中力量实现重要性大的目标。

3. 价值准则

价值准则是落实目标、评价和选择方案的依据。这里所说的价值是指决策目标或方案的作用、效益、收益、意义等，一般通过数量化指标来反映，如产量、产值、成本、质量、效益等。价值准则的设定一般包括如下三项内容：
(1) 价值指标。一般有三类：学术价值、经济价值和社会价值。每类价值又可以分为若干项，每项又可以分为若干条，构成一个价值系统。
(2) 取舍原则。在大多数情况下，要同时达到整个价值系统的指标是困难的，因此，要规定价值的主次、缓急以及在相互矛盾时的取舍原则。
(3) 约束条件。任何决策都有一定的环境，要指明实现这些指标的约束条件。

4. 拟订方案

备选方案的拟订是信息决策过程中关键的一步。这一步主要是根据决策目标和所掌握的信息资料进行的。在拟订备选方案时应注意三条原则：
(1) 尽可能多地列出集中可行的方案；
(2) 多种不同方案之间必须有原则上的区别；
(3) 要依靠专家或专门机构来进行，要广泛运用智囊技术。

5. 分析评估

在拟订一批备选方案后，按价值标准，对各种备选方案进行分析评估。一般有三种方法：经验评价法、数学分析法和实验法。

经验评价法是使用较普遍的评价方法。特别是对复杂的决策问题，只能用经验评价法加以估计。但这种方法局限性较大，科学性较差。

数学分析法是对拟定的备选方案建立相应模型，并利用计算机等工具进行计算。该方法科学性较强，已成为方案评估的基本手段。

实验法能通过实验过程获取其他方法难以获得的评价结果。

6. 选择方案

在分析、评估备选方案后，需要对方案的选择做出决断，这是决策过程中关键的一步。方案优选，必须有合理的选择标准。一般来说，决策的目的是实现一定的决策目标，越是符合目标的要求就越好,这就是决策方案的价值标准。此外,在理论上人们追求最优标准,但对于实际信息决策,绝对的最优化是不存在的。H. A. Simon 提出一个现实的"满意标准",就是在现有条件下追求一个满意的结果。

7. 实验验证

当方案选定之后必须进行局部实验,以验证其方案运行的可靠性。在实验验证中,如果实验成功,即可进入普遍实施阶段;否则反馈回去,进行决策修正。

8. 普遍实施

决策方案在局部实验中能稳定地取得较好效果后,就可以加以推广,进行普遍实施。决策方案通过实验验证,可靠程度一般较高,但在实施过程中仍会发生偏离目标的情况。因此,需要加强反馈,不断采取措施加以控制,保证方案的顺利实施。

9. 反馈检验

这一步骤也称为"后评价",是指决策实施后,应检验和评价实施的结果,检验是否达到预期的目标,回顾整个信息决策过程,总结经验教训,为今后的决策提供信息和借鉴,或者提出新问题,启动新一轮决策。

3.3 人工智能

人工智能(Artificial Intelligence,AI)是知识工程学,是一门研究机器智能的学科,即用人工的方法和技术,研制智能机器或智能系统来模仿、延伸和扩展人的智能,实现智能行为。

3.3.1 人工智能的基本概念及历史

1. 人工智能的不同定义

定义 1:人工智能之父 John McCarthy 认为,人工智能(知识)就是制造智能的机器,更特指制作人工智能的程序。人工智能模仿人类的思考方式使计算机能智能地思考问题;人工智能通过研究人类大脑的思考、学习和工作方式,然后将研究知识的表示方法、知识的运用和知识的获取作为开发智能软件和系统的基础。

定义 2:人工智能(学科)是一门基于计算机科学、生物学、心理学、神经科学、数学和哲学等学科的科学和技术。人工智能的一个主要推动力是开发与人类智能相关的计算机功能,例如推理、学习和解决问题的能力。

定义 3:人工智能(能力)是智能机器所执行的通常与人类智能有关的智能行为,如推理、证明、识别、感知、理解、思考、学习和问题求解等思维活动。

2. 人工智能的发展历史

1940—1950 年:一些来自数学、心理学、工程学、经济学和政治学领域的科学家在一起讨论人工智能的可能性,当时已经研究出了人脑的工作原理是神经元电脉冲工作。

1950—1956 年:艾伦·图灵(Alan Turing)发表了一篇具有里程碑意义的论文,其中他预见了创造思考机器的可能性。

重要事件:曼彻斯特大学的 Christopher Strachey 使用 Ferranti Mark 1 机器编写了一

个跳棋程序,DietrichPrinz 编写了一个国际象棋程序。

1956 年:达特茅斯会议,人工智能诞生。约翰·麦卡锡创造了"人工智能"一词并且演示了卡内基-梅隆大学首个人工智能程序。

1956—1974 年:推理研究,主要使用推理算法,应用在棋类等游戏中;自然语言研究,目的是让计算机能够理解人的语言。日本早稻田大学于 1967 年启动 WABOT 项目,并于 1972 年完成世界上第一个全尺寸智能人形机器人 WABOT1。

1974—1980 年:由于当时的计算机技术限制,很多研究迟迟不能得到预期的成就,这时候 AI 处于研究低潮。

1980—1987 年:在 20 世纪 80 年代,世界各地的企业采用了一种称为"专家系统"的人工智能程序,知识表达系统成为主流人工智能研究的焦点。在同一年,日本政府通过其第五代计算机项目积极资助人工智能。1982 年,物理学家 John Hopfield 发明了一种神经网络可以以全新的方式学习和处理信息。

1987—1993 年:第二次 AI 研究低潮。

1993—2011 年:出现智能代理,它是感知周围环境,并采取最大限度提高成功的机会的系统。这个时期自然语言理解和翻译、数据挖掘、Web 爬虫出现了较大的发展。

里程碑的事件:1997 年深蓝击败了当时的世界象棋冠军 GarryKasparov。2005 年,斯坦福大学的机器人在一条没有走过的沙漠小路上自动驾驶 131mile(1mile=1609.344m)。

2011 年至今:在深度学习、大数据和强人工智能方面发展迅速。

3.3.2 人工智能的主要技术

人工智能技术分成两大类:一类是传统人工智能;另一类是计算智能。传统人工智能是以知识为基础,通过推理进行问题求解;计算智能是以数据为基础,通过训练建立联系进行问题求解,包括人工神经网络、遗传算法、模糊系统、机器学习等方法。

1. 专家系统

专家系统是一类具有专门知识和经验的计算机智能程序系统,通过对人类专家的问题求解能力的建模,采用人工智能中的知识表示和知识推理技术来模拟通常由专家才能解决的复杂问题,达到具有与专家同等解决问题能力的水平。这种基于知识的系统设计方法是以知识库和推理机为中心而展开的,即

$$专家系统=知识库+推理机$$

它把知识从系统中与其他部分分离开来。专家系统强调的是知识而不是方法。很多问题没有基于传统的计算机程序算法的解决方案(如表 3.1 所示),采用专家系统可以利用人类专家拥有的丰富知识,因此专家系统也称为知识系统(Knowledge-Based Systems)。一个专家系统一般应该具备以下三个要素:

(1) 具备某个应用领域的专家级知识;

(2) 能模拟专家的思维;

(3) 能达到专家级的解题水平。

建造一个专家系统的过程可以称为"知识工程",它是把软件工程的思想应用于设计基于知识的系统。知识工程包括以下四个方面:

(1) 从专家那里获取系统所用的知识(即知识获取);

表 3.1　专家系统与传统的计算机程序的主要区别

列　　项	传统的计算机程序	专　家　系　统
处理对象	数字	符号
处理方法	算法	启发式
处理方式	批处理	交互式
系统结构	数据和控制集成	知识和控制分离
系统修改	难	易
信息类型	确定性	不确定性
处理结果	最优解	可接受解
适用范围	无限制	封闭世界假设

(2) 选择合适的知识表示形式(即知识表示);
(3) 进行软件设计;
(4) 以合适的计算机编程语言实现。

专家系统通常由人机交互界面、知识库、推理机、解释器、综合数据库、知识获取六部分构成。专家系统的基本结构如图 3.6 所示,其中箭头方向为信息流动的方向。

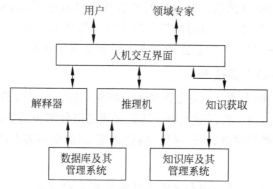

图 3.6　专家系统的基本结构

知识库是问题求解所需要的领域知识的集合,包括基本事实、规则和其他有关信息。知识的表示形式可以是多种多样的,包括框架、规则、语义网络等。知识库中的知识源于领域专家,是决定专家系统能力的关键,即知识库中知识的质量和数量决定着专家系统的质量水平。知识库是专家系统的核心组成部分。一般来说,专家系统中的知识库与专家系统程序是相互独立的,用户可以通过改变、完善知识库中的知识内容来提高专家系统的性能。

推理机是实施问题求解的核心执行机构,它实际上是对知识进行解释的程序,根据知识的语义,对按一定策略找到的知识进行解释执行,并把结果记录到数据库的适当空间中。推理机的程序与知识库的具体内容无关,即推理机和知识库是分离的,这是专家系统的重要特征。它的优点是对知识库的修改无须改动推理机,但是纯粹的形式推理会降低问题求解的效率。将推理机和知识库相结合也不失为一种可选方法。

知识获取负责建立、修改和扩充知识库,是专家系统中把问题求解的各种专门知识从人类专家的头脑中或其他知识源那里转换到知识库中的一个重要机构。知识获取可以是手工的,也可以采用半自动知识获取方法或自动知识获取方法。

人机交互界面是系统与用户进行交流时的界面。通过该界面,用户输入基本信息、回答系统提出相关问题。系统输出推理结果及相关解释也是通过人机交互界面进行的。

综合数据库也称为动态库或工作存储器,是反映当前问题求解状态的集合,用于存放系统运行过程中所产生的所有信息,以及所需要的原始数据,包括用户输入的信息、推理的中间结果、推理过程的记录等。综合数据库中有各种事实、命题和关系组成的状态,既是推理机选用知识的依据,也是解释机制获得推理路径的来源。

解释器用于对求解过程做出说明,并回答用户的提问。两个最基本的问题是 Why 和 How。解释机制涉及程序的透明性,它让用户理解程序正在做什么和为什么这样做,向用户提供了关于系统的一个认识窗口。在很多情况下,解释机制是非常重要的。为了回答"为什么"得到某个结论的询问,系统通常需要反向跟踪动态库中保存的推理路径,并把它翻译成用户能接受的自然语言的表达方式。

2. 人工神经网络

人工神经网络(Artificial Neural Network,ANN)是一种具有非线性适应性信息处理能力的算法,可克服传统人工智能方法对于直觉,如模式、语音识别等非结构化信息处理方面的缺陷。早在 20 世纪 40 年代人工神经网络已经受到关注,并随后得到迅速发展。人工神经网络从信息处理角度对人脑神经元网络进行抽象,建立某种简单模型,按不同的连接方式组成不同的网络。在工程与学术界也常直接将其简称神经网络或类神经网络。

神经网络是一种运算模型(MP 模型),由大量的结点(或称神经元)相互连接构成,利用神经元的信息传播模型进行学习得到训练结果,并用于解决各类问题。MP 模型如图 3.7 所示。每个结点代表一种特定的输出函数,称为激励函数(Activation Function)。每两个结点间的连接都代表一个对于通过该连接信号的加权值,称为权重,这相当于人工神经网络的记忆。网络的输出则依网络的连接方式、权重值和激励函数的不同而不同。而网络自身通常都是对自然界某种算法或者函数的逼近,也可能是对一种逻辑策略的表达。

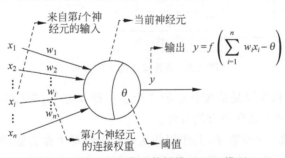

图 3.7 神经元的信息传播模型(MP 模型)

图 3.7 中,$x_1, x_2, \cdots, x_n$ 为输入;y 为该神经元 i 的输出;w_i 为外面神经元与该神经元连接强度(称为权值);θ_i 为阈值;$f(x)$ 为该神经元的作用函数。

神经元的信息传播是一个多输入、单输出的结构,神经元之间的连接强度通过权值来表示。神经元之间的连接权值就是神经网络的知识,它是通过大量样本的学习而获得的。神经网络的推理就是信息传播模型。神经网络主要有前馈式网络、反馈式网络和自组织网络。使用最多的是前馈式网络。图 3.8 所示的反向传播模型(Back Propagation,BP)网络结构就是目前使用最多的前馈式神经网络模型。BP 网络是多层网络结构,在输入层与输出层之间增加若干层（称为隐层）神经元，这些神经元称为隐单元，它们与外界没有直接的联系，但其状态的改变能影响输入与输出之间的关系，每一层可以有若干个结点。

前馈式神经网络是利用大量标准样本（已知样本的输入信息和输出信息）进行学习，获得网络的权值（知识）的。这些知识可以用来对新实例（已知输入信息）进行神经网络的推理完成识别，求出该实例的输出信息。

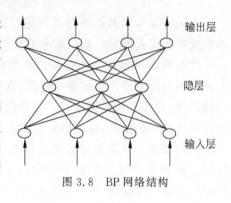

图 3.8　BP 网络结构

3. 遗传算法

遗传算法（Genetic Algorithm，GA）是模拟生物进化的自然选择和遗传机制的一种寻优算法。它模拟了生物的繁殖、交配和变异现象，从任意一初始种群出发，产生一群新的更适应环境的后代。这样一代一代不断繁殖、进化，最后收敛到一个最适应环境的个体上。遗传算法的工作过程如图 3.9 所示。

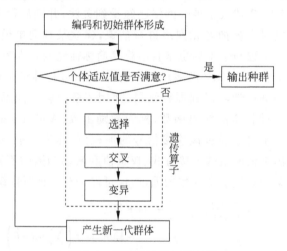

图 3.9　遗传算法的工作过程

其中，选择、交叉和变异是遗传算法的三个主要操作算子，它们构成了遗传操作，使遗传算法具有了其他传统方法所没有的特性。

选择算子又称复制、繁殖算子，其作用是从种群中选择生命力强的染色体产生新种群。依据每个染色体的适应值大小选择，适应值越大，被选中的概率就越大，其子孙在下一代产生的个数就越多。

交叉算子又称重组、配对算子。遗传个体重组是分两步骤进行的，首先在新复制的群体中随机选取两个个体，然后沿着这两个个体随机地取一个位置，二者互换从该位置起的末尾部分。

通过上面的选择和交叉算子操作，基本上完成了遗传算法的大部分搜索功能，而变异算子则增加了使用遗传算法找到接近最优解的能力。变异就是以很小的概率，随机地改变字符串某个位置上的值。变异操作是按位进行的，即把某一位的内容进行变异。

第3章 智能决策支持系统

遗传算法对于复杂的优化问题无须建模和进行复杂运算,只需要利用遗传算法的算子就能寻找到问题的最优解或满意解,因此已经广泛地应用于各类优化问题和分类学习问题。

4. 机器学习

机器学习是人工智能及模式识别领域的共同研究热点,其理论和方法已被广泛应用于解决工程应用和科学领域的复杂问题。机器学习是研究怎样使用计算机模拟或实现人类学习活动的科学,是人工智能中最具智能特征、最前沿的研究领域之一。自20世纪80年代以来,机器学习作为实现人工智能的途径,在人工智能界引起了广泛的兴趣,特别是近十几年来,机器学习领域的研究工作发展很快,它已成为人工智能的重要课题之一。

机器学习不仅在基于知识的系统中得到应用,而且在自然语言理解、非单调推理、机器视觉、模式识别等许多领域也得到了广泛应用。一个系统是否具有学习能力已成为是否具有"智能"的一个标志。

机器学习的研究主要分为两类。第一类是传统机器学习的研究,该类研究主要是研究学习机制,注重探索模拟人的学习机制;传统机器学习的研究方向主要包括决策树、随机森林、人工神经网络、贝叶斯学习等方面研究。

第二类是大数据环境下机器学习的研究,该类研究主要是研究如何有效利用信息,注重从巨量数据中获取隐藏的、有效的、可理解的知识。该类研究以深度学习为代表,借鉴人脑的多分层结构、神经元的连接交互信息的逐层分析处理机制,自适应、自学习的强大并行信息处理能力,在很多方面收获了突破性进展,其中最有代表性的是图像识别领域。机器学习算法的类型结构示意图如图3.10所示。

决策树是机器学习中的一个预测模型,是对象属性与对象值之间的一种映射关系。每个决策树都表述了一种树状结构,树中每个结点表示某个对象,而每个分叉路径则代表的

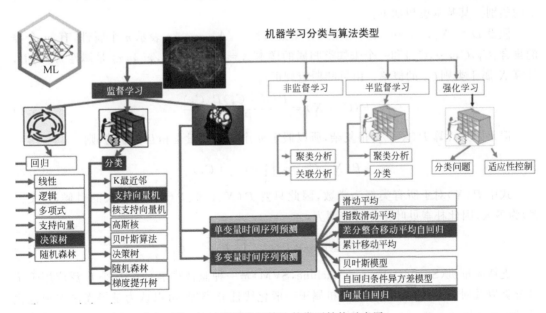

图 3.10 机器学习算法的类型结构示意图

某个可能的属性值,而每个叶结点则对应从根结点到该叶结点所经历的路径所表示的对象的值。决策树仅有单一输出,若欲有多路输出,可以建立独立的决策树以处理不同输出。

每个决策树可以依靠对源数据库的分割进行数据测试。这个过程可以递归式地对树进行修剪。当不能再进行分割或一个单独的类可以被应用于某一分支时,递归过程就完成了。另外,随机森林分类器将许多决策树结合起来以提升分类的正确率。随机森林(RF)作为机器学习重要算法之一,是一种利用多个树分类器进行分类和预测的方法。近年来,随机森林算法的发展十分迅速,已经在生物信息学、生态学、医学、遗传学、遥感地理学等多领域开展应用性研究。

贝叶斯学习是机器学习较早的研究方向,其方法最早起源于英国数学家托马斯·贝叶斯(Thomas Bayes)在1763年所证明的一个关于贝叶斯定理的一个特例。经过多位统计学家的共同努力,贝叶斯统计在20世纪50年代之后逐步建立起来,成为统计学中一个重要的组成部分。贝叶斯分类器的分类原理是通过某对象的先验概率,利用贝叶斯公式计算出其后验概率,即该对象属于某一类的概率,选择具有最大后验概率的类作为该对象所属的类。目前研究较多的贝叶斯分类器主要有四种,分别是朴素贝叶斯算法(Naive Bayes)、TAN、BAN和GBN。

贝叶斯网络是一个带有概率注释的有向无环图,图中的每一个结点均表示一个随机变量,图中两结点间若存在着一条弧,则表示这两结点相对应的随机变量是概率相依的,反之则说明这两个随机变量是条件独立的。网络中任意一个结点 X 均有一个相应的条件概率表(Conditional Probability Table,CPT),用以表示结点 X 在其父结点取所有可能值时的条件概率。若结点 X 无父结点,则 X 的CPT为其先验概率分布。贝叶斯网络的结构及各结点的CPT定义了网络中各变量的概率分布。

朴素贝叶斯算法是以贝叶斯网络为基础的分类算法总称,对于给定的待分类项,利用贝叶斯函数计算出此项条件下各种类别的概率值,其中概率值最大的类别就是待分类项所属的类别。其基本思想如下:

假设 $D=\{X_1,X_2,\cdots,X_n\}$ 是输入数据集,设 $A_1,A_2,\cdots,A_n$ 表示 n 个属性,有 m 个类的集合 $\{C_1,C_2,\cdots,C_m\}$ 和一个未知类归属的样本 $X=\{x_1,x_2,\cdots,x_m\}$,x_i 是属性 A_i 的值,计算 X 属于类别 C_k 的概率。由贝叶斯定理可得

$$P(C_k \mid X)=\frac{P(X \mid C_k)P(C_k)}{P(X)} \tag{3.1}$$

但是因为计算 $P(X|C_k)$ 很复杂,所以假定 n 个属性变量是相互独立的,则

$$P(X \mid C_k)=\prod_{i=1}^{n}P(x_i \mid C_k) \tag{3.2}$$

式中 $P(X)$ 对所有类都为常数,因此只要 $P(X|C_i)$、$P(C_i)$ 值最大的时候,$P(C_i|X)$ 为最大,因此朴素贝叶斯分类模型为:

$$C(X)=\mathrm{argmax}\,P(C_k)\prod_{i=1}^{n}P(x_i \mid C_k) \tag{3.3}$$

支持向量机(Support Vector Machine,SVM)是一种监督式学习方法,它广泛应用于统计分类以及回归分析中。支持向量机属于一般化线性分类器,可以认为是提克洛夫规范化(Tikhonov Regularization)方法的一个特例。这种分类器的特点是能够同时最小化经验误

差与最大化几何边缘区,支持向量机也称为最大边缘区分类器。在统计计算中最大期望(EM)算法是在概率(Probabilistic)模型中寻找参数最大似然估计算法,其中概率模型依赖于无法观测隐藏变量(Latent Variable)。最大期望算法经常用在机器学习和计算机视觉的数据集聚(Data Clustering)领域。最大期望算法经过两个步骤交替进行计算,第一步是计算期望,也就是将隐藏变量像能够观测到的一样包含在内从而计算最大似然估计的期望值;第二步是最大化,也就是最大化在第一步中找到的最大似然估计的期望值从而计算参数的最大似然估计。在第二步中找到参数后用于另一个第一步的计算,这个过程不断交替进行。

支持向量机的主要思想可以概括为两点:①它是针对线性可分情况进行分析,对于线性不可分情况,通过使用非线性映射算法将低维输入空间线性不可分的样本转换为高维特征空间使其线性可分,从而使得高维特征空间采用线性算法对样本的非线性特征进行线性分析成为可能;②它基于结构风险最小化理论,在特征空间中建构最优分割超平面,使得学习器得到全局最优化,并且在整个样本空间的期望风险以某个概率满足一定上界。

3.4 基于人工智能技术的智能决策支持系统

3.4.1 智能决策支持系统的定义及体系结构

智能决策支持系统(Intelligent Decision Support System,IDSS)是决策支持系统与人工智能技术相结合的系统,其中既包括决策支持系统所拥有的组件,例如数据库系统、模型库系统和人机交互系统,同时集成最新发展的人工智能技术,如专家系统、神经网络和遗传算法等。IDSS 是以信息技术为手段,应用管理科学、计算机科学及有关学科的理论和方法,针对半结构化和非结构化的决策问题,通过协助明确问题、修改完善模型、列举可能方案等方式,为管理者做出正确决策提供帮助的智能人机交互信息系统。智能决策支持系统的广义结构如图 3.11 所示。

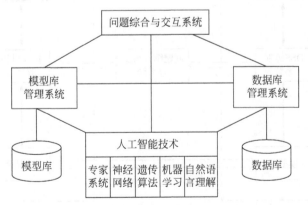

图 3.11 智能决策支持系统的广义结构

智能决策支持系统(IDSS)=决策支持系统(DSS)+人工智能(AI)技术。人工智能技术包括专家系统、神经网络、遗传算法、机器学习和自然语言理解等。其中,专家系统的核心是知识库和推理机;神经网络涉及样本库和网络权值库(知识库),神经网络推理机是 MP 模型;遗传算法的核心是"选择、交叉、变异"三个算子;机器学习包括各种推理算法库;

自然语言理解需要语言文法库(知识库),处理对象是语言文本,对语言文本的推理采用推导和归约两种方式。因此,智能决策支持系统的统一结构如图 3.12 所示。

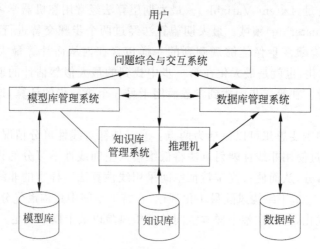

图 3.12　智能决策支持系统的统一结构

3.4.2　基于专家系统的智能决策支持系统

专家系统(ES)与决策支持系统(DSS)结合的智能决策支持系统充分发挥了专家系统以知识推理形式解决定性分析问题的特点,又发挥了决策支持系统以模型计算为核心解决定量分析问题的特点,充分做到定性分析和定量分析的有机结合,使得解决问题的能力和范围得到一个大的发展。专家系统与决策支持系统的具体集成结构如图 3.13 所示。

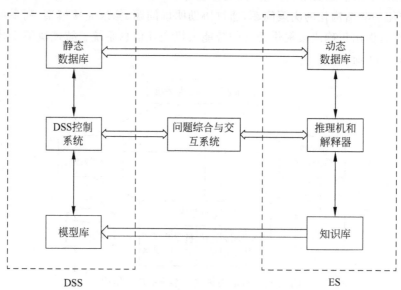

图 3.13　专家系统与决策支持系统的具体集成结构

DSS 与 ES 结合主要体现在以下三个方面:
(1) DSS 与 ES 的总体结合。由集成系统把 DSS 与 ES 有机结合起来。
(2) 知识库和模型库的结合。模型库中的数学模型和数据处理模型作为知识的一种形式,即过程性知识,加入知识推理中。也可以把知识库和推理机作为智能模型加入模型库中。

(3)静态数据库和动态数据库的结合。静态数据库为动态数据库提供初始数据,ES推理结束后,动态数据库中的结果再送回到DSS中的静态数据库中。

3.5 智能决策支持系统案例——厦门航空航班智能恢复系统

3.5.1 项目概述

航班恢复是困扰民航发展的世界性难题。长期以来,航班智能恢复技术被少数欧美公司掌握,但国内外运行条件差异较大,这些国外的航班智能恢复技术在国内遭遇"水土不服",无法有效满足国内民航发展的需要。

2019年,厦门航空联合阿里云、同济大学共同研发的航班智能恢复系统正式投产,经过不断优化完善算法,进行工程化应用,建成国内首个航班智能恢复系统,并于2019年1月在厦门航空有限公司(简称厦航)正式上线试运行,2019年6月正式运行。航班智能恢复系统创造性地运用回旋时空网络模型、列生成等人工智能技术,从航空运行实际出发,引入旅客、机场、维修计划、运行限制等更多的复杂变量,可在30min内实现2000班航班的大规模恢复问题,在实际运行中取得了良好效果。

航班智能恢复系统的上线运行标志着国内民航业运用运筹规划和人工智能解决大面积航班调整问题从零到一的突破,打破该技术被欧美少数国家垄断的局面,实现了关键核心技术的中国自主可控,为减少航班延误、保障旅客出行贡献了中国智慧,获得了广泛的社会好评。

3.5.2 项目背景

2016年9月15日,"莫兰蒂"台风袭击厦门,厦航取消了168个航班,调整406个航班,数万名旅客行程受到影响。航班延误极大地浪费航空公司的资源和旅客的时间,据统计,全国每年有约20%的航班发生延误,由此带来的损失高达数十亿元。如何在航班延误后快速地恢复航班,并尽可能减少航班变化对旅客出行的影响,是一个长期困扰航空运行的难题。恢复航班需要同时考虑飞机、航线、机组、旅客等诸多因素限制,决策难度大、效率低、耗时长,如果调整决策不当或不及时,会直接给旅客的出行带来诸多不便,也影响到公司运行的安全、正常、服务与效益。

3.5.3 项目介绍

1. 基本概念

航班智能恢复系统应用运筹优化、人工智能和数据挖掘等技术,实现恶劣天气如台风、雾霾、大雪、飞机故障、机场关闭、流量控制等条件下的不正常航班快速恢复与旅客恢复。

航班智能恢复系统能够突破人工方案仅考虑少数因素的局限性,在综合考虑旅客、航班、飞机等多项复杂因素后做出更优决策,大大提高航班调整决策效率,并让旅客在最短的时间知晓未来航班动态、调整行程计划、减少延误等待时间,尽可能减少航班变化对旅客出行的影响,提升旅客服务体验。

2. 业务流程

航班恢复的主要业务流程是:设置运行业务规则及目标函数,输入运行相关基础数据,选择航班恢复场景、运行政策、决策偏好，调用算法运算，输出航班恢复结果。最后，再传输到 FOC 签派调整系统中进行规则检查，并由签派、客运、机务进行三方协调评估，通过后生效，后续各运行保障部门按照此调整方案开展相关航班保障及旅客通知工作。航班智能恢复业务流程如图 3.14 所示。

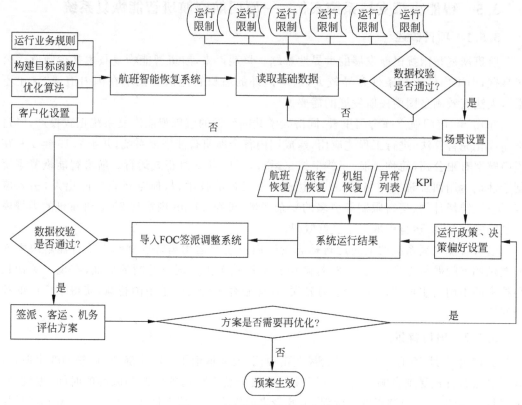

图 3.14 航班智能恢复业务流程

3. 系统构架

系统由视图层、控制层、算法层、外部资源层组成。系统构建了前端交互式组件化 UI 界面展示，并结合 honeycomb 脚手架集成应用托管、集群管理、UI 控制台、应用开发框架，实现微应用模式开发、自动路由规划，达成业务功能间解耦的同时，不增加服务的运维成本；基于 redis 集群的独特数据缓存设计，对 100 多个接口数据进行清洗融合，提升系统访问速度；采用 encryptor 技术对核心数据进行加密，确保数据访问安全；使用 Java 本地调用 (Java Native Interface, JNI)、消息队列等技术对算法任务进行编排和跨平台调用。

4. 系统功能

系统实现了对航班的动态监控和异常告警，满足不同业务场景、多种恢复目标的设置，支持不同方案优劣评价指标对比。

在场景支持上，系统针对大规模台风天气、大规模雨雪雾造成的机场关闭等大场景，2～11 天航班计划、飞机维修计划恢复、正常性优化等中场景，当日航班过站时间不足优化、临时飞机故障、临时航班调减、优化指定航班的过站时间等小场景，均能快速给出合理方案,方案的业务水准显著超过经过长期专业训练的熟练业务人员的水准。

在方案目标设置上,可以对数百项参数进行调整,以满足航空公司实际决策中选择"少延误航班"或"运送更多的旅客"等各种灵活需要。

为进一步提升方案效果,系统设计了航班价值评估、航班延误预估、航班损失回归三个数据挖掘模型。从海量历史航班的大数据分析中,找到季节、天气、航量、流量控制等众多因素对航班正常性的影响规律,形成智能规则固化到系统中,用于预测未来可能延误的航班,及早进行人工干预,优化航班衔接与过站时间,优化机组、飞机任务连续,实现航班计划的预先管理,减少航班延误班次。在方案优劣对比上,系统生成航班总收入、航班总成本、正常率、客座率、飞机利用率等几十项指标,综合评估得到一个总分,既支持单个方案调整前后的对比,又支持不同方案的对比,还提供了关键指标的图形化对比,满足不同层级管理者的决策需求。

3.5.4 项目应用

2019年8月,超强台风"利奇马"与"白鹿"来袭,厦航对台风密切跟踪,分段决策,用航班智能恢复最优方案替代人工方案,台风场景的调整时间从6~8h缩短到15min,延误和取消航班数可分别减少7%和2%,交出了圆满的答卷。航班智能恢复系统的上线运行,意味着航班控制人员通宵达旦调整航班将成为历史,在面临恶劣天气、飞机故障、流量控制等复杂运行环境中可以更加从容和游刃有余,做到安全、运行、服务与效益的全面结合。

3.5.5 项目影响

厦航航班智能恢复系统,凝集了我国优秀高校、互联网公司以及航空企业的集体智慧。整个系统的设计、建设、运行全过程均自主完成,实现了航班恢复领域核心技术与产品的中国自主创新、自主可控。

国务院国有资产监督管理委员会(简称国资委)网站在2019年1月23日发布新闻《厦航航班大面积调整实现智能恢复,延误减少7%》,民航资源网等多家行业媒体相继发布新闻报道,厦视新闻台在2019年1月24日新闻栏目的黄金时间档进行报道。2019年5月16~5月17日,在北京举办的"2019中国民航发展论坛"会议上,阿里巴巴集团分享了与厦航合作的航班智能恢复系统,该系统成为近年来人工智能与航空业深度融合的最佳实践案例之一。

本章小结

决策支持系统是以信息技术为手段,应用决策技术及有关学科的理论和方法,针对某一类型的半结构化和非结构化的决策问题,通过提供背景材料、协助明确问题、修改完善模型、列举可能方案、进行比较等方式,为管理者做出正确的决策提供帮助的信息系统。决策过程本身是人类的一种智能活动,决策支持系统能够极大程度地模拟人类智能,进而能够科学地做出决策方案。同时,要使决策支持系统具有更多智能,必须提供大量高性能的关于某个问题领域的知识,智能决策支持系统的研究和开发正是向这种基于知识的智能决策过程转变的结果。

课后练习

3.1 什么是决策支持系统?
3.2 决策支持系统体系结构主要有哪几种?分别画出结构示意图。
3.3 决策可以分为哪些类别?决策过程由哪些步骤组成?
3.4 人工智能技术包括哪些内容?
3.5 试述智能决策支持系统的体系结构?

第4章 互联网技术与应用

本章学习目标

- 了解计算机网络的拓扑结构、网络协议等基本概念；
- 初步了解和掌握 B/S 与 C/S 系统的开发模式；
- 掌握 HTML；
- 初步了解 Dreamweaver 及其开发方法。

4.1 计算机网络

计算机网络是用传输介质把分布在不同地理位置的计算机和其他通信设备连接起来，实现数据通信和资源共享的分布式系统。计算机网络由计算机系统、通信设备、传输介质和网络软件构成。因此，计算机网络由通信子网和资源子网两部分组成，资源子网主要是负责数据处理业务和提供服务的主计算机系统（主机）与终端，而通信子网主要是负责数据通信处理的通信控制处理设备与通信线路，如图 4.1 所示。

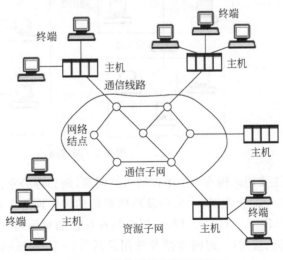

图 4.1 通信子网和资源子网

计算机网络的典型代表是美国国防部高级研究计划局(Advanced Research Projects Agency)的 ARPAnet(通常称为 ARPA 网)。ARPA 网所具有的资源共享、分散控制、分组交换、专用的通信控制处理机以及分层的网络协议等特点往往被认为是现代计算机网络的一般特征。所以 ARPA 网是计算机网络技术发展的一个重要里程碑。

4.1.1 计算机网络的分类

1. 按计算机网络规模和所覆盖的地理范围分类

按照计算机网络规模和所覆盖的地理范围对其分类,可以很好地反映不同类型网络的技术特征。由于网络覆盖的地理范围不同,所采用的传输技术也有所不同,因此形成了不同的网络技术特点和网络服务功能。按所覆盖地理范围的大小,可以把计算机网络分为局域网、城域网和广域网,如表 4.1 所示。

表 4.1 计算机网络的一般分类

网络分类	分布距离	跨越地理范围	带宽
局域网	10m	房间	大于 10Mb/s
	200m	建筑物	
	2km	校园内	
城域网	100km	城市	大于 64kb/s
广域网	1000km	国家、洲或洲际	64kb/s～625Mb/s

1) 局域网

局域网(Local Area Network,LAN)可分布于一个房间、每个楼层、整栋楼及楼群之间等,范围一般在 2km 以内,最大距离不超过 10km,如图 4.2 所示。

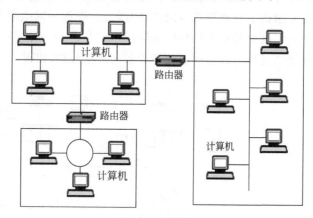

图 4.2 局域网

局域网主要用来构建一个单位的内部网络,例如办公室网络、办公大楼内的网络、学校的校园网、工厂的企业网、大公司及科研机构的园区网等。局域网速率高,延迟小,传输速率通常为 10Mb/s～2Gb/s。因此,网络结点往往能对等地参与对整个网络的使用与监控。再加上成本低、应用广、组网方便及使用灵活等特点,局域网深受用户欢迎,是目前计算机网络技术发展中最活跃的一个分支。

2) 城域网

城域网(Metropolitan Area Network,MAN)是介于广域网与局域网之间的一种大范围的高速网络,它的覆盖范围通常为几千米至几十千米,如图4.3所示。

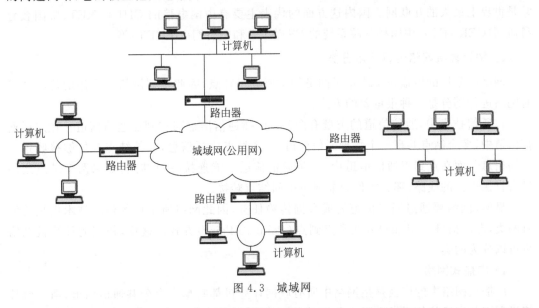

图4.3 城域网

随着使用局域网带来好处的增多,人们逐渐要求扩大局域网的范围,或者要求将已经使用的局域网互相连接起来,使其成为一个规模较大的城市范围内的网络。因此,城域网设计的目标是满足几十千米范围内的大量企业、机关、公司与社会服务部门的计算机联网需求,实现大量用户、多种信息传输的综合信息网络。城域网主要指在大中型企业集团、ISP、电信部门、有线电视台和政府构建的专用网络和公用网络。

3) 广域网

广域网(Wide Area Network,WAN)的覆盖范围很大,几个城市、一个国家、几个国家甚至全球都属于广域网的范畴,从几十千米到几千或几万千米,如图4.4所示。

图4.4 广域网

由于广域网分布距离远,其速率要比局域网低得多。另外,在广域网中,网络之间连接用的通信线路大多租用专线,当然也有专门铺设的线路。物理网络本身往往包含了一组复杂的分组交换设备,通过通信线路连接起来,构成网状结构。由于广域网一般采用点对点的通信技术,所以必须解决寻径问题,这也是广域网的物理网络中心包含网络层的原因。目前,许多全国性的计算机网络属于这类网络,例如China PAC 网和China DDN 网等。

互联网在范畴上属于广域网。但它并不是一种具体的物理网络技术,它是将不同的物理网络技术按某种协议统一起来的一种高层技术,是广域网与广域网、广域网与局域网、局域网与局域网之间的互联,形成了局部处理与远程处理、有限地域范围资源共享与广大地域范围资源共享相结合的互联网。目前,世界上发展最快、最热门的互联网就是 Internet,它是世界上最大的互联网。国内这方面的代表主要有中国电信的 CHINANET、中国教育科研网(CERNET)、中国科学院系统的 CSTNET 和金桥网(GBNET)等。

2. 按计算机网络传输技术分类

网络所采用的传输技术决定了网络的主要技术特点,因此根据网络所采用的传输技术对网络进行划分是一种很重要的方法。

在通信技术中,通信信道的类型有两类:广播通信信道与点到点通信信道。在广播通信信道中,多个结点共享一个物理通信信道、一个结点广播信息,其他结点都能够接收这个广播信息。而在点到点通信信道中,一条通信信道只能连接一对结点,如果两个结点之间没有直接连接的线路,那么它们只能通过中间结点转接。

显然,网络要通过通信信道完成数据传输任务,因此网络所采用的传输技术也只可能有两类,即广播(Broadcast)方式和点到点(Point-to-Point)方式。这样,相应的计算机网络也可以分为两类:

1) 广播式网络

广播式网络中的广播是指网络中所有联网计算机都共享一个公共通信信道,当一台计算机利用共享通信信道发送报文分组时,所有其他计算机都将会接收并处理这个分组。由于发送的分组中带有目的地址与源地址,网络中所有计算机接收到该分组的计算机将检查目的地址是否与本结点的地址相同。如果被接收报文分组的目的地址与本结点地址相同,则接收该分组,否则将收到的分组丢弃。

在广播式网络中,若分组是发送给网络中的某些计算机,则被称为多点播送或组播;若分组只发送给网络中的某一台计算机,则称为单播。在广播式网络中,由于信道共享可能引起信道访问错误,因此信道访问控制是要解决的关键问题。

2) 点到点式网络

点到点传播指网络中每两台主机、两台结点交换机之间或主机与结点交换机之间都存在一条物理信道,即每条物理线路都连接一对计算机。机器(包括主机和结点交换机)沿某信道发送的数据确定无疑地只有信道另一端的唯一一台机器收到。

假如两台计算机之间没有直接连接的线路,那么它们之间的分组传输就要通过中间结点的接收、存储、转发,直至目的结点。由于连接多台计算机之间的线路结构可能是复杂的,因此从源结点到目的结点可能存在多条路由,决定分组从通信子网的源结点到达目的结点的路由需要有路由选择算法。采用分组存储转发是点到点式网络与广播式网络的重要区别之一。

在这种点到点的拓扑结构中,没有信道竞争,几乎不存在介质访问控制问题。点到点信道无疑可能浪费一些带宽,但在长距离信道上一旦发生信道访问冲突,控制起来相当困难,所以广域网都采用点到点信道,而用带宽来换取信道访问控制的简化。

4.1.2 计算机网络的拓扑结构

拓扑是从数学图论演变而来的,是拓扑学中一种研究与大小、形状无关的点、线、面关系的方法。在计算机网络中也引入了网络拓扑的概念,即忽略具体设备,把工作站、服务器、集线器和路由器等网络单元抽象为点,也称网络结点,把网络中的电缆、双绞线、光纤等通信介质抽象为线。这样从拓扑学的观点看计算机和网络系统,就形成了点和线所组成的几何图形,抽象出网络系统的具体结构。这种采用拓扑学方法抽象出的网络结构称为计算机网络的拓扑结构,它反映了网络中各实体之间的结构关系。

网络拓扑结构图是理解和研究网络的结构和分布的语言。网络拓扑结构反映了网络连接关系的本质,而且还排除了一些没有反映网络本质特征的细节,例如网络连接所使用的缆线类型和网络主机所使用的操作系统等。网络拓扑结构对整个网络的设计、功能、可靠性、费用及维护等方面有着重要的影响。从某种意义上说,图4.5所示的网络拓扑结构就是网络建设的蓝图。

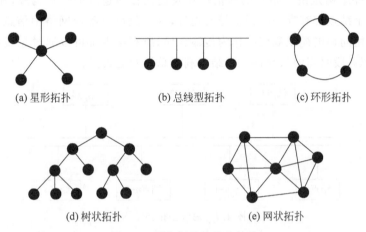

图 4.5　网络拓扑的基本结构

网络拓扑是指从计算机网络中抽象出来的网络结点与线构成的网络几何形状,或者说它在物理上的连通性。网络的拓扑结构按几何形状主要有以下五种基本结构:星形、总线型、环形、树状、网状,如图4.5所示。也可由这些基本拓扑结构组合成更为复杂的混合型拓扑结构。下面重点介绍前三种拓扑结构。

提示:所谓网络结点,就是指在网络中独立进行工作的设备。网络结点可能是诸如服务器、工作站等网络主机,也可能是诸如路由器、交换机、集线器、网卡等网络连接设备。

1. 星形拓扑结构

星形拓扑结构主要是由中央结点和连接到中央结点的各结点组成,如图4.6所示。结点通过点-点通信线路与中央结点连接。中央结点控制全网的通信,任何两结点之间的通信都要通过中央结点。

星形拓扑结构的连接方式比较简单,因此,当网络中连接点出现故障时,只会影响到相应的连接点而不会殃及整个网络,同时便于故障的检测和维修,它所使用的访问协议也比较简单。

由于星形拓扑的结构特性,使得中央结点比较复杂,每扩展一个结点都要增加中央结点的负担;另外,由于其他结点之间的访问都要通过中央结点,因此,如果中央结点出了故障很有可能导致整个网络的瘫痪。

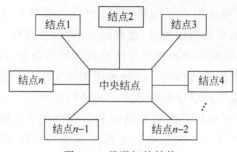

图 4.6　星形拓扑结构

2. 总线型拓扑结构

总线型拓扑结构是由一条总的通信信道及连接在信道上的结点构成,如图 4.7 所示。信道中的每一个结点都有唯一的标识号或地址,这样就可以确定网络中信息的来源。总线型拓扑通常采用同轴电缆或双绞线作为传输介质,所有结点都可以通过总线传输介质发送或接收数据,但一段时间内只允许一个结点利用总线发送数据。

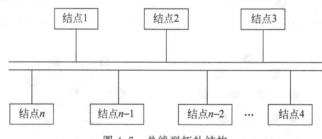

图 4.7　总线型拓扑结构

在总线型拓扑结构中,一个结点发出的信息能被所有的结点接收到。当某一个结点发送信息时,该结点先将数据分组,然后按顺序发送这些被分成组的数据,当这些数据经过各个结点时,各结点都将检测数据中的地址,查看是否和自己的地址一致,从而决定是否接收该数据。

由于这种结构是建立在一个公用的信息通道上,因此,在安装和扩展上容易些。虽然它简单可靠,但是故障检测却不容易,因为这种结构的网不是集中控制的,因此,检测时需要在各个结点进行,并且在对某个结点进行隔离时也要把整个网络停止下来。另外,由于总线作为公共传输介质为多个结点所共享,因此有可能出现同一时刻有两个或多个结点同时发送数据的情况,很有可能出现"冲突",造成传输失败。

3. 环形拓扑结构

环形拓扑是由一些中继器(环接口)和连接设备的通信信道组成的一个环形网络,如图 4.8 所示。中继器可以接收一条通信信道上的数据,同时也可以用相同的速度把数据用串行通信的形式发送到另一条通信信道上去。数据在中继器中不缓存,传输时为单向。

图 4.8 中环接口就是中继器。环形拓扑结构最广泛的应用就是令牌环网。所谓令牌环就是一种特殊的控制帧,也就是一种控制信息。一个环有且只有一个令牌。令牌不断在网中进行循环,某个结点一旦抓住了令牌,便可进入传输方式,发送数据,这时其他结点只能进入接收方式。

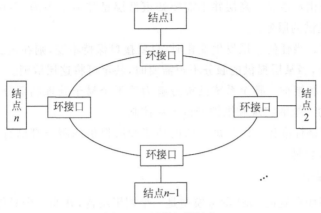

图 4.8　环形拓扑结构

4.1.3　计算机网络体系结构

早期为了占领网络市场,各企业采用自己独特的网络体系结构,如 IBM 公司发布的 SNA(System Network Architecture,系统网络体系结构)和 DEC 公司发布的 DNA(Digital Network Architecture,数字网络体系结构)。不同的网络体系结构是无法互连的,所以不同厂家的设备也无法达到互连,这样就阻碍了网络的发展。为了实现网络大范围的发展和不同厂家设备的互连,1977 年国际标准化组织(International Organization for Standardization,ISO)制定了开放系统互连(Open System Interconnection,OSI)参考模型,它将网络通信分为七个层,开放的意思是通信双方必须都要遵守 OSI 参考模型。

1. 网络协议的概念

协议是用来描述进程之间信息交换数据时的规则的术语。在计算机网络中,两个相互通信的实体处在不同的地理位置,其上的两个进程相互通信,需要通过交换信息来协调它们的动作和达到同步,而信息的交换必须按照预先共同约定好的过程进行。

计算机网络的协议主要由语义、语法和交换规则三部分组成,即协议三要素。

语义:规定通信双方彼此"讲什么",即确定协议元素的类型,如规定通信双方要发出什么控制信息、执行的动作和返回的应答。

语法:规定通信双方彼此"如何讲",即确定协议元素的格式,如控制信息的格式。

交换规则:规定了信息交流的次序。

2. 网络的层次结构

对网络进行层次划分就是将网络这个庞大的、复杂的问题划分成若干较小的、简单的问题,即"分而治之"。组成网络部件的组合方式常被描述成它的"体系结构"。而"计算机网络体系"采用分层配对结构,定义和描述了一组用于计算机及其通信设施之间互连的标准和规范的集合。

计算机网络层次划分的原则是层内功能内聚、层间耦合松散。也就是说,在网络中,功能相似或紧密相关的模块应放置在同一层;层与层之间应保持松散的耦合,使信息在层与层之间的流动减小到最小。

计算机网络采用层次化结构的优越性主要体现在以下几方面:

（1）各层之间相互独立。高层并不需要知道低层是如何实现的，而仅需要知道该层通过层间的接口所提供的服务。

（2）灵活性好。当任何一层发生变化时，只要接口保持不变，则在这层以上或以下各层均不受影响。另外，当某层提供的服务不再需要时，甚至可将这层取消。

（3）易于实现和维护。整个系统已被分解为若干个易于处理的部分，这种结构使得一个庞大而又复杂的系统的实现和维护变得容易控制。

（4）有利于网络标准化。因为每一层的功能和所提供的服务都已有了精确的说明，所以标准化变得较为容易。

3. OSI 参考模型

国际标准化组织制定的 OSI 参考模型是一个逻辑结构，并非一个具体的计算机设备或网络，但是任何两个遵守协议的标准的系统都可以互连通信，这正是"开放"的实际意义。

OSI 参考模型的逻辑结构如图 4.9 所示，它将网络结构划分为七层，即物理层、数据链路层、网络层、传输层、会话层、表示层和应用层。最低三层（1～3）是依赖网络的，涉及将两台通信计算机连接在一起所使用的数据通信网的相关协议，实现通信子网功能。高三层（5～7）是面向应用的，涉及允许两个终端用户应用进程交互作用的协议，通常是由本地操作系统提供的一套服务，实现资源子网功能。

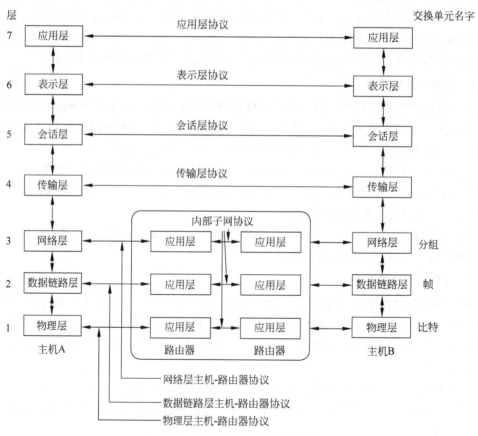

图 4.9 OSI 参考模型的逻辑结构

1) 物理层

物理层是 OSI 参考模型的最底层或第一层,负责通过物理连接传输比特流,它为数据链路层提供建立、维护和取消物理连接以及在相连的网络系统间传输比特流这两种服务。

物理层定义了网络的物理结构(拓扑)和传输介质的电气、机械规格等有关物理特性。除了不同的传输介质自身的物理特性外,物理层还对通信设备和传输媒体之间使用的接口做了详细的规定。物理层的协议产生并检测电压以便发送和接收携带数据的信号。物理层不提供纠错服务,但它能够设定数据传输速率并监测数据出错率。

2) 数据链路层

数据链路层在物理层和网络层之间提供通信,建立相邻结点之间的数据链路,传送按一定格式组织起来的位组合,即数据帧。

数据链路层为网络层提供可靠的信息传送机制,将数据组成适合于正确传输的帧形式,加在帧中包含应答、流控制和差错控制等信息,以实现应答、差错控制、数据流控制和发送顺序控制,确保接收数据的顺序与原发送顺序相同等功能。

OSI 参考模型把数据链路层分为两个子层:逻辑链路控制(LLC)子层和介质访问控制(MAC)子层。LLC 子层为网络层的各种协议提供服务,MAC 子层是为了和物理层通信而存在的。

3) 网络层

网络层即 OSI 参考模型的第三层,它提供不同网络系统间的连接和路由选择并定义了逻辑地址。该层的数据单元叫作数据包或分组(Packet)。

在网络处理中用到两种地址:一种是使用数据链路层的网络地址;另一种是使用网络层的网络地址即逻辑地址,IP 地址就是网络层逻辑地址的例子。利用逻辑地址,网络层提供一个统一的寻址方案,因此它屏蔽了底层的技术细节,把各种网络统一到一个逻辑平台上来,从而保证了不同类型的网络之间的互联和互操作。

在 Internet 上连接的所有计算机,从大型机到微型计算机都是以独立的身份出现的,称它为主机。为了实现各主机间的通信,每台主机都必须有一个唯一的网络 IP 地址。目前,在 Internet 里,IP 地址是一个 32 位的二进制地址,为了便于记忆,将它们分为 4 组,每组 8 位,由小数点分开,用 4 字节来表示,而且,用点分开的每个字节的数值范围是 0~255,如 202.116.0.1,这种书写方法称为点数表示法。

IP 地址可确认网络中的任何一个网络和计算机,而要识别其他网络或其中的计算机,则是根据这些 IP 地址的分类来确定的。一般将 IP 地址按结点计算机所在网络规模的大小分为 A、B、C 三类,默认的网络屏蔽是根据 IP 地址中的第一个字段确定的。

(1) A 类地址的表示范围为 10.0.0.0~126.255.255.255,默认网络屏蔽为 255.0.0.0。A 类地址分配给规模特别大的网络使用。A 类地址用第一组数字表示网络本身的地址,后面三组数字作为连接于网络上的主机的地址,分配给具有大量主机(直接个人用户)而局域网络个数较少的大型网络,例如 IBM 公司的网络。

(2) B 类地址的表示范围为 128.0.0.0~191.255.255.255,默认网络屏蔽为 255.255.0.0。B 类地址分配给一般的中型网络。B 类网络用第一、二组数字表示网络的地址,后面两组数字代表网络上的主机地址。

(3) C类地址的表示范围为192.0.0.0～223.255.255.255,默认网络屏蔽为255.255.255.0。C类地址分配给小型网络,如一般的局域网,它可连接的主机数量是最少的,采用把所属的用户分为若干的网段进行管理。C类网络用前三组数字表示网络的地址,最后一组数字作为网络上的主机地址。

RFC 1918留出了3块IP地址空间(1个A类地址段,16个B类地址段,256个C类地址段)作为内部使用的私有地址。在这个范围内的IP地址不能被路由到Internet骨干网上;Internet路由器将丢弃该私有地址。IP地址类别以对应的RFC 1918内部地址范围如下:

IP 地址类别	RFC 1918 内部地址范围
A 类	10.0.0.0～10.255.255.255
B 类	172.16.0.0～172.31.255.255
C 类	192.168.0.0～192.168.255.255

使用私有地址将网络连至Internet,需要将私有地址转换为公有地址。这个转换过程称为网络地址转换(Network Address Translation,NAT),通常使用路由器来执行网络地址转换。

4) 传输层

数据在传输层进行数据分割和数据重组为数据段(Segment),传输层负责准确可靠地将数据从网络一端传到另一端。传输层以下的三层提供的数据传输有时是不可靠的,传输层加强数据传输服务,可以将下三层的无连接或不受保护的通信升级为面向连接的受保护的通信。在传输层提供两种服务:面向连接服务(Connection-oriented)和无连接服务(Connectionless)。

面向连接服务就像打电话。当与人通电话时,需要拿起听筒并拨号,然后开始交谈,最后挂断电话。与此类似,使用面向连接的网络服务时,首先是建立连接,然后使用连接进行数据传输,最后终止连接。面向连接的服务能够保证数据准确可靠地传送到目的地。

无连接服务就像我们寄信一样,我们填写收信人地址和邮政编码并封装好信件后,把它送到邮筒,发信人便完成了通信过程,而信件通过邮局和运输系统最终到达收信人的过程与发信人完全无关。而且,发信人在同时刻发往同一收信人的不同信件,可能会出现晚发的早到情况。所以,在无连接下,当两条消息发送到同一个目的地时,就有可能先发的被延期而后发的先到。但在面向连接的服务下,这是不可能发生的。

在传输层中一种可靠的、面向连接的服务是TCP(Transmission Control Protocol,传输控制协议);传输层的另一种服务是UDP(User Datagram Protocol,用户数据报协议),它是一种不可靠、非面向连接的协议。

同时,传输层还负责在不同物理结点的应用程序间建立连接。因为可能在一个给定的结点上有许多应用程序,它们在同一时间内都在进行通信,比如在一台计算机上用户有可能一边收发邮件一边上网浏览。此时传输层必须使用一种机制来处理结点上的应用程序寻址,使得各个应用程序之间的数据区分开。传输层使用端口号(Port)明确标识由哪个应用程序处理这些数据。

5) 会话层

会话类似于人们之间的一次谈话。为了使谈话双方能够有序完整地进行信息交流,谈话中应有一些约定:

首先，双方愿意相互谈话，通常不同时说话，并把谈话分为几个部分（例如："让我来描述这件事情，然后您告诉我您的看法。"）；以一种有序的方式结束谈话（例如："以后再和你聊。""好的，再见。"）。

与此类似，会话层建立、管理和终止应用程序之间的会话。

6）表示层

表示层保证一个系统的应用层送出的信息可被另一个系统的应用层所读取，如同应用程序和网络之间的翻译官。表示层会利用一种公用的信息表示格式翻译多种信息。

表示层提供的关于数据表示方式的服务有数据表示、数据安全和数据压缩。

7）应用层

应用层是 OSI 七层模型的第七层，即最高层，也是最接近使用者的一层。它是计算机网络与最终用户间的接口，包含系统管理员管理网络服务所涉及的所有问题和基本功能。它在第六层提供的数据传输和数据表示等各种服务的基础上，为网络用户或应用程序提供完成特定网络服务功能所需的各种应用层协议。简单一点描述，应用层是用户通过应用层的协议去完成用户想要完成的任务。

常用的应用层协议有 HTTP（超文本传输协议）、FTP（文件传输协议）、Telnet（远程登录）、SNMP（简单网络管理协议）、SMTP（简单邮件传输协议）、DNS（域名解析协议）。

4．TCP/IP 参考模型

前面已讲述七层协议 OSI 参考模型，但是在实际中完全遵从 OSI 参考模型的协议几乎没有，但是 OSI 参考模型为人们考查其他协议各部分间的工作方式提供框架和评估基础。下面讲述的 TCP/IP 参考模型也是以 OSI 参考模型为框架的。TCP/IP 出现于 20 世纪 70 年代，20 世纪 80 年代被确定为 Internet 的通信协议。

TCP/IP 参考模型是将多个网络进行无缝连接的体系结构，TCP/IP 参考模型与 OSI 参考模型的对应关系如图 4.10 所示。

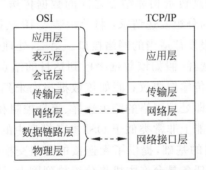

图 4.10　TCP/IP 参考模型与 OSI 参考模型的对应关系

TCP/IP 是一组通信协议的代名词，是由一系列协议组成的协议簇。它本身是由 TCP（传输控制协议）和 IP（互联网络协议）两个协议集结合而成的。TCP/IP 参考模型与 TCP/IP 协议簇的对应关系如图 4.11 所示。

下面简单地介绍 TCP/IP 参考模型的各层所提供的服务。

1）主机到网络层（网络接口层）

TCP/IP 参考模型对 IP 层下的网络接口层未加定义，只指出主机必须通过某种协议连

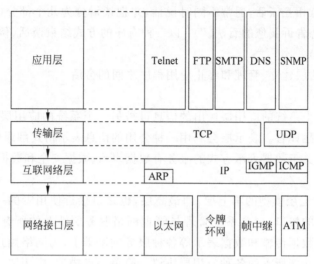

图 4.11 TCP/IP 参考模型与协议簇的对应关系

接到网络,才能发送 IP 分组。该层协议未定义,随不同主机、不同网络而不同,因此主机到网络层又称为网络接口层。

这是 TCP/IP 参考模型的最底层,负责接收从 IP 层交来的 IP 数据报并将 IP 数据报通过低层物理网络发送出去,或者从低层物理网络上接收物理帧,抽出 IP 数据报,交给 IP 层。网络接口有两种类型:第一种是设备驱动程序,如局域网的网络接口;第二种是含自身数据链路协议的复杂子系统。TCP/IP 未定义数据链路层,是因为在 TCP/IP 最初的设计中已经使其可以使用包括以太网、令牌环网、FDDI 网、ISDN 和 X.25 在内的多种数据链路层协议。

2) 互联网络层(IP 层)

互联网络层的主要功能是负责相邻结点之间的数据传送。它的主要功能包括三个方面。第一,处理来自传输层的分组发送请求:将分组装入 IP 数据报,填充报头,选择去往目的结点的路径,然后将数据报发往适当的网络接口。第二,处理输入数据报:首先检查数据报的合法性,然后进行路由选择,假如该数据报已到达目的结点(本机),则去掉报头,将 IP 报文的数据部分交给相应的传输层协议;假如该数据报尚未到达目的结点,则转发该数据报。第三,处理 ICMP 报文,即处理网络的路由选择、流量控制和拥塞控制等问题。TCP/IP 网络模型的互联网络层在功能上非常类似于 OSI 参考模型中的网络层。

互联网络层是网络互连的基础,提供了无连接的分组交换服务,它是对大多数分组交换网所提供服务的抽象。其任务是允许主机将分组放到网上,让每个分组独立地到达目的地。分组到达的顺序可能不同于分组发送的顺序,由高层协议负责对分组重新进行排序。与避免拥挤一样,分组的路径选择是本层的主要工作。

由于在 IP 层提供数据报服务,常将报文分组称为 IP 数据报。

3) 传输层(TCP)

TCP/IP 参考模型中传输层的作用与 OSI 参考模型中传输层的作用是一样的,即在源结点和目的结点的两个进程实体之间提供可靠的端到端的数据传输。为保证数据传输的可靠性,传输层协议规定接收端必须发回确认,并且假定分组丢失,必须重新发送。传输层还要解决不同应用程序的标识问题,因为在一般的通用计算机中,常常是多个应用程序同时访问互联网。为区别各个应用程序,传输层在每一个分组中增加识别信源和信宿应用程序的标记。另外,传输层的每一个分组均附带校验和,以便接收结点检查接收到的分组的正确性。

TCP/IP 参考模型提供了两个传输层协议:传输控制协议(TCP)和用户数据报协议(UDP)。TCP 是一个可靠的面向连接的传输层协议,它将某结点的数据以字节流形式无差错投递到互联网的任何一台机器上。发送方的 TCP 将用户交来的字节流划分成独立的报文并交给互联网络层进行发送,而接收方的 TCP 将接收的报文重新装配交给接收用户。TCP 同时处理有关流量控制的问题,以防止快速的发送方淹没慢速的接收方。

UDP 是一个不可靠的、无连接的传输层协议。UDP 将可靠性问题交给应用程序解决。UDP 主要面向请求/应答式的交易型应用,一次交易往往只有一来一回两次报文交换,假如为此而建立连接和撤销连接,开销是相当大的。这种情况下使用 UDP 就非常有效。另外,UDP 也应用于那些对可靠性要求不高,但要求网络的延迟较小的场合,如话音和视频数据的传送。

4) 应用层

TCP/IP 参考模型中没有会话层与表示层。通过对 OSI 参考模型的实践发现,大部分的应用程序不涉及这两层,故 TCP/IP 参考模型不予考虑。在传输层之上就是应用层,它包含了所有高层协议。早期高层协议有远程登录协议、文件传输协议、简单邮件传输协议。

2. OSI 参考模型和 TCP/IP 参考模型的比较

TCP/IP 参考模型和 OSI 参考模型有许多相似之处。例如,两种模型中都包含能提供可靠的进程之间端到端传输服务的传输层,而在传输层之上是面向用户的应用层服务。尽管 OSI 参考模型和 TCP/IP 参考模型基本类似,但是它们还是有许多不同之处。

显而易见的差异是两种模型的层数不一样:OSI 参考模型有七层,而 TCP/IP 参考模型只有四层。两者都有网络层、传输层和应用层,但其他层是不同的。两者的另一个差别是有关服务类型方面。OSI 参考模型的网络层提供面向连接和无连接两种服务,而传输层只提供面向连接服务。TCP/IP 参考模型在网络层只提供无连接服务,但在传输层却提供两种服务。

在 OSI 参考模型中,有三个基本概念:服务、接口和协议。TCP/IP 参考模型并不十分清晰地区分服务、接口和协议这些概念。相比 TCP/IP 参考模型,OSI 参考模型中的协议具有更好的隐蔽性并更容易被替换。OSI 参考模型是在其协议被开发之前设计出来的。这意味着 OSI 参考模型并不是基于某个特定的协议集而设计的,因而它更具有通用性。但这也意味着 OSI 参考模型在协议实现方面存在某些不足。而 TCP/IP 参考模型正好相反。先有协议,模型只是现有协议的描述,因而协议与模型非常吻合。

4.1.4 计算机网络的工作模式

1. 客户机-服务器模式

为了使网络通信更方便、更稳定、更安全,我们引入基于网络传输服务的客户机-服务器模式(Client/Server,C/S),如图 4.12 所示。

这种类型的网络中有一台或几台较大计算机,集中进行共享数据库的管理和存取,称为服务器,而将其他的应用处理工作分散到网络中其他计算机上去做,构成分布式的处理系统。服务器控制管理数据的能力已由文件管理方式上升为数据库管理方式,因此,C/S中的服务器也称为数据库服务器,注重于数据定义及存取安全备份及还原,并发控制及事务管

图4.12 客户机-服务器模式

理,执行诸如选择检索和索引排序等数据库管理功能。服务器有足够的能力做到把通过其处理后用户所需的那一部分数据而不是整个文件通过网络传送到客户机,减轻了网络的传输负荷。C/S结构是数据库技术的发展和普遍应用与局域网技术发展相结合的结果。

2. 浏览器-服务器模式

B/S结构即 Browser/Server(浏览器-服务器)结构,就是只安装维护一个服务器(Server),而客户端采用浏览器(Browser)运行软件。它是随着 Internet 技术的兴起,对 C/S 结构的一种变化和改进。它主要利用了不断成熟的 WWW 浏览器技术,结合多种 Script 语言和 ActiveX 技术,是一种全新的软件系统构造技术。

在 B/S 体系结构系统中,用户通过浏览器向分布在网络上的许多服务器发出请求,服务器对浏览器的请求进行处理,将用户所需信息返回到浏览器。而其余如数据请求、加工、结果返回以及动态网页生成、对数据库的访问和应用程序的执行等工作全部由 Web 服务器完成。随着 Windows 将浏览器技术植入操作系统内部,B/S 结构(如图 4.13 所示)已成为当今应用软件的首选体系结构。

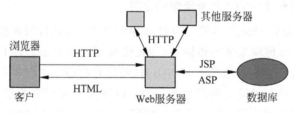

图 4.13 浏览器-服务器模式

4.1.5 移动互联网技术与应用

1. 云计算

云计算(Cloud Computing)是分布式处理(Distributed Computing)、并行处理(Parallel Computing)和网格计算(Grid Computing)的发展,或者说是这些计算机科学概念的商业实现。

云计算是通过使计算分布在大量的分布式计算机上,而非本地计算机或远程服务器中,使个人和企业能够将资源切换到需要的应用上,根据需求访问计算机和存储系统。云计算示意图如图 4.14 所示。

有人打了个比方:云计算就好比是从古老的单台发电机模式转向了电厂集中供电的模式。它意味着计算能力也可以作为一种商品进行流通,就像煤气、水电一样,取用方便,费用低廉。最大的不同在于,它是通过互联网进行传输的。

Google 当数最大的云计算使用者。Google 搜索引擎就建立在分布在 200 多个地点、超过 100 万台服务器的支撑之上,这些设施的数量正在迅猛增长。Google 地球、地图、Gmail、

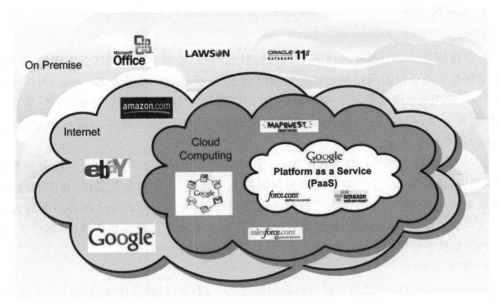

图 4.14 云计算示意图

Docs 等也同样使用了这些基础设施。采用 Google Docs 之类的应用,用户数据会保存在互联网上的某个位置,可以通过任何一个与互联网相连的系统十分便利地访问这些数据。目前,Google 已经允许第三方在 Google 的云计算中通过 Google App Engine 运行大型并行应用程序。

云计算具有以下特点:

(1) 超大规模。"云"具有相当的规模,Google 云计算已经拥有 100 多万台服务器,Amazon、IBM、微软、Yahoo 等的"云"均拥有几十万台服务器。企业私有云一般拥有数百上千台服务器。"云"能赋予用户前所未有的计算能力。

(2) 虚拟化。云计算支持用户在任意位置、使用各种终端获取应用服务。所请求的资源来自"云",而不是固定的有形的实体。应用在"云"中某处运行,但实际上用户无须了解,也不用担心应用运行的具体位置。只需要一台笔记本计算机或者一个手机,就可以通过网络服务来实现我们需要的一切,甚至包括超级计算这样的任务。

(3) 高可靠性。"云"使用了数据多副本容错、计算结点同构可互换等措施来保障服务的高可靠性,使用云计算比使用本地计算机可靠。

(4) 通用性。云计算不针对特定的应用,在"云"的支撑下可以构造出千变万化的应用,同一个"云"可以同时支撑不同的应用运行。

(5) 按需服务。"云"是一个庞大的资源池,可按需购买;云可以像自来水、电、煤气那样计费。

(6) 极其廉价。由于"云"的特殊容错措施可以采用极其廉价的结点来构成云,"云"的自动化集中式管理使大量企业无须负担日益高昂的数据中心管理成本,"云"的通用性使资源的利用率较之传统系统大幅提升,因此用户可以充分享受"云"的低成本优势,经常只要花费几百美元、几天时间就能完成以前需要数万美元、数月时间才能完成的任务。

2. 互联网应用

1）SNS

社会性网络(Social Networking,SN 或称社会网络)是指个人之间的关系网络,这种基于社会网络关系思想的网站就是社会性网络服务（Social Networking,Service,SNS)网站。现在许多 Web 2.0 网站都属于 SNS 网站,如网络聊天(IM)、交友、视频分享、博客、播客、网络社区、音乐共享等。社会性网络的理论基础源于六度理论（或称六度分隔理论,Six Degrees of Separation）。

1967 年,哈佛大学的心理学教授 Stanley Milgram(1934—1984)创立了六度分割理论："简单地说,你和任何一个陌生人之间所间隔的人不会超过六个,也就是说,最多通过六个人你就能够认识任何一个陌生人。"按照六度分隔理论,每个个体的社交圈都不断放大,最后成为一个大型网络。这是社会性网络的早期理解。后来有人根据这种理论,创立了面向社会性网络的互联网服务,通过"熟人的熟人"来进行网络社交拓展。

2）Web 2.0

Web 2.0 是 2003 年之后互联网的热门概念之一,不过,目前对什么是 Web 2.0 并没有很严格的定义。一般来说 Web 2.0(也有人称之为互联网 2.0)是相对 Web 1.0 的新的一类互联网应用的统称。Web 1.0 的主要特点在于用户通过浏览器获取信息;Web 2.0 则更注重用户的交互作用,用户既是网站内容的消费者(浏览者),也是网站内容的制造者。

Blogger Don 在他的"Web 2.0 概念诠释"一文中提到"Web 2.0 是以 Flickr、Craigslist、Linkedin、Tribes、Ryze、Friendster、Del. icio. us、43Things. com 等网站为代表,以 Blog、TAG、SNS、RSS、Wiki 等社会软件的应用为核心,依据六度分隔、XML、Ajax 等新理论和技术实现的互联网新一代模式。"Web 2.0 具体构成元素如图 4.15 所示。

Web 2.0 的一些典型应用包括：

Blog：博客/网志。Blog 的全名是 Web log,后来缩写为 Blog。Blog 是一个易于使用的网站,用户可以在其中迅速发布想法、与他人交流以及从事其他活动。所有这一切活动都是免费的。

RSS：Really Simple Syndication(简易供稿)的缩写,是某一站点用来和其他站点共享内容的一种简易方式,也叫聚合内容。网络用户可以在客户端借助于支持 RSS 的新闻聚合工具软件(例如 Sharp Reader NewzCrawler、Feed Demon RSS Reader),在不打开网站内容页面的情况下阅读支持 RSS 输出的网站内容。可见,网站提供 RSS 输出,有利于让用户发现网站内容的更新。在高速、高质、高效成为主流呼声的互联网时代,RSS 无疑推动了网上信息的传播,提出了另一种看世界的方式。

Wiki：一种多人协作的写作工具。Wiki 站点可以由多人(甚至任何访问者)维护,每个人都可以发表自己的意见,或者对共同的主题进行扩展或者探讨。

P2P：对等联网。P2P 是 Peer-to-Peer 的缩写,Peer 在英语里有"（地位、能力等）同等者""同事"和"伙伴"等意义。这样一来,P2P 也就可以理解为"伙伴对伙伴""点对点"的意思,或称为对等联网。目前人们认为其在加强网络上人的交流、文件交换、分布计算等方面大有前途。

IM：(Instant Messenger,即时通信)软件,可以说,它是目前我国上网用户使用率最高

第 4 章 互联网技术与应用

图 4.15　Web 2.0 的元素

的软件。聊天一直是网民们上网的主要活动之一，网上聊天的主要工具已经从初期的聊天室、论坛变为以 MSN、QQ、微信为代表的即时通信软件。

播客：数字广播技术的一种，出现初期借助一个 iPodder 的软件与一些便携播放器相结合而实现。Podcasting 录制的是网络广播或类似的网络声讯节目，网友可将网上的广播节目下载到自己的 iPod、MP3 播放器或其他便携式数码声讯播放器中随身收听，不必端坐计算机前，也不必实时收听，享受随时随地的自由。更有意义的是，用户还可以自己制作声音节目，并将其上传到网上与广大网友分享。

4.2　HTML

本节介绍如何用超文本标记语言(Hyper Text Markup Language，HTML)进行超文本文件的制作。

4.2.1　HTML 简介

HTML 是一种 Internet 上较常见的网页制作标注性语言，用来描述网页内容和外观的标准。HTML 包含一对打开和关闭的标记，在当中包含有属性和值，通常由尖括号"<"、">"以及其中所包容的标记元素组成。例如，<head>与</head>就是一对标记，称为文件的头部标记，用来记录文档的相关信息。HTML 标记描述了每个在网页上的组件，例如文本段落、表格或图像等，并通过 IE 等浏览器的翻译，将网页中所要呈现的内容、排版展现在用户眼前。

4.2.2 HTML 的结构概念

一个完整的 HTML 文件包括标题、段落、列表、表格以及各种嵌入对象,这些对象统称为 HTML 元素。在 HTML 中使用标记来分割并描述这些元素。实际上可以说,HTML 文件就是由各种 HTML 元素和标记组成的。一个 HTML 文件的基本结构如下:

```
<html>    文件开始标记
<head>    文件头开始的标记
...       文件头的内容
</head>   文件头结束的标记
<body>    文件主体开始的标记
...       文件主体的内容
</body>   文件主体结束的标记
</html>   文件结束标记
```

从上面的代码结构可以看出,在 HTML 文件中,所有的标记都是相对应的,开头标记为< >,结束标记为</ >,在这两个标记中间添加内容。

有了标记作为文件的主干后,HTML 文件中便可添加属性、数值、嵌套结构等各种类型的内容了。

在 HTML 中,所有的标记都是成对出现的,而结束标记总是在开始标记前增加一个"/"。标记与标记之间还可以嵌套,也可以放置各种属性。此外在源文件中,标记是不区分大小写的,因此在 HTML 源程序中,<Head>与<HEAD>的写法都是正确的,而且其含义是相同的。

HTML 定义了三种标记用于描述页面的整体结构。页面结构标记不影响页面的显示效果,它们是帮助 HTML 工具对 HTML 文件进行解释和过滤的。

- <html>标记:HTML 文档的第一个标记,它通知客户端该文档是 HTML 文档,类似地,结束标记</html>出现在 HTML 文档的尾部。
- <head>标记:出现在文档的起始部分,标明文档的头部信息,一般包括标题和主题信息,其结束标记</head>指明文档标题部分的结束。
- <body>标记:用来指明文档的主体区域,该部分通常包容其他字符串,例如标题、段落、列表等。读者可以把 HTML 文档的主体区域简单地理解成标题以外的所有部分,其结束标记</body>指明主体区域的结尾。

4.2.3 常用的 HTML 标记及属性

(1) 网页开始与结束:<html>…</html>。

(2) 网页头:<head>…</head>。

(3) 网页标题(位于网页头):<title>…</title>。

(4) 网页体:<body>…</body>。

(5) 段落:<p>…</p>。

左对齐:<p align=left>…</p>。

居中对齐:<p align=center>…</p>。

右对齐:<p align=right>…</p>。

默认为左对齐。

(6) 换行：< br >（单独使用）。

(7) 水平线：< hr >（单独使用）。

(8) 标题：< hn >（n 为 1～6，h1 标记的字体最大，h6 标记的字体最小）。

(9) 字体：< font face="黑体"size="5" color="#ff0000">…</font>。

(10) 图像：< img src="图像的路径和文件名" width="宽度" height="高度">（单独使用）。

(11) 表格。

```
< table >
< tr >
< td >…单元格内容…</td>
</tr >
< tr >
< td >…单元格内容…</td>
</tr >
 </table >
```

跨行属性 rowspan：< td rowspan＝单元格跨的行数>。

跨列属性 colspan：< td rowspan＝单元格跨的列数>。

(12) 段落标记：< p >…</p >。

转行标记：< bh >…</bh >。

标记与属性的示例如下：

```
< html >
< head >
< title >我的个人主页</title >
</head >
< body bgcolor = "#FFFFCC">
< p >我爱网页设计</p >
< hr >
< p >我是< img src = "logo.gif" width = "175" height = "60"> 05 < font color = "#FF0000" size = "5" face = "黑体">计算机专业</font >< br >
的一名< strong >学生</strong ></p >
</body >
</html >
```

4.3　Dreamweaver

4.3.1　Dreamweaver 8 简介

使用 Dreamweaver，设计师可以随心所欲地编写代码、设计网站网页以及进行高级开发。无论是喜欢手写 HTML 代码还是习惯于可视化环境，Dreamweaver 都能提供方便快捷、功能强大的工具，使用 Dreamweaver 将是一种全新的体验。在易用、创新、规范等优点的基础上，Dreamweaver 还拥有更先进的网页布局和设计环境，以及更为强大的代码编辑功能等卓越特性。

Dreamweaver 8 的操作界面主要由以下几部分组成：标题栏、菜单栏、插入栏、文档工具栏、文档窗口、"属性"面板以及多个浮动面板,如图 4.16 所示。

图 4.16　Dreamweaver 8 的界面布局

简单介绍一下 Dreamweaver 8 中的各个菜单项。菜单栏位于标题栏的下方,它包括文件、编辑、查看、插入、修改、文本、命令、站点、窗口和帮助 10 个菜单项,如图 4.17 所示。

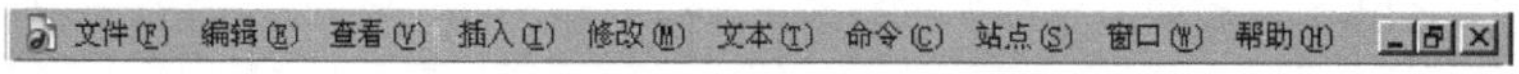

图 4.17　菜单栏

- "文件"菜单:包含文件操作的标准菜单项,例如新建、打开、保存等。"文件"菜单还包含各种其他命令,用于查看当前文档或对当前文档执行操作,例如"在浏览器中预览"和"打印代码"。
- "编辑"菜单:包含文件编辑的标准菜单项,例如剪切、复制和粘贴等。"编辑"菜单还包括选择和搜索命令,即"选择父标签"与"查找和替换",并且提供对键盘快捷键编辑器、标签库编辑器和参数选择编辑器的访问。
- "查看"菜单:用于选择文档的不同视图(设计视图和代码视图),并且可以用于显示或隐藏不同类型的页面元素和 Dreamweaver 工具。
- "插入"菜单:提供插入面板的各项,用于将各种对象插入文档。
- "修改"菜单:用于更改选定页面元素或项的属性。使用此菜单,可以编辑标签属性、更改表格和表格元素,并且为库和模板执行不同的操作。
- "文本"菜单:用于设置文本的各种格式。
- "命令"菜单:提供对各种命令的访问,包括根据格式参数选择设置代码格式的命令、创建相册的命令,以及使用 Macromedia Fireworks 优化图像的命令。
- "站点"菜单:包含站点操作菜单项,这些菜单项可用于创建、打开和编辑站点,以及管理当前站点中的文件。
- "窗口"菜单:提供对 Dreamweaver 中所有面板、检查器和窗口的访问。
- "帮助"菜单:提供对 Dreamweaver 帮助文档的访问,包括用于使用 Dreamweaver 以及创建对 Dreamweaver 的扩展的帮助系统,并且包括各种语言的参考材料。

4.3.2 在 Dreamweaver 中编写 HTML 文件

在 Dreamweaver 中可以直接书写 HTML 的代码。下面通过一个 HTML 小实例进行说明。

(1) 启动 Dreamweaver 8 程序。如果是第一次启动该程序,系统会让用户选择不同的工作界面风格,可以在对话框中将其设置成"设计"风格的工作区对话框,如图 4.18 所示。如果以后改变了主意,可以在"首选参数"对话框中设置成不同的工作区风格。

(2) 也可以选择"代码"或"拆分"风格的工作区对话框,单击"拆分"按钮以拆分视图的形式打开一个新的 HTML 文件,如图 4.19 所示。

图 4.18 "设计"风格的工作区对话框

图 4.19 Dreamweaver 的"代码"视图

(3) 在代码中<title>与</title>标签之间的内容就是新建 HTML 文件的标题,也就是将要在浏览器的标题栏中显示的页面标题。这里将其更改为"网页文件的标题"。

(4) 在<body>与</body>标签之间添加主体内容的代码:

<p>欢迎学习 HTML!</p>
<p>我们愿做您最忠实的良师益友!</p>
<p>让我们伴您一起走入 HTML 的世界吧!!</p>

这样一个最基本的 HTML 文件就编写完成了。

4.3.3 保存并查看 HTML 文件

(1) 选择"文件"|"保存"命令,打开如图 4.20 所示的"另存为"对话框。

(2) 在"保存在"下拉列表框中选择存盘的位置,在"文件名"文本框中输入文件的名称"实例 1",设置文件的保存类型为"HTML 文档",单击"保存"按钮完成文件的保存。

(3) 双击保存的文件,可以在浏览器中看到文件的效果,如图 4.21 所示。

图 4.20 "另存为"对话框

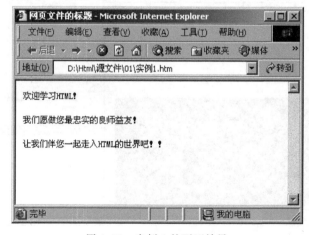

图 4.21 实例 1 的页面效果

本章小结

本章主要介绍了与管理信息系统密切相关的互联网技术,包括计算机网络的基本概念和结构、超文本标记语言,以及网页制作软件 Dreamweaver。Web 网页是 Internet 上的一种超文本的服务程序,用 HTML 编写的文本是静态的网页。而用户在记事本上自己一句一句地编写 HTML 文本太费时间了,在本章中介绍了 Dreamweaver 软件工具,就可以做到在几乎不需要编写 HTML 代码的情况下,完成网页的制作,同时自动生成 HTML 文件。

课后练习

4.1 计算机网络的发展可以划分为几个阶段?每个阶段各有什么特点?

4.2 TCP/IP 参考模型与 OSI 参考模型有什么区别和联系?

4.3 描述云计算的工作原理。

4.4 Web 2.0 与 Web 1.0 有何区别?

4.5 看 HTML 代码,画出网页。

```
<html>
    <head>
        <title>这是测试文件</title>
    </head>
    <body>
        <p align=center>这是我制作的第一个网页</p>
        <img scr=banner.gif>
        <p align=left><font color=#ff0080>看来还有很多东东要学噢!</font></p>
        <p align=right>返回主页</p>
    </body>
</html>
```

第 5 章　数据库理论与应用

本章学习目标

- 掌握数据库管理系统理论；
- 学会构建数据库的实体-联系(E-R)图；
- 掌握数据库语言——结构化查询语言(Structured Query Language, SQL)；
- 学会用 Access 建立小规模关系数据库；
- 了解大数据时代的非关系数据库 MongoDB。

数字经济时代，一切经济工作都离不开数据，如果没有数据库，就没有信息科技发展的根本。数据库(Data Base, DB)是用于进行数据收集、加工利用、综合查询与信息传递的工具。数据库技术是实现数据的高度共享，支持用户的日常业务处理和辅助决策，包括信息的存储、组织、管理和访问的技术。数据库技术经历了从单一的数据库管理系统(Data Base Management System, DBMS)演变为与程序设计语言相联系的、高度智能化和人性化的数据库应用系统开发平台(如 Visual C++、ASP、Java、JSP、Python 等)相结合的历史过程。数据库可以广泛地应用于工业、农业、商业、交通运输、科技教育以及卫生体育等各个领域，几乎占据全部应用软件的 80%。因此，数据库是计算机科学技术领域发展最快、应用最广泛的重要科学分支。

5.1　数据库的基本概念

5.1.1　数据库与数据表的概念

数据库可以定义为数据的集合，或者说数据库就是为了实现一定的目的而按某种规则组织起来的数据表的集合。在数据库中可以分门别类地存储各种信息，即通过不同的数据表存储各种不同的信息。数据库中的信息可以是孤立的，也可以存在一定的关系，从而形成相互关联的数据表,实现信息的关联查询,形成关系数据库。数据库中的每一个数据表具有规范的格式,分类、分栏进行信息存取,因此数据库无疑是信息管理的最好工具。

数据库是存储信息的仓库,以一种简单、规则的方式进行组织。它具有以下四个特点:

(1) 数据库中的数据集组织为表。
(2) 每个表由行和列组成。
(3) 表中每行为一个记录。
(4) 记录可包含几段信息,表中每一列对应这些信息中的一段。

数据库管理系统是一个专门的应用程序,对数据库中的数据表进行创建、保存、打开等数据处理,即对数据库执行一定的管理操作。目前使用的数据库一般都是关系数据库管理系统(RDBMS),本章提到的 Microsoft Access 就是一个典型的数据库管理系统。数据库的应用领域非常广泛,不管是家庭、公司或大型企业,还是政府部门,都需要使用数据库来存储数据信息。图 5.1 是一个数据库与数据表关系的演示图。

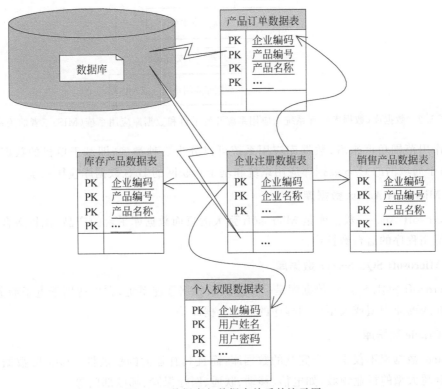

图 5.1 数据库与数据表关系的演示图

值得注意的是,目前一些数据库仍可作为一个单独的计算机文件加以创建、打开和保存,并进行相应的数据处理,如 Microsoft Access 就可以创建相应的数据库文件并保存在计算机系统中。而在一些数据库应用系统开发平台中,有的数据库仅作为开发平台集成的部分,用户不能将数据库作为计算机文件加以保存,而是存放在开发平台中,直接供系统开发人员通过程序来调用、控制和操作数据库,应用系统开发完成后,形成一个完整的数据库应用系统交付给用户使用,然后用户通过应用系统界面来对数据和信息进行加工处理。

5.1.2 数据库应用系统

数据需要人们对它们进行加工、利用、管理与控制,数据库管理系统就是创建、保存、管理数据记录的工具。但仅用数据库管理系统对数据进行管理不能满足人们对信息控制和利用的要求。因此,需要开发各种各样的数据库应用系统软件来对数据信息进行管理,这就是管理信息系统。在管理信息系统软件中多数是基于数据库的系统,因此可以将管理信息系统或基于数据库开发的应用系统软件统称为数据库应用系统或数据库应用系统软件。数据库(数据库管理系统)、应用系统开发平台和数据库应用系统(MIS)三者的关系,可以用图 5.2 来描述。

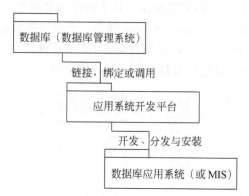

图 5.2　数据库(数据库管理系统)、应用系统开发平台和数据库应用系统(MIS)三者的关系

从作用范围角度来看,数据库应用系统可以分为三种类型,即基于单机的数据库应用系统、基于局域网的 C/S 数据库应用系统和基于互联网的 B/S 数据库应用系统。

1. Microsoft Access 数据库

Microsoft Access 数据库是 Microsoft 强大的桌面数据库平台的产品,比较适合小型或家庭型应用程序的后台数据库。

2. Microsoft SQL Server 数据库

Microsoft SQL Server 数据库是一个多关系数据管理系统,它也适用于电子商务、数据仓库和在线商业中型或大型应用程序的后台数据库等。

3. Oracle 数据库

Oracle 数据库不仅是一个完整的数据库,而且具有强大的扩展性。Oracle 数据库一般比较适合超大型的行业领域,如电信、移动、联通、医疗保险、邮政部门等。

4. MySQL 数据库

MySQL 数据库一般采用的是 C/S 体系结构。MySQL 数据库的最大特点是建立在 Internet 之上,用户可以通过基于 Web 的查询方式来访问数据库。MySQL 数据库除了运行在 Windows 操作系统上之外,还可以运行在 Linux 和 UNIX 操作系统上。

5.1.3 数据库的发展阶段

近 50 年来,数据库从概念到内容再到形式都已经发生了巨大的变化。可以大致将数据库的发展划分为如下几个历史阶段。

1. 20世纪60年代以前——文件处理阶段

在20世纪60年代以前,数据库创建原理类似于传统的纸质介质的表格。在进行商品交易时,人们可以通过手工在纸质介质中画一个表格来记录商品交易的内容,如记录商品交易中的商品编号、商品名称、交易价格、交易数量、交易日期、交易金额以及经手人等,但一个纸质的表格存在诸多问题,它的记录不规范,一经形成便不能随意编辑修改,不能自动统计,不能进行有效的数据传递和方便的携带等,而且容易损坏。因此,能否在计算机上设计一个系统,该系统能够创建一个类似的纸质表格,并能够通过这样的表格记录数据,就成为当时人们对于计算机应用开发的一个基本问题。随着数据库技术的出现,这个问题就迎刃而解了。人们可以通过计算机创建一个数据表,包括表头与表体两个部分,表头用于描述数据表记录栏目的名称,表体用于记录具体内容,示例如表5.1所示。

表5.1 商品交易记录表

商品编号	商品名称	交易单价	交易数量	成交金额	交易日期	经手人
2006001	蓝宝石	325	2	650	2006-6-16	张新
2006002	红宝石	150	3	450	2006-6-17	李畅
2006003	绿宝石	450	1	450	2006-6-18	陈心

其中,表头中的每一个列标题称为字段名(Field Name),每一列称为一个字段(Field),如商品名称是一个字段名,交易单价是一个字段名等;在表体中,每一行称为一个记录行(Record),每一行已经载有的记录称为一条记录,其中已经产生记录的行数称为记录数(Record Number)。

在当时,这样的一个表是作为一个文件在计算机上进行访问、记录和存取的,这样的文件称为数据库文件(Data Base File)。目前一些数据库类型文件的扩展名为dbf就是这样得来的。当然有的数据库类型的扩展名为db,意味着它是数据库文件,因此,这一阶段叫作文件处理阶段。客观上,在这一阶段,人们还没有形成真正意义上的数据库概念,它仅相当于目前在一个Word文档中创建一个数据表。

2. 20世纪70年代——数据库管理系统阶段

人们发现,对于一些事务的处理用一个数据文件往往还不能完全解决问题,需要多个数据表形成一个数据表的集合才能解决。在这个数据表的集合中,表与表之间的数据或信息往往会存在一定的关系,因此作为独立的文件数据表系统不能满足数据处理的一般要求。文件形式的数据表一次只能处理一个数据表,甚至一次操作只能处理表中的一条记录,缺少成批数据处理功能和数据表的关联功能,因此,一个广泛意义的数据库概念产生了。也就是说,数据库是数据表的集合,是进行数据存取、数据访问、数据搜索、数据关联的数据处理的工具。由此,数据库系统、数据库管理系统的概念就被提出来了。在20世纪60年代末,世界上第一个商品化的数据库系统在美国应运而生。对于数据库及其结构形式的研究也广泛兴起,其中包括层次结构和网状结构数据库的研究、关系数据库的研究、数据建模工具的研究、数据查询语言的研究、查询优化的研究、索引技术的研究、事务管理的研究、并发控制和恢复的研究等,各种各样的数据库管理系统得到了开发与应用。目前,最具有代表性的数据库管理系统就是Oracle,它已经在全世界得到广泛的认可和应用。

3. 20世纪80年代中期——先进数据库系统阶段

20世纪60年代作为文件系统的数据表是一个孤立的计算机文件,存在许多缺陷,因此,数据库管理系统得到了发展。作为数据库管理系统,它是一种集数据库创建、数据表创建、数据收集、整理与加工于一体的工具,在此基础上,人们可以对已经存储的数据进行编辑、添加、删除、排序等操作。但它是模式化的,也就是说,这样的数据库管理系统往往在处理数据时,其数据处理的格式是相对简单的、固定的、机械的,操作和应用会比较烦琐。而在信息爆炸的今天,各个企事业单位或各类应用系统使用的信息往往是复杂的,不同单位的信息结构和类型往往存在很大的不同,因此对于数据的处理用一些数据库管理系统来进行是远远不能满足要求的。因此,一种与应用程序相结合的方案便应运而生,这就是各种应用系统开发平台。在这些平台下,数据库管理系统仅仅是作为应用系统开发的基本工具,仅用于数据库或数据表的创建(注意:在20世纪90年代后期,数据库和数据表是两个不同的概念,数据库是数据表的集合,数据库中存在至少一个以上的数据表,而数据表则成为数据库的元素,每一个数据表用于存储各种类型的信息)。而对于数据表的信息或数据的添加、删除、成批数据处理、数据报表的产生等,则通过应用程序的开发来完成,形成各种数据处理的窗口。在这些窗口中,采用所谓的对象来对这些操作即事务进行处理,这就是面向对象编程技术。由于采用面向对象编程产生的数据库信息系统是针对具体企业的具体管理事务进行开发的,因此这样的数据库应用系统比基本的数据库管理系统在功能、灵活性、针对性等方面强大得多。

此外,数据库在支持数据信息类型方面也强大得多,它不仅可以存储、加工常规意义下的数据,即数字、数值或文本信息,还支持如图形、图像、声音、视频、消息与各种压缩格式的数据,因此,数据库在应用上越来越广泛。

信息的复杂度越高,分散度越大,各种信息的关联与耦合也越来越有必要,因此,在这一阶段,虽然人们使用过层次数据库和网状数据库,但关系数据库成为数据库应用中的主流数据库,几乎在一切的数据库应用系统的开发中,均采用关系数据库进行数据库的设计,从而可以通过开发的应用系统对各种复杂的相互关联的信息进行数据处理。

4. 20世纪90年代中期——基于Web的数据库系统

由于信息业务的复杂性,信息不仅从数量上剧增,而分散化的程度也正在加剧,信息收集、服务、加工和利用总是存在信息处理与信息发布分离的现象,人们已经不能完全采用在固定的地点或时间进行信息处理了,企业或事业单位的业务往往分布在全国各地甚至世界各地,因此,一种基于Internet、B/S结构的应用系统的开发成为必然,这种系统也就是基于网络技术的Web数据库应用系统,而且具有分布式的特点。因此,一般情况下,B/S结构的应用系统、Web数据库系统和分布式数据库系统是三个等价的概念。

分布式数据库系统是计算机网络技术与数据库技术相互渗透和有机结合的产物,主要研究在计算机网络上对于不同时间、不同地域的数据如何进行发布和处理的问题。因此,在这一阶段,分布式数据库系统的基本原理和实现技术包括结构特点、功能方法、相关算法及系统的实现技术等得到广泛的研究。在分布式数据库应用系统中,关系模型是数据库系统中主流的数据模型,而分布式数据库管理系统在并发控制、数据丢失与恢复等方面兼容了集中式数据库管理系统(单机版本的数据库应用系统)的所有内容,因此这一阶段,分布式应用系统的开发就成为数据库应用系统开发的主流。

5. 21世纪至今——大数据时代的非关系数据库系统

对于数据库研究人员和从业人员而言,从数据库到大数据(Big Data,BD)的转变可以用"池塘捕鱼"到"大海捕鱼"做类比。"池塘捕鱼"代表着传统数据库时代的数据管理方式,而"大海捕鱼"则是大数据时代的数据管理方式。这些差异主要体现在如下两方面:

1) 数据规模

数据库和大数据最明显的区别就是规模。数据库的处理对象一般以 MB 为基本单位,而大数据则是以 GB、TB、PB 为基本单位。数据库规模相对较小,即便是先前认为比较大的数据库,比如 VLDB(Very Large Database)和 XLDB(Extremely Large Database)比起来还是差很远。

2) 数据类型

传统数据库的数据种类单一,往往仅仅有一种或少数几种,这些数据又以结构化数据为主。而大数据的种类数以亿计,这些数据既包括结构化、半结构化以及非结构化的数据,重要的是半结构化和非结构化数据所占份额越来越大。

5.1.4 数据库的应用

1. 数据库的分类

随着信息时代的发展,数据库也相应产生一些新的应用领域,主要有以下五种数据库。

1) 多媒体数据库

这类数据库主要存储与多媒体相关的数据,如声音、图像和视频等数据。多媒体数据库最大的特点是数据连续,而且数据量比较大,存储需要的空间较大。

2) 移动数据库

这类数据库是在移动计算机系统上发展起来的,如笔记本计算机、掌上计算机等。移动数据库最大的特点是通过无线数字通信网络传输。移动数据库可以随时随地地获取和访问数据,为一些商务应用和一些紧急情况带来了很大的便利。

3) 空间数据库

这类数据库目前发展比较迅速。它主要包括地理信息数据库(又称为地理信息系统,即 GIS)和计算机辅助设计(CAD)数据库。其中地理信息数据库一般存储与地图相关的信息数据;计算机辅助设计数据库一般存储设计信息的空间数据库,如机械、集成电路以及电子设备设计图等。

4) 信息检索数据库

信息检索就是根据用户输入的信息,从数据库中查找相关的文档或信息,并把查找的信息反馈给用户。信息检索领域和数据库是同步发展的,它是一种典型的联机文档管理系统或者联机图书目录。

5) 分布式信息检索数据库

这类数据库是随着 Internet 的发展而产生的数据库。它一般用于 Internet 及远距离计算机网络系统中。特别是随着电子商务的发展,这类数据库发展更加迅猛。许多网络用户(如个人、公司或企业等)在自己的计算机中存储信息,同时希望通过网络使用发送电子邮件、文件传输、远程登录方式和别人共享这些信息,分布式信息检索数据库满足了这一要求。

2. 数据库的应用——用友财务管理系统

我国最早开发和应用的数据库应用系统是财务管理系统,因为财务管理系统中财务数据流和信息流之间往往存在直接或间接的关系,因此关系数据库在财务管理系统中能够得到充分的体现和运用。财务系统包括物质流和资金流,它涉及国家财务制度的相关规范、凭证、账簿以及报表等,这都关系到企业的财务与国际财务制度接轨的问题以及外部部门的财务关系问题。财务管理系统应满足财务处理业务实现物流和资金流的紧密集成,解决传统财务管理中账实不符的难题。图5.3显示一个企业分销管理系统和财务管理系统中的信息流动过程及其关系概况。

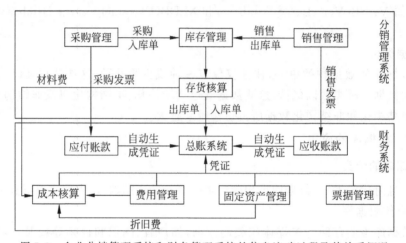

图 5.3　企业分销管理系统和财务管理系统的信息流动过程及其关系概况

用友财务软件开辟了我国财务管理系统的先河,推出基于 Windows 操作系统和基于 Web 服务器的网络版本财务软件系统并得到广泛应用,图 5.4 是用友财务软件的运行界面之一。

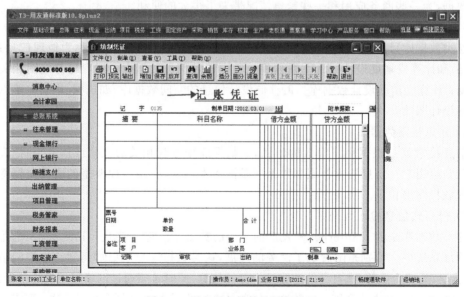

图 5.4　用友财务软件的运行界面

5.2 数据库的基本模型

数据库模型就是现实世界的模拟,是对客观事物及其联系的抽象描述。在数据库系统中针对不同的使用对象和不同的应用目的,可采用不同层次的数据库模型。

(1) 概念模型:也称信息模型,是按用户的观点对数据和信息进行建模,是现实世界到信息世界的第一层抽象;

(2) 基本数据模型:是按计算机系统的观点对数据进行建模,是概念模型的数据化。

数据从现实世界到计算机中的具体表示一般要经历现实世界、信息世界和数据世界三个阶段。这三个世界的关系如图 5.5 所示。

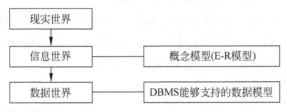

图 5.5 现实世界、信息世界、数据世界的关系

5.2.1 概念模型及其表示

在进行数据库设计时必须给出概念模型描述实体的存在及联系,但它不涉及 DBMS。

1. 概念模型的用途

(1) 用于信息世界的建模;
(2) 现实世界到数据世界的一个中间层次;
(3) 数据库设计人员和用户之间进行交流的有力工具。

2. 对概念模型的基本要求

(1) 较强的语义表达能力,能够方便、直接地表达应用中的各种语义知识;
(2) 简单、清晰、易于用户理解。

3. E-R 图

P. P. Chen 于 1976 年提出实体-联系方法(Entity-Relationship Approach,E-R 图法),E-R 图法提供了表示实体集、属性和联系的方法。在 E-R 图中:

实体:用矩形框表示,框内标明实体名。

属性:用椭圆框表示,框内标明属性名。

联系:用菱形框表示,框内标明联系名。

实体与其属性之间以无向边连接,菱形框及相关实体之间也用无向边连接,并在无向边旁标明联系的类型。

E-R 图中三种基本图形元素内涵如下:

实体(Entity):通常是现实世界中客观存在的可以相互区分的事物,例如一个学生、一台计算机等;也可以是抽象的概念,例如一场比赛、一门课程等。实体集是具有相同属性的实体集合。例如学校所有学生具有相同的属性,因此,学生的集合可以定义为一个实体集。

属性(Attribute)：描述对象的某个特性。例如，学生实体可用学号、姓名、性别、出生日期等属性来描述；课程实体可用课程号、课程名、学分等属性来描述。

联系(Relationship)：实体间的相互关系。它反映客观事物间相互依存的状态。

现实世界中事物内部以及事物之间的联系在信息世界中反映为实体内部的联系和实体之间的联系。两个不同实体集之间的联系有三种类型：

(1) 一对一联系(1∶1)：如果对于实体集 A 中的每个实体，实体集 B 中至多有一个实体与之联系，反之亦然，则称实体集 A 与实体集 B 具有一对一的联系，记为 1∶1。

(2) 一对多联系(1∶n)：如果对于实体集 A 中的每个实体，实体集 B 中有多个实体与之联系，反之，对于实体集 B 中的每个实体，实体集 A 中至多有一个实体与之联系，则称实体集 A 与实体集 B 具有一对多的联系，记为 $1∶n$。

(3) 多对多联系($m∶n$)：如果对于实体集 A 中的每个实体，实体集 B 中有多个实体与之联系，反之，对于实体集 B 中的每个实体，实体集 A 中也都有多个实体与之联系，则称实体集 A 与实体集 B 具有多对多的联系，记为 $m∶n$。

E-R 模型的表示方法如图 5.6 所示。

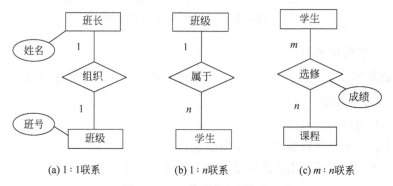

图 5.6　E-R 模型的表示方法

运用 E-R 图可以方便地进行概念模型设计。概念模型设计是对实体的抽象过程，具体步骤如下：

第一步：根据各个局部应用设计出局部 E-R 图。

第二步：综合各分 E-R 图得到初步 E-R 图，在综合过程中主要的工作是消除冲突。

第三步：对初步 E-R 图消除冗余，得到基本 E-R 图。

以教学管理系统为例。经需求分析后，可确定如下实体：

- 学生：学号、姓名、性别、出生日期、地址……
- 课程：课程号、课程名称、学时、学分……
- 班级：班级号、班级名称、入学时间……
- 专业：专业号、专业名称、专业类型……
- 教师：教师号、姓名、性别、出生日期、职称……
- 系：系名称、系地址、电话……

以上各实体间的联系如下：

- 一个学生可选修多门课，一门课可被多个学生选修；

- 一个学生只属于一个班,一个班有多个学生;
- 一个班只属于一个专业,一个专业拥有多个班;
- 一个教师可讲授多门课,一门课可由多个教师讲授;
- 一个系有多个教师,一个教师只属于一个系。

可分为三个局部 E-R 图,分别是学生学籍、学生选课、教师任课。

第一步,局部 E-R 模型设计。

学生学籍局部 E-R 图如图 5.7 所示。

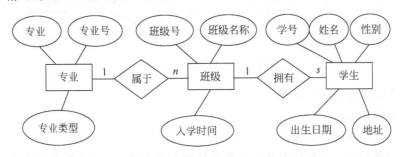

图 5.7 学生学籍局部 E-R 图

学生选课局部 E-R 图如图 5.8 所示。

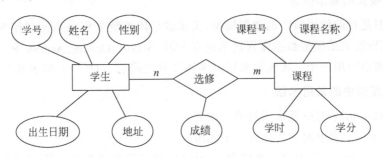

图 5.8 学生选课局部 E-R 图

教师任课局部 E-R 图如图 5.9 所示。

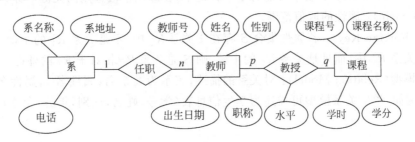

图 5.9 教师任课局部 E-R 图

第二步,合并成 E-R 模型图,如图 5.10 所示。

5.2.2 数据库关系模型及规范化

在数据库中用数据模型这个工具来抽象、表示和处理现实世界中的数据和信息。数据模型应满足数据结构、数据操作和完整性规则三方面要求。

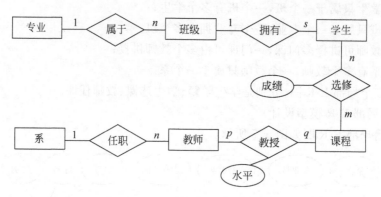

图 5.10 合并后的 E-R 图

(1) 能真实地模拟现实世界；
(2) 容易被人理解；
(3) 便于在计算机上实现。

目前成熟地应用在数据库系统中的数据模型有层次模型、网状模型和关系模型。其中应用最多的为关系模型，以下重点介绍关系模型。

1. 关系模型的基本概念

关系模型是目前使用最广的数据模型，关系数据库系统采用关系模型作为数据的组织方式，现在流行的关系模型数据库管理系统有 SQL Server、Oracle、Access 等。

在关系模型中用一个二维表格来描述实体及其之间的一对一、一对多和多对多联系。

2. 关系模型中的常用术语

关系(Relation)：对应通常所说的二维表。

元组(Tuple)：表中的一行称为一个元组。

属性(Attribute)：表中的一列称为一个属性，列名称为属性名，列值称为属性值。

关键字(Key)：能够唯一确定一个元组的属性集合。

主键(Primary Key)：表中可能有多个关键字，在应用中被选用的关键字称为主键。

域(Domain)：属性的取值范围。

外键(Foreign Key)：若属性集合 S 存在于关系 R_1 中，不是关系 R_1 的主键，但它同时也存在于关系 R_2 中，而且是关系 R_2 的主键，则 S 是关系 R_1 相对于 R_2 的外键。

关系模型(Relation Model)：对关系的描述，表示为关系名(属性名1，属性名2，…，属性名 n)，例如，学生关系模型可描述为学生信息表(学号，姓名，性别，年龄，专业)，如表 5.2 所示。

表 5.2 学生信息表 1

学 号	姓 名	性 别	年 龄	专 业
013203	张佳红	女	20	信息管理与信息系统
013156	路遥	男	19	电子商务
013017	洪宝	男	19	信息管理与信息系统

3. 关系模型的规范化

对于一个符合关系模型的二维表格,通常将其中的每一列称为一个字段(Field);而将其中的每一行称为一个记录(Record)。一张二维表格若能构成一个关系模型,必须满足一定的条件,即关系必须满足一定的规范化。关系规范化必须具备以下特点:

(1) 每一列不可再分,即不能表中有表;
(2) 关系的每一列上,属性值应取自同一值域;
(3) 在同一个关系中不能有相同的属性名;
(4) 在同一个关系中不能有完全相同的元组;
(5) 在一个关系中行、列的顺序无关紧要。

第一范式:当关系表 R 的所有属性值必须是不可分的,即每个记录的每个字段只能包含一个数据,称 R 是满足第一范式的,简记为 1NF。满足第一范式是关系模式规范化的最低要求,否则,将有很多基本操作在这样的关系模式中实现不了。表 5.3 是一张教师信息表,其中有工号、姓名、联系方式三个字段,其中联系方式字段的信息包括家庭电话、工作电话或手机,因此表达信息并不明确,可以改成表 5.4。

表 5.3 教师信息表 1

工 号	姓 名	联系方式		
		家庭电话	工作电话	手机
2001	张石春	858519316	2	13650167178
2002	李红	853165193	3	18805745012
2003	王小宝	85193316	1	13858083450

表 5.4 教师信息表 2

工 号	姓 名	家庭电话	工作电话	手 机
2001	张石春	858519316	0242	13650167178
2002	李红	853165193	0243	18805745012
2003	王小宝	85193316	0241	13858083450

第二范式:在满足第一范式的基础上,实体 R 的每个非主键属性完全函数依赖于 R 的主键属性(消除部分依赖),称 R 满足第二范式,简记为 2NF。

关系依赖:对于 X 的每个值,Y 都有一个值与之对应,反过来则不一定成立,这叫作 X 函数决定 Y,Y 函数依赖 X(X 是主键)。

部分依赖:当主键由两个或两个以上字段构成,而表中的某些信息通过主键的一个字段就能唯一确定,称这样的依赖关系为部分依赖。

表 5.5 所示的学生选课信息表中一个学生可选多门课,一门课有多个学生。学号和课程号可唯一确定一条记录,因此用学号和课程号做主键。

表 5.5 中的姓名、专业通过主键中的学号就能唯一确定,而课程名通过课程号唯一确定,这就是部分依赖,这样的设计不符合第二范式。不符合第二范式会带来哪些问题呢?

表 5.5　学生选课信息表

学　号	姓　名	专　业	课程号	课程名	成　绩
001	陆佳涣	信管	A0305200	管理信息系统	90
002	王健	信管	A0301040	电子商务	85
003	卢蝶	电子商务	A0305200	管理信息系统	80
004	童凯迪	电子商务	A0301040	电子商务	75

（1）数据信息冗余；

（2）增加、删除、修改时会出现问题，比如有一门"管理信息系统"没有人选，由于缺少学号（主键之一）那么这门课就不能出现在表里。

可以用关系分解的方法消除部分依赖解决不符合第二范式的问题，将表 5.5 改成表 5.6～表 5.8。

表 5.6　学生信息表 2

学　号	姓　名	专　业
001	陆佳涣	信管
002	王健	信管
003	卢蝶	电子商务
004	童凯迪	电子商务

表 5.7　课程信息表

课程号	课程名	课程号	课程名
A0305200	管理信息系统	A0305200	管理信息系统
A0301040	电子商务	A0301040	电子商务

表 5.8　选课关系表

学　号	课程号	成　绩
001	A0305200	90
002	A0301040	85
003	A0305200	80
004	A0301040	75

第三范式：设 R 满足第一、二范式，X 是 R 的任意非主键字段，如果一个表的所有非主键字段均不传递依赖于主键，称 R 满足第三范式，简记为 3NF。

传递依赖：设表中有 A（主键）、B、C 三个字段，若 B 依赖于 A，而 C 依赖于 B，称字段 C 传递依赖于主键字段 A。

表 5.9　学生信息表 3

学　号	姓　名	专业号	专业名	宿舍号	宿舍名称
001	陆佳涣	XG01	信管	7101	七舍 101 室
002	王健	XG01	信管	7203	七舍 203 室
003	卢蝶	DS02	电子商务	4303	四舍 303 室
004	童凯迪	DS02	电子商务	4211	四舍 211 室

表 5.9 中有如下决定关系:学号→姓名、性别,系号→系名,宿舍号→宿舍电话,也有学号→系名,学号→宿舍电话。

表 5.9 中则存在着传递依赖,即系名依赖系号、系号依赖学号,那么间接的系名依赖学号,宿舍号、宿舍电话和学号之间也有同样关系。这样设计表会带来数据冗余、操作异常等问题。可用关系分解的方法来消除传递依赖,将表 5.9 分成表 5.10~表 5.12。

表 5.10 专业信息表

专 业 号	专 业 名	专 业 号	专 业 名
XG01	信管	DS02	电子商务
XG01	信管	DS02	电子商务

表 5.11 宿舍信息表

宿 舍 号	宿 舍 名 称	宿 舍 号	宿 舍 名 称
7101	七舍 101 室	4303	四舍 303 室
7203	七舍 203 室	4211	四舍 211 室

表 5.12 学生信息表 4

学 号	姓 名	专 业 号	宿 舍 号
001	陆佳涣	XG01	7101
002	王健	XG01	7203
003	卢蝶	DS02	4303
004	童凯迪	DS02	4211

5.3 SQL

5.3.1 SQL 概述

SQL(Structured Query Language,结构化查询语言)是一种介于关系代数与关系演算之间的语言,其功能包括数据定义、数据查询、数据操纵和数据控制四个方面,是一个通用的功能极强的关系数据库标准语言。

SQL 已经被确定为关系数据库系统的国际标准,被绝大多数商业化的关系数据库系统(如 Oracle、DB2、SQL Server、Sybase 等)采用。

1. SQL 的组成

(1) 数据定义语言(Data Definition Language,DDL);

(2) 数据操纵语言(Data Manipulation Language,DML);

(3) 数据控制语言(Data Control Language,DCL)。

2. SQL 的特点

(1) SQL 是一种非过程化语言,可以作为独立语言或嵌入某种高级语言中使用。

(2) 面向数据集合的关系操作方式,必然要进行一定的关系运算。关系模型主要支持的三种基本关系运算为选择、投影和连接,它们操作的对象和结果都是关系。

(3) 语言简洁、功能强大。SQL 语言功能极强,完成核心功能只用了九个动词,包括如下四类:
- 数据查询:SELECT。
- 数据定义:CREATE、DROP、ALTER。
- 数据操纵:INSERT、UPDATE、DELETE。
- 数据控制:GRANT、REVOKE。

5.3.2 SQL 数据查询语句

1. 定义基本表的 SQL 语句

```
CREATE TABLE <表名>
    (<列名> <数据类型>[ <列级完整性约束条件> ]
[,<列名> <数据类型>[ <列级完整性约束条件> ] ] … [,<表级完整性约束条件> ]);
```

其中:
- <表名>:所要定义的基本表的名字;
- <列名>:组成该表的各个属性(列);
- <列级完整性约束条件>:涉及相应属性列的完整性约束条件;
- <表级完整性约束条件>:涉及一个或多个属性列的完整性约束条件。

常用的完整性约束有:
- 主码约束:PRIMARY KEY。
- 唯一性约束:UNIQUE。
- 非空值约束:NOT NULL。
- 参照完整性约束。

[例 5.1] 建立一个学生表 Student,它由学号 Sno、姓名 Sname、性别 Ssex、年龄 Sage、所在系 Sdept 五个属性组成。其中学号不能为空,值是唯一的,且姓名取值也唯一。

```
CREATE TABLE Student
    (Sno    CHAR(5)   Primary Key,
     Sname  CHAR(20)  UNIQUE,
     Ssex   CHAR(1),
     Sage   INT,
     Sdept  CHAR(15));
```

2. 修改基本表的 SQL 语句

```
ALTER TABLE <表名>
[ ADD <新列名> <数据类型> [完整性约束] ]
[ DROP <完整性约束名> ]
[ MODIFY <列名> <数据类型> ];
```

其中:
- <表名>:要修改的基本表。
- ADD 子句:增加新列和新的完整性约束条件。
- DROP 子句:删除指定的完整性约束条件。

- MODIFY 子句：用于修改列名和数据类型。

[**例 5.2**]　向 Student 表增加"入学时间"列，其数据类型为日期型。

```
ALTER TABLE Student ADD Scome DATE;
```

注意：不论基本表中原来是否已有数据，新增加的列一律为空值。

3. 删除基本表的 SQL 语句

```
DROP TABLE <表名>;
```

基本表被删除，则表中数据、表上的索引都删除；表上的视图往往仍然保留，但无法引用。

删除基本表时，系统会从数据字典中删去有关该基本表及其索引的描述。

4. 查询语句的格式

```
SELECT [ALL|DISTINCT] <目标列表达式> [,<目标列表达式>] …
    FROM <表名或视图名>[, <表名或视图名> ] …
    [WHERE <条件表达式> ]
    [GROUP BY <列名 1> [ HAVING <条件表达式> ] ]
    [ORDER BY <列名 2> [ ASC|DESC ] ];
```

其中：

- SELECT 子句：指定要显示的属性列（所有列用 ＊ ）。
- FROM 子句：指定查询对象（基本表或视图）。
- WHERE 子句：指定查询条件。
- GROUP BY 子句：对查询结果按指定列的值分组，该属性列值相等的元组为一个组。通常会在每组中作为聚集函数。
- HAVING 短语：筛选出只满足指定条件的组，只能与 GROUP BY 配合使用。
- ORDER BY 子句：对查询结果表按指定列值的升序或降序排序。

1）选择运算

从一个关系或二维表格中找出满足给定条件的记录行的操作称为选择运算。

选择运算是对单个关系施加的运算，是从水平方向（即行的方向）上进行的选择，其结果构成一个新的关系，这个关系是原关系上的一个子集，其关系模式不变。

例如，从学生表中筛选出"计算机"专业的记录，可用 SQL 语句表示为：

```
SELECT * FROM 学生 WHERE 专业 = '计算机'
```

2）投影运算

从一个关系或二维表格中找出若干个属性列组成新的关系的操作称为投影运算。

投影运算也是对单个关系施加的运算，是从垂直方向（即列的方向）上进行的运算，投影运算的结果也形成新的关系，其关系模式所包含的字段（属性）个数往往比原关系少，或者字段（属性）排列的顺序将有所不同，它是原关系的一个子集。

例如，从学生表中筛选出所需的列（学号、姓名、专业），可用 SQL 语句表示为：

```
SELECT 学号,姓名,专业 FROM 学生
```

3) 连接运算

将两个关系表中记录按一定条件横向结合成新的关系表的操作称为连接运算。

最常见的连接运算是自然连接,它是利用两个关系中所共有的一个字段,将该字段值相等的记录内容连接起来,自动剔除掉重复的字段作为新关系中的一条记录。

连接运算是对两个或两个以上的表施行的运算,如果需要连接的是两个以上的表,则应当进行两两关系连接,而连接过程是通过连接条件来控制的。

[**例 5.3**] 从表中筛选出"课程号"为 C01 的列(姓名、课程号、成绩),可用 SQL 语句表示为:

```
SELECT 姓名,课程号,成绩
FROM 学生,成绩
WHERE 学生.学号 = 成绩.学号 AND 课程号 = 'C01'
```

5. 条件运算符

(1) 比较运算符有 >、>=、<、<=、=、<>、!>、!<。

(2) 范围运算符有 BETWEEN…AND,NOT BETWEEN…AND 等。

例如:

Sage BETWEEN 20 AND 25

等价于:

Sage >= 20 AND Sage <= 25

又如:

Sage NOT BETWEEN 20 AND 25

等价于:

Sage < 20 OR Sage > 25

(3) 列表运算符的格式如下:

[NOT] IN(列表项 1,列表项 2,…)

例如:

Ssex IN('男','女')

等价于:

Ssex = '男' OR Ssex = '女'

又如:

Sdept NOT IN('计算机系','信息系')

等价于:

Sdept <> '计算机系' AND

Sdept <> '信息系'

(4) 模式匹配运算符的格式如下：

[NOT] LIKE '含通配字符的字符串'

通配字符(在 Access 中)有以下两种：

* ——任意类型和长度的字符。

? ——单个任意字符。

例如：

Sname LIKE '张*'
Sname LIKE '?四?'

(5) 空值判断运算符的格式如下：

IS [NOT] NULL

例如，找到所在系未确定的名单

Sdept IS NULL

(6) 逻辑运算符有 NOT、AND、OR。

例如，计算机系的所有女生可表示为：

Ssex = '女' AND Sdept = '计算机系'

6. 自然连接查询

若查询涉及两个以上的表且在目标列中去掉相同的字段名，则称为自然连接查询。

[例 5.4] 查询选修了课程号为 C1 的学生学号、姓名和成绩。

SELECT Student.Sno,Sname,Grade
FROM Student,Score
WHERE Student.Sno = Score.Sno ANDCno = 'C1';

注意：如果字段名在各个表中是唯一的，可以把字段名前的表名去掉，否则就必须加上表名作为前缀，以免引起混淆。

7. 查询结果排序

[ORDER BY {order_by_expression
        [ASC | DESC] }   [,...n]]

[例 5.5] 从 Student 表中列出所有信息。输出时要求首先按所在系降序排列，若是同一个系则再按出生日期的先后顺序排列。

SELECT *
FROM Student
ORDER BY Sdept DESC,Sbirthday

8. 数据统计函数

1) 计数

COUNT(ALL|*|<列名>)

2) 计算总和

SUM([ALL]|<列名>)

3) 计算平均值

AVG([ALL]|<列名>)

4) 求最大值

MAX([ALL]|<列名>)

5) 求最小值

MIN([ALL]|<列名>)

[例5.6] 查询学生总人数。

```
SELECT COUNT(*)
FROM  Student;
```

[例5.7] 计算 C1 号课程的学生平均成绩。

```
SELECT AVG(Grade)
FROM Score
WHERE Cno = 'C1';
```

[例5.8] 查询选修 C1 号课程的学生最高分数。

```
SELECT MAX(Grade)
FROM Score
WHER Cno = 'C1';
```

9. GROUP BY 子句

使用 GROUP BY 子句分组细化统计函数的作用对象。

(1) 未对查询结果分组,集函数将作用于整个查询结果;

(2) 对查询结果分组后,集函数将分别作用于每个组。

10. HAVING 短语

HAVING 短语作用于组,从中选择满足条件的组。

[例5.9] 查询有 3 门以上课程是 90 分以上的学生的学号及(90 分以上的)课程数。

```
SELECT  Sno,COUNT(*)
FROM    Score
WHERE Grade >= 90
GROUP BY Sno
HAVING COUNT(*) >= 3;
```

11. 插入数据

插入数据的格式如下：

```
INSERT INTO <表名>
[(<属性列 1>[,<属性列 2>...)]
VALUES (<常量 1>[,<常量 2>]...)
```

功能：将新元组插入指定表中。

[例 5.10] 将一个新学生记录(学号：95020；姓名：陈冬；性别：男；所在系：IS；年龄：18 岁)插入到 Student 表中。

```
INSERT INTO Student
VALUES ('95020','陈冬','男','IS',18);
```

[例 5.11] 插入一条选课记录('95020','1')。

```
INSERT  INTO Score(Sno,Cno)
VALUES ('95020','1');
```

注意：新插入的记录在 Grade 列上取空值。

12. 修改数据

修改数据的格式如下：

```
UPDATE   <表名>
SET <列名>=<表达式>[,<列名>=<表达式>]…
[WHERE <条件>];
```

功能：修改指定表中满足 WHERE 子句条件的元组。

[例 5.12] 将学号为 95001 的学生的年龄改为 22 岁。

```
UPDATE   Student
SET Sage = 22
WHERE   Sno = '95001';
```

[例 5.13] 将所有学生的年龄增加 1 岁。

```
UPDATE Student
SET Sage = Sage + 1;
```

13. 删除数据

删除数据的格式如下：

```
DELETE
FROM    <表名>
[WHERE <条件>];
```

功能：删除指定表中满足 WHERE 子句条件的元组。

14. WHERE 子句

功能如下：

(1) 指定要删除的元组。

(2) 默认情况下表示要修改表中的所有元组。

[例 5.14]　删除学号为 95019 的学生记录。

```
DELETE
FROM Student
WHERE Sno = '95019';
```

[例 5.15]　删除 C2 号课程的所有选课记录。

```
DELETE
FROM Score;
WHERE Cno = 'C2';
```

[例 5.16]　删除所有的学生选课记录。

```
DELETE
FROM Score;
```

5.4　Microsoft Access 数据库应用实例

5.4.1　构建数据库系统的流程

构建一个完整、高效的数据库管理系统通常包含以下五个基本步骤。

1. 定义数据库的目标

这是构建数据库的第一步，也是构建数据库的起始点。在这一步，需要定义数据库实现功能、目标以及该系统运行的环境，最终形成一个什么样的数据库管理系统。只有经过这一步，后续的工作才可以开始。

2. 数据库的逻辑设计

这一步是从设计目标和功能出发，规划出数据库的逻辑设计。例如，设计数据库中如何定义表以及表之间的关系。在某种程度上，这一步和物理数据库的设计及其实现无关。

3. 数据库的物理设计

这一步在数据库的逻辑设计之上，把数据库的逻辑设计转换为数据库的物理设计，如确定数据库需要哪些软件和硬件。

4. 数据库的物理实现

这一步属于项目的实现阶段。它建立在数据库的物理设计之上，设计实际的物理数据以及数据库的服务器配置和存储数据的程序代码等。

5. 复查构建的数据库

这一步为构建数据库的最后一步。在该步中，检查和评定构建的数据库是否满足第一步中的目标及其要求，同时还可以制定维护和更新数据库的实施方案。

5.4.2　学生成绩管理数据库的设计

1. 概念模型的设计

通过对学生成绩管理数据库的需求分析，设计出总体 E-R 图，如图 5.11 所示。

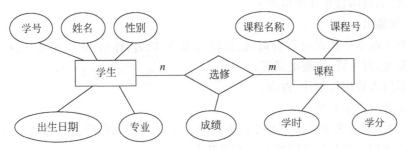

图 5.11 学生成绩管理数据库总体 E-R 图

2. 逻辑模型的设计

将 E-R 图转换为关系模型,并以规范化理论为指导加以优化,转换的原则如下:

(1) 每一个实体转换为一个关系模型。
- 以实体名为关系名(表名);
- 以实体的属性为关系的属性(字段名);
- 确定主码(关键字)属性。

(2) 每个联系按照下列规则转换为关系模型。
- 一对一的联系:将一个表的主码作为外码放在另一个表中;
- 一对多的联系:将"一"表中的主码作为外码放在"多"表中;
- 多对多的联系:建立复合实体,复合实体的主码一般由两个(或多个)联系实体的主码复合组成。复合实体的主码也是外码,不能为空。复合实体的属性还应包括联系的属性。

(3) 根据转换的原则将学生成绩管理数据库的 E-R 图转换为如下关系模型。
- 学生(学号,姓名,性别,出生日期,专业)。
- 课程(课程号,课程名称,学时,学分)。
- 选修(学号,课程号,成绩)。

注意:数据库逻辑设计的结果不是唯一的,为了获得好的关系数据库模型,还必须进行数据模型的优化,它必须以规范化理论为指导。

3. 学生成绩管理数据库的实施

(1) 使用 Microsoft Access 创建学生成绩管理数据库;
(2) 创建三个数据表并录入数据;
(3) 创建表间关联;
(4) 使用 SQL 查询数据库内容。

5.4.3 教工管理数据库表的设计

所用的教工管理数据库的功能应包括以下方面:
(1) 教师任课情况和教学效果维护(包括输入、修改和删除)。
(2) 按教工编号查询教师所任的课程和教学效果。
(3) 按课程查询任课教师。
(4) 按技术职称或文化程度对教工进行排序、筛选、统计和查询。

(5) 按姓名打印教师任课情况表。
(6) 其他需求：
- 对教工的基本情况进行查询，包括教工编号、姓名、性别、出生年月日、技术职称、文化程度、月工资、家庭电话等。
- 对部门人数进行统计、查询。
- 打印部门教工名单。

根据管理的实际需要还应该补充以下功能：教工、课程和任课情况等基本信息的输入、修改、查询和删除；按部门打印教工个人情况表。

经过和学生管理数据库表的设计类似的分析、设计过程，可以得到包括以下七个表的一种设计方案。

(1) 部门简况，含部门代号{文本,3}、部门名称{文本,6}、办公地点{文本,6}三个字段。
(2) 文化程度编码，含文化程度编码{文本,2}、文化程度{文本,6}两个字段。
(3) 技术职称编码，含技术职称编码{文本,2}、技术职称{文本,6}两个字段。
(4) 教学效果编码，含教学效果编码{文本,1}、教学效果{文本,2}两个字段。
(5) 教工情况，含教工编号{文本,5}、部门代号{文本,3}、姓名{文本,6}、性别{文本,1}、出生年月日{日期/时间}、技术职称编码{文本,2}、文化程度编码{文本,2}、婚姻状况{文本,2}、基本工资{货币}、奖金{货币}、家庭电话{文本,12}十一个字段。
(6) 课程档案，含课程号{文本,4}、课程名称{文本,10}、总学时{数字,字节}三个字段。
(7) 任课情况，含职工编号{文本,7}、课程号{文本,4}、教学效果编码{文本,1}三个字段。

Microsoft Access 数据库中这些表间的关系如图 5.12 所示。

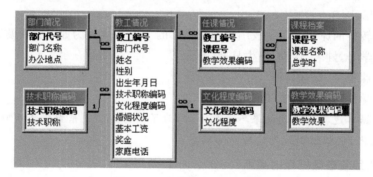

图 5.12　各数据表的关系图

【说明】

(1) 对于同一个实际问题可以有不同的设计方案。但是必须依据数据库的基本原理进行分析，按规范化的要求设计表。

(2) 对班级名称、部门名称、课程名称，甚至技术职称、文化程度、教学效果等有限数据集合字段进行编码是提高数据的共享性、减小冗余度的有效措施。

5.5　非关系型数据库 MongoDB

在过去的很长一段时间中，关系型数据库(Relational Database Management System, RDBMS)一直是最主流的数据库解决方案，它运用真实世界中事物与关系来解释数据库中抽象的数据架构。然而,在信息技术爆炸式发展的今天,大数据已成为继云计算、物联网后新的技术革命,关系型数据库在处理大数据量时已经开始吃力,开发者只能通过不断地优化数据库来解决数据量的问题,但优化毕竟不是一个长期方案,所以人们提出了一种新的数据库解决方案来迎接大数据时代的到来——NoSQL(非关系型数据库)。

NoSQL 虽然非常年轻但其拥有许多优秀的特性,已经让众多企业和开发者开始接受,表 5.13 展示了美国数据库知识网站 DB-engines 上 2018 年 10 月的数据库排名情况。

表 5.13 2018 年 10 月各种类型数据库使用排名

排 名	数据库管理系统	数据库模型	总 分
1	Oracle	关系型数据库系统	1319.27
2	MySQL	关系型数据库系统	1178.12
3	Microsoft SQL Server	关系型数据库系统	1058.33
4	PostgreSQL	关系型数据库系统	419.39
5	MongoDB	文档数据存储系统	363.19
6	DB2	关系型数据库系统	179.69
7	Redis	键-值存储系统	145.29
8	Elasticsearch	搜索引擎	142.33
9	Microsoft Access	关系型数据库系统	136.80
10	Cassandra	宽列存储系统	123.39

从排名中可以看到 MongoDB 数据库从众多的 RDBMS 中脱颖而出,已经成为第五名,并且还在不断上升中。

5.5.1 NoSQL 对传统数据库设计思维的影响

1. 预设计模式与动态模式

传统数据库的设计阶段需要对数据库表中的字段名称、字段类型进行规定,如果尝试插入不符合设计的数据,则数据库不会接受这条数据以保证数据的完整性。

```
-- 数据库字段:NAME,SONG

INSERT INTO T_INFO VALUES('John', 'Come Together');           -- 成功
INSERT INTO T_INFO VALUES('小明', 20, 'xiaoming@111.com');    -- 失败
```

NoSQL 采用的是对集合(类似表)中的文档(类似于行)进行动态追加,在创建集合之初不会对数据类型进行限定,任何文档都可以追加到任何集合中去,例如可以将这样两条文档添加到一个集合中去:

```
{"name" : "John", "song" : "Come Together"}
{"name" : "小明",  "age":"20", "email" : "xiaoming@111.com"}
```

MongoDB 中文档的格式类似于 JSON(JavaScript Object Notation),当我们第一个拥有"name"、"song"两个字段,而第二个拥有"name"、"age"、"email"三个字段,这在预设计模式中的数据库是不可能插入成功的,但在 MongoDB 的动态模式是可以的,这样做的优势是不必为一些数量很少但种类很多的字段单独设计一张表,可以将它们集中在单独一张表中进行存储,但这样做的弊端也是显而易见的,我们在获取数据时需要对同一张表的不同文

档进行区分,增加了开发的代码量。所以在设计之初需要权衡动态模式的优劣来选择表中数据类型。

2. 范式化与反范式化

范式化(Normalization)是关系模型的发明者埃德加·科德于1970年提出的概念。范式化会将数据分散到不同的表中,利用关系模型进行关联。由此带来的好处是,在后期进行修改时,不会影响到与其关联的数据,仅对自身修改即可完成。

反范式化(De-Normalization)是针对范式化提出的相反理念,反范式化会将当前文档的数据集中存放在本表中,而不会采用拆分的方式进行存储。

范式化和反范式化之间不存在优劣的问题,范式化的好处是可以在我们写入、修改、删除时提供更高的性能,而反范式化可以提高我们在查询时的性能。当然 NoSQL 中是不存在关联查询的,以此提高查询性能,但我们依旧可以以在表中存储关联表 ID 的方式进行范式化。由此可见,NoSQL 的理念中反范式化的地位是大于范式化的。

5.5.2 MongoDB 的扩展

现在互联网的数据量已经从过去的 MB、GB 变为了现在的 TB 级别,单一的数据库显然已经无法承受,扩展性成为重要的话题,然而现在的开发人员常常在选择扩展方式的时候犯了难,到底是选择横向扩展还是纵向扩展呢?

横向扩展(Scale Out)是以增加分区的方式将数据库拆分成不同的区块来分布到不同的机器中,这样的优势是扩展成本低,但管理困难。

纵向扩展(Scale Up)与横向扩展不同的是,它会将原本的服务器进行升级,让其拥有更强大的计算能力。这样的优势是易于管理无须考虑扩展带来的众多问题,但缺点也显而易见,那就是成本高。一台大型机的价格往往非常昂贵,并且这样的升级在数据达到极限时,可能就找不到计算能力更为强大的机器了。

而 MongoDB 选择的是更为经济的横向扩展,它可以很容易地将数据拆分到不同的服务器中,而且在获取数据时开发者也无须考虑多服务器带来的问题,MongoDB 可以将开发者的请求自动路由到正确的服务器中,让开发者脱离横向扩展带来的弊端,更专注于程序的开发。

5.5.3 MongoDB 的使用

在大数据时代中,大数据量的处理已经成为考量一个数据库最重要的原因之一。而 MongoDB 的一个主要目标就是尽可能让数据库保持卓越的性能,这很大程度上决定了 MongoDB 的设计。在一个以传统机械硬盘为主导的年代,硬盘很可能会成为性能的短板,而 MongoDB 选择了最大程度地利用内存资源用作缓存来换取卓越的性能,并且会自动选择速度最快的索引来进行查询。MongoDB 尽可能精简数据库,将尽可能多的操作交给客户端,这种方式也是 MongoDB 能够保持卓越性能的原因之一。

MongoDB 采用的是 NoSQL 设计方式,可以更加灵活地操作数据。传统的 RDBMS 中几十行甚至上百行的复杂 SQL 语句中包含着大量关联、子查询等语句,在增加复杂性的同时还让性能调优变得更加困难。MongoDB 面向文档(Document-Oriented)的设计中采用更为灵活的文档作为数据模型,用来取代 RDBMS 中的行,面向文档的设计让开发人员获取数据的方式更加灵活,甚至于开发人员仅用一条语句即可查询复杂的嵌套关系,让开发人员不必为了获取数据而绞尽脑汁。

MongoDB 有众多卓越的设计,但 MongoDB 依然存在着许多不擅长的问题,其中包括:

(1) MongoDB 不支持事务。现在众多的软件依旧需要事务的管理,所以对于事务一致性要求较高的程序只能在软件层面进行管理,而无法从数据库进行管理。

(2) 其他工具的支持范围。MongoDB 从发布起到现在还不到五年的时间,所以会面临着许多的语言没有对应的工具包,这是导致 MongoDB 无法使用最大的阻碍。

(3) 社区的资源量。MongoDB 过于年轻,相对于其他大型数据库的社区而言,MongoDB 社区资源的匮乏会导致问题解决周期延长,从而拖延工作。

本章小结

数据库管理系统是一个能够提供数据录入、修改、查询的数据操作软件,具有数据定义、数据操作、数据存储与管理、数据维护、通信等功能,且能够允许多用户使用。另外,数据库管理系统的发展与计算机技术发展密切相关。而且近年来,计算机网络逐渐成为人们生活的重要组成部分,为此,若要进一步完善计算机数据库管理系统,技术人员就应当不断创新、改革计算机技术,并不断拓宽计算机数据库管理系统的应用范围,从而真正促进计算机数据库管理系统技术的革新。

课后练习

5.1 什么是数据库管理系统?举例说明数据库管理系统的作用。

5.2 什么是 E-R 模型?并说明联系几种类型。

5.3 试画出 E-R 图,假设每个学生选修若干门课程,且学生每选一门课都只有一个成绩,每个教师只担任一门课的教学,一门课由若干教师任教。学生的属性为:学号、姓名、地址、年龄、性别。教师的属性为:职工号、教师姓名、职称,课程的属性为:课程号、课程名。

5.4 已知有导师表如表 5.14 所示,判断其不符合第几范式,并对其进行范式化修改。

表 5.14 导师表

导师工号	姓 名	职 称	系 编 号	系 名	电 话
101	陈林	教授	A03	信管系	76853212
102	李明	副教授	A03	信管系	76853212
103	马可	研究员	A05	工业工程系	85365137
104	李严	讲师	A05	工业工程系	85365137

5.5 已知部门表和员工表如表 5.15 和表 5.16 所示。

表 5.15 部门表

部门代码	部 门 名	负 责 人	地 点
0001	生产部	李华江	重庆荣昌县
0002	销售部	张丽	重庆渝中区
0003	市场部	王欣	重庆江北区

表 5.16 员工表

员工代码	姓 名	家庭住址	联系电话	邮政编码	部门代码
200001	王华	重庆	67690986	401147	0001
200002	李想	成都	54387659	508763	0003
200003	张丽	上海	67893542	208761	0002

（1）确定部门表和员工表中的候选键，并陈述理由。
（2）在候选键中确定部门表和员工表的主键。
（3）确定部门表和员工表中的共有属性。
（4）指出哪一个表中的哪一个属性是外键。
（5）确定哪一个表是主表，哪一个表是从表。

第 6 章 管理信息系统战略规划

本章学习目标

- 理解管理信息系统战略规划的概念、地位和作用；
- 基于诺兰模型了解信息技术在企业管理中的应用；
- 初步掌握管理信息系统战略规划常用的几种方法；
- 理解业务流程重组的定义及其在企业信息化管理中的作用。

前 导 案 例

1998年年初，河南许继集团采用Symix公司（现更名为Frontstep公司）的产品来实施ERP。从1998年年初签单到同年7月份，许继集团实施ERP的进展都很顺利，包括数据整理、业务流程重组，以及物料清单的建立都很顺利。厂商的售后服务工作也还算到位，基本完成了产品的知识转移。另外，在培养许继集团自己的二次开发队伍方面也做了一定的工作。如果照这样发展下去，或许许继集团会成为国内成功实施ERP企业的典范。

然而，计划赶不上变化。到了1998年8月份，许继集团内部为了适应市场变化，开始发生重大的机构调整。但是许继集团高层在调整的过程中，更多的是关注企业的生存、企业经营的合理化和利润最大化，显然没有认真考虑结构调整对ERP项目的影响。企业经营结构变了，而当时所用的ERP软件流程却已经定死了，Symix厂商似乎也无能为力，想不出很好的解决方案。于是许继集团不得不与Symix公司友好协商，项目暂停，虽然已经运行了5个月，但是继续运行显然已经失去了意义。Symix的ERP现在只是在许继集团一些分公司的某一些功能上运行。

Cresap McCormick & Paget公司对美国企业所做的调查结果显示，

> 产生"信息悖论"的一个重要原因就是没有进行管理信息系统（MIS）战略规划或是管理信息系统战略规划没有取得成功，管理信息系统战略规划具有极其重要的作用。重视管理信息系统战略规划的企业，其信息系统与企业组织间能够较好地联系，使信息系统规划与企业整体规划的日程保持一致。

6.1 管理信息系统战略规划概述

6.1.1 管理信息系统战略规划的地位与作用

1. 管理信息系统战略规则的地位

信息系统战略价值以及 IT 对企业竞争力的影响是形成管理信息系统战略规划需求的根本原因。信息系统在企业中的应用范围不断扩大，电子商务、客户关系管理、ERP、供应链管理、知识管理、虚拟组织、业务流程重组等都是在 IT 的支持下发展起来的，IT 对提升企业竞争力和维持竞争优势的作用也表现得越来越明显。同时，人们逐渐认识到信息系统战略价值的发挥不是一件简单的事，要在时间、人力、财力、软硬件等宝贵资源有限的情况下有效配置资源，开发新系统并兼容老系统，发挥信息系统的战略价值，必须做好管理信息系统战略规划工作。

企业如果不能成功开展管理信息系统战略规划，容易形成冗余繁多、高维护费用、高风险、低收益、互相不匹配或孤立的信息系统，造成重复劳动以及各种资源浪费等问题。通过管理信息系统战略规划可以加强信息管理，对未来的事件施加有利的影响，密切关注企业经营中的不足之处，逐步理清企业管理提升和信息化应用的总体方向，客观分析当前所处的位置，理智分析当前和未来之间的差距，降低风险避免信息化建设的盲目性；可以制定策略、明确原则、给出路线，确定拟待开发的信息系统；可以明确每一个信息化建设项目之间的时序关系和依赖关系，帮助组织控制资源，以确保在所有组织层次上资金都能被用到与目标的实现最相关的活动上，以利于企业实现经营战略或形成新的战略；还可以明确信息系统人员努力的目标和方向，调动他们的积极性，也有利于促进用户、信息系统人员和高层管理人员之间的信息交流与合作，避免各层面的冲突。

管理信息系统战略规划需要研究、分析企业的经营战略，了解企业经营战略的内涵；需要仔细分析信息系统技术在哪些方面能有效地帮助企业实现它的经营战略或形成新的经营战略；在此基础上，详细分析和设计信息系统技术在企业中的应用领域。管理信息系统战略规划是企业制订长期的信息系统应用计划以确保企业实现它的经营战略目标的过程，是认识、选择和确定信息系统战略机会的过程。将企业的经营战略和信息系统技术战略相结合是管理信息系统战略规划的根本所在。

管理信息系统战略规划与企业经营战略规划之间有着密切的联系。一方面，管理信息系统战略规划必须与企业经营战略规划结合，信息系统在企业中的最优应用只有与企业战略共同发展时才能成为可能。目前许多企业的信息系统建设失败的一个最主要的原因就是在进行信息系统建设前，没有全面考虑企业的内外部条件和企业的发展战略，没有充分考虑 IT 的使用能为企业竞争力的提高起到怎样的作用，也不考虑企业现有的管理模式和组织形式与所选择的信息技术是否符合，而是片面追求技术上的先进性，盲目投资。

第6章 管理信息系统战略规划

另一方面,企业信息战略也能影响企业的经营战略,进而影响企业战略目标的实现。企业信息系统是企业大系统的重要组成部分,信息系统是企业进行资源管理的重要手段。它能否满足企业对信息的需求或是创造新的信息需求,取决于管理信息系统战略规划的优劣。因此管理信息系统战略规划既是企业战略管理的需要,也是提高企业信息系统投资效率的需要。实践证明,成功的管理信息系统战略规划,能够有效地支持企业的整体战略或形成新的战略,为企业战略目标的实现提供及时、可靠的信息保障,使企业获得或维持竞争优势;而失败的管理信息系统战略规划不仅不能达到上述目的,而且会造成人、财、物的浪费。

2. 管理信息系统战略规划的作用

管理信息系统战略规划可以帮助克服信息化建设中的难点。首先,管理信息系统战略规划可以从企业战略发展的高度出发,使企业上下对企业信息化形成全局性共识。管理信息系统战略规划的过程就是通过客观和理智地分析现状与未来的差距,理清企业管理提升和信息化应用的总体方向,制定策略和原则、明确各信息化建设项目之间的时序和依赖关系,不断收集各方面意见、沟通探讨、消除分歧、促成企业上下对信息化共识的过程。其次,管理信息系统战略规划能够降低信息化风险。信息化的最大风险就在于选择了不适合企业条件的应用系统,管理信息系统战略规划就是一个对企业战略梳理和清晰化的过程,是对自身业务需求全面分析的过程,在信息战略指引下进行的信息化建设才能够大大降低信息化风险。最后,管理信息系统战略规划能够直接降低成本,保护企业在信息化上的投资。管理信息系统战略规划使得企业信息化人员有了明确的目标方向,在系统选择上有了明确的标准,使得企业能够有目的、有选择地根据自身战略发展要求,从增强自身竞争力出发来选择适合的信息系统和方案,避免因为在信息化建设上失误而导致丧失发展机会,从而达到降低成本、保护企业投资的效果。

管理信息系统战略规划应在长远规划与适应变化之间取得平衡,既要尽可能地保持开放性和长远性,以确保系统的稳定性和延续性;同时又因为长远的规划难以跟上企业环境的变化,应确保规划的动态性和适应性。管理信息系统战略规划需要在规划制定与实施之间取得平衡,规划制定的目的是为信息化建设和实施提供框架指南,只有通过实施才能使制定的规划成为现实,企业实践中往往出现只注重规划制定,而忽略实施的问题。

6.1.2 管理信息系统战略规划的目标与内容

1. 管理信息系统战略规划的目标

管理信息系统战略规划的目标是将企业的各种信息资源与信息战略联系起来,最大限度地支持企业的使命和战略目标;将企业经营战略规划、信息战略规划联系起来,保证对组织战略重点的持续关注;促进并保持组织高级管理者对信息战略的足够支持;更好地预测资源需求,更好地进行资源配置,以满足现在及未来信息系统的需要;加强与用户的交流,改善信息部门与其他职能部门的关系;确定信息系统的应用组合及其实施先后顺序,为信息系统的应用提供更多的战略机会,发现更多的信息系统应用功能;确保企业高层和职能部门支持企业实施确定的信息系统,使组织获得并保持竞争优势;发现和培育企业信息管理的核心能力,促进企业管理信息系统战略规划能力的提高。

管理信息系统战略规划主要解决以下四个问题：
（1）如何保证信息系统规划同它所服务的组织和总体战略上的一致？
（2）怎样为该组织设计出一个信息系统总体结构（方式、规模、步骤），并在此基础上设置、开发应用系统？
（3）对相互竞争的应用系统，应如何拟定优先开发计划和运营资源的分配计划？
（4）应怎样选择并应用行之有效的设计方法论？

为了保障管理信息系统战略规划目标能够在企业内推行，需要有信息化领导小组保证总体战略目标能够从上而下贯彻执行，使决策层的意图能够贯彻到企业的执行层，并通过执行层提供决策和评估活动所需要的信息。下层应用要和企业总体目标采用相同的原则，提供评估业绩的衡量方法，从而保证信息系统目标的实现。

通常情况下，信息化领导小组的主管由理解风险和问题的组织高层担任。该信息化领导小组成员来自高层管理者、IT 部门、用户部门，是各部门的管理者，代表组织中所有业务领域。信息化领导小组的任务与职责应该以正式的章程进行定义。信息化领导小组的成员应该了解 IT 部门的策略、实务、流程，且有权对其所辖领域进行决策。

信息化领导小组主要履行以下职能：
（1）审查 IT 部门的长期和短期计划，并保证与组织目标一致。
（2）在董事会授权范围内审查、批准主要的硬件和软件获取计划。
（3）批准和监督主要项目，建立优先顺序，制定批准标准和相应流程，监督整个系统的绩效。
（4）在 IT 部门与用户部门之间进行沟通。
（5）制订信息系统战略规划和年度计划。
（6）根据人员、时间、设备审查资源的充足性、资源的配置情况。
（7）对集权或分权、责任指派进行决策。
（8）审查和批准部分或全部信息系统外包计划。

信息化领导小组从系统部门、用户部门接收相应管理信息并进行审计，以协调和监督组织的信息系统资源的有效利用。信息化领导小组要监督绩效并且采取适当行动达到预想效果。信息化领导小组需要召开正式会议，并使其活动、决策文档化，向组织最高层汇报所有信息系统相关活动。

2. 管理信息系统战略规划的主要内容

（1）信息系统的目标、约束与结构。战略规划包括企业的战略目标、外部环境、内部环境、内部约束条件，信息系统的总目标、计划和信息系统的总体结构等。其中信息系统的总目标为信息系统的发展方向提供准则，而计划则是对完成工作的具体衡量标准。信息系统的总体结构规定了信息的主要类型以及主要的子系统，为系统开发提供了框架。

（2）根据组织目标和业务流程规划确定信息系统的总体结构规划方案。对目前组织的业务流程与信息系统的功能、应用环境和应用现状进行评价，包括硬件情况、通用软件情况、应用系统及人员情况、硬件与软件人员及费用的使用情况、项目进展状况及评价。

（3）对影响计划的信息技术发展的预测。信息系统战略规划受到当前和未来信息技术发展的影响，对软件的可用性、方法论的变化、周围环境的发展以及它们对信息系统产生的影响也应该在所考虑的因素之中,制定组织的业务新流程规划,确定业务流程改革与创新的方案。

(4) 安排项目实施方案,制定信息系统建设的资源分配方案。在战略规划适用的几年中,应对即将到来的一段时期做出相当具体的安排,主要应包括硬件设备的采购时间表、应用项目开发时间表、软件维护与转换工作时间表、人力资源的需求以及人员培训时间安排、财务资金需求等。

6.1.3 管理信息系统战略规划的基本步骤

管理信息系统战略规划步骤一般由规划方法来决定,但基本上都包含了以下步骤:

(1) 确定规划性质:检查企业的战略规划,确定管理信息系统战略规划的年限和规划方法。

(2) 初步调查:收集来自企业内部和环境中的与战略规划有关的各种信息;初步调查的内容包括企业概况、规划目标与任务、组织机构调查、现行管理系统的业务流程、存在的问题、系统开发条件、计算机应用水平及可供利用的资源等。初步调查的方式方法多种多样,如问卷调查、面谈、座谈会、查阅档案、现场考查等,可以灵活地综合运用。

(3) 进行战略分析:对信息系统的战略目标、开发方法、功能结构、计划活动、信息部门情况、财务状况、所担的风险程度和政策等多方面进行分析。具体来说,应分析建立计算机管理信息的应用需求、数据处理需求和管理功能需求;应分析现行管理体制的合理性与缺陷,包括机构设置、职能划分、业务流程的合理性;应分析建立计算机管理的信息系统内部资源所能投入的能力和适用能力;应分析外部环境的变化对企业经营生产的影响程度;应分析现行信息系统运行效果;应分析影响管理水平提高的薄弱环节和"瓶颈"问题。

(4) 定义约束条件:根据财务资源、人力资源、信息设备资源等方面的限制,定义信息系统的约束条件和政策。

(5) 明确战略目标:根据分析结果与约束条件,确定信息系统的战略目标,也就是在规划结束时,信息系统应具有怎样的能力,包括服务的范围、质量等多方面。

(6) 提出未来蓝图:选择未来的信息系统,建立新系统的总体结构和层次,勾画出未来信息系统的框图,产生子系统划分表及系统硬件配置原则等。

(7) 选择开发方案:对信息系统进行必要性、经济可行性、技术可行性、组织管理可行性、环境可行性分析,根据资源的限制,选择一些适宜的项目优先开发,制定出总体开发顺序。

(8) 提出实施进度:在确定每个项目的优先权后,估计项目成本、人员要求等,以此作为整个时期的任务、成本与进度表。

(9) 通过战略规划:将战略规划书写成文,书写过程中不断征求用户、信息系统工作者的意见。战略规划经企业领导批准后生效,并将它合并到组织战略规划中。

6.1.4 信息系统发展阶段模型

把计算机应用到一个单位(企业、部门)的管理中去,一般要经历从初装到成熟的成长过程。美国管理信息系统专家诺兰(R.L.Nolan)通过对200多个公司、部门发展信息系统的实践经验总结,于1973年首次提出了信息系统发展的阶段理论,该理论被称为诺兰阶段模型（四个阶段）。1980年诺兰进一步完善了该模型，把信息系统的成长过程分为如图6.1所示的六个阶段（即诺兰模型）。

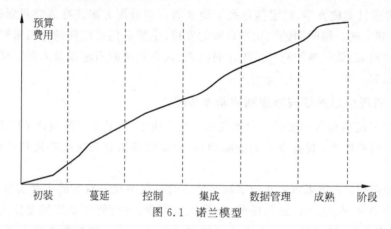

图6.1 诺兰模型

第一个阶段是初装阶段，组织引入了像管理应收账款和工资这样的数据处理系统，各个职能部门（如财务）的专家致力于发展他们自己的系统。人们对数据处理费用缺乏控制，信息系统的建立往往不讲究经济效益。用户对信息系统也是抱着敬而远之的态度。该阶段具有以下特点：组织中只有个别人具有使用计算机的能力；该阶段一般发生在一个组织的财务部门。

第二阶段是蔓延阶段，这一阶段是数据处理发展最快的一个阶段，用户感到计算机在事务处理上的好处，计算机利用率不断提高，信息技术应用开始扩散，数据处理专家开始在组织内部鼓吹自动化的作用，各部门都开发了大量应用程序。这时，组织管理者开始关注信息系统方面投资的经济效益，但是实质的控制还不存在。该阶段具有以下特点：数据处理能力得到迅速发展；出现许多新问题（如数据冗余、数据不一致性、难以共享等）；计算机使用效率不高等。

第三阶段是控制阶段，由于硬件、软件投资和开发费用急剧增长，出于控制数据处理费用的需要，管理者开始召集来自不同部门的用户组成委员会，以共同规划信息系统的发展。管理信息系统成为一个正式部门，以控制其内部活动，启动了项目管理计划和系统发展方法。目前的应用开始走向正规，并为将来的信息系统发展打下基础。在这一阶段，一些职能部门内部实现了网络化，如财务系统、人事系统、库存系统等，但各软件系统之间还存在"部门壁垒""信息孤岛"。信息系统呈现单点、分散的特点，系统和资源利用率不高。该阶段具有以下特点：成立了一个领导小组，采用了数据库技术，是实现从以计算机管理为主向以数据管理为主转换的关键。

第四阶段是集成阶段，这时组织从管理计算机转向管理信息资源，这是一个质的飞跃。从第一阶段到第三阶段，通常产生很多独立的实体。在第四阶段，组织开始使用数据库和远程通信技术，努力整合现有的信息系统，产生了从全局出发，建立一个支持全组织的信息系统的需求。信息系统的开发首先考虑总体，建立稳定的全局数据模型，实现各子系统的功能需求，进而发挥信息"粘合剂"和"倍增剂"的作用，同时也造成各项投资费用的增长。该阶段具有以下特点：建立集中式的数据库及相应的信息系统；增加大量硬件，预算费用迅速增长。

第6章 管理信息系统战略规划

第五阶段是数据管理阶段,数据真正成为企业的重要资源。计算机作为日常数据处理工具的作用开始发挥出来,投资开始见效。信息系统开始从支持单项应用发展到在逻辑数据库支持下的综合应用。组织开始全面考查和评估信息系统建设的各种成本和效益,全面分析和解决信息系统投资中各个领域的平衡与协调问题。

第六阶段是成熟阶段,中上层和高层管理者开始认识到,管理信息系统是组织不可缺少的基础,正式的信息资源计划和控制系统投入使用,以确保管理信息系统支持业务计划。信息资源管理的效用充分体现出来。信息系统的成熟表明它可以满足企业各个管理层次的要求,从操作层的事务处理到中间管理层的控制管理,到支持高级管理层的决策支持,真正实现信息资源的管理。

诺兰认为,任何组织由手工信息系统向以计算机为基础的信息系统发展时,都存在着一条客观的发展道路和规律。数据处理的发展涉及技术的进步、应用的拓展、计划和控制策略的变化以及用户的状况四个方面。诺兰强调,任何组织在实现以计算机为基础的信息系统时都必须从一个阶段发展到下一个阶段,不能实现跳跃式发展。

诺兰模型还指明了信息系统发展过程中的六种增长要素:

(1) 计算机硬件资源:从早期的磁带向最新的分布式计算机发展;
(2) 应用方式:从批处理方式到联机方式;
(3) 计划控制:从短期的、随机的计划到长期的、战略的计划;
(4) 管理信息系统在组织中的地位:从附属于别的部门发展为独立的部门;
(5) 领导模式:开始时,技术领导是主要的,随着用户和上层管理人员越来越了解管理信息系统,上层管理部门开始与管理信息系统部门一起决定发展战略;
(6) 用户意识:从作业管理级的用户发展到中上层管理级。

诺兰模型总结了西方发达国家信息发展的实践,揭示了某些客观发展规律。一般认为模型中的各阶段都是不能跨越的,其原因是组织机构在准备进行下一阶段工作之前需要一定的经验。尽管这些阶段含有某些自然生长过程,但是这些生长过程是能够有效地进行计划协调和管理的,因此,每一阶段也都代表着计划与管理工作的变动次序。所以诺兰模型既可以用于诊断当前处在哪一个发展阶段向什么方向前进、怎样管理对开发最有效,也可以用于对各种变动的安排,进而以一种可行方式转至下一发展阶段,在制定系统规划的过程中,科学合理地制定系统开发规划。

诺兰模型给我们如下启示:

(1) 信息系统建设是一项长期、复杂、投入高的社会化系统工程。
(2) 诺兰模型反映了信息系统的发展阶段并使信息系统的各种特性与系统生长的不同阶段对应起来,从而成为信息系统规划工作的框架。
(3) 只要一个信息系统存在某些特性,便知处在哪一个阶段,而一个组织的信息系统在能够转入下阶段之前,必须经过系统成长的前几个阶段。信息系统是伴随着计算机技术的应用和发展而实施的,其发展的各阶段是人类对其应用的认识逐步提高的过程,各阶段是不能跨越的。
(4) 应该吸取别国的经验教训,避免盲从,少走弯路。根据自己国家、地区、单位的实际情况,规划一套切实可行的信息系统建设方案。

(5) 无论是在确定开发管理信息系统的策略,还是在制定管理信息系统规划的时候,都应先明确本单位当前处于哪一个阶段,如果能够诊断出目前所处的成长阶段,就能够对它的战略规划提出一系列的限制条件和做出针对性的规划方案,进而根据该阶段特征来指导信息系统建设。

6.2 管理信息系统战略规划方法

管理信息系统战略规划方法是有效开展管理信息系统战略规划的结构化手段,它确定了规划的流程以及各阶段的主要工作内容。管理信息系统战略规划方法有很多,每种方法的侧重点不同,常用的方法有关键成功因素法(CSF)、战略目标集转换法(SST)、企业系统规划法(BSP)、连续流动法(CFA)、发展阶段法(SOG)、信息工程法(IE)、战略栅格法(SG)、战略系统规划法(SSP)等。这些规划方法都是二十世纪七八十年代提出的,以传统的信息技术为基础和研究对象,主要从支持企业的业务过程、提高企业的工作效率和经济效益角度出发,来规划企业信息系统的应用。下面主要介绍其中的几种方法。

6.2.1 关键成功因素法

1970年哈佛大学教授William Zani提出了通过对影响企业的关键成功因素识别,找出实现信息系统目标所需的关键信息集合,从而确定系统开发优先次序的关键成功因素法(Critical Success Factors,CSF)。

关键成功因素法就是通过了解企业的目标,识别所有使企业获得成功的关键因素,明确各关键成功因素的性能指标和评估标准,然后再围绕这些关键因素来确定系统的需求,并进行规划的过程。企业想要持续成长,就必须对这些少数的关键领域加以管理,否则将无法达到预期的目标。

1. 个别产业的结构

不同产业因产业本身特质及结构不同,而有不同的关键成功因素,这些因素是决定于产业本身的经营特性,该产业内的每一公司都必须注意这些因素。

2. 竞争策略及产业中的地位

企业的产业地位是由过去的历史与现在的竞争策略所决定的,在产业中每个公司因其竞争地位的不同,而关键成功因素也会有所不同,对于由一家或两家大公司主导的产业而言,领导厂商的行动常为产业内小公司带来重大的问题,所以对小公司而言,大公司竞争者的策略可能就是其生存和竞争的关键成功因素。

3. 环境因素

企业外在因素(总体环境)的变动,会影响每个公司的关键成功因素。如在市场需求波动大时,存货控制可能就会被高级主管视为关键成功因素之一。

关键成功因素法主要包含以下四个步骤:

(1) 确定企业或管理信息系统的战略目标,需要遵循信息系统规划与组织目标的一致性原则。

(2) 识别所有的成功因素,主要是分析影响战略目标的各种因素和影响这些因素的子因素。

(3) 确定关键成功因素。不同行业的关键成功因素各不相同,即使是同一个行业的组织,由于各自所处的外部环境的差异和内部条件的不同,其关键成功因素也不尽相同。

(4) 明确各关键成功因素的性能指标和评估标准,分析信息需求,进行企业系统规划。

需要说明的是,在运用 CSF 方法过程中自始至终要努力做到保持组织目标与信息系统规划的一致性。另外,在分析原因时,可以利用鱼刺图(也称树枝因果图)、直方图等分析工具,确定企业的不足和急需改进的环节,制定系统规划。

以某高校建设国际一流大学为例,描述关键成功因素法的四个步骤:

第一步应该确定高校发展目标,可以从哪些途径来建设国际一流大学;

第二步要将各方面需求转换为成功因素,即用成功因素来描述用户的需求;

第三步就是确定关键成功因素的相关子因素,如图 6.2 所示。

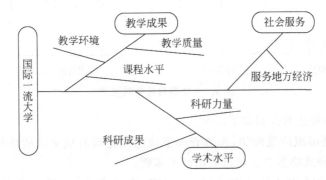

图 6.2 鱼刺图分析国际一流大学建设主要成因

最后一步,就是识别关键成功因素的性能指标或评估标准,即用什么技术指标和标准来衡量关键成功因素,并据此生成数据字典,如图 6.3 所示。

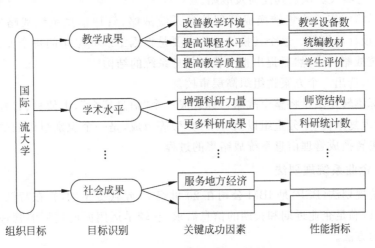

图 6.3 关键成功因素法分析结果图

关键成功因素法的优点是能够使所开发的系统具有很强的针对性,能够较快地取得收益。应用关键成功因素法需要注意的是,当关键成功因素解决后,又会出现新的关键成功因素,就必须再重新开发系统。

6.2.2 战略目标集转换法

战略目标集转换法(Strategy Set Transformation,SST)是 William King 于 1978 年提出的,他把整个战略目标看成"信息集合",由使命、目标、战略和其他战略变量组成,管理信息系统的战略规划过程是把组织的战略目标转变为管理信息系统战略目标的过程,如图 6.4 所示。

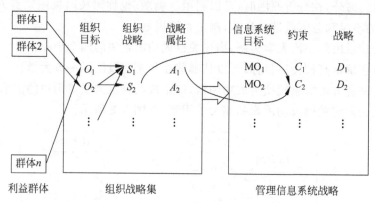

图 6.4　战略目标集转换法

战略目标集转换法的步骤如下:

第一步是识别组织的战略集,先考查一下该组织是否有成文的战略长期计划,如果没有,就要去构造这种战略集合。可以采用以下步骤:

(1) 描绘出组织各类人员结构,如卖主、经理、员工、供应商、顾客、贷款人、政府代理人、地区社团及竞争者等。

(2) 识别每类人员的目标。

(3) 对于每类人员识别其使命及战略。

第二步是将组织战略集转换成管理信息系统战略,管理信息系统战略应包括系统目标、约束以及设计原则等。这个转换的过程主要是根据组织战略集的每个元素识别对应的管理信息系统战略约束,然后提出整个管理信息系统的结构。

最后一步,选出一个方案送组织高层审核。

战略目标集转换法是将整个战略目标看成一个"信息集合",由使命、目标、战略和其他战略变量(管理复杂性、业务重组以及环境约束)等组成,是一个识别组织的战略集,然后将组织的战略集转换成管理信息系统战略集的过程。

6.2.3 企业系统规划法

企业系统规划法(BSP)是 IBM 公司在 20 世纪 70 年代提出的,旨在帮助企业制定信息系统的规划,以满足企业近期和长期的信息需求,它较早运用了面向过程的管理思想,是现阶段影响最广的方法。

BSP 是基于信息支持企业运行的思想,把企业目标转换为信息系统目标,是一种能够帮助规划人员根据企业目标制定出信息系统战略的结构化方法。它自上而下识别企业目标,识别企业过程、识别数据等,然后再自下而上设计系统,从数据类分析出系统的主要功能(子系统、模块),最后建立基于目标的企业规划,如图 6.5 所示。

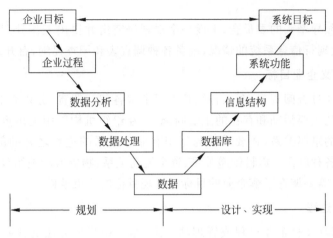

图 6.5 BSP 基本流程

BSP 可以明确子系统(模块)及其相互关系,步骤如图 6.6 所示。

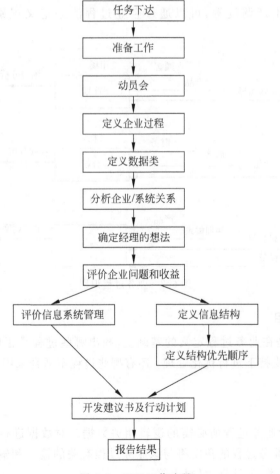

图 6.6 BSP 工作步骤

1. 准备工作

成立由高层领导牵头的委员会,下设一个规划研究组并提出工作计划,确定规划范围,收集企业的情况、现行信息系统的情况,准备各种调查表和调查提纲,召开动员会。

2. 调研和定义企业目标

规划组成员通过查阅资料,深入各级管理层了解各部门职责,分析企业有关决策过程、组织职能和部门的主要活动和存在的主要问题,并在组织机构图中突出重点。不仅需要了解组织结构之间的隶属关系,还要反映与组织有业务联系的边界之外的部门及联系,更要关心组织机构的各种联系:资料传递关系、资金流动关系、物资流动关系等。为了确定拟建的信息系统目标,需要调查了解企业的目标及实现目标的约束条件。

3. 定义业务过程

定义业务过程(又称企业过程或管理功能组)是系统规划方法的核心。BSP 强调业务过程应独立于组织机构,从企业的全部管理工作中分析归纳出相应的业务过程,一般可以从战略计划和控制、关键资源过程及辅助资源三个方面来识别业务处理过程。业务过程指的是企业管理中必要且逻辑上相关的、为了完成某种管理功能的一组活动。例如,销售分析、利润分析、生产调度等,可以通过企业过程法来定义识别业务过程,如图 6.7 所示。

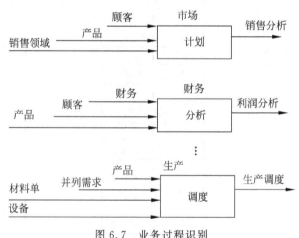

图 6.7 业务过程识别

4. 业务过程重组

业务过程重组是在业务过程定义的基础上,找出哪些过程是正确的、哪些过程是低效的,需要在信息技术支持下进行优化处理;还有哪些过程不适合采用计算机信息处理,应当取消。

5. 定义数据类

数据类是指支持业务过程所必需的逻辑相关数据。对数据进行分类是按业务过程进行的,即分别从各项业务过程的角度将与该业务过程有关的输入和输出数据按逻辑相关性整理出来归纳成数据类,如计划、材料表等。

6. 定义信息系统总体结构

定义信息系统总体结构的目的是刻画未来信息系统的框架和相应的数据类。其主要工作是划分子系统,具体实现可利用 U/C 矩阵,其中 U(Use)代表使用,C(Create)代表创建。具体方法是:

(1) 在 U/C 矩阵中填写业务活动、数据类,尽量按照企业产品生产的顺序将业务活动(功能)从上到下排列,将数据类从左到右排列。

(2) 寻找数据类产生的过程,在创建处画 C,在使用数据类的地方画 U,例如数据类"计划"是由功能"经营计划"产生的,由功能"产品设计开发"使用。BSP 建立的 U/C 矩阵如表 6.1 所示。

表 6.1 BSP 建立的 U/C 矩阵

功能	数据类												
	客户	订货	产品	工艺流程	材料表	成本	零件规格	材料库存	成本库存	职工	销售区域	财务计划	计划	设备负荷	物资供应
经营计划		U				U						U	C		
财务规划						U					U	C	C		
资产规模													U		
产品预测	C		U								U				
产品设计开发	U		C	U	C		C						U		
产品工艺			U		C		C	U							
库存控制							C	C							U
调度			U	U			U							U	
生产能力计划				U										C	U
材料需求			U		U		U								
操作顺序				C										U	
销售管理	C	U	U				U			U					
市场分析	U	U	U								U				
订货服务	U	C	U					U		U					
发运		U	U					U		U					
财务会计	U	U	U							U	U	U			
成本会计		U	U			U						U			
用人计划										C					
业绩考评										U					

(3) 正确性检验和行列顺序调换。在 U/C 矩阵中每个数据只有一个产生源,每个数据有且可以有多个应用,即每列有一个或多个 U。正确性检验要保证 U/C 矩阵具备完备性(有一个生产者)、一致性、无冗余性(不允许有空行或空列)。U/C 矩阵使用表上作业法调换行列顺序,调整表中的行变量和列变量,将 C 内容尽量调至对角线,调整后 U/C 矩阵如表 6.2 所示。

表 6.2 调整后的 U/C 矩阵

功能	计划	财务计划	产品	零件规格	材料表	材料库存	成品库存	任务单	设备负荷	物资供应	工艺流程	客户	销售区域	订货	成本	职工
经营计划	C	U													U	U
财务规划	U	C													U	U
资产规模		U														
产品预测			C									U		U		
产品设计开发	U		C	C	C							U				
产品工艺			U	C	C	U										
库存控制						C	C	U		U						
调度				U			U	C	U		U					
生产能力计划								C	U	U						
材料需求				U	U					C						
操作顺序							U	U	U		C					
销售管理			U	U			U					C	U	U		
市场分析			U	U								U	C			
订货服务				U			U					U	U	C		
发运				U			U					U		U		
财务会计	U	U	U				U					U			U	U
成本会计	U	U	U											U	C	
用人计划																C
业绩考评																U

(4) 形成系统的功能模块,将 C 和与之紧密联系的 U 画在一个框中,这些框便构成了系统的功能模块。划分时应注意两点:一点是沿对角线一个接一个地画,既不能重叠,又不能漏掉任何一个数据和功能;另一点是小方块的划分是任意的,但必须将所有的 C 元素都包含在小方块内。在对系统进行划分并确定了子系统以后,在 U/C 矩阵中可以看出数据的使用关系都被小方块分隔成两类:一类在小方块以内;另一类在小方块以外。在小方块以内产生和使用的数据,则今后主要考虑放在本地子系统的计算机设备上处理;而在小方块以外的数据联系,则表示了各子系统之间的数据联系,今后应考虑将这些数据资源放在网络服务器上供各子系统共享或通过网络来相互传递,如表 6.3 所示。

7. 确定总体结构中的优先顺序

对信息系统总体结构中的子系统按先后顺序做出开发计划。需要考虑系统需求程度与潜在效益评估以及技术方面的约束,有较多子系统共享的数据应该较早实现。

8. 完成 BSP 研究报告,提出建议书和开发计划

BSP 是一种能够帮助规划人员根据企业目标制定出管理信息系统战略规划的结构化方法。通过这种方法可以做到:

(1) 确定出未来信息系统的总体结构,明确系统的子系统组成和开发子系统的先后顺序。

表 6.3　U/C 矩阵中子系统的划分

功能		计划	财务计划	产品	零件规格	材料表	材料库存	成品库存	任务单	机器负荷	材料供应	工艺流程	客户	销售区域	订货	成本	职工
																	数据类
经营计划	经营计划	C	U											U	U		
	财务规划	U	C													U	U
	资产规模		U														
技术准备	产品预测			C									U	U			
	产品设计开发	U		C	C	C							U				
	产品工艺			U	C	C	U										
生产制造	库存控制						C	C	U		U						
	调度			U			U	C	U		U						
	生产能力计划								C	U	U						
	材料需求			U		U	U				C						
	操作顺序							U	U	U	C						
销售	销售管理			U	U			U					C	U	U		
	市场分析			U	U								U	C	U		
	订货服务			U	U								U	U	C		
	发运												U	U			
财会	财务会计	U	U				U						U		U		U
	成本会计	U	U											U	C		
人事	人员计划																C
	人员招聘/考评																U

（2）对数据进行统一规划、管理和控制，明确各子系统之间的数据交换关系，保证信息的一致性。

BSP 的优点在于利用它能保证信息系统独立于企业的组织机构，使信息系统具有对环境变化的适应性。即使将来企业的组织机构或管理体制发生变化，信息系统的结构体系也不会受到太大的冲击。

当然，BSP 也不是尽善尽美的，在使用中也存在一些问题：

（1）BSP 的核心是识别企业过程，在识别过程阶段，由于过于注重局部，没有强调从全局上描述整个企业的业务流程，不能保证功能的完整性和整体性。在定义数据类时，比较常用的是分析每一过程利用什么数据，产生什么数据，同样没有从全局上考虑整个数据流程，无法保证数据的一致性和数据流程的畅通性。

（2）BSP 在需求分析阶段带有一定的盲目性，例如在识别过程时，它要求尽可能地列出更多的过程，不管这些过程是否符合逻辑、大小是否一致，而这一点正是后面合并和调整过程阶段浪费时间的原因，列出的过程过多、过于琐碎导致分析矩阵过大而难以对其进行分析，也因此增加了对企业问题的评价和子系统划分的难度。

（3）由于信息系统开发时间长，在此期间企业某些生产方式和管理方式可能会发生变化，原有的信息系统计划没有充分考虑到这一点，导致在系统开发阶段又反复修改需求计划，浪费大量的人力物力。

6.2.4 管理信息系统规划方法比较

CSF 能抓住主要矛盾，使目标的识别重点突出。由于决策者熟识用这种方法所确定的目标，决策者们乐于去努力实现。但是此法只适用于半结构化决策问题的系统，并且关键因素靠主观确定，难免有随意性。

SST 从另一角度识别管理目标，它反映了各种人的要求，而且给出了按这种要求的分层结构，然后转换为管理信息系统目标的结构化方法。它能保证目标全面，但重点不如前者突出。

BSP 虽然也强调目标，但它没有明显的目标引出过程。它是通过管理人员酝酿"过程"引出了系统目标，企业目标到系统目标的转换是通过组织/系统、组织/过程以及系统/过程矩阵的分析得出的。这样可以定义新的系统以支持企业过程，也能把企业过程转换为系统的目标。BSP 对计划与控制活动没有给出有效的识别过程，对综合性的公共组织（如政府部门）资源识别有困难；而且，收集分析资料花费太多的时间，大的 U/C 矩阵结构分析有一定困难。

可以把这三种方法结合起来使用，称为 CSB 方法（CSF、SST 和 BSP 结合）。这种方法先用 CSF 确定企业目标，然后用 SST 补充完善企业目标，并将这些目标转换为信息系统目标，用 BSP 校核两个目标，并确定信息系统结构，这样就补充了单个方法的不足。当然这也使得整个方法过于复杂，而削弱了单个方法的灵活性。可以说迄今为止信息系统战略规划没有一种十全十美的方法。由于战略规划本身的非结构性，可能永远也找不到一个唯一解。进行任何一个企业的规划均不应照搬以上方法，而应当具体情况具体分析，选择以上方法的可取思想灵活运用。

6.3 管理信息系统业务流程再造

信息技术的发展加快了信息传递速度和实时性，扩大了业务的覆盖面和信息的交换量，为企业进行信息的实时处理、做出相应的决策提供了极其有利的条件。为了提高企业的竞争优势，必须保持信息的敏捷通畅，这样必然会带来企业业务流程、信息流程和组织机构的改革。

业务流程重组（Business Process Reengineering，BPR）作为强化企业管理、提高企业整体水平和竞争能力的一种新的管理概念，其核心就是：面对激烈的市场竞争，企业要加强过程控制，要不断地对原有的业务流程进行根本性的思考和彻底重组，从而使成本、质量、服务和速度这些反映企业竞争能力的要素得以明显的改善和提高，适应市场竞争的需求。

6.3.1 业务流程重组

业务流程重组最早是由美国的 Michael Hammer 和 James Champs 提出的一种管理思想。它强调以业务流程为改造对象和中心、以关心客户的需求和满意度为目标对现有的业务流程进行根本的再思考和彻底的再设计，利用先进的制造技术、信息技术以及现代化的管理手段，最大限度实现技术上的功能集成和管理上的职能集成，以打破传统的职能型组织结构（Function-Organization），建立全新的过程型组织结构（Process-Oriented Organization），从而实现企业经营在成本、质量、服务和速度等方面的巨大改善。它的重组模式是：以作业流程为中心、金字塔状的组织结构、使企业能适应信息社会的高效率和快节奏、适合企业员工参与企业管理、实现企业内部上下左右的有效沟通、具有较强的应变能力和较大的灵活性。

6.3.2 业务流程重组分类

1. 业务功能内的业务流程重组

业务功能内的业务流程重组通常是指对职能内部流程进行重组。在旧体制下各职能管理机构重叠,中间层次多,而这些中间层一般只执行统计、汇总、填表等工作,计算机完全可以取代这些业务而将中间层取消,使每项职能从头至尾只有一个职能机构管理,做到机构不重叠、业务不重复。例如物资管理由分层管理改为集中管理,取消二级仓库;财务核算系统将原始数据输入计算机,全部核算工作由计算机完成,变多级核算为一级核算等。图 6.8 和图 6.9 所示为利用 IT 技术简化企业采购流程。

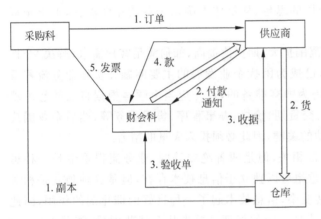 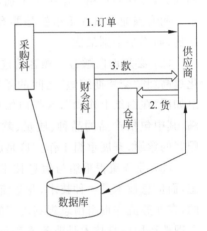

图 6.8 企业原有采购流程　　　　　图 6.9 企业新的采购流程

2. 业务功能间的业务流程重组

业务功能间的业务流程重组是指在企业范围内,跨越多个职能部门边界的业务流程重组。例如新产品开发机构重组,以开发某一新产品为目标,组织集设计、工艺、生产、供应、检验人员为一体的承包组,打破部门的界限,实行团队管理,以及将设计、工艺、生产制造并行交叉的作业管理等。这种组织结构灵活机动,适应性强,将各部门人员组织在一起,使许多工作可平行处理,从而可大幅度地缩短新产品的开发周期。企业可以通过实施业务流程重组理顺业务流程并进行业务流程优化,而要对企业新业务流程优化,实现企业全部资源的一体化管理,则必须使用信息化系统,因而信息化系统是企业实施业务流程重组的重要补充,大大有助于业务流程重组的实施达到预期目标。另外,企业信息化的核心是实现对企业各个环节的管理,其应用与企业业务流程紧密关联。不事先进行业务流程重组,信息化的应用也很难取得预期目标甚至导致应用失败。企业应在实施业务流程重组和优化业务流程的基础上,以信息系统作为现代化管理手段,实现对企业全部资源的有效利用和管理。

3. 组织间的业务流程重组

组织间的业务流程重组是指发生在两个以上企业之间的业务重组,如企业的并购等。企业组织间的流程再造的优点是在客观存在的原有流程基础上进行的突破、创新乃至变革,而不只是简单的改良、增强或调整,通过持续的流程优化和改造,提高工作效率,使整体工作长效流转,通过协调好各方面的资源、建立合理有效的流程绩效测评机制,保证工作目标或工作目的的实现,在成本、质量、交期、客户满意度方面均比改造前好,获得的不仅是量的变化,更重要的是质的明显提升,再造流程能随市场竞争、客户、内外部变化进行可持续发展。

6.3.3 业务流程重组项目实施要点

(1) 应该面向企业作业流程。作业流程是指进行一项或多项投入,以创造出顾客所认同的有价值的产出的一系列活动。在传统劳动分工的影响下,作业流程被分割成各种简单的任务,经理们将精力集中于个别任务效率的提高上,而忽略了最终目标,即满足顾客的需求。而实施业务流程重组就是要有全局的思想,从整体上确认企业的作业流程,追求全局最优,而不是个别最优。

(2) 必须面向顾客。顾客的选择范围扩大,期望值提高,如何满足客户需求,解决"个性化提高"和"交货期缩短"之间的矛盾,已成为困扰企业发展的主要问题。实施业务流程重组如同"在白纸上作画",这张白纸应是为顾客准备的,首先应当由顾客根据自己的意思填满,其中包括产品的品种、质量、款式、交货期、价格、办事程序、售后服务等,然后企业围绕顾客的意愿,开展重组工作。这是成功的关键,因此必须投入大量的精力。

(3) 业务流程重组与信息技术紧密相关,但是两者绝非等同,业务流程重组是一种思想,而信息技术是一种技术,业务流程重组可以独立于信息技术存在,但是这种独立是相对的,在业务流程重组由思想到现实的转变中,信息技术起了一种良好的催化剂的作用,因此合理地运用信息技术是业务流程重组成功实施的保证。首先从全球范围看,随着 Intranet 和电子商务的飞速发展,信息技术正广泛而深入地介入我们的生活,改变着我们的生活方式和思维模式,在这种情形下,想脱离信息技术而完成业务流程重组几乎是不可能的;其次若把业务流程重组比作一种化学反应,那么信息技术就是催化剂,离开了它,反应虽可进行,但却难以达到理想的结果。正因如此,合理运用信息技术成为业务流程重组的难点和要点所在。

6.3.4 业务流程重组项目实施方法

1. 头脑风暴法和德尔菲法

在讨论公司战略远景规划、决定企业再造时机过程中,头脑风暴法和德尔菲法是两种有用的方法。在运用头脑风暴法进行讨论时,鼓励与会者提出尽可能大胆的设想,同时不允许对别人提出的观点进行批评。运用头脑风暴法有助于发现现有企业流程中的弊端,提出根本性的改造设想。一些软件工具也可以用来支持这种讨论,与会者可以同时和匿名地对讨论议题提出他们的建议和意见,根据关键字来进行存储、检索、注释、分类和评价。德尔菲法则经常用来论证企业再造方案的可行性。可以将初步的再造方案发给若干事先选定的信息系统专家,征求他们的意见。然后将各位专家的反馈意见经过整理和分析,再发给专家,让他们考虑其他专家的看法,对有分歧的地方进行更深入的思考。这样,经过几轮征集,最终可获得比较一致的意见。这对于减少业务流程重组的风险、设置正确的信息化战略是十分有用的。

2. 价值链分析法

在对企业的流程进行分析并选择被改造流程时,可以采用哈佛大学波特教授提出的价值链分析法。价值链分析法是辨别某种"价值活动"是否能给本企业带来竞争力的方法,这一理论最早发表在波特的一篇关于如何将价值链分析与信息技术结合起来的论文中,后来被发展成为企业战略分析的重要手段,对企业信息化建设也有很重要的应用价值。波特认为:在一个企业中,可以将企业的活动分为主要活动与辅助活动两种。主要活动包括采购物流、生产制造、发货物流、市场营销、售后服务等,辅助活动包括高层管理、人事劳务、技术开发、后勤供应等方面的活动。以上各项活动因企业或行业不同而具体形式各异,但所有的企业都从这些活动的链接和价值的积累中产生了面向顾客的最终价值。因此,将一个企业的活动分解开来,并分析每一个链条上的活动的价值,就可以发现究竟哪些活动是需要改造的。

3. ABC 成本法

ABC 成本法又称作业成本分析法,主要用于对现有流程的描述和成本分析。作业成本分析法和上述价值链分析法有某种程度的类似,都是将现有的业务进行分解,找出基本活动。但作业成本分析法着重分析各个活动的成本,特别是活动中所消耗的人工、资源等。

4. 标杆瞄准法

标杆瞄准法可用在设立改革的目标和远景、确定流程再造的基准等方面。在许多行业都有一些成功的企业,这些企业的做法可以为行业中其他企业所效仿,因此将这些企业的一些具体指标作为其他企业的标杆。丰田汽车的投资回报率曾被作为日本汽车行业的标杆。当日产公司发现自己的投资回报率还不到丰田一半时,他们就意识到问题的严重性。通过分析业务流程,他们最后决定关闭这家工厂。

5. 流程建模和仿真

用计算机软件方法对企业现有业务流程进行分析并提出改造方案,这就是企业信息流程建模。目前已经有许多企业信息流程建模方法和相应软件系统问世,如 ARIS(集成化信息系统架构)方法和工具是由德国萨尔大学企业管理研究所所长及 IDS-Scheer 公司总裁 Wilhelm Scheer 教授所提出。其设计理念是希望提出一个整合性的框架,将描述一个企业流程的重要观念尽量纳入到模型之中。

6.3.5 韩都衣舍:互联网驱动的自有品牌服装零售实施案例

作为一家基于"柔性供应链"模式的快时尚互联网企业,韩都衣舍主要经营女装、男装、童装、中老年服装、相关配饰及服务等业务。经过十余年的发展,韩都衣舍通过内部孵化、合资合作及代运营等,目前韩都衣舍及旗下已有超过 80 个时尚品牌。

1. 韩都衣舍的"小组制"组织创新模式

韩都衣舍的商业模式借鉴了国际知名快时尚巨头 ZARA 的买手制,创造了"以产品小组为核心的单品全程运营体系",公司实施"多款、少量、快速"的产品管理模式,将此种商业模式成功与中国互联网购物的线上运行电子商务运营平台相融合,基于公司完善有效电子商务信息系统的支持,快速、高效地通过 B2C 及 B2B2C 的模式向消费者提供生活时尚解决方案,从而实现盈利。

韩都衣舍创造了"以产品小组为核心的单品全程运营体系(IOSSP)",产品小组负责产品研发和营销,公共平台提供运营支持,是企业利用互联网提升运营效率的一个成功案例。这个组织模式将服装企业传统的设计部门、视觉部门、采购部门、销售部门等统统打散拆分,其中产品设计、导购页面制作与货品管理三个非标准环节交由产品小组负责,每个小组一般由设计师、页面制作专员和货品管理专员 3 个人组成;供应链、IT、仓储、客服等可以标准化服务的则由公司提供,如图 6.10 所示。

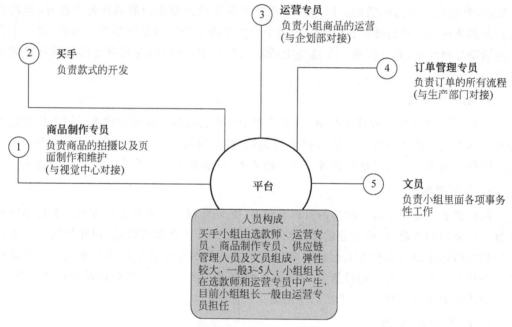

图 6.10 韩都衣舍以产品小组为核心的单品全程运营体系

2. 韩都衣舍的"柔性供应链"创新管理模式

韩都衣舍作为一家创新型的服装企业,必然选择轻资产供应链模式。公司全部产品采取外协方式生产,所占比例为 100%。外协业务流程如图 6.11 所示。

公司优化产品小组制,进行单款生命周期管理,实现锁定市场变化及快速反应的柔性供应链系统。为了将快时尚产品生命周期做到极致,韩都衣舍电商面向供应商提出了"小数量、多批次、多款式"的订单生产要求。柔性供应链形成的步骤如下:

第一步:每个产品小组根据企划部对公司产品的定位,设计服装的具体款式及结构。

第二步:生产中心根据产品小组设计的服装款式及服装的结构设计以"多款、少量"原则向供应商下单。

第三步:供应商在公司确定的面料生产商范围内采购相关服装面料并与面料生产商直接结算,供应商将相关产品加工完成后,公司按照一定的价格从供应商处买断。

第6章 管理信息系统战略规划

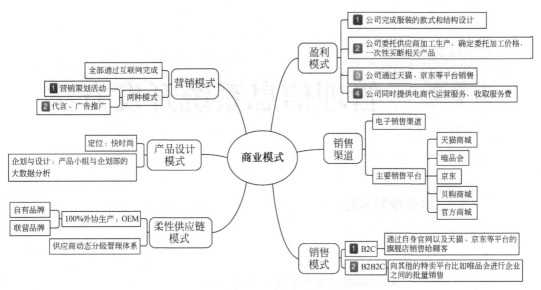

图 6.11 韩都衣舍外协业务流程

本章小结

本章介绍管理信息系统战略规划的概念、地位、用途、内容、步骤及其方法。在信息系统分析中要充分认识信息作为战略性竞争资源的潜能,创造性地对现有业务流程进行分析,找出现有流程存在的问题。企业过程重组的主要技术在于简化和优化过程。虽然企业实施 BPR 可以理顺业务流程,但在优化业务流程时,如果离开 IT 手段,实施 BPR 的很多原则往往是困难的,这必然会影响 BPR 的效果甚至导致 BPR 项目的失败。

课后练习

6.1 简述诺兰模型的各个阶段,思考诺兰模型给人们什么样的启示。

6.2 描述管理信息系统战略规划目标及一般步骤。

6.3 比较 BSP、SST、CSF 战略规划法的内容和各自的特点。

6.4 什么是业务流程重组(BPR)?

第7章 管理信息系统开发方法

本章学习目标

- 了解管理信息系统的开发策略；
- 了解结构化、面向对象方法的特点和优点；
- 理解系统开发的基本方法。

　　管理信息系统开发是一个复杂的系统工程，它涉及组织的内部管理模式、生产加工、经营管理过程、数据的收集与处理过程、计算机硬件系统的应用、软件系统的开发等方面。这就增加了开发一个管理信息系统的工程规模和难度，需要研究出科学的开发方法和工程化的开发步骤，以确保整个开发过程能够顺利进行。

　　因此，管理信息系统开发方法研究的主要对象是信息系统开发的规律、开发过程的认知体系、分析设计的一般理论以及具体的开发工具和技术等。

7.1 管理信息系统的开发过程管理

　　管理信息系统开发过程是用于管理和维护信息系统和软件的一系列活动、方法和工具，这些活动、方法和工具有 IT 项目管理、软件产品的质量管理、开发方法选择等。关于 IT 项目的管理可以参考有关的文献，本书不再详细论述。这里着重介绍如何衡量计算机软件产品质量的方法，即一个称为"软件能力成熟度"的模型，它是提高信息系统软件产品质量的一种重要的框架，通过这种模型来加强计算机软件系统的开发过程管理，以提高软件的开发质量，该模型又称能力成熟度模型（Capability Maturity Model，CMM）。

　　CMM 提供一个系统过程改进框架，该框架与软件生命周期无关，与所采用的开发技术也无关。根据这个框架制定企业内部具体的系统开发过程，可以极大程度地提高按计划时间和成本提交有质量保证的系统产品的能力。

CMM认为保证系统质量的根本途径就是提升企业系统开发生产能力,而企业的系统开发生产能力又取决于企业的系统开发过程能力,特别是在系统开发和生产中的成熟度。企业的系统开发过程能力越成熟,其系统生产能力就越有保证。

所谓系统开发过程能力,是指企业从事系统产品开发和生产过程本身透明化、规范化和运行强制化。企业在执行系统开发过程中可能会反映出原定过程的某些缺陷,这时可以根据反映的问题来改善这个过程。周而复始,这个过程逐渐完善、成熟。这样一来,项目的执行不再是一个黑盒,企业可以清楚地知道项目是按照规定的过程进行的。系统开发及生产过程中成功和失败的经验教训也就能够成为今后可以借鉴和吸取的营养,从而可以大大促进信息系统生产成熟度的提高。

CMM描述和分析了系统开发过程能力的发展程度,确立一个系统开发过程能力成熟度的分级标准,如图7.1所示。随着能力成熟度逐步提高,企业的竞争力也在不断地提高,系统开发的风险则逐步下降,系统产品的质量稳步上升。

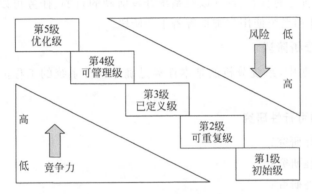

图7.1 能力成熟度的分级标准

在CMM中等级的特征为:

(1) 初始级:系统开发过程的特点是无序的,有时甚至是混乱的。系统开发过程定义处于几乎毫无章法和步骤可循的状态,系统产品所取得的成功往往依赖于极个别人的努力和机会。

(2) 可重复级:已经建立了基本的项目管理过程,这些过程可以用于对成本、进度和功能特性进行跟踪。对于类似的工程项目,有章可循并能重复以取得成功的经验。

(3) 已定义级:用于管理的和工程的系统开发过程均已文档化、标准化,并形成了整个系统开发组织的标准化开发过程。全部项目均采用与实际情况相吻合的标准系统的开发过程来进行操作。

(4) 可管理级:系统开发过程和产品质量有详细的度量标准。系统开发过程和产品质量得到了定量的认识和控制。

(5) 优化级:通过对来自系统开发过程、新概念和新技术等方面的各种有用信息的定量分析,能够不断地、持续性地对系统过程进行改造。

CMM是一个系统开发实践的纲要,以逐步演进的框架形态不断地完善系统开发和维护过程,成为软件企业变革的内在原动力。与静态的质量管理标准,例如ISO 9001标准在提供一个良好的体系结构与实施基础方面很有效,而 CMM 是一个演进的、有动态尺度的标准,可以驱使企业在当前的系统开发实践中不断地改进和完善。

CMM 作为一个指南能够帮助企业选择、采纳和合理使用一些先进的管理方法,并在实践活动中不断提高和完善系统开发成熟度的能力。围绕这些实践活动逐步形成了一套制度,即在指定的成本和时间内,交付提高质量的软件产品所需要的、有纪律的、精确定义的并能有效度量的软件工程过程。

7.2 管理信息系统的生命周期模型

任何系统都会经历一个发生、发展和消亡的过程,经过系统分析、系统设计和系统实施,投入使用以后,经过若干年,由于新情况、新问题的出现,人们又提出了新的目标,要求设计更新的系统。这种周而复始、循环往复的过程被称为系统的生命周期。所谓生命周期法,就是按照管理信息系统生命周期的概念,根据系统生命周期各个阶段规定的步骤去开发系统。根据系统所处的状态、特征以及系统开发活动的目的、任务可以划分为系统规划、系统分析、系统设计和系统使用与维护等若干个阶段。

7.2.1 系统分析阶段

在系统生命周期中,系统分析的基本任务是确定软件系统的工程需要,可以分为两个阶段。

1. 软件系统的可行性研究

(1) 经济可行性研究;
(2) 技术可行性研究;
(3) 法律可行性研究;
(4) 开发方案的选择性研究。

可行性研究的任务是了解用户的要求及现实的环境,从技术、经济和社会等几个方面进行研究,并从成功和风险两方面来论证软件系统的可行性。参与软件开发的分析人员应在用户配合下对用户要求及实现环境做深入细致的调查,写出调研报告,并进行可行性论证。

2. 项目需求分析

需求分析是为软件设计阶段做好准备,所做工作如下:
(1) 软件功能需求:系统必须完成的功能;
(2) 软件性能需求:安全性、可靠性、可维护性和用户培训等;
(3) 软件运行环境约束;
(4) 需求建模;
(5) 问题抽象、问题分解与多视点分析;
(6) 支持需求分析的快速原型技术;
(7) 需求规格说明与评审。

软件需求是指用户对其目标软件系统的功能、行为、性能、设计约束等诸方面的期望。通过与用户反复交流,对相应问题及其环境进行充分的了解与分析,为问题设计的信息、功能及系统行为建立模型。去除无关的使人误解的信息,寻找是否有对类似问题的解决办法,将用户需求精确化、完全化,最终形成系统分析说明书,完成软件开发生命周期的系统分析阶段。

7.2.2 系统设计阶段

在软件生命周期的系统设计阶段,包括概要设计、详细设计、实现、组装测试和确认测试五个阶段。

1. 概要设计

根据软件需求规格说明完成下述内容:
(1) 建立系统总体结构和各模块之间的关系;
(2) 定义各功能模块的接口;
(3) 设计全局数据库或数据结构;
(4) 规定设计约束;
(5) 制订组装测试计划。

2. 详细设计

(1) 对概要设计进行细化;
(2) 设计文档资料。

3. 实现

(1) 选择合适的编程语言编写程序;
(2) 制定模块测试方案和测试数据;
(3) 制定模块预期测试结果;
(4) 制定组装测试方案和测试数据;
(5) 制定预期测试结果;
(6) 保存相应的文档资料。

4. 组装测试

(1) 根据模块测试方案和测试数据进行模块测试;
(2) 根据模块测试方案和测试数据逐步进行组装测试;
(3) 系统各模块连接正确性测试;
(4) 软件系统或子系统的正确性和容错性能测试;
(5) 保存相应的文档资料。

5. 确认测试

(1) 由专家、客户、开发人员组成系统测试评审小组;
(2) 向客户提供最终的用户手册、操作手册、源程序清单及其他软件文档资料;
(3) 三方共同根据组装测试方案和测试数据逐条严格进行组装测试,确认软件系统是否达到客户的系统需求;
(4) 确认系统测试结束时应建立确认系统测试报告、项目开发总结报告;
(5) 保存相应的文档资料。

7.2.3 系统使用、系统维护和更新换代阶段

1. 系统的使用

(1) 推广软件的应用。使用软件的用户越多,其社会经济效益越大。
(2) 客户和系统维护人员必须认真收集软件使用时发现的软件错误。
(3) 定期撰写"软件问题报告"。

2. 系统维护

(1) 对发现的软件产品中潜伏的错误进行修改维护;
(2) 对用户提出的软件需求进行修改维护;
(3) 软件运行环境发生变化时需要对软件进行修改维护;
(4) 对软件定义和软件开发各阶段生成的文档资料进行修改维护。

系统维护需要花费大量劳动,系统维护的好坏直接影响系统的应用和系统的生命周期,而系统的可维护性又与软件设计密切相关,所以软件在开发过程中应当重视对软件可维护性的支持。

3. 系统更新换代

系统更新换代是系统生命周期的最后一个阶段。虽然软件已完成其历史使命,但软件中的一些构件或模块还可以复用,可以成为新系统的一个组成部分。

软件系统的生命周期又称为软件开发模型,指软件项目从需求定义直至软件经使用后废弃为止,跨越整个生命周期的系统开发、运作和维护所实施的全部过程、活动和任务的结构框架。常见的模型有瀑布模型、增量模型、螺旋模型。

1) 瀑布模型

1970年,W. Royce 提出了瀑布模型(Waterfall Model),其核心思想是按照相应的工序将问题进行简化,将系统功能的实现与系统的设计工作分开,便于项目之间的分工与协作,即采用结构化的分析与设计方法将逻辑实现与物理实现分开。瀑布模型将软件生命周期划分为系统需求、软件需求、初步设计、详细设计、编程调试、测试运行和运行维护七个阶段,并规定了它们自上而下的次序,每一个阶段都是依次衔接的,如图 7.2 所示。

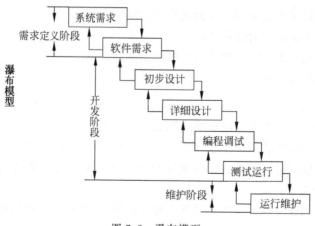

图 7.2 瀑布模型

瀑布模型为项目提供了阶段划分的检查点,这样有利于软件开发过程中人员的组织及管理。瀑布模型在当前阶段完成后才去关注后续阶段,这样有利于开发大型的项目。然而它也存在一定的缺陷,比如当开发成果尚未经过测试时,用户无法看到软件效果,不能得到在开发过程中的及时反馈,增加了项目开发过程的风险,对需求不稳定的项目来说缺乏足够的灵活性,并且在需求分析阶段要完全确定系统用户所有需求也相当的困难。

瀑布模型的优点是可使开发人员采用规范的方法,严格规定每个阶段必须提交的文档,要求每个阶段的所有产品都必须经过质量保证小组的仔细验证。

瀑布模型的缺点是无法解决软件需求不明确或不准确的问题,可能导致最终开发的产品不能真正满足用户需要。瀑布模型比较适合开发需求明确的软件。

2)增量(渐增)模型

增量模型把软件产品作为一系列的增量构件来设计、编码、集成和测试。每个构件由多个相互作用的模块构成,并且能够完成特定的功能。

使用增量模型时,第一个阶段的增量构件往往实现软件的基本需求,提供最核心的功能;后面的增量构件逐渐添加系统的功能,具体如图 7.3 所示。

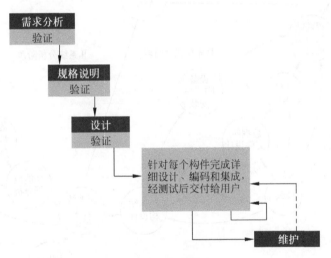

图 7.3 增量模型

增量模型在使用过程中还需要注意以下事项:

(1)增量构件规模适中;

(2)分解的约束条件是当把新构件集成到现有软件中时,所形成的产品必须是可测试的;

(3)软件体系必须是开放的,即在对现有系统添加新增量构件时,不能破坏系统原有功能。

增量模型的优点是能在较短的时间内提供可完成部分工作的初步产品给用户,用户有较为充裕的时间学习和适应新产品。

增量模型的缺点是对开发人员技术能力要求较高,要求能从系统整体出发正确划分增量构件,并进行分别开发,最后能很好地集成这些构件。

3)螺旋模型

螺旋模型(Spiral Model)的优点是强调可选方案和约束条件,有利于已有软件的重用,也有助于把软件质量作为软件开发的一个重要目标,减少了过多测试(浪费资金)或测试不足(产品故障多)所带来的风险,适合大型软件开发。螺旋模型如图7.4所示。

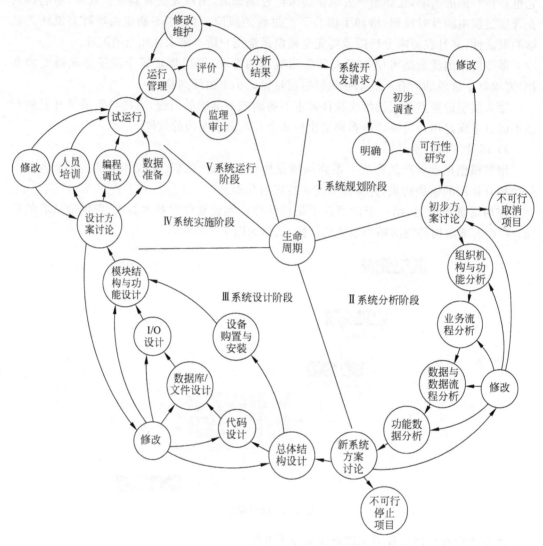

图 7.4 螺旋模型

螺旋模型的缺点是需要开发人员具有相当丰富的风险评估经验和专业知识。各种系统开发模型的对比如表7.1所示。

表 7.1 各种系统开发模型的对比

模　型	优　　点	缺　　点
瀑布模型	规范,文档驱动	系统可能不满足客户真正的需求
增量模型	开发早期回报明确,易于维护	要求开放的软件体系结构
螺旋模型	风险驱动适用于大型项目开发	需要有经验丰富的风险分析人员

7.3 管理信息系统的开发策略

1. "自下而上"的开发策略

"自下而上"(Bottom-Up)的开发策略是从现行系统的业务状况出发,先实现一个个具体的功能,逐步地由低级到高级建立管理信息系统,因为任何一个管理信息系统的基本功能是数据处理,所以"自下而上"的策略首先从研制各项数据处理应用开始,然后根据需要逐步增加有关管理控制方面的功能。一些组织在初装和蔓延阶段,各种条件(设备、资金、人力)尚不完备,常常采用这种开发策略。其优点是可以避免大规模系统可能出现运行不协调的危险;缺点是不能像想象那样完全周密,由于缺乏从整个系统出发考虑问题,随着系统的进展,往往要做许多重大修改,甚至重新规划、设计。

2. "自上而下"的开发策略

"自上而下"(Top-Down)的开发策略强调从整体上协调和规划,由全面到局部,由长远到近期,从探索合理的信息流出发来设计信息系统。由于这种开发策略要求很强的逻辑性,因而难度较大,但这是一种很重要的策略,是信息系统的发展走向集成和成熟的要求。

3. "自下而上"与"自上而下"开发策略的适用环境

"自上而下"的开发策略从企业管理的整体进行设计,逐渐从抽象到具体,从概要设计到详细设计,体现结构化的设计思想。"自下而上"的开发策略设计系统的构件,采用搭积木的方式组成整个系统,缺点在于忽视系统部件的有机联系。

通常"自下而上"的策略用于小型系统的设计,适用于对开发工作缺乏经验的情况。而在大型系统开发时,往往把这两种方法结合起来使用,即先"自上而下"地做好管理信息系统的战略规划,再"自下而上"地逐步实现各系统的应用开发,通过对系统进行分析得到系统的逻辑模型,进而从逻辑模型求得最优的物理模型。这种建设管理信息系统的设计模式体现了"自上而下""自下而上"相结合的设计思想。

7.4 管理信息系统的开发方法

开发管理信息系统的具体方法很多,通常将它们分为结构化系统开发方法、原型法、面向对象开发方法和CASE开发方法等几大类。

7.4.1 结构化系统开发方法

1. 结构化系统开发方法的基本思想

结构化系统开发方法(Structured System Analysis and Design,SSAD)又称结构化生命周期法,是系统分析员、软件工程师、程序员以及最终用户用系统工程的思想和工程化的方法,按用户至上的原则,自顶向下分析与设计和自底向上逐步实施的建立计算机信息系统的一个过程,是组织、管理和控制信息系统开发过程的一种基本框架。

结构化系统开发方法更注意系统的模块化(Modularity),其模块化的思想如下:

(1) 采取自顶向下的方式,逐层把软件系统划分成若干可单独命名和可编址的部分——

模块,每个模块完成一个特定的子功能;所有模块按某种方法组成一个整体,完成整个系统所要求的功能。

(2)软件系统就是通过这些模块的组合来实现。

结构化系统开发方法是在生命周期(Life Cycle)法基础上发展起来的。与生命周期法相比,结构化系统开发方法更强调开发人员与用户的紧密结合,而且在开发策略上强调"自上而下",注重开发过程的整体性和全局性。

2. 结构化系统开发的生命周期

结构化系统开发方法开发管理信息系统的过程划分为若干个相对独立的阶段(系统规划、系统分析、系统设计、系统实施等)。在前三个阶段坚持自顶向下地对系统进行结构化划分:在系统调查和理顺管理业务时,应从最顶层的管理业务入手,逐步深入直至基层;在系统分析和系统设计时,应从宏观整体考虑入手,先考虑系统整体的优化,然后再考虑局部的优化问题。在系统实施阶段,则坚持自底向上地逐步实施,即组织人员从基层的模块做起(编程),然后按照系统设计的结构,将模块一个个拼接到一起进行调试,自底向上、逐步地构成整个系统。

(1)系统规划:根据用户的系统开发请求,进行初步调查,明确问题,确定系统目标和总体结构,确定分阶段实施进度,然后进行可行性研究。

(2)系统分析:分析业务流程,分析数据与数据流程,分析功能与数据之间的关系,最后提出分析处理方式和新系统的逻辑模型。

(3)系统设计:在系统分析提出的逻辑模型的基础上设计系统的物理模型。其主要内容包括进行总体结构设计、代码设计、数据库(文件)设计、输入输出设计、模块结构与功能设计。根据总体设计,配置与安装部分设备,进行实验,最终给出设计方案。

(4)系统实施:包括程序设计及调试、系统转换及系统运行与评估等环节。同时进行编程(由程序员执行)和人员培训(由系统分析设计人员培训业务人员和操作员),以及数据准备(由业务人员完成),然后投入试运行。

(5)系统运行与维护:进行系统的日常运行管理、评价、监理审计,修改、维护、局部调整,在出现不可调和的大问题时,进一步提出开发新系统的请求,旧系统生命周期结束,新系统诞生,构成系统的一个生命周期。

3. 结构化系统开发方法的特点

(1)自顶向下整体性的分析与设计和自底向上逐步实施的系统开发过程。即在系统分析与设计时要从整体全局考虑,要自顶向下地工作(从全局到局部)。而在系统实现时,则要根据设计的要求先编制一个个具体的功能模块,然后自底向上逐步实现整个系统。

(2)用户至上。用户对系统开发的成败是至关重要的,故在系统开发过程中要面向用户,充分了解用户的需求和愿望。

(3)深入调查研究。即强调在设计系统之前,深入实际单位,详细地调查研究,努力弄清实际业务处理过程的每一个细节,然后分析研究,制订出科学合理的新系统设计方案。

(4)严格区分工作阶段。把整个系统开发过程划分为若干个工作阶段,每个阶段都有其明确的任务和目标。在实际开发过程中要求严格按照划分的工作阶段,一步步地展开工作。

(5) 充分预料可能发生的变化。系统开发是一项耗费人力、财力、物力且周期很长的工作,一旦周围环境(组织的内外部环境、信息处理模式、用户需求等)发生变化,就会直接影响系统的开发工作,所以结构化开发方法强调在系统调查和分析时对将来可能发生的变化给予充分的重视,强调所设计的系统对环境的变化具有一定的适应能力。

(6) 开发过程工程化。要求开发过程的每一步都按工程标准规范化,文档资料标准化。

4. 结构化系统开发方法的优缺点

结构化系统开发方法是在对传统的自发的系统开发方法批判的基础上,通过很多学者的不断探索和努力而建立起来的一种系统化方法。这种方法的突出优点就是它强调系统开发过程的整体性和全局性,强调在整体优化的前提下来考虑具体的分析设计问题,即自顶向下的观点。它强调的另一个观点是严格地区分开发阶段,强调一步一步严格地进行系统分析和设计,每一步工作都及时地总结,发现问题及时地反馈和纠正,从而避免了开发过程的混乱状态,是一种目前广泛被采用的大型信息系统的开发方法。

但是,随着时间的推移这种开发方法也逐渐地暴露出了很多缺点和不足。最突出的表现是它的起点太低,所使用的工具(主要是手工绘制各种各样的分析设计图表)落后,带来了一系列的问题(如在漫长的开发周期中,原来所了解的情况可能发生较多的变化等),致使系统开发周期过长,见效慢。另外,这种方法要求系统开发者在调查中就充分地掌握用户需求、管理状况以及预见可能发生的变化,这不大符合人们循序渐进地认识事物的规律性,因此在实际工作中实施有一定的困难。

7.4.2 原型法

1. 原型法系统开发的基本思想

原型法(Prototyping)是20世纪80年代随着计算机软件技术的发展,特别是在关系数据库系统(Relational Data Base System,RDBS)、第四代程序生成语言和各种系统开发生成环境产生的基础上,提出的一种从设计思想、工具到手段都全新的系统开发方法。

原型法要求在获得一组基本的用户需求后,快速地实现新系统的一个"原型",用户、开发者及其他有关人员在试用原型的过程中,通过反复评价和反复修改原型系统,逐步确定各种需求的细节,适应需求的变化,从而最终提高新系统的质量。因此原型法与结构化系统开发方法不同,原型法不注重对管理系统进行全面、系统的调查与分析,而是本着系统开发人员对用户需求的理解,先快速实现一个原型系统,然后通过反复修改来实现管理信息系统。

2. 原型法的工作步骤

运用原型法开发信息系统时,开发人员首先要对用户提出的问题进行总结,然后开发一个原型系统并运行之。开发人员和用户一起针对原型系统的运行情况反复对它进行修改(在这过程中也可以添加新功能),直到用户对系统完全满意为止。原型法的工作步骤如图7.5所示。

(1) 识别基本需求。为了设计、建立初始的原型,必须识别基本的需求。原型法与结构化系统开发方法的主要不同在于,原型法所识别的需求不必是完善的,而只是一种"好的"

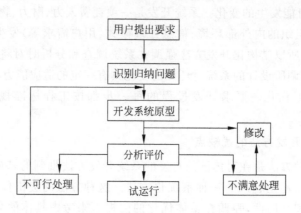

图 7.5 原型法的工作步骤

设想。识别用户的基本需求是一件较为困难的工作,没有捷径可走,而必须仔细对当前系统进行调查,与用户交互、做业务流程分析等。

(2) 开发原型。本阶段的目的是建立一个有一定深度和广度的初始原型,以便由它开始进行迭代、修改和完善。原型开发人员可由两人(其中一人进行补充功能的辅助工作)组成。开发一个初始原型所需的时间随系统规模的大小、复杂性和完整程度而不同,最好应在 3~6 周时间内完成,这样既有较充分的开发时间,又可保持用户对原型和最终系统的兴趣。一般认为,开发初始原型的时间最长不得超过两个月。

(3) 原型验证。上一阶段所建成的系统原型为用户和开发人员提供了一个发展系统方案和功能的机会,本阶段的目的则是具体验证系统原型的正确程度,进而开发新的需求并修改原有需求。

原型迭代初期的主要工作是:用户对原型进行熟悉和操作;总体检查,找出隐含的错误;用户实际操作和熟悉原型系统。

原型迭代后期的主要工作是:发现不正确的或者漏掉的功能;提出进一步的建议,改善系统/用户界面。

(4) 修正和改进。在上一步工作的基础上,根据发现的问题和用户提出的要求对原型进行修正和改进。在极个别情况下,当发现初始原型的绝大部分功能都与用户要求相违背,或者由于其他原因使得该原型不能成为继续迭代的模型时,则应果断地放弃而不能继续凑合。更多的情况是在现有原型的基础上做进一步的改进。

(5) 判断原型是否完成。判断最终系统需求是否已被掌握,原型迭代过程是否可以结束,以便决定下阶段工作内容,即进行细部说明或继续验证原型。

(6) 细部说明。对那些不能通过原型说明的项目,用文字和图形等方式进行严格、详细的描述,写入需求说明文本中。例如,系统的输入输出、系统的逻辑功能、数据库组织、系统可靠性等项目均需要进行严格说明。在原型法中,可借助屏幕和原型来进行讨论和确定,从而帮助进行严格的细部说明。

(7) 判断原型效果。检查在上一阶段对某些项目进行严格说明后,是否会引起原型的失效。这时如果原型出现问题,则需对上述严格说明进行修改。

(8) 整理原型、提供文档。整理编写原型文档,以便为下一步开发服务。

3. 原型法系统开发的优缺点

(1) 优点：符合人们认识事物的规律，系统开发循序渐进，反复修改，确保较好的用户满意度；开发周期短，费用相对少；由于有用户的直接参与，系统更加贴近实际；易学易用，减少用户的培训时间；应变能力强。

(2) 缺点：不适合大规模系统的开发；开发过程管理要求高，整个开发过程要经过"修改—评价—再修改"的多次反复；用户过早看到系统原型，误认为系统就是这个模样，易使用户失去信心；开发人员易将原型取代系统分析；缺乏规范化的文档资料。

(3) 适用范围：原型法贯彻的是"自下而上"的开发策略，更易开发处理过程明确、简单小型系统。但是，由于该方法在实施过程中缺乏对管理系统全面、系统的认识，因此，它不适用于开发大型的管理信息系统。

7.4.3 面向对象系统分析设计方法

20世纪80年代以来，随着应用系统日趋复杂、客户需求不断地增加，系统投入使用后，经常需要对其做出修改，在用结构化开发的程序中，这种修改往往是很困难的，而且还会因为计划或考虑不周，不但旧错误没有得到彻底改正，又引入了新的错误；另外，结构化系统开发中的代码重用率很低，使得系统开发人员工作效率不高，为提高软件系统的稳定性、可修改性和可重用性，人们在实践中逐渐创造出面向对象的软件工程方法。

1. 面向对象的方法

面向对象方法学的基本思想是：对问题空间进行自然分割，以更接近人类思维的方式建立问题域模型，以便对客观实体进行结构模拟和行为模拟，从而使设计出的软件尽可能直接地描述现实世界，构造出模块化的、可重用的、维护性好的软件，同时限制软件的复杂性和降低开发维护费用。

面向对象方法包括面向对象分析(OOA)、面向对象设计(OOD)、面向对象实现(OOI)、面向对象测试(OOT)和面向对象系统维护(OOSM)。其核心思想就是利用面向对象的方法为软件需求建立模型，进行系统设计，采用面向对象程序设计语言完成系统实现，并对建成的系统进行面向对象的系统测试和系统维护。

面向对象方法是一种把面向对象的思想应用于软件开发过程中，指导开发活动的系统方法，简称OO方法，它是建立在对象概念(对象、类、继承)基础上的方法。面向对象系统分析设计的基本原则是尽可能模拟人类习惯的思维方式，使系统的开发过程尽可能接近人类认识世界、解决问题的方法与过程。

面向对象方法以客观世界中的实体为基础，将客观实体的属性及其操作封装成对象。在分析阶段，分析人员在问题的解空间直接模拟问题空间中的对象及其行为之间的关系；在设计阶段仍然沿用分析的结果，并根据现实的需要，增加、删除或合并某些对象，或在某些对象中添加相关的属性和操作，同时设计实现这些操作的方法；在实现阶段则采用"对象+消息"的程序设计语言来描述这些对象以及它们之间的联系。因此，面向对象方法的分析、设计、实现的结果能直接映射到客观世界中系统的实体上。对象、类、继承、封装、消息等基本概念符合人类的自然思维方式，容易为人们所理解和接受。用面向对象方法进行系统分析与设计，所获得的结果容易与用户达成共识，因此很快受到计算机软件界的青睐，20世纪90年代在国外就已经成为主流的开发方法。

面向对象是一种认识客观世界的世界观,是从结构组织角度模拟客观世界的方法。一般人们在认识和了解客观现实世界时,通常运用一些构造法则:

(1) 区分对象及其属性,例如区分台式计算机和笔记本计算机;

(2) 区分整体对象及其组成部分,例如区分计算机组成(主机、显示器等);

(3) 不同对象类的形成以及区分,例如所有类型的计算机(大、中、小型计算机,服务器,工作站和普通微型计算机等)。

通俗地讲,对象指的是一个独立的、异步的、并发的实体,它能"知道一些事情"(即存储数据),"做一些工作"(即封装服务),并"与其他对象协同工作"(通过交换消息),从而完成系统的所有功能。

所要解决的问题具有特殊性,所以对象是不固定的。一个员工可以作为一个对象,一家公司也可以作为一个对象,到底应该把什么抽象为对象,由所要解决的问题决定。

面向对象开发方法的好处是程序的稳定性与可修改性(由于把客观世界分解成具体的对象,并且把数据和操作都封装在对象内部)、可复用性(通过面向对象技术不仅可以复用代码,而且可以复用需求分析、设计、用户界面等)。

2. 面向对象方法的四个要点

(1) 认为客观世界是由各种对象组成的,任何事物都是对象,复杂的对象可以由比较简单的对象以某种方式组合而成。按照这种观点,可以认为整个世界就是一个最复杂的对象。因此,面向对象的软件系统是由对象组成的,软件中的任何元素都是对象,复杂的软件对象由比较简单的对象组合而成。

(2) 把所有对象都划分成各种对象类(简称为类,Class),每个对象类都定义了一组数据和一组方法,数据用于表示对象的静态属性,是对象的状态信息。因此,每当建立该对象类的一个新实例时,就按照类中对数据的定义为这个新对象生成一组专用的数据,以便描述该对象独特的属性值。

例如,荧光屏上不同位置显示的半径不同的几个圆,虽然都是Circle类的对象,但是,各自都有自己专用的数据,以便记录各自的圆心位置、半径等。

类中定义的方法,是允许施加于该类对象上的操作,是该类所有对象共享的,并不需要为每个对象都复制操作的代码。

(3) 按照子类(或称为派生类)与父类(或称为基类)的关系,把若干个对象类组成一个层次结构的系统(也称为类等级)。

(4) 对象彼此之间仅能通过传递消息互相联系。

对象是一个属性集(数据)及其专用操作(算法、方法)的封装体。类是一组具有相同属性相同操作对象的集合。对象的类实例:一个类可以有多个实例。

3. 面向对象方法的特征

(1) 抽象。抽象就是忽略一个主题中与当前目标无关的方面,注意与当前目标有关的方面。比如,要设计一个学生成绩管理系统,考查学生这个对象时,需要关心学生的班级、学号、成绩等,而不用去关心学生的身高、体重这些信息。抽象包括两个方面:一是过程抽象;二是数据抽象。过程抽象是指任何一个明确定义功能的操作都可被使用者看作单个实体。数据抽象定义了数据类型和施加于该类型对象上的操作。

(2) 继承。继承是一种联结类的层次模型并且允许和鼓励类重用,它提供一种明确表述共性的方法。对象的一个新类可以从现有的类中派生,新类继承原始类的特性。派生类可以从它的基类继承方法和实例变量,并且新类可以修改或增加新的方法使之更适合特殊需要。继承性很好地解决了软件的可重用性问题。

(3) 封装。面向对象是把过程和数据包围起来,对数据的访问只能通过已定义的界面,即现实世界可以被描绘成一系列完全自治、封装的对象,这些对象通过一个受保护的接口访问其他对象。一旦定义了一个对象的特性,则有必要决定这些特性的可见性,即哪些特性对外部世界是可见的,哪些特性用于表示内部状态。封装保证了模块具有较好的独立性,使得程序维护修改较为容易。

(4) 多态性。多态性指允许不同类的对象对同一消息做出响应。多态性语言具有灵活、抽象、行为共享、代码共享的优势,很好地解决了函数同名问题。

面向对象程序设计的四大特征,使得软件开发的时间缩短,效率高,可靠性好,所开发的程序更强壮,应用程序更易于维护、更新和升级。

4. 面向对象方法的开发过程

面向对象系统开发过程由系统需求分析阶段,系统分析阶段,系统设计阶段和系统实现、测试、维护阶段组成,如图7.6所示。

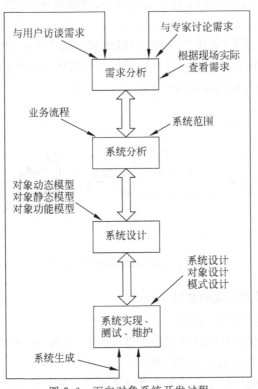

图 7.6 面向对象系统开发过程

1) 需求分析阶段

分析问题领域的业务范围、业务规则和业务处理过程,明确系统的责任、范围和边界,确定系统需求。在客户和软件开发人员之间沟通基本的用户需求,并与问题领域专家讨论；确定系统需求并建造需求模型。

2）系统分析阶段

根据建立的用户需求模型，建立三个系统模型：
- 对象动态模型；
- 对象静态模型；
- 对象功能模型。

3）系统设计阶段

在系统分析阶段建立的对象动态模型、对象静态模型、对象功能模型的基础上，选择适当的开发环境进行设计。包括三方面内容：
- 系统设计；
- 对象设计；
- 模式设计。

4）系统实现、测试、维护阶段
- 选择合适的程序设计语言编码实现系统；
- 对编写的程序分组进行各项指标的测试、系统总体全面测试；
- 编写用户使用手册并进行系统安装；
- 持续对系统进行定期维护工作：发现错误、修改错误、进行局部功能调整以适应用户的最新要求。

面向对象系统开发过程（如图7.7所示）以体系结构为中心，以用例为驱动，是一个反复、渐增的过程；模型具有可追溯性，并且支持模型之间的无间歇转换；具备完整的可视化系统分析和设计的图形计算机辅助设计工具。

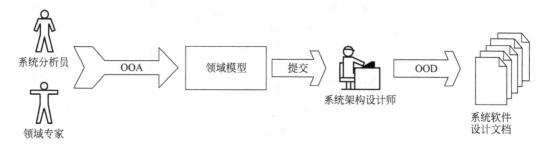

图7.7　面向对象系统开发过程

5．面向对象系统开发方法的优缺点

1）面向对象系统开发方法的优点

（1）它是一种以对象为基础的系统分析设计方法（对象、类、结构属性、方法），直接完成从对象客体的描述到软件结构之间的转换。

（2）解决了传统结构化开发方法中客观世界描述工具与软件结构不一致性问题；实现了对客观世界描述到软件结构的直接转换，大大减少后续软件的开发量。

（3）减少了从系统分析、设计到软件模块结构之间的多次转换映射的繁杂过程；提高了开发工作的重用性，继承性高，降低了重复工作量，缩短了开发周期。

2)面向对象系统开发方法的缺点

面向对象设计原则上不依赖于特定的实现环境,但是实现结果和实现成本却在很大程度上取决于软件实现环境。因此,初学者不易接受,难学。

7.4.4 极限编程开发方法

极限编程(Extreme Programming,XP)是由 Kent Beck 提出的,Kent Beck 在 20 世纪 90 年代初期与 Ward Cunningham 合作时,就一直探索着新的软件开发方法,希望能使软件开发更加简单而有效。Kent Beck 仔细地观察和分析了各种简化软件开发的前提条件、可行性以及面临的困难。1996 年 3 月,Kent Beck 终于在为 Daimler Chrysler 所做的一个项目中引入了新的软件开发观念——极限编程。

极限编程是一门针对业务和软件开发的规则,它的作用在于将两者的力量集中在共同的、可以达到的目标上。它是以符合客户需要的软件为目标而产生的一种方法论,极限编程使开发者能够更有效地响应客户的需求变化,哪怕是在软件生命周期的后期。它强调软件开发是人与人合作进行的过程,因此成功的软件开发过程应该充分利用人的优势,而弱化人的缺点,突出了人在软件开发过程中的作用。极限编程属于轻量级的方法,认为文档、架构不如直接编程来得直接。近年来,国内应用极限编程的例子也不少,其中在工控领域、公路建设招投标领域、数字版权保护领域以及外贸管理领域都有相应的研究与应用。

极限编程流程中包含了四个活动框架,图 7.8 说明了它们彼此之间的关系。

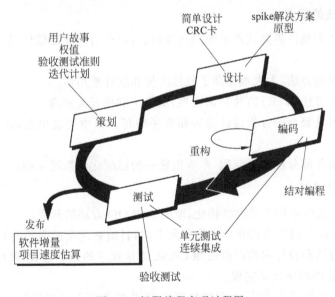

图 7.8 极限编程实现过程图

(1)策划(Planning):需求选取;
(2)设计(Design):针对需求进行规划(简单设计 CRC 卡、原型等);
(3)编码(Coding):程序设计,结对编程;
(4)测试(Testing):验收测试,单元测试。

7.4.5 计算机辅助开发方法

20 世纪 80 年代,计算机图形处理技术和程序生成技术的出现,缓和了系统开发过程中的系统分析、系统设计和开发"瓶颈",即主要靠图形处理技术、程序生成技术、关系数据库技术和各类开发工具为一身的 CASE(Computer Aided Software Engineering,计算机辅助开发方法)工具代替人在信息处理领域中的重复性劳动。

1. CASE 方法的基本思想

CASE 方法是一种自动化或半自动化的方法,能够全面支持除系统调查外的每一个开发步骤。严格地讲,CASE 方法只是一种开发环境而不是一种开发方法。它是 20 世纪 80 年代末从计算机辅助编程工具、第四代语言(4GL)及绘图工具发展而来的。目前 CASE 方法仍是一个发展中的概念,各种 CASE 软件也较多,没有统一的模式和标准。采用 CSAE 工具进行系统开发,必须结合一种具体的开发方法。CSAE 方法只是为具体的开发方法提供支持的专门工具。因而,CASE 工具实际上把原先由手工完成的开发过程转变为以自动化工具和支撑环境支持的自动化开发过程。在前面所介绍的任何一种系统开发方法中,如果自系统调查后,系统开发过程中的每一步都可以在一定程度上形成对应关系的话,那么就完全可以借助于专门开发的软件工具来实现上述一个个的系统开发过程。这些系统开发过程中的对应关系包括:结构化方法中的业务流程分析→数据流程分析→功能模块设计→程序实现;业务功能一览表→数据分析、指标体系→数据/过程分析→数据分布和数据库设计→数据库系统等;OO 方法中的问题抽象→属性、结构和方法定义→对象分类→确定范式→程序实现等。

2. CASE 方法的特点

(1) 解决了从客观世界到软件系统的直接映射,强有力地支持软件/信息系统开发的全过程。

(2) 自动检测的方法,大大地提高了软件质量和软件重用性。

(3) 使结构化方法和 OO 方法付诸实现,加快了软件开发速度。

(4) 将开发者从繁杂的分析设计图表和程序编写工作中解放出来,简化了软件开发的管理和维护。

(5) 使软件的各部分能重复使用,产生出统一的标准化的系统文档。

3. CASE 方法优缺点

(1) CASE 方法可以用于辅助结构化、原型法和 OO 方法的开发。

(2) CASE 方法是高度自动化的系统开发方法,目前缺乏全面完善的 CASE 工具。

(3) 只要在分析和设计阶段严格按照 CASE 方法规定的处理过程,就能够将分析、设计的结果让计算机软件程序自动完成。

(4) CASE 方法的开发方法、过程的规范性、可靠性和开发效率均较好。

7.4.6 各种系统开发方法的比较

从国外最新的统计资料来看,信息系统开发工作的重心向系统调查、分析阶段偏移。开发各个环节所占比重如表 7.2 所示。

表 7.2 系统开发各个环节所占比重

阶段	调查	分析	设计	实现
工作量	>30%	>40%	<20%	<10%

系统调查、分析阶段的工作量占总开发量的 60% 以上。而系统设计和实现环节仅占总开发工作量比率不到 40%。

1. 结构化方法

它能够辅助管理人员对原有的业务进行清理,理顺和优化原有业务,使其在技术手段和管理水平上都有很大提高。

它能发现和整理系统调查、分析中的问题及疏漏,便于开发人员准确地了解业务处理过程,有利于与用户一起分析新系统中适合企业业务特点的新方法和新模型;能够对组织的基础数据管理、原有信息系统、经营管理业务、整体管理水平进行全面系统的分析。

2. 原型法

它是一种基于 4GL 的快速模拟方法,通过模拟以及对原型的不断讨论和修改,最终建立系统。要想将这样一种方法应用于大型信息系统的开发过程中的所有环节是根本不可能的,故它多被用于小型系统或处理过程比较简单的系统实现环节。

3. 面向对象方法

它是围绕对象来进行系统分析和系统设计,然后用面向对象的工具建立系统的方法。这种方法可以普遍适用于各类信息系统开发,但是它不能涉足系统分析以前的开发环节。

4. CASE 方法

它是一种除系统调查外全面支持系统开发过程的方法,同时也是一种半自动化的系统开发方法。因此,它具有上述各种方法的各种特点,同时又具有其自身的独特之处——高度自动化。

5. 面向对象方法与结构化方法的比较

1)问题抽象方面

分析是问题抽象(做什么),设计是问题求解(怎么做),实现是问题的解(结果)。在问题抽象阶段,结构化方法面向过程,按照数据变换的过程寻找问题的结点,对问题进行分解。由于不同人对过程的理解不同,故面向过程的功能所分割出的功能模块会因人而异。对象是对现实世界实体的模拟,因而能更容易理解需求,即使用户和分析者之间具有不同的教育背景和工作特点,也可很好地沟通。而且,面向对象的对象细分,从同一问题领域的对象出发,不同人得出相同结论的概率较高。

2)设计方面

在设计上结构化方法产生自顶向下、结构清晰的系统结构。每个模块有可能保持较强的独立性,但它往往与数据库结构相独立,功能模块与数据库逻辑模式间没有映射关系,程序与数据结构很难封装在一起。如果数据结构复杂,模块独立性很难保证。面向对象方法抽象的系统结构往往并不比结构化方法产生的系统结构简单,但它能映射到数据库结构中,很容易实现程序与数据结构的封装。

3)形式化语言表述

在软件工程基本原则中有一条"形式化原则",即对问题世界的抽象结论应该以形式化语言(图形语言、伪码语言等)表述出来。结构化方法可以用数据流图、系统结构图、数据字典、实体关系图来描述系统的逻辑模型;而面向对象方法则使用对象模型图、动态模型图、状态转移图、功能模型图。其中对象模型图近似系统结构图与实体关系图的结合,动态模型图类似状态迁移图,功能模型图类似数据流图。

4）着重点不同

结构化程序设计从系统的功能入手,按照工程的标准和严格的规范将系统分解为若干功能模块,系统是实现模块功能的函数和过程的集合。由于用户的需求不断变化,按功能设计的系统模块必然是易变的和不稳定的。面向对象程序设计是以数据为中心而不是以服务（功能）为中心来描述系统。它把编程问题视为一个数据集合,更具稳定性。

本章小结

本章将管理信息系统开发方法大致分为结构化系统开发方法、原型法、面向对象开发方法等几类。同时开发信息系统是一个复杂的过程,结构化系统开发方法和面向对象方法是真正能够较全面地支持整个系统开发过程的方法。尽管其他方法有许多这样那样的优点,但都只能作为结构化系统开发方法或面向对象方法在局部开发环节上的补充,暂时都还不能替代其在系统开发过程中的主导地位。

课后练习

7.1 什么是软件能力成熟度模型？

7.2 管理信息系统"自下而上"和"自上而下"的开发策略各有何优缺点？

7.3 试述结构化系统开发方法的原理、优缺点和适用场合。

7.4 试述面向对象系统开发方法的原理、优缺点和适用场合。

第8章 结构化系统分析

本章学习目标

- 了解和掌握结构化系统分析的任务和内容;
- 掌握业务流程图的基本概念和内容;
- 了解并掌握数据流程图的基本概念和内容;
- 掌握数据字典的基本概念和内容;
- 了解并掌握逻辑模型的建立过程。

前 导 案 例

学子超市是一家大型超市,目前业务越来越好,顾客的购买量很大,日益频繁的业务产生了大量的数据。数据量大增,让查找不方便,数据的掌握也不准确,容易造成决策的滞后或是失误。主要表现为:

(1) 随着订货、进货信息的增加,与供应商相关的信息、与商品相关的信息越来越多。如果不能将这些有效信息集中起来,对以后的信息查询会带来不便,从而不能给采购人员提供采购过程的决策支持。

(2) 对于每天产生的大量销售信息,如果不加以适当存储和分析,就失去了利用这些销售信息挖掘出顾客购买偏好的机会,就不能从看似无用的大量数据背后得出消费者潜在的消费习惯,失去了潜在的商机。

因此,需要建立一套功能完善的管理信息系统,既能满足业务人员日常处理的需要,增强企业经营全过程的数字化管理水平;又能满足管理人员决策分析的需要,提高零售企业包括超市对企业经营反馈信息的响应速度从而加快超市资金的流通减少库存的积压,提高经济效益。这对于在信息服务中创造价值,促进资源共享和信息集成,减员增效,提高管理水平都有很大的帮助。

从本章开始使用结构化系统开发方法的系统分析、系统设计和系统实施进行企业的管理信息系统开发,尽管所采用的系统分析方法和详尽程度不尽相同,但系统分析都是必要且十分重要的环节。实践表明系统分析工作的好坏,在很大程度上决定了系统的成败。

管理信息系统分析的任务是:在充分认识原信息系统的基础上,通过问题识别、可行性分析、详细调查、业务流程分析和数据流程分析,最后完成新系统的逻辑方案设计,或称逻辑模型设计。逻辑方案不同于物理方案。前者解决"做什么"的问题,是系统分析的任务;后者解决"怎样做"的问题,是系统设计的任务。

8.1 可行性研究和详细调查概述

开发新系统的要求往往来自对原系统的不满。原系统可能是手工系统也可能是正在运行的信息系统。由于存在的问题可能充斥各个方面,内容分散,甚至含糊不清,这就要求系统分析人员针对用户提出的各种要求,对问题进行识别,通过可行性分析确定开发系统的必要性。

8.1.1 可行性研究的任务和内容

根据 GB 8566—1988(《计算机软件开发规范》)中指出可行性研究的任务是了解客户的要求及现实环境,从技术、经济和社会因素三方面研究并论证本软件项目的可行性,编写可行性研究报告,制订初步项目开发计划,评述为合理地达到开发目标可能选择的各种方案。

可行性分析的内容包括:

1. 管理上的可行性

这是指管理人员对开发应用项目的态度和管理方面的条件。主管领导不支持的项目肯定不行。如果高中层管理人员的抵触情绪很大,就有必要等一等,积极做工作,创造条件。管理方面的条件主要指管理方法是否科学、相应管理制度改革的时机是否成熟、规章制度是否齐全以及原始数据是否正确等。

2. 技术上的可行性

分析当前的软硬件技术能否满足系统提出的要求(如增加存储能力、实现通信功能、提高处理速度)。此外,还要考虑开发人员的水平。信息系统属于知识密集型,对技术要求较高,如果缺乏足够的技术力量,或者单纯依靠外部力量进行开发,是很难成功的。

3. 经济上的可行性

经济上的可行性主要是预估费用支出和对项目的经济效益进行评价。

(1) 系统经济效益=新系统增加的收入+新系统节省的费用。

(2) 考虑成本-效益分析、长期的公司经营策略、对其他单位或产品影响、开发所需的成本和资源、潜在的市场前景。

8.1.2 可行性分析的报告

GB 8567—1988(《计算机软件产品开发文件编制指南》)指出,可行性分析的结果要用可行性分析报告的形式编写出来,内容包括:

(1) 系统简述;

(2) 项目的目标;

(3) 所需资源、预算和期望效益;

(4) 对项目可行性的结论。

可行性分析结论应明确指出以下内容之一：
(1) 可以立即开发；
(2) 改进原系统；
(3) 目前不可行或者需推迟到某些条件具备以后再进行。

可行性分析报告要尽量取得有关管理人员的一致认识，并在主管领导批准之后实施，进入对系统进行详细调查的阶段。

8.1.3 详细调查的目的、原则

详细调查的对象是现行系统(包括手工系统和管理信息系统)，目的在于完整地掌握现行系统的状况，发现问题和薄弱环节，收集资料，为下一步的系统化分析和提出新系统的逻辑设计做好准备。

详细调查应遵循用户参与的原则，即由使用部门的管理人员、用户和设计部门的分析人员、软件开发人员共同进行(如图 8.1 所示)。分析人员虽然掌握计算机技术，但对使用部门的业务不够清楚，而管理人员则熟悉本身业务而不一定了解计算机，两者结合就能互补不足，更深入地发现对象系统存在的问题，共同研讨解决的方案。调查方可以采用如下方法：
(1) 召开调查会；
(2) 访问；
(3) 发调查表；
(4) 参加业务实践。

参加业务实践是了解系统的一种很好的形式。对于复杂的计算过程如能亲自动手算一算，对以后设计和编写程序设计说明书都是很有益的。一个好办法是在这个阶段就收集出一套将来可供程序调试用的试验数据，这对系统实施阶段考核程序的正确性很有用处。

为了便于分析人员和管理人员之间进行业务交流和分析问题，在调查过程中应尽量使用各种形象、直观的图表工具。有关这些图表工具将在本章下文阐明。

详细调查主要是针对管理业务调查和数据流程调查这两部分进行的。

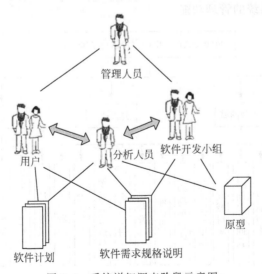

图 8.1　系统详细调查阶段示意图

8.2 管理业务调查

开发和建立管理信息系统的根本目的在于提高管理水平。严格地说,设计一个新的信息系统,应首先进行组织的重新设计,应当把建立新系统看成是对组织的一种有目的的改变过程。管理系统是信息系统的环境,指不包括在本系统之中,但又对本系统产生较大影响的因素的集合。对于基于计算机的信息系统来说,其环境就是管理系统。因此对现行管理业务的调查十分重要,其中包括组织结构调查、管理功能调查和管理业务流程调查等。

8.2.1 组织结构调查

组织结构是指一个组织(部门、企业、车间、科室等)的组成以及这些组成部分之间的隶属关系(管理与被管理关系),通常可用组织结构图来表示,如图 8.2 所示。

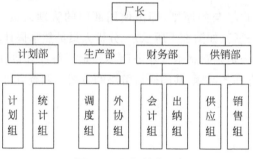

图 8.2 组织结构图

在组织结构调查中还应详细了解各级组织的职能和有关人员的工作职责、决策内容、存在问题以及对新系统的要求等。

8.2.2 管理功能调查

为了实现系统的目标,系统必须具有各种功能。所谓功能是指完成某项工作的能力。调查中可以用功能层次图来描述从系统目标到各项功能的层次关系,图 8.3 表示某有颜美妆社交电商平台信息系统的管理功能。

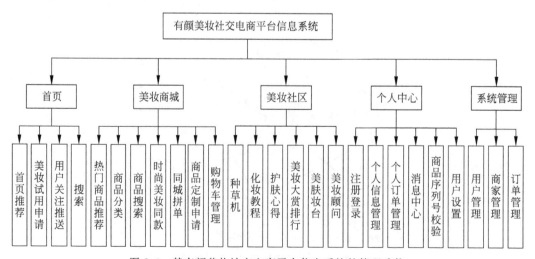

图 8.3 某有颜美妆社交电商平台信息系统的管理功能

8.2.3 管理业务流程调查

对企业的管理活动和处理过程进行全面的调查是业务流程调查的目的。具体来说,在组织结构和管理功能分析的基础上,调查系统中各环节的业务活动,掌握业务的内容、作用及信息的输入输出、数据存储和信息的处理方法及过程等。对现行系统业务处理过程的有关资料进行整理,用流程图的方式把企业的具体管理活动和处理过程绘制出来。

业务流程调查一般是沿着现行系统信息流动的过程逐步地进行,内容包括企业各工作环节的业务处理、信息来源、处理方法、计算方法、信息流经去向、提供信息的时间和形态(报告、单据、屏幕显示等)。

由于业务流程调查的工作量很大,而且非常烦琐,因此在系统调查过程中,系统分析人员要和业务人员反复交流,直到得到业务人员的确认,最终掌握现行系统的业务活动状况,最后绘制业务流程图反映出现行系统的业务流程。

1. 业务流程图

业务流程图(Transaction Flow Diagram,TFD)是业务流程的描述工具,是用一些规范化的符号及连线来表示某个具体业务处理过程。它根据业务的过程进行绘制,是管理信息系统开发过程中分析业务处理过程的重要工具。业务流程图描述系统内各单位、人员之间业务关系、作业顺序和管理信息流向的图表。利用它可以帮助分析人员找出业务流程图中不合理的流向。

1) 业务流程图的基本符号

业务流程图的基本图形符号遵从国际标准 ISO 5807—1985 和国家标准 GB 1525—1989,表示符号如图 8.4 所示。业务处理单位,表达了某项业务参与的人或部门;业务处理功能描述,表明业务处理功能的说明;表格/单据、文档,为各类报表、报告和文件等,表明数据的载体;收集/统计数据,表示从系统外得到的手工数据输入;数据存储或存档,表示数据是作为数据集合文件进行档案保存;信息传递过程,表示业务数据的流动及方向,通常用箭头表示。

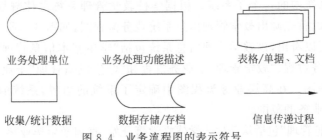

图 8.4 业务流程图的表示符号

2) 业务流程图的绘制

绘制业务流程图就是应用业务流程图符号把组织内的业务处理过程反映出来。绘制业务流程图的基本步骤如图 8.5 所示。

2. 业务流程图分析

对业务流程进行深入的分析,从而发现现行系统中存在的问题和不合理的地方,然后优化业务处理过程,以便在新系统建设中予以克服或改进。对业务流程进行分析的目的是

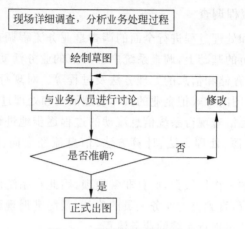

图 8.5 业务流程图绘制流程

掌握现行系统状况,确立新系统逻辑模型。

业务流程分析过程包括以下三项内容:

1) 对现行流程进行分析

对现行系统业务流程的处理过程进行分析讨论,找出原有的业务流程是否合理,并分析出其产生问题的原因。

2) 对现行业务流程进行优化

根据计算机信息处理的要求,分析现行业务流程中哪些过程可以进行优化,并提出优化方法和确定影响的范围,最后分析带来的好处。

3) 确定新的业务流程

根据优化的结果,绘制新系统的业务流程图。

3. 业务流程图举例

下面以某教学管理信息系统为例介绍业务流程分析方法。教学管理信息系统实际上是学校各项管理系统中的一个子系统。根据学校教学管理系统总体规划方案中的内容及系统详细调查结果,首先画出教学管理信息系统业务流程图,如图 8.6 所示。

从图 8.6 中可以看出,该教学管理信息系统包括"学生基本信息管理"子业务过程、"学生学籍管理"子业务过程、"教学管理"子业务过程和"学生成绩管理"子业务过程,因此该表属于高层业务流程图。在高层业务流程图中确定了系统的边界,系统的边界是非常重要的,它规定了系统业务的范围。

"学生基本信息管理"包括从新生入学建立学籍开始,直到学生毕业离开学校期间的各种管理活动。主要包括:学生申请休学、复学、退学,或因学习成绩太差或违反校纪、校规开除学籍、勒令退学、留级等种种情况的处理。"学生基本信息管理"的详细业务流程图如图 8.7 所示。

"学生学籍管理"包括学生跳级、转专业、休/复学、退学、降/留级处理。学生的降留级或退学等需要根据成绩进行判断处理,而学生的跳级和转专业、自动退学是由本人提出申请,经系学生工作委员会初步同意后,报教务处进行复核,经校领导批准后由教务处负责执行,执行结果记入学生档案。学生的学籍管理还包括毕业生的学籍处理。每年学生毕业

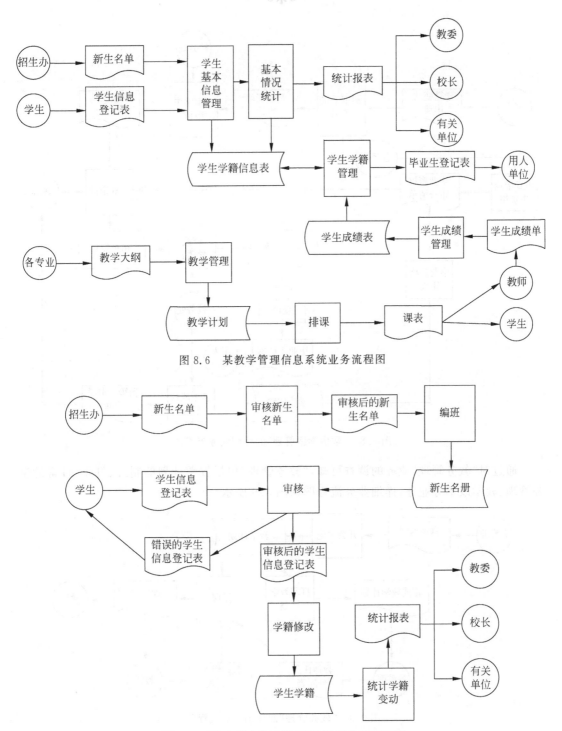

图 8.6 某教学管理信息系统业务流程图

图 8.7 "学生基本信息管理"的详细业务流程图

前,各系部对应届毕业生进行初步的毕业资格审查,然后报教务处复审,核查无误后,审批实施,并将结果记入学生学籍,将毕业证书下发给学生。"学生学籍管理"的详细业务流程图如图 8.8 所示。

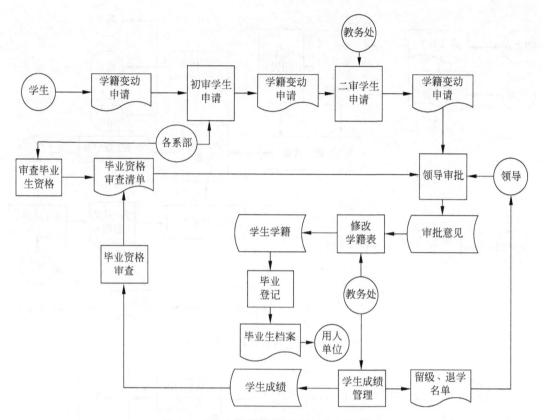

图 8.8 "学生学籍管理"的详细业务流程图

通过对"教务管理"业务的调查可知,"教务管理"包括教学计划的制订、打印、日常的事务管理、教学改革等业务,详细业务流程图如图 8.9 所示。

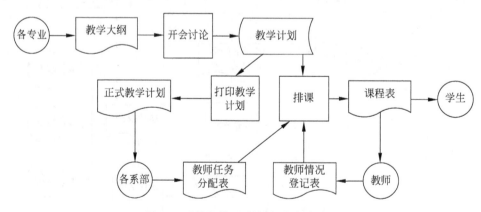

图 8.9 "教务管理"的详细业务流程图

"成绩管理"的主要业务过程如下描述:每门课程结束后,任课教师把学生成绩单一式三份分别送教务处、教学干事和学生工作办公室。教务处和教学干事将成绩单存档,教务处根据成绩单统计各年级各科成绩,决定留级、退学学生的名单,详细业务流程图如图 8.10 所示。

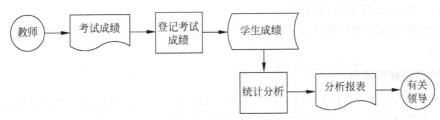

图 8.10 "成绩管理"的详细业务流程图

8.3 数据流程分析

所谓数据流程是指数据在系统中产生、传输、加工处理、使用、存储的过程。组织结构和业务流程调查虽然描述了组织业务活动的部门及发生在这些部门之间与信息处理有关的各种流,但仍然没有摆脱一些物质的因素,在业务流程图中仍有材料、资金和产品等具体的物质。然而我们要建立基于计算机的管理信息系统,目的是用管理信息系统对组织的信息进行收集、传递、存储、加工、维护和使用,即在信息系统开发中,更重要的是了解数据和信息的流动与存储情况,以及对这些数据、信息及其处理情况进行分析和综合。因此,必须对数据与数据流进行详细调查与分析,即舍去组织机构具体的作业处理以及物流、材料、资金等具体背景,从而把数据在现行系统内部的流动、存储与变换抽象出来。

8.3.1 数据流程分析的内容和目的

1. 数据流程分析的内容

数据流程分析的主要内容包括:

(1) 全面收集各类数据,包括各种单据、原始凭证、卡片、台账、报表等,了解和掌握它们的作用、来源、产生的时间和频率、数量、输出方式与流向等。

(2) 调查这些载体的各项数据内容,包括它们的物理意义、结构(包括名称、类型、长度及精度等)、逻辑处理算法以及载体的格式等。

(3) 调查数据采集和输入前的预处理过程,人工或计算机处理的方式、方法和要求,掌握数据流动的过程。

(4) 调查数据总量,明确数据存在的介质,数据的安全性、保密性要求和保留的时间期限等。

2. 数据流程分析的目的

数据流程分析主要包括对信息的流动、变换、存储等的分析,其目的是尽量发现数据流程中存在的问题,如数据流程不通畅、前后数据不匹配、数据处理过程不合理等,并找出加以解决的办法,优化数据流程。

8.3.2 数据流程图的绘制

调查业务流程图中数据的流动和转换过程,使用数据流程图工具来进行数据的流动和转换过程的描述。因此,数据流程图(Data Flow Diagram,DFD)也称为逻辑数据流图,它是一种能全面地描述信息系统逻辑模型的主要工具,可以用少数几种符号综合地反映出信息在系统中的流动、处理和存储情况。

数据流程图具有抽象性特点,表现在它完全舍去了具体的物质(如业务流程图中的车间、人员等)。

1. 数据流程图符号

数据流程图由图8.11所示的四种符号表示,以图形符号的形式描绘组成系统的每个部件(程序、文档、数据库、人工过程等),表达数据在系统各部件之间流动的情况。

图8.11 数据流程图的符号

(1) 外部实体。外部实体指本系统之外的人或单位,它们和本系统有信息传递关系。外部实体定义了系统的边界,明确系统数据的外部来源及流程,如顾客、供应商等。凡是本系统之外的人或单位都被看作外部实体。

(2) 处理。处理又称功能,是对数据进行逻辑操作,表示一个数据处理功能,通常是对输入数据或存储数据进行某种处理之后产生输出数据流。它把流入的数据流转换为流出的数据流。它用一个长方形来表示处理逻辑,图形下部填写处理的名字(如开发票、出库处理等),上部填写与该处理有唯一对应关系的标志。

(3) 数据流。数据流表示数据的流向,它可以是一项数据,也可以是一组数据(如扣款数据文件、订货单等)。数据流表示处理功能的流入或输出,一般用一个箭头表示数据的流动方向。通常在数据流符号的上方标明数据流的名称。

(4) 数据存储。数据存储表示数据保存的地方,不是指保存数据的物理地点或物理介质,而是指数据存储的逻辑描述。通常指通过数据文件、文件夹或账本等存储数据。用一个右边开口的长方形表示。

2. 数据流程图绘制的注意事项

绘制数据流程图需要注意以下四点:

(1) 数据处理与业务处理过程相对应。数据处理的内容、过程、产生的数据、数据的来源与去向要与业务流程图相对应。

(2) 数据流程图的确定要和业务人员反复讨论。对于不合理的或者不满足业务处理要求的数据流要及时修改,同时修改业务流程图和相应的数据字典。

(3) 对数据流要进行分析和优化。按照信息处理的特点,决定信息处理的缺失或冗余,并根据信息处理的要求进行数据处理的优化,并按照数据流分析的结果,优化业务过程,保持业务流与数据流的同步优化。

(4) 数据流程图一般分为多个层次。

按业务流程图理出的业务流程顺序,将数据处理过程绘制成数据流程图。对于每个具体业务,再进一步细化,通过更详细的数据流程图描绘更具体的数据处理过程。

绘制数据流程图需要遵循以下三个原则:

(1) 一般遵循"自顶向下、由外向里"的原则,即先确定系统的边界或范围,再考虑系统的内部,先画系统的输入和输出,再画系统的内部。

(2) 识别系统的输入和输出,从输入端到输出端画数据流,并同时加上数据存储。

(3) 数据流的命名要确切,能反映整体,易于理解,各种符号布局要合理,分布均匀,尽量避免交叉线。

3. 数据流程图绘制的具体步骤

对于大型系统,往往采用自顶向下逐层分解的方法,用分层数据流图表示所有数据流和加工。对任何一个数据流图是分层次的,绘制时采取自顶向下逐层分解的办法,它的上层图为父图,在它的下一层的图为子图。图 8.12 给出数据流程图的分层结构。

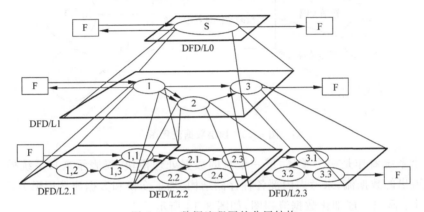

图 8.12 数据流程图的分层结构

(1) 画出系统的顶层数据流程图,也称 TOP 图。

在数据流程图中,先确定给系统提供数据的外部实体,再确定接受系统数据的外部实体,两者之间就是系统范围,从而系统的输入输出也就明确了,将系统当作一个数据加工项,据此可以画出顶层数据流程图,它反映了系统与相关联的各外部实体的信息联系。

(2) 一级细化数据流程图。

按照数据流程图的数据处理顺序,从输入端向输出端逐步推进,每当数据流的内容或其组成发生变化时,该处就对应一个数据加工,用处理功能框表示,如果数据加工涉及数据的存取,则应画出相应的存储文件框。处理功能框与存储文件框的连线上标注存储或读取关系。

(3) 二级细化数据流程图。

二级细化数据流程图是在一级细化数据流程图的基础上,进一步对处理功能细化其部分功能。

(4) 根据需要进一步细化。

根据上述方法和实际功能需要对数据流程图再做进一步细化。这种自顶向下逐层扩展的目的是把一个复杂的大系统逐步分解成若干个简单的系统。在细化的过程中要注意保持系统的完整性和一致性。如果细化的数据流程图已基本表达了系统所有的逻辑功能和必要的输入、输出,就可以停止细化。

4. 数据流程图举例

这里以高校教学管理信息系统为例介绍具体的数据流程图绘制。

第一步：首先需要画出高校教学管理信息系统的顶层数据流程图，也称 TOP 图，如图 8.13 所示。

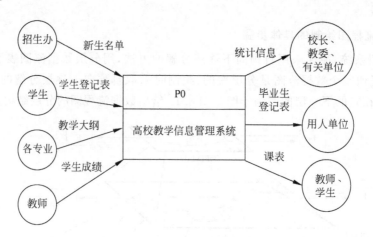

图 8.13　顶层数据流程图

把一个系统看作是一个整体，或一个总的数据处理模块，仅表示来自系统外部的数据流和系统流出的数据流，未考虑内部各种存储结构、加工变换和数据流等逻辑关系。

第二步：画出一层细化数据流程图，如图 8.14 所示。

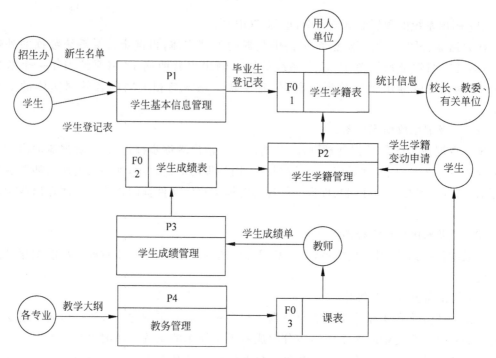

图 8.14　一层细化数据流程图

一级细化数据流程图是对顶层数据流程图的处理功能做进一步的分解。

第三步：画出二级细化数据流程图。

二级细化数据流程图是在一级细化数据流程图的基础上，进一步对处理功能细化其部分功能。

对处理 P1 的细化，如图 8.15 所示。

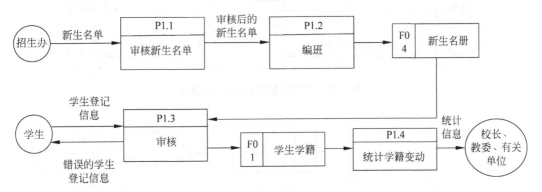

图 8.15　二层数据流程图的 P1 细化

对处理 P2 的细化，如图 8.16 所示。

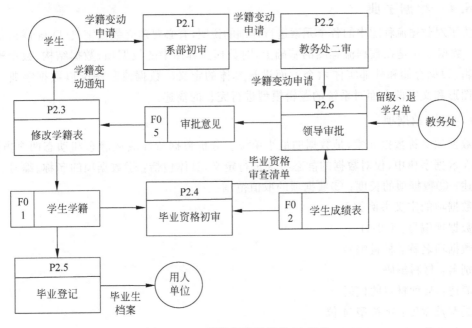

图 8.16　二层数据流程图的 P2 细化

对处理 P3 的细化，如图 8.17 所示。

对处理 P4 的细化，如图 8.18 所示。

到此，细化的数据流程图已基本表达了系统所有的逻辑功能和必要的输入、输出，因此可以停止细化。

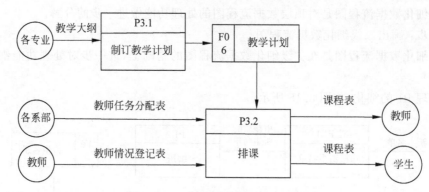

图 8.17 二层数据流程图的 P3 细化

图 8.18 二层数据流程图的 P4 细化

8.4 数据字典

为了对数据流程图中的各个元素进行详细的说明,有必要建立数据字典(Data Dictionary,DD)。数据字典是在数据流程图的基础上,对数据流程图中的数据项、数据结构、数据流、处理逻辑、数据存储和外部实体六个方面进行具体的定义。数据流程图配以数据字典,就可以从图形和文字两方面对系统的逻辑模型进行完整的描述。

8.4.1 数据项

数据项又称数据元素,是数据的最小单位。分析数据特性应从静态和动态两个方面进行。在数据字典中,仅对数据的静态特性进行定义,具体包括:①数据项的名称、编号、别名和简述;②数据项的长度;③数据项的取值范围。

数据项的定义举例如下。

数据项编号:I02-01

数据项名称:材料编号

别名:材料编码

简述:某种材料的代码

类型及宽度:字符型,4 位

取值范围:0001～9999

8.4.2 数据结构

数据结构描述某些数据项之间的关系。一个数据结构可以由若干数据项组成,也可以由若干数据结构组成,还可以由若干数据项和数据结构组成。数据字典中对数据结构的定义包括以下内容:

(1) 数据结构的编号:必须唯一地标识一个数据结构,以区别于系统中其他的数据结构。

(2) 数据结构的名称:一般情况下数据结构只有一个名称。

(3) 数据结构的形式:如果描述一个简单的数据结构,直接列出它所包含的数据元素;如果是一个嵌套的数据结构,可只列出它所包含的数据结构名称。

(4) 数据结构的描述:简单描述数据结构的基本含义。

例如,表 8.1 所示的订货单就是由三个数据结构组成的数据结构,表中用 DS 表示数据结构,用 I 表示数据项。

表 8.1 用户订货单的数据结构

DS03-01:用户订货单		
DS03-02:订货单标志	DS03-03:用户情况	DS03-04:配件情况
I1:订货单编号	I3:用户代码	I10:配件代码
I2:日期	I4:用户名称	I11:配件名称
	I5:用户地址	I12:配件规格
	I6:用户姓名	I13:订货数量
	I7:电话	
	I8:开户银行	
	I9:账号	

8.4.3 数据流

数据流(Data Flow)表示数据的流向。数据流可以是一个已定义的数据结构,也可以由若干数据项和数据结构组成,一般包括如下内容:

(1) 数据流的编号和名称:数据流的编号和名称具有唯一性。

(2) 说明:简要介绍作用,即它产生的原因和结果。

(3) 数据流来源:数据流可以来自系统中的某个外部实体,也可以来自系统中的某个数据存储或某个处理。

(4) 数据流去向:数据流的流向不止一个,可能流向系统中的某个处理逻辑,也可能流向系统中的某个或若干外部实体。

(5) 数据流组成:指数据流包含的数据结构,一个数据流可包含一个或多个数据结构。若包含一个数据结构,则数据流和数据结构的名称要统一,否则会产生二义性。

(6) 数据流的流通量:指单位时间内的传输次数,可以估计平均最高或最低流量的大小,以便在设计系统时把握其处理能力。

(7) 高峰时的流通量:指某些业务处理频率的时间性,如奥运会订票系统一般会在发布当天业务最繁忙,要处理的订单最多,有时可能集中在发布会初的一个小时内,这段时间称为"高峰时期"。一定要估计这段时间的数据流的流量,否则严重时会造成系统的瘫痪。

数据流的举例如下。

数据流编号:DF03-01

数据流名称:学籍变动申请

简述:学生提出的学籍变动申请

来源:学生

去向：各系、院
组成：申请编号＋申请名称＋申请日期＋申请院系
数据流流量：
高峰流量：

8.4.4 数据存储

数据存储是指数据结构存储或停留的地方，也是数据流的来源和去向之一，它是信息系统的资源，用户要从系统中获取的全部数据都来自数据存储。在数据字典中只涉及数据存储的逻辑结构，不涉及数据存储的物理结构。数据存储的内容包括以下七项：

（1）数据存储的编号及名称：应具有唯一性且与数据流程图中表示的编号和名称是一致的；

（2）简述：描述数据存储的主要内容；

（3）输入数据流：流向此数据存储的数据；

（4）输出数据流：从此数据存储发出的数据；

（6）数据存储的组成：其包含的数据结构；

（7）存取频率：在单位时间内对数据存储的存取次数。

以下为数据存储示例，如图8.19所示。

数据存储编号：F02-01

数据存储名称：学生名册

简述：名册存放学生每学期考试成绩等信息。

数据存储组成：学号＋姓名＋性别＋课程名称＋成绩

相关联的处理：学籍管理，成绩管理

数据存储

系统名：<u>学籍管理</u>　　　　　　编号：_____
条目名：<u>学生名册</u>　　　　　　别名：_____

存储组织：　　　　　记录数：约8000　　　主关键字：学号
　　每个学生一条记录

记录组成：

项名	学号	姓名	性别	出生年月	注册学期	…	…	…	备注
近似长度(字节)	7	10	2	4	4	…	…	…	20

简要说明：
　（1）　学籍变动（留级、转专业）在备注中说明。
　（2）　奖励和处罚在备注中说明。

修改记录：	编写	张××	日期	2019年8月10日
	审核	李××	日期	2019年8月18日

图8.19　数据存储示例

8.4.5 外部实体

外部实体是数据的来源和去向,在数据字典中包括以下四项内容,如图8.20所示。

(1) 外部实体的编号和名称;

(2) 说明:描述外部实体的基本含义;

(3) 输入数据流:外部实体接收到的数据流;

(4) 输出数据流:外部实体产生的数据流。

以下是外部实体示例。

外部实体编号:S02-01

外部实体名称:教师

说明:任课教师根据教学安排授课,并输出学生成绩。

输入数据流:教学安排

输出数据流:学生成绩

外部项			
系统名: 学籍管理		编号:	
条目名: 教师		别名: 任课教师	
输入数据流: 教学安排		输出数据流: 学生成绩	
主要特征: 教师:即本系统中为修课学生授课的任课教师,其主要特征是教师编号,教师姓名,讲授课程名称、联系地址。			
简要说明: 本系统负责下达教师的教学任务,只是根据系机关课程安排通知教师有关教学安排。			
修改记录:	编写	张××	日期	2019年8月10日
	审核	李××	日期	2019年8月18日

图 8.20 外部实体示例

8.4.6 处理逻辑

处理逻辑是指数据流程图中数据的基本处理过程,即数据流程图中最底层的处理功能,如图8.21所示。每一个处理逻辑就是一个小程序,可以使用判断树、判断表和结构化语言等进行描述,在数据字典中通常仅做简单的描述。处理逻辑通常包括:

(1) 处理逻辑编号、名称;

(2) 说明,即简要介绍该处理逻辑的功能,以及在什么场合下使用;

(3) 处理逻辑的输入和输出,指输入到这个处理逻辑的数据流和由这个处理逻辑输出的数据流。

以下是处理逻辑示例。

处理逻辑编号:P02-01

处理逻辑名称:成绩管理

说明:任课教师

加工			
系统名：<u>学籍管理</u>		编号：_____	
条目名：<u>成绩管理</u>		别名：_____	
输入： 　　学生修课名单；课程名称；学生成绩。		输出： 　　教学安排；学生成绩通知单； 　　学生修课情况与成绩统计。	
加工逻辑： 　1．从学生名册中获取修同一课程的学生名单； 　2．统计每门课程的修课人数并报系机关； 　3．从系机关获取课程安排数据，包括各门课程的上课时间、地点； 　4．形成教学安排数据，其中包括各门课程的修课学生名单、上课地点，通知有关任课教师； 　5．接收任课教师的学生成绩数据，并登录在学生成绩档案中； 　6．进行成绩统计，计算每门课程成绩优良、及格、不及格、缺考各项人数及比率，计算各课平均成绩并向系机关报告； 　7．向学生发出学生成绩通知，并附补考安排。			
简要说明： 　　课程安排由系机关中教学管理人员直接向学生公布。			
修改记录：	编写	张××	日期	2019年8月10日
	审核	李××	日期	2019年8月18日

图 8.21　处理逻辑示例

　　输入数据流：课程名称＋学生选课名单＋学生成绩

　　加工处理逻辑：从学生名册中获取学生名单，统计选课人数进行教学安排，登录统计成绩并发成绩通知单。

　　输出数据流：教学安排＋学生成绩通知单＋学生选课情况＋成绩统计

　　（4）处理逻辑的描述，可用处理逻辑表达工具描述处理逻辑的功能。

　　编写数据字典是系统开发的一项重要的基础工作。一旦建立，并按编号排序之后，就是一本可供查阅的关于数据的字典，从系统分析一直到系统设计和实施都要使用它。在系统分析阶段，可以通过它发现漏掉的数据，在系统设计阶段则根据它进行设计，而建成后它是系统维护的必要依据。在数据字典的建立、修正和补充过程中，始终要注意保证数据的一致性和完整性。

8.5　描述处理逻辑的工具

　　数据流程图中的处理逻辑有的比较简单，有的比较复杂。对于比较简单的处理逻辑，在数据字典中可以使用文字描述清楚，但对于比较复杂的处理逻辑，文字描述则无能为力。处理逻辑的描述关系到程序员能否准确地利用计算机程序来实现处理过程，其描述是否正确、容易理解是至关重要的。因此对于相对比较复杂的处理逻辑有必要运用一些描述处理逻辑的工具来加以说明。

　　每个处理逻辑必然有处理的原始数据和输出数据，以及处理的逻辑关系和算法。对每个处理过程调查内容如下：

　　（1）该处理逻辑有哪些输入数据，包括调查输入单据或报表上的各项数据；

　　（2）经处理后的输出是什么，包括哪些数据项内容；

(3) 了解各项数据的生成途径(算法模型)。

常用的描述处理逻辑的工具有决策树(又称判断树)、决策表(又称判断表)和结构化描述语言等方法。

8.5.1 决策树

决策树是采用树状结构来表示处理逻辑的一种方法,一个树枝代表一组条件的组合和相对应的一种处理方式。决策树用来描述在一组不同的条件下,决策的行动根据不同条件来选择的处理过程。采用决策树描述处理逻辑,可以从图形上一目了然地看清用户业务在什么条件下应采取什么样的处理方式。

图 8.22 是一张用于根据用户欠款时间长短和现有库存量情况制订用户订货方案的决策树。

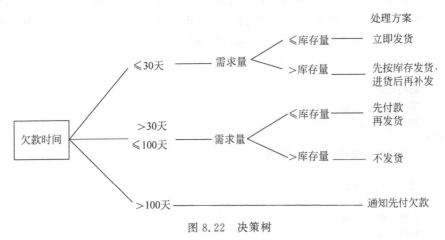

图 8.22 决策树

从上图可以看出,决策树的特点是直观清晰,容易理解,易于检查和修改,无二义性;但当条件多时,不容易清楚地表达出整个判别过程。

8.5.2 决策表

如果判断的条件较多,各个条件又相互组合,相应的决策比较复杂时,这种情况下使用决策树就比较困难,这时可采用决策表。

决策表是采用表格方式来描述处理逻辑的一种工具,即用二维表格直观地表达具体条件、决策规则和应当采取的行动策略之间的逻辑关系。决策表的内容由条件说明、行动说明、条件组合和行动选择构成,用 Y 表示条件满足,用 N 表示条件不满足,用 √ 表示应采取行动,用 × 表示不采取行动。

这里仍以处理用户订货的例子来说明。由表 8.2 可知,采用了决策表可以清晰地表达条件、决策规则和应采取的行动之间的逻辑关系,容易为管理人员和系统分析人员所接受。

表 8.2 处理订货单的决策表

	决策规则号	1	2	3	4	5
条件	欠款时间≤30 天	Y	Y	N	N	N
	欠款时间>100 天	N	N	Y	N	N
	需求量≤库存量	Y	N		Y	N

续表

	决策规则号	1	2	3	4	5
应采取的行动	立即发货	√				
	先按库存量发货,进货后再补发		√			
	先付款,再发货				√	
	不发货					√
	要求先付款			√		

8.5.3 结构化描述语言

结构化描述语言是一种模仿计算机语言的处理逻辑描述方法。它没有严格的语法,采用很简洁的词汇来表述处理逻辑,既可以用英语表达,也可以用汉语表达。使用由 IF、THEN、ELSE 等词组成的规范化语言,根据结构化程序设计的思想,采用三种基本逻辑结构来描述处理逻辑,即顺序结构、循环结构和判断结构。

下面是处理订货单逻辑过程的结构英语表示法。

```
IF   欠款时间≤30 天
     IF   需要量≤库存量
          THEN 立即发货
     ELSE
          先按库存量发货,进货后再补发
ELSE
     IF   欠款时间≤100 天
          IF   需求量≤库存量
               THEN  先付款再发货
          ELSE
               不发货
     ELSE
          要求先付欠款
```

8.6 系统化分析

在对原系统进行详细调查的基础上进行系统化分析是提出新系统逻辑模型的重要步骤。这一步骤通过对原有系统的调查和分析,找出原系统业务流程和数据流程的不足,提出优化和改进的方法,给出新系统所要采用的信息处理方案。系统化分析的主要内容包括:

8.6.1 分析系统目标

根据详细调查对可行性分析报告中提出的系统目标做再次考查,对项目的可行性和必要性进行重新考虑,并根据对系统建设的环境和条件的调查修正系统目标,使系统目标适应组织的管理需求和战略目标。由于系统目标对系统建设具有举足轻重的意义,必须经过仔细论证才能修改。

8.6.2 分析业务流程

分析原有系统中存在的问题是为了在新系统建设中予以克服或改进。系统中存在的问题可能是管理思想和方法落后、业务流程不尽合理,也可能是因为计算机信息系统的建设为优化原业务流程提供了新的可能性,这时,就需要在对现有业务流程进行分析的基础上进行业务流程重组,产生新的更为合理的业务流程。

业务流程的分析过程包括以下内容:

(1) 对原有业务流程进行分析。分析原有的业务流程的各处理过程是否具有存在的价值,其中哪些过程可以删除或合并,原有业务流程中哪些过程不尽合理,可以进行优化或改进。

(2) 优化业务流程。原有业务流程中哪些过程存在冗余信息处理,可以按计算机信息处理的要求进行优化,流程的优化可以带来什么好处。

(3) 确定新的业务流程,画出新系统的业务流程图。

8.6.3 数据的汇总和分析

数据的汇总和分析是以后建立数据库系统和设计功能模块处理过程的基础。通过对调查收集上来的数据进行汇总和分析。具体包括:

1. 数据分类

调查数据分为:
(1) 系统的输入数据类(主要是报上来的报表)。
(2) 系统的输出数据类(主要是各种台账和文档)。
(3) 本系统产生的数据类(主要指系统运行中生成的报表)。

2. 数据整理

整理首先应对每项数据按业务过程进行分类编码,并弄清它们的字长和精度(如小数点后的位数/取值范围等)。然后从业务最终报表的输出数据开始,找出表中每一项数据的来源,再找到其原始数据、原始统计数据或原始凭证。其中:最终输出数据就是将来管理业务所需要的主要数据指标;原始数据则用来建立关系数据库的基本表。

3. 数据分析

1) 数据的正确性分析

对数据进行正确性分析可采用第 6 章阐述过的 U/C 矩阵来进行。具体是用 U/C 矩阵的横坐标表示各数据类,如客户、订货等;用 U/C 矩阵的纵坐标表示各业务过程类,如经营计划、财务计划等。如果用 X 表示各数据类,用 Y 表示各业务过程类,则 X 和 Y 之间的关系就表示了数据和业务过程之间的关系。关系有两种:一种是某数据类由某业务过程建立,用 C(Creat,建立)表示,另一种是某业务过程使用了某类数据,用 U(Use,使用)表示。将前面整理了的数据属于何种关系填入到矩阵中,就形成了 U/C 矩阵。

用 U/C 矩阵来检查数据整理过程中是否发生了错误是一个好办法。由于只有当数据来自一个数据源,才能保证数据的一致性,所以在 U/C 矩阵的每一列中,只应出现一个 C,否则就发生了错误。出错的原因可能有两个:一是数据整理中有错;二是数据类可能划分得太粗,需要进一步细分。显然,如果列中没有一个 C 也是错误的。

此外,在 U/C 矩阵中还不应出现空行和空列,否则说明:或者是建立在 U/C 矩阵的过程中丢失了某些数据联系,或者是划分了多余的业务过程或数据类。

2) 数据的属性分析

数据用属性的名和属性的值来描述事物某方面的特征。一个事物的特征可能表现在各个方面，需要用多个属性的名和其相应的值来描述。例如，对某职工来说，其属性名/属性值有：姓名/黄之清，性别/男，年龄/54，基本工资/800 等。

数据的属性分析包括静态特征分析和动态特征分析两部分。

(1) 数据的静态特性分析是指分析数据的类型（字符型、数据型、日期型等），数据的长度（位数、小数位数），取值范围（最大值、最小值）和发生的业务量（如每天发生几笔）。

(2) 数据的属性与动态特征可以分为以下三类：

① 固定值属性。具有固定值属性的数据，其值基本上固定不变，叫作固定值属性数据。例如，成本系统中的定额材料消耗量、工资系统中的职工姓名和应得工资等。

② 固定个体变动属性。这类数据项，对总体来说具有相对固定的个体集，但其值是变动的属性。例如，工资系统中，电费扣款一项，被扣款人员变动不大，但每人被扣电费则每月都在变化。

③ 随机变动属性。这种数据项的个体是随机出现的，值也是变动的。例如，工资系统中的病事假扣款。

区分数据属性的动态特性的目的是正确地确定数据和文件的关系，也就是确定把哪些数据安排在哪种数据文件中。通常把具有固定属性的数据存放在主文件中，把具有固定个体变动属性的数据放在周转文件中，把随机变动属性的数据放在处理文件中。

8.6.4 分析数据流程

数据流程是系统中信息处理的方法和管理过程的统一。因此，新的信息技术应为数据处理提供更为有效的方法，并与业务流程的改进和优化相对应。数据流程分析包括以下内容：

(1) 分析原有的数据流程。分析原有数据流程中的各处理过程，确定哪些可以删除或合并，哪些不够合理，需要改进或优化。

(2) 优化数据流程。对原有数据流程中的冗余信息处理进行优化。

(3) 确定新的数据流程，画出新的数据流程图。新系统的数据流程图是在以上分析过程中逐步完善的。这是一项需要经过多次反复、去伪存真的细致工作。

数据流程图虽然能对系统做出全貌性的描述，但并未对图中的数据流、处理和存储等元素做进一步的说明，为此，需完善数据字典，并用工具描述比较复杂的处理逻辑。

(4) 新系统的人机界面。为了明确新系统的人机接口，还应在绘成的数据流程图上标明人与机器的分工，即哪些工作由计算机自动完成，哪些应由人参与。

8.6.5 功能分析和划分子系统

为了实现系统目标，系统必须具备一定的功能。目标和功能的关系如图 8.23 所示。目标可看成是系统，第二层的功能可看成是子系统，再下面就是各项更具体的功能。

把系统划分为子系统可以大大简化设计工作，因为划分以后，只要子系统之间的接口关系明确，每一子系统的设计、调试基本上可以互不干扰地各自相对独立地进行。将来，如要修改或扩充系统，可以在有关子系统范围内进行而不至于牵动全局。

对于大系统来说，划分子系统的工作应在系统规划阶段进行（参见第 5 章的企业系统规划法），常用的是 U/C 矩阵。划分子系统的下一步工作是确定子系统的目标和下属功能。

第8章 结构化系统分析

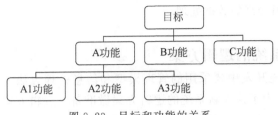

图 8.23 目标和功能的关系

为此,有必要分析原有系统的数据流程图,由此来确定应当增加、取消、合并或改进的功能。

8.6.6 数据存储分析

数据存储分析是数据库设计在系统分析阶段要做的工作,其内容首先是分析用户要求,也就是调查清楚用户希望从管理信息系统中得到哪些有用的信息,然后通过综合抽象,用适当的工具进行描述。因为这是从用户角度看到的数据库,所以称为数据库的概念模型。

8.6.7 数据查询要求分析

通过调查和分析,将用户需要查询的问题列出清单。如用户要求知道:"×产品已完成计划的百分之几"、"×课题组已花费了多少研究费用"等。

8.6.8 数据的输入输出分析

分析各种数据输入的目的和适用范围、数据量的大小以及存在的问题。例如,输入的数据是否得到了有效的利用、哪些数据的输入是多余的或者是不符合实际需要的、现在的数据输入方式是否能满足要求、输入速度是否能完成数据量的要求、是否需要改变输入方式和增加输入设备,还要分析数据的精确程度和数据间的相互联系等。

除明确数据查询要求以外,还应对各种输出报表(包括手工填写的)的目的和使用范围进行分析,弄清哪些报表是多余的或者是不符合实际要求的,系统的输出速度和打印速度是否能满足输出的要求等。

8.6.9 确定新系统的数据处理方式

数据处理的方式可分为两类:成批处理方式和联机实时处理方式。

成批处理的方式按一定时间间隔(小时、日、月)把数据积累成批后一次输入计算机进行处理。例如:订货系统将一天内收到的订货单在计算机处理之前集中起来,并做一定的汇总工作,然后加以处理。成批处理的特点是费用较低而又可有效地使用计算机,通常适用于以下四种情况:

(1) 固定周期的数据处理;
(2) 需要大量的来自不同方向的数据的综合处理;
(3) 需要在一段时间内积累数据后才能进行的数据处理;
(4) 没有通信设备而无法采用联机实时处理的情况。

联机实时处理方式的特点是面向处理,数据直接从数据源输入中央处理机进行处理,由计算机即时做出问答,将处理结果直接传给用户。这种处理方式的特点是及时,但是费用较高。通常适用于以下三种情况:

(1) 需要反应迅速的数据处理;
(2) 负荷易产生波动的数据处理;

(3) 数据收集费用较高的数据处理。

8.7 提出新系统的逻辑方案

逻辑方案是新系统开发中要采用的管理模型和信息处理方法。系统分析阶段的详细调查、系统化分析都是为了建立新系统的逻辑方案做准备。逻辑方案是系统分析阶段的最终成果,也是今后进行系统设计和实施的依据。逻辑方案主要包括以下内容。

(1) 新系统的业务流程。这是业务流程分析和业务流程优化重组后的结果,内容包括:原系统业务流程的不足及其优化过程、新系统的业务流程、新系统业务流程中的系统边界划分。

(2) 新系统的数据流程。这是数据流程分析的结果,包括以下内容:原数据流程的不合理之处及优化过程、新系统的数据流程、新的数据流程中的系统边界划分。

(3) 新系统的逻辑结构。这主要是指新系统中的子系统的划分。

(4) 新系统中数据资源的分布。这是指确定数据资源如何分布在服务器和主机中。

(5) 新系统中的管理模型。确定在某一具体管理业务中采用的管理模型和管理方法。

系统分析结束时,应提出系统分析报告。

本章小结

本章主要阐述结构化系统开发方法的系统分析。在系统开发之前,首先应该根据组织的战略目标和要求,对原系统存在的问题进行识别,进行开发系统的可行性分析。只有在明确系统开发的必要性和可行性后,才开始详细调查,产生业务流程图和数据流程图,为进一步的系统化分析做好准备。系统化分析主要是分析和找出不合理的业务流程和数据流程,通过改进提出新系统的逻辑方案。逻辑方案反映了系统分析的结果和对新系统的设想,是下一步进行系统设计和系统实施的依据。

课后练习

8.1 简述可行性分析的主要内容。

8.2 简述数据字典的作用。

8.3 什么是系统分析报告?它主要包括哪些内容?

8.4 某工厂成品库管理的业务过程如下:成品库保管员按车间送来的入库单登记库存台账。发货时,发货员根据销售科送来的发货通知单将成品出库,并发货,同时填写三份出库单,其中一份交给成品库保管员,由他按此出库单登记库存台账,出库单的另外两份分别送销售科和会计科。试按以上业务过程画出业务流程图。

8.5 某银行储蓄所所存(取)款过程如下:储户将填好的存(取)款单及存折送交分类处理处。分类处理处按三种不同情况处理:如果存折不符或存(取)单不合格,则将存折及存(取)单直接退还储户重新填写;如果是存款,则将存折及存款单交存款处处理,存款处理处取出底账登记后,将存折退还给储户;如果是取款,则将存折及取款单送交取款处理处,该服务台取出底账及现金,记账后将存折与现金交给储户,从而完成存(取)款处理过程。试按此画出数据流程图。

第 9 章 结构化系统设计

本章学习目标

- 了解系统设计的基本内容和步骤；
- 掌握总体设计方法，用信息系统流程图、功能结构图和功能模块图等进行表达；
- 了解代码设计、系统物理配置方案设计和数据存储设计的具体方法；
- 掌握输出设计、输入设计、处理流程图设计及编写程序设计说明书等。

结构化系统设计是系统开发的第二阶段，是从信息系统总体目标出发，根据系统分析阶段提出的系统逻辑模型，在数据流图的基础上并考虑经济、技术和运行环境等方面的条件，确定系统的总体结构和系统各组成部分的技术方案，科学合理地进行物理模型的设计，选择计算机和通信的软硬件设备，提出系统的实施计划，主要是为了解决"怎样做"的问题。系统分析模型转换为系统设计的过程如图 9.1 所示。

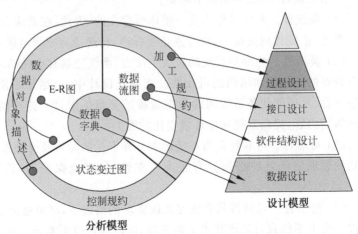

图 9.1　系统分析模型转换为系统设计的过程

系统设计的目的是将系统分析阶段所提出的充分反映用户信息需求的系统逻辑方案转换为可以实施的基于计算机与网络技术的物理(技术)方案。系统分析与系统设计的关系见表9.1。

表9.1 系统分析与系统设计的关系

结构化系统分析的结果	结构化系统设计的内容
数据流图	初始结构图
生命周期的数据字典部分	设计数据字典
伪码实现方面	伪码(PDL)
实体关系图	数据库设计
事务框图	分层、细化事务模型

9.1 系统设计的主要工作

系统设计的主要工作如下：

(1) 总体设计，包括信息系统流程图设计、功能图设计和功能模块图设计等。

(2) 代码设计和设计规范的制定。

(3) 系统物理配置方案设计，包括设备配置、通信网络选择以及数据库管理系统的设计等。

(4) 数据存储设计，包括数据库设计、数据库的安全保密等。

(5) 计算机处理过程设计，包括输出设计、输入设计、处理流程图设计以及编写程序设计说明书等。

从系统分析的逻辑模型到系统设计的物理模型是一个由抽象到具体的过程，有时并没有明确的界限，甚至可能有反复。

经过系统设计，设计人员应能为程序开发人员提供完整、清楚的设计文档，并对设计规划中不清楚的地方做出解释。

在系统设计中，应遵循以下原则：

(1) 系统性。系统是作为统一整体而存在的，因此，在系统设计中要从整个系统的角度进行考虑，系统代码要统一，设计规范要标准，传递语言要尽可能一致。

(2) 灵活性。为保持系统的长久生命力，系统应具有很强的环境适应性。为此，系统应具有较好的开放性和结构的可变性。在系统设计中，应尽量采用模块化结构，提高各模块的独立性，尽可能使各系统间的数据依赖减至最低限度。这样既便于模块的修改，又便于增加新的内容，提高系统适应环境变化的能力。

(3) 可靠性。可靠性是指系统抵御外界干扰的能力及受外界干扰时的恢复能力。一个成功的管理信息系统必须具有较高可靠性，如安全保密性、检错及纠错能力、抗病毒能力等。

(4) 经济性。经济性指在满足系统需求的前提下，尽可能减小系统的开销。一方面，在硬件投资上不能盲目追求技术上的先进，应以满足应用需要为前提；另一方面，系统设计中应尽量避免不必要的复杂化，各模块应尽量简洁，以便缩短处理流程，减少处理费用。

9.2 代码设计

代码是代表事物名称、属性、状态等的符号。为了便于计算机处理,一般用数字、字母或它们的组合来表示。

9.2.1 代码的功能

(1) 代码为事物提供一个概要而不含糊的认定,便于数据的存储和检索。代码缩短了事物的名称,无论是记录、记忆还是存储,都可以节省时间。

(2) 使用代码可以提高处理的效率和精度。按代码对事物进行排序、累计或按某种规定算法进行统计分析,效率较高。

(3) 代码提供了数据的全局一致性。对同一事物,即使在不同场合有不同的叫法,也可以通过编码统一起来。代码提高了系统的整体性,减少了因数据不一致而造成的错误。

(4) 代码是与计算机沟通的语言,是两者交换信息的工具。为了统一和改进原有代码,使之适应计算机处理的要求,在建立新系统时必须对整个系统进行代码设计。

为了有效地推动计算机应用和防止标准化工作走弯路,我国十分重视制定统一编码标准的问题,并已公布了 GB 1988—1998(《信息处理交换用的七位编码字符集》)等一系列国家标准编码。在系统设计时,有关人员要认真查阅国家和部门已经颁布的各类标准。

代码设计在系统分析阶段就应当开始。由于代码的编写需要仔细调查和多方协调,是一项费时、费事的工作,因此,在系统设计阶段才能最后确定。

9.2.2 代码的编写

合理的编码结构是信息处理系统是否具有生命力的一个重要因素。在代码设计时,应注意以下问题:

(1) 设计的代码在逻辑上必须满足用户的需要,在结构上应当与处理的方法相一致。例如,在设计用于统计的代码时,为了提高处理速度,往往使之能够在不需要调出有关数据文件的情况下,直接根据代码的结构进行统计。

(2) 代码要系统化,一个代码应唯一标志它所代表的事物或属性。

(3) 在代码设计时,要预留足够的位置,以适应不断变化的需要。否则,在短期时间内,随便改变编码结构对设计工作来说是一种严重的浪费。一般而言,代码越短,分类、存储和传送的开销越低;代码越长,对数据检索、统计分析和满足多样化的处理要求就越好;但编码越长,空留太多,多年用不上,也是一种浪费。

(4) 要注意避免误会,不要使用易于混淆的字符。如 O、Z、I、S、V 与 0、2、1、5、u 易混;不要把空格作为代码;要使用 24 小时制表示时间等。

(5) 要注意尽量使用不易出错的编码结构。当代码长于 4 个字母或 5 个数字字符时,应分成小段,这样人们读写时不易发生错误。如 726-499-6135 比 7264996135 易于记忆,并能精确地记录下来。

(6) 若已知码的位数为 p,每一位上可用字符数为 S_i,则可以组成码的总数为:

$$C = \prod_{i=1}^{p} S_i$$

例如,对每位字符为 0～9 的三位码,共可组成 $C=10\times10\times10=1000$ 种码。

9.2.3 代码的种类

1. 顺序码

顺序码又称系列码,是一种用连续数字代表编码对象的码。例如,用 1 代表厂长,2 代表科长,3 代表科员,4 代表生产工人等。

顺序码的优点是短而简单,易于管理。但这种码没有逻辑基础,不易记忆。此外,新加的代码只能列在最后,删除则造成空码。通常,顺序码作为其他码分类的一种补充手段。

2. 区间码

区间码把数据项分为若干组,每一区间代表一个组,码中数字的值和位置都代表一定的意义。典型的例子是邮政编码。

区间码的优点是信息处理比较可靠,易于进行排序、分类、检索等操作。但区间码的长度与其分类属性的数量有关,有时可能造成很长的码。在许多情况下,码有多余的数。因此,这种码的维护也比较困难。

区间码又分为以下三种。

(1) 多面码。一个数据项可能具有多方面的特性。如果在码的结构中,为这些特性各规定一个位置就形成多面码。例如,根据表 9.2 所示规定,代码 2342 表示材料为黄铜的 $\phi 1.5\mathrm{mm}$ 方形头镀铬螺钉。

表 9.2 多面码示例

材 料	螺钉直径	螺钉头形状	表 面 处 理
1——不锈钢	1——$\phi 0.5$	1——圆头	1——未处理
2——黄铜	2——$\phi 1.0$	2——平头	2——镀铬
3——钢	3——$\phi 1.5$	3——六角形状	3——镀锌
		4——方形头	4——上漆

(2) 上下关联区间码。上下关联区间码由几个意义上相关的区间码组成,其结构一般由左向右排列。例如,会计核算方面,用最左位代表核算种类,下一位代表会计核算项目。

(3) 十进位码。相当于图书分类中的十进位分类码。如 610.736,小数点左边的数字组成代表主要分类,小数点右边的指出子分类。子分类划分虽然很方便,但所占位数长短不齐,不适用于计算机处理。

3. 助忆码

助忆码用文字和数字结合来描述。其特点是可以通过联想帮助记忆。例如,用 TV-B-12 代表 12 英寸黑白电视机,用 TV-C-20 表示 20 英寸彩色电视机。

助忆码适用于数据项数目较少的情况(一般少于 50 个),否则可能引起错误的联想。

9.2.4 代码结构中的校验位

代码作为计算机的重要输入内容之一,其正确性直接影响到整个处理工作的质量。特别是人们重复抄写代码或将它手工输入计算机时,发生错误的可能性更大。为了保证正确输入,有意识地在原有代码的编码设计结构中,另外加上一个校验位。校验位通过事先规定的数学方法计算出来,代码一旦输入,计算机会用同样的数学运算方法按输入的代码数字计算出校验位,并将它与输入的校验位进行比较,以证实输入是否有错。

校验位可以发现以下各种错误:
- 抄写错误,例如 1 写成 7;
- 易位错误,例如 1234 写成 1324;
- 双易错误,例如 26913 写成 21963;
- 随机错误,包括以上两种或三种综合性错误或其他错误。

确定校验位值的方法有如下三种:

(1) 算术级数法。例如:

原代码　　　　　1 2 3 4 5

权　　　　　　　6 5 4 3 2

乘积之和　　　　6+10+12+12+10=50

以 11 为模去除乘积之和,把得出的余数作为校验码,即 50/11=4…6,因此,代码为 123456。注意,以 11 为模时,若余数是 10,则按 0 处理。

(2) 几何级数法。

原理同上,但要把所乘权数改为 32 16 8 4 2 等。

(3) 质数法。

原理同上,但要把所乘权数改为质数序列,如 17 13 7 5 3 等。

9.3 功能结构设计

9.3.1 功能结构图

管理信息系统的各子系统可以看作是系统目标下层的功能。对其中每项功能还可以继续分解为第三层、第四层……甚至更多的功能。从概念上讲,上层功能包括(或控制)下层的功能,越上层的功能越笼统,越下层的功能越具体。功能分解的过程就是一个由抽象到具体、由复杂到简单的过程。所谓功能结构图,就是按功能从属关系画成的图,图中每一个框称为一个功能模块。功能模块可以根据具体情况分得大一点或小一点。分解得最小的功能模块可以是一个程序中的每个处理过程,而较大的功能模块则可能是完成某一任务的一组过程。

很明显,功能结构图中各层功能与新的信息系统中数据流程图中的处理(功能)是对应的。图 9.2 是工资管理子系统的功能结构图,工资管理子系统被分解为建立主文件、更新主文件、建立扣款文件以及计算机和打印四个子系统,其中每个子功能还可以继续分解下去。

这样经过层层分解,可以把一个复杂的系统分解为多个功能较单一的功能模块,即模块化。模块化是一种重要的设计思想。这种思想把一个复杂的系统分解为一些模块较小、功能较简单的、更易于建立和修改的部分。一方面各个模块具有相对独立性,可以分别进行设计实现;另一方面模块之间的相互关系(如信息交换、调用关系)则通过一定的方式予以说明。各模块在这些关系的约束下共同构成一个统一的整体,完成系统的功能。

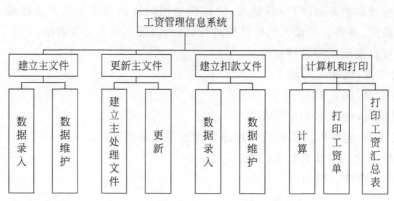

图 9.2 工资管理子系统的功能结构图

9.3.2 HIPO 图

HIPO(Hierarchy plus Input-Processing-Output)图是 IBM 公司 20 世纪 70 年代中期在层次结构图(Structure Chart)的基础上推出的一种描述系统结构和模块内部处理功能的工具。HIPO 图由描述软件总的模块层次结构 H 图(层次图)和描述每个模块输入输出数据、处理功能及模块调用的详细情况 IPO 图组成。HIPO 图是以模块分解的层次性以及模块内部输入、处理、输出三大基本部分为基础建立的。

1. HIPO 图的表示

HIPO 图由三个基本图组成：总体 IPO 图、H 图、底层主要模块详细的 IPO 图。H 图用于描述软件的层次结构，矩形框表示一个模块，矩形框之间的直线表示模块之间的调用关系。H 图只说明软件系统由哪些模块组成及其控制层次结构，并未说明模块间的信息传递及模块内部的处理。因此对一些重要模块还必须根据数据流图、数据字典及 H 图绘制具体的 IPO 图。例如，根据某企业订单处理系统的数据流程图，应用 HIPO 图法进行模块设计，如图 9.3 所示。

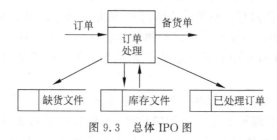

图 9.3　总体 IPO 图

(1) 根据 DFD，把模块分解为输入、处理、输出三个功能模块，得到总体 IPO 图。如图 9.4 所示。

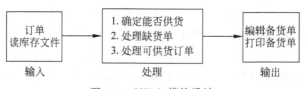

图 9.4　HIPO 模块设计

(2) 根据总体 IPO 图,将各模块逐层进行功能分解,画出 HIPO 图。模块的执行顺序是从上到下,由左向右。

(3) 在 HIPO 图基础上,绘制低层主要模块的 IPO 图,作为程序模块结构设计的依据。

2. HIPO 图的绘制

在系统设计中必须将数据流程图上的各个处理模块进一步分解,确定系统模块层次结构关系,从而将系统的逻辑模型转换为物理模型。HIPO 图中任何功能模块都是由输入、处理、输出三个基本部分组成,HIPO 图的模块层次功能分解正是以模块的这一特性以及模块分解的层次性为基础的,将一个大的功能模块逐层分解,得到系统的模块层次结构,然后再进一步把每个模块分解为输入、处理和输出的具体执行模块,进行模块层次功能分解绘制的过程如下。

(1) 总体 IPO 图:它是数据流程图的初步分层细化结果,根据数据流程图,将最高层处理模块分解为输入、处理、输出三个功能模块。

(2) H 图:根据总体 IPO 图,对顶层模块进行重复逐层分解,而得到关于组成顶层模块的所有功能模块的层次结构关系图。

(3) 低层主要模块详细的 IPO 图:由于 HIPO 图仅仅表示一个系统功能模块的层次分解关系,还没有充分说明各模块间的调用关系,以及数据流和信息流的传递关系。

因此,对某些输送低层上的重要工作模块,还必须根据数据字典和 HIPO 图,绘制详细的 IPO 图,用来描述模块的输入、处理和输出细节,以及与其他模块间的调用和被调用关系。

系统设计阶段首先要进行信息系统结构设计,就是采用结构化设计方法,从计算机实现的角度出发,设计人员对系统分析阶段划分的子系统进行校核,使其界面更加清楚明确,并在此基础上,根据数据流程图和数据字典,借助一套标准的设计准则和图表工具,将子系统进一步逐层分解,直至划分到大小适当、功能单一、具有一定独立性的模块为止,把一个复杂的系统转换为易于实现、易于维护的模块化结构系统。合理进行模块分解和定义是系统设计的主要内容。

模块是可以组合、分解和更换的单元,是组成系统、易于处理的基本单位。一个模块应具备以下四个要素:

(1) 输入和输出:输入来源和输出去向,在一般情况下是同一调用者。

(2) 功能:模块把输入转换为输出所做的工作。

(3) 内部数据:仅供该模块使用的数据。

(4) 程序代码:用来实现模块功能的程序。

前两个要素是模块的外部特性,即反映了模块的外貌。后两个要素是模块的内部特性。由于每个模块功能明确,都具有一定的独立性,所以能方便地更换和独立地进行设计。当把一个模块加到系统中或从系统中去掉时,只是使系统增加或减少这一模块所具有的功能,而对其他模块没有影响或影响较小。正是模块的这种独立性,使查找错误容易,并有效地防止错误在系统中扩散,从而使系统具有良好的可修改性和可维护性。一个复杂系统可以分解为几个大模块(子系统),每个大模块又可以分解为多个更小的模块。在一个系统中,模块都是以层次结构组成的,从逻辑上说,上层模块包含下层模块,最下层是工作模块,执行具体任务。

数据流程图是系统逻辑模型的主要组成部分,反映了系统数据的流动方向以及逻辑处理功能,但数据流程图上的模块是逻辑处理模块,不能说明模块的物理构成和实现途径,并且数据流程图不能明确表示出模块的层次分解关系。所以,在系统设计中,必须将数据流程图上的各个处理模块进一步分解,确定系统模块层次结构关系,从而将系统的逻辑模型转换为物理模型。进行模块层次功能分解的一个重要技术就是 HIPO 图方法。

HIPO 层次图=层次图+IPO 图,一个方框代表一个模块,方框间的连线表示调用关系,如图 9.5 所示。说明:模块指向另一个模块的箭头或直线,表示前一模块对后一模块的调用;调用直线边的小箭头,表示调用时从一个模块传给另一个模块的数据,也指传送方向。

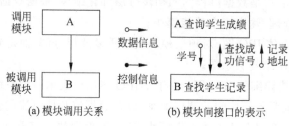

图 9.5　模块调用

9.4　信息系统流程图设计

功能结构图主要从功能的角度描述了系统的结构,但并未表达各功能之间的数据传递关系。事实上,系统中许多业务或功能都是通过数据文件联系起来的。例如,在数据流程图中的某两个功能模块之间原来并没有通过数据文件发生联系,但为了处理方便,在具体实现中有可能在两个处理功能之间设立一个临时的中间文件,以便把它们联系起来。上述这些关系在设计中是通过绘制信息系统流程图来从整体上表达的。

信息系统流程图是以新系统的数据流程图为基础绘制的。可以按下述思路来绘制信息系统流程图:首先为数据流程图中的处理功能画出数据关系图;再把每个处理功能的数据关系图综合起来,形成整个系统的数据关系图,即信息系统流程图。图 9.6 所示是数据关系图的一般形式,反映了数据之间的关系,即输入数据、中间数据和输出信息之间的关系。

绘制信息系统流程图应当使用统一符号,常见的符号见图 9.7。应当指出,数据流程图与信息系统流程图之间的差异并非仅在于符号的改变,信息系统流程图表示的是计算机的处理流程,而并不是像数据流程图那样还反映了人工操作的部分。因此,绘制信息系统流程图的前提是已经确认了系统的边界、人机接口和数据处理方式。从数据流程图到信息系统流程图还应考虑哪些处理功能可以合并,或者可以进一步分解,然后把有关的处理看成是系统流程图中的一个处理功能。

图 9.8 是批处理方式下,从数据流程图导出信息系统流程图的示意图。数据流程图的输入 1 转换为系统流程图中的手工输入 1(处理 1),数据流程图中的输出 1 和输出 2 则分别

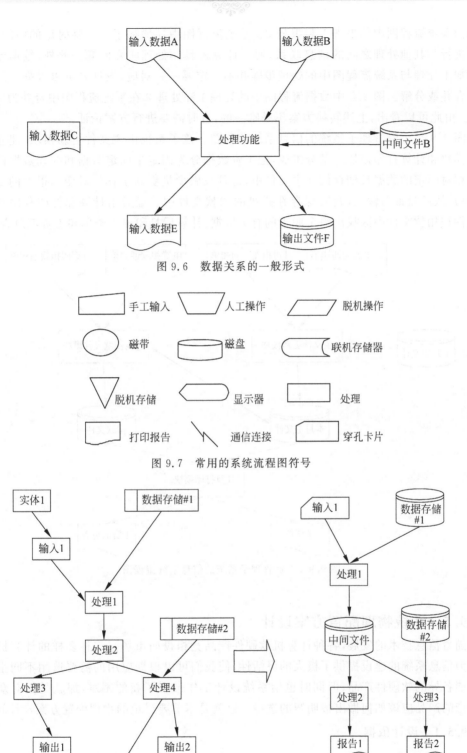

图 9.6　数据关系的一般形式

图 9.7　常用的系统流程图符号

图 9.8　从数据流程图导出信息系统流程图的示意图

转换为系统流程图中的报告 1 和报告 2。系统流程图中还增加了一个临时用的中间文件，用以进行与其他处理之间的信息联系，便于计算机具体处理实际问题。此外，数据流程图中的加工处理与系统流程图中的处理步骤并不一定要一一对应，设计者可以根据实际情况加以合并或分解。图 9.8 中数据流程图中的处理 1 和处理 2 在系统流程图中合并为一个处理 1。由此可以看出，上述转换方案不是唯一的，有时需要进行方案论证。

图 9.9 是工资管理子系统的信息系统流程图。该子系统由主文件更新模块、建立扣款文件模块和计算打印模块三部分组成，把工资数据分为固定半固定数据和变动数据两大部分。相对固定的数据长期存储在主文件中，每月只做少量更新工作。对变动很大的变动数据，每月从键盘重新输入，暂时保存在磁盘的扣款文件中。最后由计算和打印程序自动到主文件和扣款文件中区找出每个职工的有关数据，计算后打印出工资单和工资汇总表。

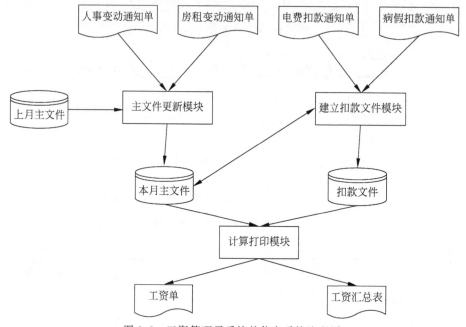

图 9.9　工资管理子系统的信息系统流程图

9.5　系统物理配置方案设计

随着信息技术的发展，各种计算机软硬件产品竞相投向市场。多种多样的计算机技术产品为信息系统的建设提供了极大的灵活性，使我们可以根据应用的需要选用不同生产商的性能各异的软硬件产品，但同时也给系统设计工作带来了新的困难，那就是面对众多厂家生产的产品应该如何做出最明智的选择。这就是本节要讨论的物理配置方案设计问题。

9.5.1　设计依据

1. 系统的吞吐量

每秒执行的作业数称为系统的吞吐量。系统的吞吐量越大，则系统的处理能力就越强。系统的吞吐量与系统软硬件的选择有直接的关系。如果要求系统具有较大的吞吐量，就应该选择具有较高性能的计算机和网络系统。

2. 系统的响应时间

从用户向系统发出一个作业请求开始,经系统处理后,给出应答结果的时间称为系统的响应时间。如果要求系统具有较短的响应时间,就应当选择 CPU 运算速度较快的计算机及具有较高传递速率的通信路线。

3. 系统的可靠性

系统的可靠性可以用连续工作时间表示。例如,对于每天需要 24 小时连续工作的系统,其可靠性就应该很高,这时可以采用双机双工结构方式。

4. 系统的处理方式

如果一个系统的处理方式是集中式的,则信息系统既可以是主机系统,也可以是网络系统;若系统的处理方式是分布式的,则采用微机网络将更能有效地发挥系统的性能。

5. 地域范围

对于分布式系统,要根据系统覆盖的范围决定采用广域网还是局域网。

6. 数据管理方式

根据数据管理方式配备相应的数据库管理系统。

9.5.2 计算机硬件选择

计算机硬件的选择取决于数据的处理方式和要运行的软件。管理工作对计算机的基本需求是速度快、容量大、通道能力强、操作灵活方便,但计算机的性能越高,其价格就越昂贵,因此,在计算机硬件的选择上应全面考虑。一般来说,如果系统的数据处理是集中式的,系统应用的主要目的是利用计算机的强大计算能力,则可以采用主机-终端系统,以大型或中小型机作为主机,使系统具有较好的性能。若系统应用的目的是进行企业管理,其应用本身就是分布式的,则选择微机网络方式,因为它更灵活、经济。

确定了数据的处理方式以后,在计算机机型的选择上则主要考虑应用软件对计算机处理能力的需求,包括计算机主存、CPU 时钟、输入输出和通信的通道数目、显示方式、外接转储设备及其类型。

9.5.3 计算机网络的选择

在信息系统开发中应根据应用需要选择主机-终端方式或微机网络方式。对微机网络而言,由于存在着多个厂家的多种产品,也面临着网络的选型问题。

1. 网络拓扑结构

网络拓扑结构一般有总线型、星形、环形、混合型等。在网络选择上应根据应用系统的地域分布、信息流量进行综合考虑。一般来说,信息流量最大的应用放在同一网段上。

2. 网路的逻辑设计

通常首先按软件将系统从逻辑上分为各个子系统,然后按需要配备设备,如主服务器、主交换机、分系统交换机、子系统集线器(Hub)、通信服务器、路由器和调制解调器等,并考虑各设备之间的连接结构。

3. 网络操作系统

目前,流行的网络操作系统有 UNIX、Windows 等。UNIX 是历史上最早,也是唯一能够适用于所有应用平台的网络操作系统；Windows 由于其软件平台的集成能力和 C/S 模式向 B/S 模式延伸，已被广泛使用。

9.5.4 数据库管理系统的选择

一个好的数据库管理系统对管理信息系统的应用有着举足轻重的影响。在数据库管理系统的选择上，主要考虑数据库的性能、数据库管理系统的系统平台、安全保密性能、数据的类型。

目前市场上数据库管理系统较多，主要有 Oracle、Sybase、SQL Server、Informix 等。Oracle、Sybase 均是大型数据库管理系统，运行于 B/S 模式，是开发大型管理信息系统的首选；SQL Server 在管理信息系统开发中被大量应用；Informix 则适用于中型管理信息系统的开发。

9.5.5 应用软件的选择

根据应用需求开发管理信息系统是系统开发的一般情况，这样开发的系统容易满足用户的特殊管理要求。但随着计算机产业的发展，也出现了许多商品化应用软件。这些软件技术成熟、设计规范、管理思想先进，直接应用这些商品化软件既可以节省投资，又能够规范管理过程，加快系统应用的进度。这时，系统设计人员就面临着应用软件的选择问题。

选择应用软件时应考虑：

(1) 软件是否能够满足用户的需求。根据系统分析的结果，验证软件在功能上能否满足数据表示(如记录长度、文件最大长度等)、数据存储量和查询等方面的要求。

(2) 软件是否具有足够的灵活性。由于管理需求的不确定性，系统应用环境不可避免地要经常发生变化，因此，应用软件要有足够的灵活性，允许修改。

(3) 软件是否能够获得长期、稳定的技术支持，是否便于今后随着系统平台的升级而不断升级。

9.6 制定设计规范

为了将来在系统使用、操作和管理上的科学性，应尽早全面考虑，切实制定好设计规范，即对系统内程序、文件和处理方法等予以统筹命名，统一标准。

设计规范是整个系统的"公用标准"，它具体地规定了文件名和程序名的统一格式、编码结构、代码结构、统一的度量名称等。

9.7 数据存储设计

在系统分析阶段进行新系统逻辑模型设计时，已从逻辑角度对数据存储进行了初步设计。到系统设计阶段，就要根据已选用的计算机硬件和软件及使用要求，进一步完成数据存储的详细设计。文件是系统中存放数据的基本方式。

9.7.1 文件的分类

文件可以按不同的特征进行分类，按文件用途可把文件分为以下几种：

(1) 主文件。主文件是系统中最重要的共享文件，主要存放具有固定值属性的数据。为发挥主文件数据的作用，它必须准确、完整，必须对它及时更新。

（2）处理文件。处理文件又称事务文件,是用来存放事务数据的临时文件,包含了对主文件进行更新的全部数据。

（3）工作文件。工作文件是处理过程中暂时存放的数据文件,如打印时建立的报表文件等。

（4）周转文件。周转文件用来存放具有固定个体变动属性的数据。例如,工资子系统中的住户电费扣款文件,共有人员代码、姓名、用电量和电费扣款四个数据项。（见表9.3）财务科先制作一个叫作空周转文件的磁盘文件,输入所有住户的代码和姓名,然后可以利用这个空周转文件的计算机打印出空白的住户电费扣款清单,交给总务部门去填写（手工填写）用电量并要求其送回,最后由计算机操作人员启动输入程序,通过读空周转文件,将住户姓名一个个地显示在屏幕上,计算机操作人员根据总务部门的扣款清单逐个地输入用电量。由于扣款清单是从财务科发到总务部门并要求其填好后又返回到财务科的,它既是输出,又是输入,所以叫作周转扣款清单。同理,与周转扣款清单格式相一致的上述磁盘文件也就被称作周转文件。

表 9.3 住户电费扣款清单

人 员 代 码	姓　　名	用 电 量	电 费 扣 款
合　　计			

（5）其他文件。在信息系统中,还有一些其他类型的文件。例如,后备文件是主文件、处理文件、周转文件的副本,用以在事件遭到破坏时进行恢复;档案文件是对长期数据进行离线保存的文件,被用作历史资料,防止非法访问。

9.7.2 文件的组织方式

文件的组织方式,即内部构造数据的方式。可把文件分为顺序文件、索引文件和直接存取文件等。

1. 顺序文件

顺序文件刚建立时,记录按其来到的先后次序顺序排列,其物理顺序和逻辑顺序并不一定完全一致,称为串行文件。文件的记录按照鉴别键大小依次排列所得到的文件叫作顺序文件。因此,顺序文件是物理顺序和逻辑顺序一致的文件。对于每一个记录,按键的顺序赋予一个序号,序数为 i 的记录,其物理顺序也为 i。

一切存于磁带上的记录,都只能是顺序的,而在磁盘上存放记录,既可以顺序地存放,也可以随机地存放。存在顺序存取存储器上的顺序文件,只能按顺序扫描法查找,即按照记录的键的顺序逐个查找,要检索第 i 个记录,必须先检索 $i-1$ 个记录。在顺序文件中折半查找法是比较实用的检索方法。在该方法中对于要查找的关键字 key,首先与查找区域中的中间位置存储的关键字进行比较:

（1）如果 key 值大于该关键字,则将查找范围缩小到前半部分,继续进行 key 值与当前查找范围中的中间位置存储的关键字进行比较；

(2) 如果 key 值小于该关键字,则将查找范围缩小到后半部分,继续进行 key 值与当前查找范围中的中间位置存储的关键字进行比较；

(3) 这样继续下去,直到找到为止。

2. 索引文件

带有索引表的数据文件叫作索引文件。增加索引表是为了加快检索记录的速度。索引表的索引项应当按顺序排列,而数据文件本身则既可以按顺序排列,也可以不按顺序排列。

按索引文件方式组织文件时,文件包括索引区和数据区。索引表建立在索引区,数据文件建立在数据区。索引表本身也是一个文件,其中列有每个记录的关键字和相应的物理存储地址,这两项合称为索引项。索引表是由系统程序自动生成的,在为数据文件输入数据的同时建立索引表,表中的索引项按记录输入的先后顺序排列,待全部记录输入后,软件就对索引表排序。最后的索引表是按关键字的升序或降序排列的关键字与地址的对照表。索引表在排序前按记录物理顺序排列,排序后则按照记录的关键字的逻辑顺序排列,而将原索引表删除。例如,对应于图 9.10(a)的数据文件,输入过程中建立的索引表如图 9.10(b)所示,图 9.10(c)是经过排序后的索引表。

删除一个记录时,是删去相应的索引项,而数据本身则保持不动。插入时,将插入记录置于数据区之末,而将添上相应索引项以后的索引重新排序。这些排序工作,也是由软件自动进行的。

索引文件组织方式可以保证地址的唯一性,而不产生重号。访问记录时,只要从索引表找到地址,就可得到所需记录,其存取机构的动作也比较简单。显然,索引表本身需要占有一定存储空间。

3. 直接存取文件

直接存取文件组织有多种实现方法。下面介绍直接地址法和杂凑法。

(1) 直接地址法。程序员或数据库管理员可以直接把存放某一记录的地址作为该记录的键号。这样当搜索某个记录时,只要知道该记录的鉴别键,也就给出了该记录存放的地址。

直接地址法的优点：存取机构动作简单,用户使用方便,不会产生重号。缺点：把记录的存取地址作为键号,不易记忆。

(2) 杂凑法。直接把鉴别键作为有关物理文件地址的方法,有可能浪费大量存储空间。例如,有一个文件,其鉴别键号分散在 10 000～50 000 号,但其记录总数只要 5000 个。如果用直接地址法存储记录,就要浪费 35 001 个记录空间。为了克服这一缺点,可以采用杂凑法,即利用一种称为杂凑法函数的算法,把上述键号转换为相应记录的地址,达到压缩存储空间的目的。杂凑函数的算法很多,下面介绍常用的质数除余法。设所需存取单位为 M (本例中 $M=5000$),则质数除余法的步骤如下：

(1) 确定一个接近 M 的质数 P,上例中取质数 $P=4999$。

(2) 设需要转变的键号为 K,则转换后的记录地址为：

$$H(K) = K - \text{INT}(K/P) \times P$$

物理记录号	职工号	姓名	职称	基地
1001	38	张又兴	工程师	
1003	16	王凌云	高工	
1005	12	陈海	副教授	
1008	81	周仲文	教授	
1010	22	李明	讲师	
1012	24	黄之英	副教授	
1013	84	刘兴	副教授	
1016	88	高勤	教授	

(a) 数据文件

关键字	物理记录号
38	1001
16	1003
12	1005
81	1008
22	1010
24	1012
84	1013
88	1016

(b) 排序前的索引表

关键字	物理记录号
12	1005
16	1003
22	1010
24	1012
38	1001
81	1008
84	1013
88	1016

(c) 排序后的索引表

图 9.10 索引文件的建立过程

式中，$\mathrm{INT}(K/P)$ 表示 K/P 的整数部分。

上例中键号为 10 000 和 50 000 的记录，用上述计算得到的地址分别为 2 和 10。全部记录地址的分布范围：$0 \leqslant H(K) \leqslant M-1$。

采用杂凑法时，总是希望能通过计算将记录均匀分配到存储单位去。但实际上，无论采用上面哪一种方法，都不可避免会产生碰撞现象，即两个不同的键号经过杂凑法计算所得结果相同而在存放时发生冲突。解决键号在压缩过程中产生的这种矛盾的方法之一，是把第二个键号的记录存储到其他地址，而用链接的方法与第一个键号的记录相连。

直接存取文件的特点：文件的记录随即存放，插入记录方便，存取速度快，不用索引，节约存储空间。但是记录没有排序，不能直接按关键字的顺序读出。

9.7.3 文件设计

文件设计就是根据文件的使用要求、处理方式、存储量、数据的活动性以及硬件设备的条件等，合理地确定文件类别，选择文件介质，决定文件的组织方式和存取方法。

设计文件之前,首先要确定数据处理的方式、文件的存储介质、计算机操作系统提供的文件组织方式、存取方式和对存取时间、处理时间的要求等。

表 9.4 列出常用文件组织方式的性能比较,表中活动率指的是更新过程中作用到记录的百分数。例如,针对 10 000 个记录,需要处理 8000 个,则活动率为 80%。

表 9.4 常用文件组织方式性能比较

组织方式	使用效果						
	文件处理方式		文件大小	随机查找速度	顺序查找速度	适于何种活动率	对软件要求	备注
	顺序	随机						
顺序	很好	不好	无限制	慢	很快	高	低	
索引	好	好	中等大	快	快	低	中	
直接	不好	很好	有限制	很快	慢	低	高	

文件设计通常从设计共享文件开始。这是因为共享文件与其他文件关系密切,先设计共享文件用它作为基准,其他文件中与它相同的数据项目尽量与共享文件中数据项目保持一致。

文件由记录组成,所以设计文件主要是设计文件记录的格式。图 9.11 是工资子系统中主文件记录设计表。文件设计中详细填写了记录中每一数据项的名称、变量名、类型、宽度和小数位数。记录设计中还应标明记录由哪个程序形成,又输出到哪个程序。文件设计还应考虑文件的管理问题,要确定文件的管理制度,有效地进行管理。

主文件			工资子系统		
记录文件名_____			应用_____		
序号	1	2	3	4	5	6
数据项名	职工代码	职工姓名	部门	基本工资	附加工资	扣房费
变量名	DM	XM	BM	JBGZ	FJGZ	FF
类型	C	C	C	N	N	N
宽度	4	8	2	7	7	7
小数位数				2	2	2
输入到		输出自			
			设计者签名_____		
			设计日期_____		

图 9.11 记录设计表

9.7.4 数据库设计

数据库设计是在选定的数据库管理系统基础上建立数据库的过程。数据库设计除用户要求分析外,还包括概念结构设计、逻辑结构设计和物理结构设计三个阶段。由于数据库系统已成为一门独立的学科,所以当我们把数据库设计原理用到管理信息系统开发中时,数据库设计的几个步骤就与系统开发的各个阶段相对应且融为一体,如图 9.12 所示。

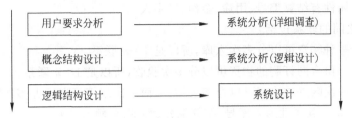

图 9.12　数据库设计与系统开发阶段对照

1. 数据库概念结构设计

如前所述,概念结构设计应在系统分析阶段进行。任务是根据用户需求设计数据库的概念模型。概念模型是从用户角度看到的数据库,可用 E-R 图表示,也可以用 3NF 关系来表示。

2. 数据库逻辑结构设计

逻辑结构设计是将概念结构设计阶段完成的模型概念转换为能被选定的数据库管理系统支持的数据模型。

数据模型可以由 E-R 图转换而来,也可以基于 3NF 的方法来设计。这里先介绍将 E-R 图转换为关系数据模型的规则。

(1) 每个实体集对应于一个关系数据模型。实体名作为数据表名,实体属性作为对应数据表的属性。

(2) 实体间联系一般对应一个关系,联系名作为对应的关系名,不带属性的联系可以去掉。

(3) 实体和联系中关键字对应的属性在关系模式中仍作为关键字。

这里给出一个数据库概念设计和逻辑设计的实例。图 9.13 是工厂物资入库管理的 E-R 图。E-R 图中用矩形表示实体,实体之间的关系用菱形表示,用无向边把菱形与有关实体连接起来,在边上标明联系的类型,实体的属性可用椭圆表示,并用无向边把实体与属性联系起来。为了图示简明起见,图 9.13 中未画属性,而在文中用文字列出。

(1) 供应单位:属性有单位号、单位名、地址、联系人、邮政编码;

(2) 物资:属性有物资代码、名称、规格、备注;

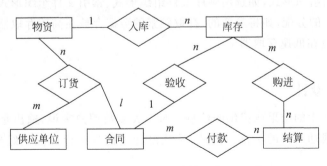

图 9.13　工厂物资入库管理的 E-R 图

(3) 库存：属性有入库号、合同号、日期、货位、数量；

(4) 合同：属性有合同号、数量、金额、备注；

(5) 结算：属性有结算编号、用途、金额、经手人。

这些实体之间的联系包括：

(1) 入库：一种物资可以分多次入库，所以是 $1:n$ 联系。

(2) 验收：一份合同订购的物资可以分多次验收，所以是 $1:n$ 联系。

(3) 购进：一次购进的物资可以经多次结算，而一次结算可以承办多次购进的物资，所以是多对多的联系。其属性为入库号、结算编号、数量、金额。

(4) 付款：也是多对多的联系，其属性值为结算编号、合同号、数量、金额。

(5) 订货：这是一个数量超过两个的不同类型实体之间的联系。在订货业务中，一种物资可由多家供应，产生多笔合同。反之，一个供应单位可供应多种物资，产生多笔合同，所以图中用 $M:N:L$ 结构来表示。订货联系属性为物资代码、单位号、合同号、数量、单价。

E-R 图是对现实世界的一种抽象，它抽取了客观事物中人们所关心的信息，忽略了非本质的细节，并对这些信息进行了精确的描述。E-R 图所表示的概念模型是各种数据模型的共同基础，因而是抽象和描述现实世界的有力工具。根据这些规则，图 9.13 的实体和联系很容易转换成下述对应的关系数据模型。

(1) 供应单位(单位号,单位名,地址,联系人,邮政编码)。

(2) 物资(物资代码,名称,规格,备注)。

(3) 库存(入库号,合同号,日期,货位,数量)。

(4) 合同(合同号,数量,金额,备注)。

(5) 结算(结算编号,用途,金额,经手人)。

(6) 购进(入库号,编号,数量,金额)。

(7) 付款(结算编号,合同号,数量,金额)。

(8) 订货(物资代码,单位号,合同号,数量,单价)。

逻辑结构设计阶段提出的关系数据模型应符合第三范式(3NF)的要求。

3. 数据库的物理结构设计

物理结构设计为数据模型在设备上选定合适的存储结构和存取方法，以获得数据库的最佳存取效率。物理结构设计的主要内容包括：

(1) 库文件的组织形式，如选用顺序文件组织形式、索引文件组织形式等；

(2) 存储介质的分配，如将易变的、存取频繁的数据存放在高速存取器上，将稳定的、存取频度小的数据放在低速存取器上。

9.8 输出设计

输出是系统产生的结果或提供的信息。对于大多数用户来说，输出是系统开发的目的和评价系统开发成功与否的标准。因此，系统设计过程与运行过程正好相反，不是从输入设计到输出设计。

9.8.1 输出设计的内容和方法

1. 输出设计的内容

输出设计的内容包括:
(1) 有关输出信息使用方面的内容,包括信息的使用者、使用目的、报告量、使用周期、有效期、保管方法和复写份数等;
(2) 输出信息的内容,包括输出项目、位数、数据形式(文字、数字);
(3) 输出格式,如表格、图形或文件;
(4) 输出设备,如打印机、显示器、磁带、光碟等;
(5) 输出介质,如输出到磁盘上,输出用纸是专用纸还是普通白纸等。

2. 输出设计的方法

输出设计要在一定规范指导下进行,以便产生易于理解的输出。根据应用的需要,可以采用预印表格、打印多层表格等,周转文件也常在输出设计中采用。

3. 输出报告的内容

输出报告定义了系统的输出。输出报告中既标出了各常量、变量的详细信息,也给出了各种统计量及其计算公式、控制方法。

设计输出报告时要注意以下两点:
(1) 方便使用者尽量利用原系统的输出格式,如需修改,应征得用户同意。
(2) 输出表格要考虑系统发展的需要。例如,是否必要在输出表中留出备用项目,以满足将来新增项目的需要。

设计输出报告之前应收集好有关内容,填写到输出设计书上(见图 9.14)。

				输出设计书		
资料代码	GZ-01		输出名称		工资主文件一览表	
处理周期	每月一次		形式	行式打印表	种类	O-001
份数	1		报送		财务科	
项目号	项目名称		位数及编辑		备注	
1	部门代码		X(4)			
2	工号		X(5)			
3	姓名		X(12)			
4	级别		X(3)			
5	基本工资		9999.99			
6	房费		999.99			

图 9.14 输出设计书

为了提高系统的规范化程度和编程效率,在输出设计上应尽量保持输出流内容和格式的统一性,也就是说,同一内容的输出,对于显示器、打印机、文本文件和数据库文件应具有一致的形式。

9.8.2 输出设计示例

图 9.15 给出某琴行管理信息中的销售盈利分析输出内容。输出设计销售系统是整个系统的核心,也是整个系统最常用、设计要求最高的一个模块,实际操作时可用热键或鼠标来调整窗口中的可见内容。在屏幕输出中,除可以使用系统的条件查询程序对要查询的记录数据内容进行限定外,还可以在输出前对显示格式内容进行描述,即对输出数据的栏目、栏目排列顺序、输出宽度、表头及栏目标题等预先定义。当用户没有对以上内容重新定义时,系统按照默认定义,即程序设计中定义好的格式向外输出。

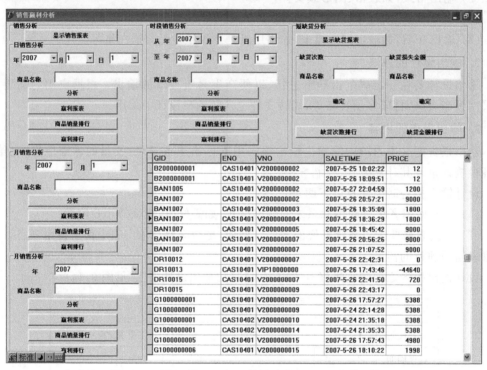

图 9.15 销售盈利分析输出设计

9.9 输入设计

输入设计对系统的质量有着决定性的影响。因为如果输入数据有误,即使计算和处理十分正确,也无法获得可靠的输出信息。同时,输入过程是信息系统与用户之间交互的纽带,输入设计决定人机交互的效率,因此输入设计是信息系统设计中重要的一环。

9.9.1 输入设计的内容

输入内容是根据系统分析阶段确定的内容,考虑输出功能的要求来确定的,包括确定输入数据项的名称、数据类型、倍数和精度、数值范围及输入处理方式等。向计算机输送的原始数据一般要经历采集和预处理的过程。大量的数据来源于日常管理的记载,例如现场人工记录、台账或 POS 机的实时数据等。为了提高输入操作的效率,可以为输入内容设计一张输入记录的制式表格,作为输入数据时的原始凭证。所有输入前的数据都必须事先检查其内容和格式的正确性,再按输入的要求组织好,这个过程称为数据的采集和预处理。

输入设计包括数据规范和数据准备的过程。在输入设计中,提高效率和减少错误是两个最根本的原则。以下是指导输入设计的几个原则目标:

1. 控制输入量

数据输入与计算机处理比较起来相对缓慢,在数据录入时,系统大多数时间都处于等待状态,系统效率将显著降低;同时,数据录入工作一般需要人的参与,大量的数据录入需要花费很多的人力资源,增加系统的运行成本。因此,在输入设计中,应尽量控制输入数据总量,在输入时,只需输入基本的信息,而其他可通过计算、统计、检索得到的信息则由系统自动产生。

2. 简单性原则

输入的准备、输入过程应尽量简单方便,以减少错误的发生。

3. 早检验原则

对输入数据的检验尽量接近原数据发生点,使错误能及时得到纠正。

4. 少转换原则

应尽量用输入数据处理所需形式,以免数据转换时发生错误。

9.9.2 输入方式的选择

随着信息技术的发展,输入方式和输入设备也在不断更新。数据输入的类型有外部输入(包括键盘输入、扫描仪输入和磁盘导入等)和计算机输入(包括网络传递数据等)。

数据输入设备目前常用的有键盘、鼠标、扫描仪、光电阅读器、光笔、磁盘、磁带、网络传输等,还有些技术逐步得到应用,包括触摸屏、数字音频设备、摄像头视频捕捉、指纹识别、电子笔和书写板设备等。

输入方式在选用的时候要考虑以下几个因素:输入的数据量、频度、数据的来源、形式、收集环境、输入类型、格式、输入速度和准确度要求,以及输入数据的校验方法、纠正错误的难易程度、可用设备和费用等。

9.9.3 输入格式设计

数据的输入要尽量与原始单据格式类似,屏幕界面要友好。数据输入格式有录入式、选择式(如单选、列表选择等),屏幕格式有简列式、表格式、窗口格式等。

1. 简列式

简列式屏幕输入格式是把一组相关的输入数据项,按顺序排列成几列,输入时只要按顺序逐个输入即可,如图 9.16 所示。这种格式简单、直观、易用程序实现,适用于数据项不多的情况。

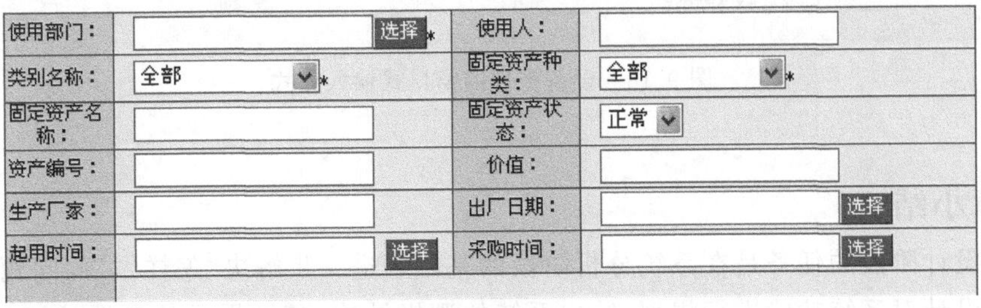

图 9.16 打印输出的设备调拨表简列表

2. 表格式

表格式输入是把一组输入的数据项排列成一张空白表的格式,操作员像填表一样输入数据,如图 9.17 所示。这种格式的输入符合人们日常操作的习惯,因而受到管理人员的青睐,设计时关键是要根据输入数据项的数量、长度来合理安排屏幕篇幅。最好是参考输入数据用的原始凭证或输入记录单的式样,使输入时的屏幕格式与数据载体的格式相一致,这样输入操作不易出错。

固定资产名称	固定资产类别	固定资产种类	部门名称	使用人	价值	固定资产状态
解放运输车	机器设备	运输设备	销售部	李刚	210000	正常
联想S1000	办公用品及设备	电脑及网络设备	财务科	王丽丽	5000	正常
数控S500	机器设备	专用设备	生产部	李贺	30000	正常
点钞机	办公用品及设备	电子设备	财务科	王丽	1300	正常
DELL笔记本	办公用品及设备	电脑及网络设备	办公室	王亮	4800	正常
宝来汽车1.6	机器设备	运输设备	生产部	于明	138000	正常

图 9.17 资产管理的表格式输入方式

3. 窗口式

窗口式是根据系统界面上的提示进行操作,系统在后台自动编辑成相应的格式以进行统计,如图 9.18 所示。

图 9.18 设备管理的窗口式输入方式

本章小结

系统设计阶段的任务是在系统分析阶段的基础上进一步解决"怎样做"的问题。

系统设计对系统功能进行规划,给出系统的逻辑结构,其结果是信息系统流程图设计、功能结构图设计和功能模块图设计等。功能结构图和功能模块图从功能角度描述系统结构,信息系统流程图则表达各功能之间的数据传送关系。

代码设计是为了实现全局数据的统一。合理的代码结构是信息处理系统是否具有生命力的一个重要因素。系统物理配置方案设计包括设备配置、通信网络的选择和设计以及数据库管理系统的选择等。数据存储设计是根据所选择的具体数据库管理系统进行数据库设计。

系统设计阶段还包括输出设计、输入设计、处理流程图设计及编写程序设计说明书等,这在系统设计中都是非常重要的内容。此外还应制定严格的设计规范,系统设计阶段的成果是给出程序设计说明书和系统设计报告,为系统实施阶段的工作提供工作方案。

课后练习

9.1 结构化系统设计的任务是什么?

9.2 系统设计中什么是代码?为什么要进行代码设计?

9.3 数据库设计具体包括哪三部分设计?

9.4 什么是模块化系统设计思想?试述其具体做法。

9.5 请根据企业订单处理系统的数据流程图如图 9.19 所示,应用 HIPO 图法进行模块层次功能分解。

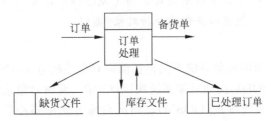

图 9.19　企业订单处理系统的数据流程图

第10章 管理信息系统面向对象系统分析

本章学习目标

- 掌握面向对象系统分析基本思想和 UML 的内容框架；
- 了解面向对象分析(OOA)的方法、步骤和工作要点；
- 了解 UML 系统需求分析的内容、用例图进行角色识别和系统功能识别；
- 了解掌握面向对象的 UML 静态建模过程，识别对象/类模型的组成以及创建分析对象/类图。

面向对象系统方法包括面向对象系统分析(OOA)、面向对象系统设计(OOD)、面向对象系统实现(OOP)、面向对象系统测试(OOT)和面向对象系统维护(OOSM)。面向对象方法的核心思想就是利用抽象类和对象思想与面向对象的方法进行软件需求分析，建立系统静态模型并进行系统动态设计，采用面向对象程序设计语言完成系统实现，并对建成的系统进行面向对象的系统测试和系统维护，如图 10.1 所示。

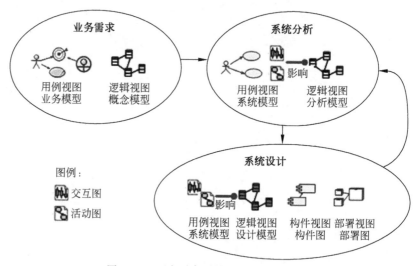

图 10.1　面向对象系统开发模型

10.1 面向对象的基本概念

1. 对象

在人类认识客观世界的过程中,从思维科学的角度看,对象(Object)是客观世界中具有可区分性的、能够唯一标识的逻辑单元,是现实世界中的具体事物。对象所代表的本体可能是一个有形的物理存在,如具体到一块面包,一杯牛奶,一个人或一本书;也可能是一个事物或概念的存在,如微观世界、天体物理、宇宙、战争、灾害和生产计划等。

每个对象都有它自己的属性和操作,即它的静态特征和动态特征:属性是描述它的静态特征,而操作是描述其动态特征。如电视机有颜色、音量、频道等属性;还有一些操作,如切换频道、增减音量等。

2. 类

类(Class)是一组具有相同属性和相同操作(服务)的对象的集合。一个类中的每个对象都是这个类的一个实例(Instance)。类是创建对象的模板,从同一个类实例化的每个对象都具有相同的结构和行为。客观世界中马属于动物类,一匹马就是动物类的一个实例,即一个动物对象,其类的抽象过程如图10.2所示。

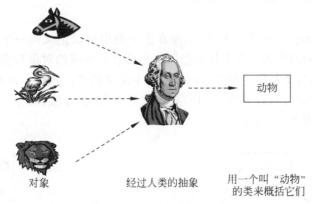

图 10.2 类的抽象过程

3. 消息

消息(Message)是面向对象系统中实现对象之间的通信和请求任务的操作。在一个面向对象系统中,它的封装机制使各个对象各自独立,各司其职。但对象不是孤立存在的,它们之间采用消息传递来发生相互作用——互相联系、互发消息、响应消息、协同工作,进而实现系统的各种服务功能。

4. 面向对象的特征

1) 封装性

封装性(Encapsulation)是面向对象方法的一个重要原则和基本特征,其目的是有效地实现信息隐蔽和局部化。在面向对象方法中,封装的基本单位就是对象,它有一个清晰的边界;接口用来描述该对象与其他对象之间的相互作用;而内部实现意味着必须在定义该对象的类内提供该对象相应的软件功能。

封装是只把对象的属性和操作结合在一起,组成一个独立的对象;其内部信息对外是隐蔽的,用户只能看到对象封装界面上的信息;不允许外界直接访问对象的属性,只能通过有限的接口与对象发生关系。只有对象内部的操作(方法)才能访问和修改该对象的属性。封装是一种信息隐蔽技术,目的是使对象的生产者和使用者分离,使对象的定义和实现分开。信息隐蔽是软件设计模块化、软件复用、软件维护的基础。正如我们不用关心电视机的内部工作原理,电视机提供了选台、调节音量等功能让我们使用。类的封装性如图 10.3 所示。

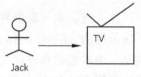

图 10.3 类的封装性

2) 继承

面向对象方法中的继承(Inheritance)机制使子类可以自动地拥有(复制)父类的全部属性和操作。定义子类时不必重复定义那些已在父类中定义过的属性与操作,只要声明自己是某个父亲的子类即可,而把主要精力集中在如何定义自己的属性和操作上。继承简化了对现实世界的描述,大大提高了软件的复用性。

如机动车具有车的全部属性和服务,同样汽车具有机动车的全部属性和服务。一般和特殊是相对而言的,在车和机动车之间,车是一般类(基类、超类、父类),机动车是特殊类(子类),在机动车和汽车之间机动车是一般类,汽车是特殊类。继承具有传递性,如汽车具有车的全部属性和服务,如图 10.4 所示。

3) 多态性

多态性(Polymorphism)是一种方法,使在多个类中可以定义同一个操作或属性名,并在每一个类中有不同的实现。多态性是指同一个消息被不同的对象接受时,可产生不同的动作或执行结果,即每个对象将根据自己所属类中定义的操作执行。即基类中定义的属性和操作由其子类继承后,可以具有不同的数据类型或表现不同的动作。例如,一个绘图系统中类的多态性如图 10.5 所示。

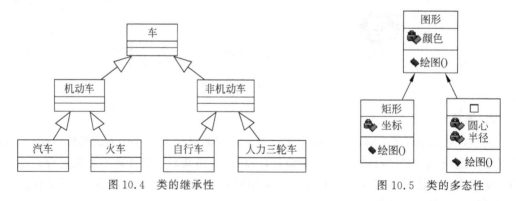

图 10.4 类的继承性   图 10.5 类的多态性

多态性机制不但为软件的结构设计提供了灵活性、减少信息冗余,而且显著提高了软件可复用性和可扩充性。

10.2 UML

UML(Unified Modeling Language,统一建模语言)是一种可视化的面向对象建模语言。UML 最初仅是 OMT 方法、Booch 方法的统一。1995 年 10 月,Grady Booch 和 Jim

第10章 管理信息系统面向对象系统分析

Rumbaugh 联合推出 Unified Method 0.8 版本,试图实现 OMT 方法和 Booch 方法的统一。同年,Ivar Jacobson 加入 Booch 和 Rumbaugh 的 Rational 软件公司,于是 OOSE 方法也加入统一过程中。1997 年 9 月 1 日产生 UML 1.1,并被提交到 OMG(Object Management Group),同年 11 月被 OMG 采纳。UML 可开发和交流有意义的模型,提供扩展、定制机制来扩充核心概念,与传统工具设计出的系统相比具有易于更改、易于维护、扩展性强等特点。UML 形成过程如图 10.6 所示。

UML 作为一种建模语言,具有以下特点:

(1) UML 结合 Booch 方法、OMT 方法和 OOSE 方法的概念,是一个单一的通用的建模语言;

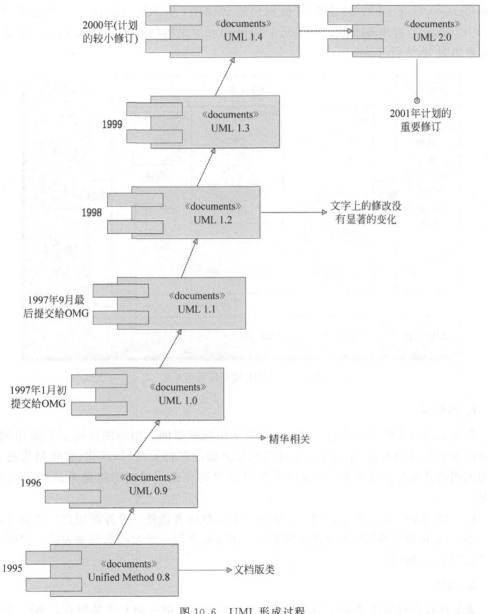

图 10.6　UML 形成过程

(2) UML 的建模能力比其他面向对象方法更强，不仅适合于一般系统的开发，更擅长于并行、分布式系统的建模；

(3) UML 是一种标准的建模语言，而不是一个标准的开发过程，它完全独立于开发过程。

10.2.1　UML 中的图

UML 主要提供了五类视图十种模型图，分静态和动态两种建模机制。静态模型描述系统某个时间、状态、条件下的静态结构关系；动态模型描述系统的行为，反映系统对象之间的动态关系。静态建模机制包括用例图（Use Case Diagram）、类图（Class Diagram）、对象图（Object Diagram）、包图（Package Diagram）、组件图（Component Diagram）和部署图（Deployment Diagram）；动态建模机制包括活动图（Activity Diagram）、状态图（State Chart Diagram）、协作图（Collaboration Diagram）和顺序图（Sequence Diagram）。UML 基本元素如图 10.7 所示。

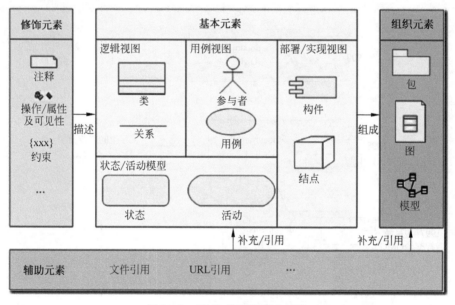

图 10.7　UML 模型的基本元素

1. 用例图

在对系统行为组织和建模方面，用例图是相当重要的。用例图展现了一组用例、参与者以及它们间的关系，并且显示了这些元素之间的各种关系，如泛化、关联和依赖。用例图说明的是谁要使用系统，以及该系统可以做些什么。用例图描述系统的静态使用情况。

在 UML 图中，活动者是作用于系统的一个角色或者说是一个外部用户。活动者可以是一个人，也可以是使用本系统的外部系统。用例通常用一个实线椭圆来表示。用例图的例子如图 10.8 所示。

2. 类图

类是具有相同属性、相同方法、相同语义和相同关系的一组对象的集合。类图展示了一组类、接口和协作及它们间的关系。用类图说明系统的静态设计视图。在 UML 图中,类通常用一个矩形来表示。类图的例子如图 10.9 所示。

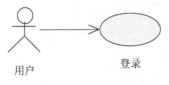

图 10.8　用例图举例

图 10.9　类图举例

3. 对象图

对象图是具有相同属性和相同操作的对象的集合。用对象图说明类图中所反应的事物实例的数据结构和静态快照。对象图表达了系统的静态设计视图或静态过程视图,除了现实和原型方面的因素外,它与类图作用是相同的。对象图的例子如图 10.10 所示。

1) 属性(Attribute)

可视性 属性名 [多重性]:类型 = 初始值

2) 操作(Operation)

可视性 操作名(参数列表):返回列表

4. 包图

包图是一种有组织地将一系列元素分组的机制。包图与组件图的最大区别在于,包纯粹是一种概念上的东西,仅仅存在于开发阶段结束之前,而组件是一种物理的元素,存在于运行时。在 UML 图中,包通常表示为一个类似文件夹的符号,如图 10.11 所示。

图 10.10　对象图举例

图 10.11　包图

5. 组件图

组件图又称构件图,描述代码组件的物理结构以及各种组件之间的依赖关系,用来建模软件的组件及其相互之间的关系,这些图由组件标记符和构件之间的关系构成。在组件图中,组件是软件的单个组成部分,它可以是一个文件,产品、可执行文件和脚本等。组件图的例子如图 10.12 所示。

6. 部署图

部署图展现了对运行时处理结点以及其中组件的配置。它描述系统硬件的物理拓扑结构(包括网络布局和组件在网络上的位置),以及在此结构上执行的软件(即运行时软件

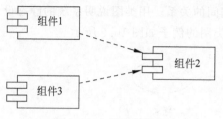

图 10.12　组件图举例

在结点中的分布情况）。用部署图说明系统结构的静态部署视图，即说明分布、交付和安装的物理系统。在 UML 图中，结点是一个物理元素，使用一个立方体来表示，它在运行时存在，代表一个可计算的资源，比如一台数据库服务器，如图 10.13 所示。

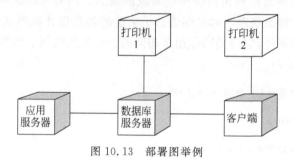

图 10.13　部署图举例

7. 活动图

活动图描述了系统中从一个活动到另一个活动的流程，以及活动间的约束关系。活动图有利于识别并行活动，能够演示出系统中哪些地方存在功能，以及这些功能和系统中其他组件的功能之间的流程控制。活动图的例子如图 10.14 所示。

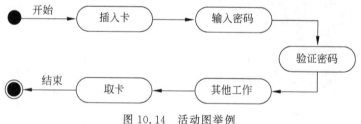

图 10.14　活动图举例

8. 状态图

状态图展示了一个特定对象的所有可能状态以及由于各种事件的发生而引起的状态间的转移。一个状态图描述了一个状态机，用状态图说明系统的动态视图。状态图对于接口、类或协作的行为建模尤为重要，可用它描述用例实例的生命周期。在 UML 图中，状态机是对象的一个或多个状态的集合，状态机通常用一个圆角矩形来表示，状态图是对类图的补充。状态图的例子如图 10.15 所示。

9. 协作图

协作图展现了一组对象间的连接以及这组对象收发消息的交互操作。协作图强调收发消息对象的组织结构，按组织结构对控制流建模，可以看成是类图和顺序图的交集。如

第10章 管理信息系统面向对象系统分析

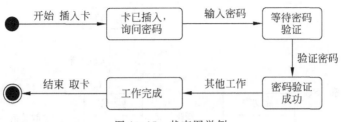

图 10.15 状态图举例

果强调时间和顺序,则使用时序图;如果强调上下级关系,则选择协作图。在 UML 图中,交互的消息画成带箭头的直线,如图 10.16 所示。

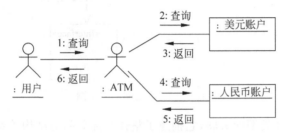

图 10.16 协作图举例

10. 顺序图

顺序图是用来显示参与者如何以一系列顺序的步骤与系统的对象交互的模型。顺序图可以用来展示对象之间是如何进行交互的,说明系统的动态视图。顺序图将显示的重点放在消息序列上,即强调消息是如何在对象之间被发送和接收的。顺序图的例子如图 10.17 所示。

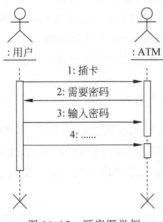

图 10.17 顺序图举例

10.2.2 UML 中的关系

UML 中主要包括四种关系(Relationships):关联关系、依赖关系、泛化关系和实现关系,如图 10.18 所示。

1. 关联关系

关联(Association)是类之间的结构关系,它描述了一组链,链是对象(类的实例)之间的

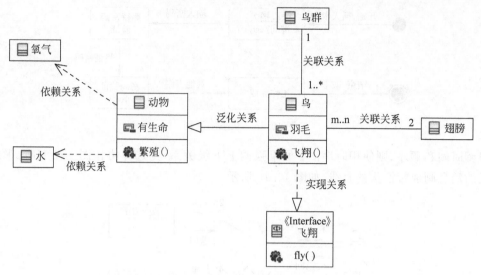

图 10.18　类之间的关系图

连接。聚合是一种特殊类型的关联,它描述了整体和部分间的结构关系。在 UML 图上,把关联画成一条实线,它可能有方向,偶尔在其上还带有一个标记,而且它还经常含有诸如多重性和端名这样的修饰,如图 10.19 所示。

多重值描述表示不同对应情况的关系,比如一对多、多对一、一对一和多对多等的含义为:0..1 表示 0 个或 1 个;0..* 表示 0 个或多个;1..* 表示 1 个或多个;$m..n$ 表示 $m\sim n$ 个。

单向关联:在一个单向关联中,两个类是相关的,但是只有一个类知道这种联系的存在。

聚合关联:有聚合关系的关联,指出某个类是另外某个类的一部分。在一个聚合关系中,子类实例可以比父类存在更长的时间。为了表现一个聚合关系,画一条从父类到子类部分的实线,并在父类的关联末端画一个未填充棱形。

组合关联:聚合关系的另一种形式,但是子类实例的生命周期依赖于父类实例的生命周期。

2. 依赖关系

依赖(Dependency)是两个模型元素间的语义关系,其中一个元素(独立元素)发生变化会影响另一个元素(依赖元素)的语义(也就是说"独立元素"中引用了"依赖元素")。在 UML 图中,把依赖画成一条可能有方向的虚线,偶尔在其上还带有一个标记,如图 10.20 所示。

图 10.19　关联关系　　　　　　　　　图 10.20　依赖关系

3. 泛化关系

泛化(Generalization)是继承关系,是 is-a-kind-of 的关系,在其中特殊元素(子元素)基于一般元素(父元素)而建立。用这种方法子元素共享了父元素的结构和行为(也就是说

"子元素"继承了"父元素")。在 UML 图中,把泛化关系画成一条带有空心箭头的实线,该实线指向父元素,如图 10.21 所示。

4. 实现关系

实现关系将一种模型元素(如类)与另一种模型元素(如接口)连接起来,其中接口只是行为的说明而不是结构或者实现,真正的实现由前一个模型元素来完成。在 UML 图中,实现关系一般用一条带有空心箭头的虚线来表示,如图 10.22 所示。

图 10.21　泛化关系　　　　　　　　　图 10.22　实现关系

10.2.3　UML 中的视图

UML 中的各种组件和概念之间没有明显的划分界限,但为方便起见,用视图来划分这些概念和组件。视图只是表达系统某一方面特征的 UML 建模组件的子集,在每一类视图中使用一种或两种特定的图来可视化地表示视图中的各种概念。

一个系统应从不同的角度进行描述,从一个角度观察到的系统称为一个视图(View)。视图由多个图构成,它不是一个图表,而是在某一个抽象层上对系统的抽象表示。如果要为系统建立一个完整的模型图,需定义一定数量的视图,每个视图表示系统的一个特殊的方面。另外,视图还把建模语言和系统开发时选择的方法或过程连接起来。

对于同一个系统,不同人员所关心的内容并不一样:

- 分析人员和测试人员关心的是系统的行为,因此会侧重于用例视图;
- 最终用户关心的是系统的功能,因此会侧重于逻辑视图;
- 程序员关心的是系统的配置、装配等问题,因此会侧重于实现视图;
- 系统集成人员关心的是系统的性能、可伸缩性、吞吐率等问题,因此会侧重于进程视图;
- 系统工程师关心的是系统的发布、安装、拓扑结构等问题,因此会侧重于部署视图。

表 10.1 列出了 UML 的图、视图与模型结构内容。

表 10.1　UML 的图、视图与模型结构内容

视　　图	模　　型	图
用例视图	业务/系统分析模型(为主)	用例图、交互图、状态图、类图
设计模型	交互概述图	交互图、状态图、类图
逻辑视图	业务分析模型	类图
	设计分析模型(为主)	类图、交互图、状态图、对象图、包图
	设计模型	活动图、交互图、活动图、状态图、对象图
实现视图	设计模型	组件图、部署图
部署视图	设计模型	部署图

10.3 面向对象系统分析

面向对象系统分析是指采用面向对象的思想对系统进行分析,根据用户需求提取出系统应具有的属性和行为,是属于问题抽象阶段,解决"做什么"的问题。面向对象分析的关键是识别出问题域内的对象,并分析它们相互间的关系,并为问题领域的类建模,不定义软件系统解决方案的细节(如用户接口的类、数据库等),最终建立问题域的正确模型。

10.3.1 系统分析的过程

基于 UML 面向对象分析的过程如下:获取问题陈述→确定用例→确定类关联→使用继承来细化类→完善对象模型→建立对象动态模型→建立系统功能模型。面向对象系统开发过程如图 10.23 所示。

- 分析强调的是对问题和需求的调查研究(What)。
- 需求分析:对需求的调查研究。
- 对象分析:对领域对象的调查研究。
- 设计强调的是一个能满足需求的(概念上的)解决方案(How)。

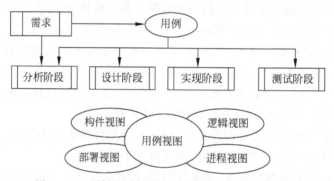

图 10.23 用例驱动的面向对象系统开发过程和视图

10.3.2 系统分析的工作内容

1. 面向对象的系统需求分析

系统需求分析主要是在客户和系统开发人员之间进行沟通,了解基本的用户需求,分析现行系统的业务范围、业务规则和业务处理过程,明确系统的责任、范围和边界,确定系统需求并构造需求模型。

面向对象的系统需求分析主要完成系统用例建模。用例建模描述了系统应该做什么,以用例驱动系统开发过程。具体步骤如下:

(1) 系统需求描述;
(2) 发现和确定角色;
(3) 发现和确定用例;
(4) 绘制用例图及进行用例描述。

UML 的用例图较详细和确切地描述了用户的功能需求,使系统责任明确到位,奠定 UML 对系统建模的基础。其他模型图的构造和发展依赖于用例图中所描述的内容,直至系统能够实现用例图中描述的功能。

2. 对象/类静态建模

对象/类静态建模主要描述对象/类及其属性以及对象/类互相之间的关联。确定系统需求后,即进入对象/类及对象/类属性的识别,建立对象/类静态模型。其建立步骤如下:

(1) 标识系统实体类;
(2) 标识对象/类的属性;
(3) 确定对象/类之间的关联;
(4) 建立系统类别。

10.4 面向对象的系统需求分析

10.4.1 系统需求的获取与分析

1. 系统需求的层次性

系统需求包括四个不同层次:业务需求、用户需求、功能需求和非功能需求。

(1) 业务需求(Business Requirements):反映了组织机构或客户对系统和产品高层次的目标要求。

(2) 用户需求(User Requirements):基于业务需求,描述了用户希望系统所必须完成的任务。

(3) 功能需求(Functional Requirements):基于用户需求,定义了开发人员必须实现的系统功能。功能需求指系统需要完成的事情,即向用户提供的一些功能。

(4) 非功能需求(Nonfunctional Requirements):描述了系统所应具备的性能要求,比如可靠性、可扩展性、可移植性、安全性等。

2. 系统需求的获取

系统需求的获取主要考虑应当收集什么信息、从何处收集、采用什么办法收集。系统需求的具体获取路径如下:

(1) 定义问题范围。因为系统分析人员可能不熟悉实际业务的流程,而用户又不了解技术实现的细节,这样容易造成系统目标在理解上的分歧,所以在需求获取阶段有必要先界定问题范围。

(2) 完整理解需求问题。用户对计算机系统的能力和限制缺乏了解,他们不知道系统作为一个整体怎样工作效率更好,也不太清楚哪些工作可以由计算机完成,他们不知道如何以一种精确的方式来描述需求,只有用户与开发人员相互沟通、不断协调,才能对需求问题进行完整理解。

(3) 确认需求。随着时间的推移,需求往往会产生变动,所以开发人员必须有组织地进行需求分析阶段的各项活动,才能最后进行需求的确认。

3. 系统需求的分析

系统需求的分析就是对来源于用户的信息加以区分和分类,以利于正确理解或表述用户任务需求、功能需求、业务规则、建议解决方法和附加信息。系统需求分析主要完成以下工作:

(1) 用图形描述系统的整体结构,包括系统的边界与接口;

(2) 通过需求实现原型，向用户提供可视化界面，用户可以对需求做出自己的评价；
(3) 需求实现的技术可行性、经济可行性分析；
(4) 用模型描述系统的功能项、数据实体、外部实体，以及实体之间的关系和状态转换等方面内容。

10.4.2 系统功能和角色的识别

系统需求分析阶段最重要的内容就是对所要开发的系统能"做什么"、哪些人或物参与到应用系统中等问题进行确定。只有认识和理解了这些内容，才能把握好系统的内在能力和外部使用环境，分析确定它们之间的关系，最终建立起简洁、精确、可理解的需求模型。

1. 系统功能的识别

系统功能就是系统所提供的加工、分析和处理用户请求的方法和过程，它表现在人们如何使用系统和系统提供哪些功能两个方面。系统功能可以利用 UML 建模技术中用例图的方法来描述，例如，学籍管理系统可以提供学生档案管理、班级管理、课程设置和成绩管理等功能，这些都可以作为用例来描述。

在 UML 中用例一般按照业务术语来命名，而不是按照技术来命名。用例通常用动词或短语命名，描述客户看到的最终结果；同时用例关注系统外的用户，每个用例应表示用户与系统的一个完整的功能，为用户提供一定价值，使系统的功能更真实、更准确。

2. 角色的识别

系统需求分析通常用各种图表和文字来表示，这有助于理解一个系统的需要是什么和系统是怎样工作的。UML 建模技术就是将这些内容规范化、形式化的技术，是获取业务过程和系统需求的有效方式，而且其技术是非常简单易学的。

利用 UML 建模技术进行系统需求分析，首先要识别出系统的参与者，并区分出正确的角色。一般可以通过分析以下六方面获取这些信息：
(1) 系统操作的主要使用者和系统信息的使用者；
(2) 系统信息的来源；
(3) 系统管理和维护的参与者；
(4) 与其交互的应用系统；
(5) 使用者的类型和细节功能；
(6) 系统使用的外部环境，如地点、用户数量、可选设备等。

在识别角色的过程中也应注意以下三方面的问题：
(1) 正确理解角色的含义；
(2) 正确区分参与者和角色之间的关系；
(3) 处理好角色的多样性。

10.4.3 基于 UML 的系统需求分析过程

面向对象的分析过程是对需求分析和理解建模的过程，通过提取系统需求和业务，采用用例图来采集和分析客户和系统的需求，理解系统要解决的问题。分析人员先标识使用该系统的不同执行者（Actor），代表使用该系统的不同的角色。每个执行者可以叙述他如何使用系统，或者说他需要系统提供什么功能。执行者提出的每一个使用场景（或功能）都

第10章 管理信息系统面向对象系统分析

是系统的一个用例的实例,一个用例描述了系统的一种用法(或一个功能),所有执行者提出的所有用例构成系统的完整的需求。因此,用例视图可以表示客户的需求,通过用例建模可以对外部的角色以及它们所需要的系统功能建模。

初步业务需求描述形成后,需求分析可以分为以下步骤:

(1) 利用用例及用例图表示需求:从业务需求描述出发获取执行者和场景;对场景进行汇总、分类、抽象,形成用例;确定执行者与用例、用例与用例图之间的关系,生成用例图。

(2) 利用类图及包图表示目标软件系统的总体框架结构:根据领域知识、业务需求和工作经验,设计目标软件系统的顶层架构,如图10.24所示。

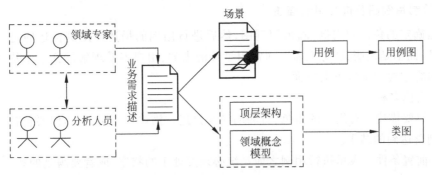

图 10.24 需求分析的过程图

1. 系统需求描述

系统需求描述就是根据系统需求的层次性,确定系统的范围和边界。系统的范围是指待开发系统的应用领域的目标、任务、规模以及系统提供的功能和服务;系统边界是指一个系统的所有元素与系统之外事务的分界线。

一个系统的范围与系统开发的目标、任务和规模密切相关,比如一个综合的企业管理系统,企业的生产、人事、财务、库存、销售、订货等都是系统开发的范围,而对于一个保险销售管理系统来说其范围只涉及销售人员的激励和保险项目的管理。

2. 发现和确定角色

角色指的是在系统外部与系统交互的人或其他事物,如其他系统、硬件设备、时钟等。角色在执行用例时与系统之间有信息的交流,角色向系统发送消息,并接收系统传递的消息。角色是一个抽象的概念,不一定直接对应具体某一个人,同一个人可以在不同的时间充当不同的角色,因此他所具备的权限和能使用的功能会有所不同。

当系统的范围确定并明确了系统的边界以后,就要从系统的角色寻找与系统进行信息交互的角色。可以从以下四方面来发现和确定系统的角色:

(1) 系统主要使用者。谁使用系统的主要功能?谁需要系统支持他们的日常工作?
(2) 系统辅助使用者。谁来维护、管理系统使其能正常工作?
(3) 系统信息提供者。谁为系统提供信息?
(4) 相交互的外部系统。系统需要控制哪些硬件?系统需要与其他哪些外部系统交互?

3. 发现和确定用例

用例是系统的一种行为,它为角色产生一定有价值的结果。用例描述角色希望系统完成的事情。用例应该是一个完整的任务,所有的用例描述是从角色看到的系统全部功能。我们可以通过与每个角色交流来发现和确定可能的用例:

(1) 角色希望系统能提供什么功能?
(2) 角色要创建、读取、更新或删除什么信息?
(3) 系统通知角色什么信息?
(4) 系统需要从角色那里得到什么信息?
(5) 对系统的维护、管理等。
(6) 与系统交互的外部系统。

4. 绘制用例图及进行用例描述

根据确定的角色和用例,画出用例图,然后进行用例的描述。用例描述的是一个系统"做什么",而不是说明其"怎么做",通常用足够清晰的、用户容易理解的文字来描述。用例描述的内容主要包括以下七方面:

(1) 用例名称。
(2) 简要描述。对用例的角色、目的的简要描述。描述要简明扼要,但要包括角色使用这个用例要达到的结果。
(3) 前置条件。表示执行用例之前系统必须要处于的状态,或者要满足的条件,如前置条件可能是另一个用例已经执行或用户具有运行当前用例的权限。并不是所有用例都有前置条件。
(4) 后置条件。表示用例一旦执行后系统所处的状态,如一个用例运行后需要执行另一个用例,可在后置条件中说明这一点。并不是所有用例都有后置条件。
(5) 基本事件流。描述该用例的基本流程,指每个流程都正常运作时所发生的事情。
(6) 备选事件流。描述这个行为或流程是可选的或备选的,并不是总要执行它们。
(7) 错误流。描述系统本身不能完成的一些功能。

10.4.4 基于 B/S 模式的在线销售系统需求分析

基于 B/S 模式的在线销售系统的主要目的是为用户提供在线订购商品功能,该系统也作为公司向客户发布各类信息的平台。根据操作权限的不同,可以将系统角色确定为会员、非会员和系统管理员三类人员。该系统主要提供如下用例:商品浏览、在线下单功能、订单信息维护功能、个人资料管理功能、结算功能、商品管理功能、会员管理功能、订单管理功能。图 10.25 可以简略地描述出整个系统用户与用例之间的业务流程。

确定了一个用例后就应对其进行详细的描述,这样既有利于清晰地表达具体需求,也有利于分析人员判断是否要做用例的分解或划分为更小的用例和生成下一个层次的新用例。以下就是对上述用例的一些简单描述:

1) 用例名称:加入购物车
前置条件:用户进入网站。
主事件流:用户通过点击"加入购物车"按钮输入需要加入购物车的商品编号;系统提供商品说明和价格;系统累计购物车中商品的金额。
后置条件:购物车内的商品编号已保存。

第10章 管理信息系统面向对象系统分析

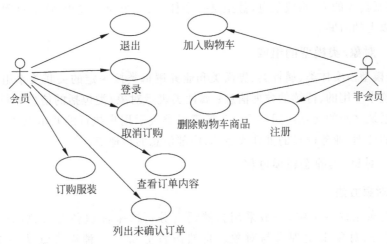

图 10.25 服装在线销售系统的用例分析图

2) 用例名称：订购服装

前置条件：用户状态为"已登录"。

主事件流：用户进入"购物车"页面；系统列出商品的名称、价格、总价；用户确认结账；用户输入姓名与收货地址、选择支付方式；用户确认订单；系统保存订单信息；系统将订单信息发送到结算系统（第三方）；生成付款订单；用户支付；系统提示支付成功，跳转到网站主页。

辅助事件流：系统发现订单信息有误时会提示用户修改。

3) 用例名称：登录

前置条件：用户进入网站、用户确认结账。

主事件流：用户输入用户名、密码；系统检查用户名、密码是否输入完整；系统核对用户名是否存在；系统核对密码是否正确；系统返回登录成功信息。

辅助事件流1：发现用户名或密码没有输入；系统提示用户名、密码输入不完整；返回到主要流程继续执行。

辅助事件流2：不存在的用户名；提示用户更改输入；返回到主要流程继续执行。

辅助事件流3：系统发现密码不正确；提示用户更改输入；返回到主要流程继续执行。

后置条件：用户状态为"已登录"。

4) 用例名称：删除购物车商品

简要说明：删除购物车中预订的商品。

前置条件：购物车中已经保存了商品。

主事件流：用户确认要删除的商品；系统删除保存的购物车商品。

10.5 面向对象的 UML 静态建模

面向对象的 UML 静态建模就是建立对象/类模型的过程,是系统开发人员区分系统中各类概念的基础。建立对象模型有利于在系统设计中生成更有针对性的系统对象,从而使需求更清晰、更准确、更接近用户目标。建立对象模型也是一个反复的过程,它要列举现实中的对象,包括具体的人、物或信息,甚至是一个任务、一个业务过程,这个过程将占系统分析阶段一半以上的时间。

10.5.1 对象/类模型的组成

对象/类模型由实体类、属性类、界面类和业务逻辑类按一定的关联关系组合而成。实体类表示系统中应用的、持续的数据信息;属性类表示对象/类包括的信息和行为;界面类表示角色和系统之间的交互访问界面;业务逻辑类表示用户执行的并由系统支持的任务,如存取数据的处理、业务逻辑的推理或运算、内部消息的传递等。

10.5.2 对象/类静态建模过程

1. 标识对象方法

在面向对象系统分析中,一般采用自然语言分析法来标识各类对象,通过检查每个用例并确定备选对象来发现参与对象。自然语言分析是一种靠直觉从一个系统需求说明中标识对象、属性和关系的试探性方法,它将需求描述语句的各部分直接映射到模型中。其具体步骤是:首先从需求描述和用例中发现对象,然后再找出对象的属性和操作。

2. 筛选对象规则

(1)关键性:缺少这个对象信息,系统不能运行。
(2)可操作性:对象必须拥有一组可标识的操作,该操作可修改对象属性的值。
(3)信息含量:选择信息含量较大的对象,只有一个属性的对象可做其他对象的属性。
(4)公共属性:为潜在对象定义一组属性,这些属性适用于该对象/类所有的实例。
(5)公共操作:为潜在对象定义一组操作,这些操作适用于该对象/类所有的实例。
(6)关键外部信息:问题空间中外部实体和系统必然产生或使用的信息。

3. 对象/类模型建立过程

基于自然语言分析法,对象/类模型建立过程可以按照以下基本步骤进行:
(1)标识系统实体类。
(2)标识对象/类的操作。
(3)标识对象/类的属性。
(4)标识界面类。
(5)确定对象/类间的关联。
(6)建立系统类图。

10.5.3 标识系统实体类

标识系统实体类,就是给对象、对象属性以及职责进行命名,并做简短描述。可以通过以下方法寻找实体类:从事件流中寻找名词或名词词组,将具有相同属性和操作的对象/类归为一类,同时,需要给这些类取个合适的名字,一般用单个名字或名词词组来表达,实体类名称必须简洁、含义明确、易于理解。具体地,可以从以下三方面着手,进行系统实体类的标识:

(1)与目标系统交换信息的角色,如物理设备、操作人员或用户,以及其他有关的子系统。

(2) 概念实体发生的事件或事情,如报告、文字、信号、报表、显示信息。
(3) 组织机构,如单位、小组。

10.5.4 标识对象/类的属性

在找到实体类后,就要研究类的特征。类包括信息和行为,其中信息就称为属性。可以查阅需求描述和用例描述来获得属性,事件中的名词有一些是属性。在标识属性时,要将其赋予适当的类,属性是与类相关的信息。其实属性就是提供方法使用的,方法也就是操作。类的属性个数最好控制在 15 个以下,如果太多可以分解成更小的类,反之则可以合并类。在确定了对象/类的属性后,应对各属性命名以示区别,命名原则与对象命名原则相同。另外还要确定属性的数据类型、属性的取值范围及对象类/所体现的关系。

1. 识别和筛选属性的原则

(1) 原始性:如出生年月是一个属性,其派生属性"年龄"应当删掉。
(2) 外瞻性:如某属性描述对象内部状态,从外界是观察不到的,应当删掉。
(3) 相关性:删除对象内与其他属性完全不相关的、不一致的属性。
(4) 关联性:属性值受到某个关联影响删除子属性并把它附加在此关联上。

2. 标识对象/类的属性的规则

(1) 常识性:按一般常识,该对象应具有的属性。
(2) 专业性:在当前问题论域中,该对象应具有的属性。
(3) 功能性:根据系统功能的要求,该对象应具有的属性。
(4) 管理性:建立该对象是为了保存和管理哪些属性。
(5) 操作性:为了实现对象的操作功能,需要增设哪些属性。
(6) 标志性:是否需要增设属性来区别对象的不同状态。
(7) 外联性:用什么属性来表示对象的整体与部分的联系和实例链接。

10.5.5 标识对象/类的操作

操作定义了对象/类的行为,是改变对象的属性或系统状态的方式。有四种不同的操作作用于属性:实现、管理、访问和帮助。实现操作用来实现业务功能;管理操作用来管理对象的创建和构造;访问操作用于查询或修改某个类的属性;帮助操作是说明类完成任务所需的操作。操作的获得可从系统的过程中分析提取出来,一般可从系统功能、分析对象的状态变化中标识出类的操作。识别出操作后,要对其进行命名。与类和属性的命名不同,操作的命名应采用动词或动词加名词组成的动宾结构,操作者尽可能准确地反映该操作的职能。

1. 识别和筛选对象/类操作的原则

(1) 从系统功能要求考虑,确定相应的对象/类操作。
(2) 从问题领域考虑,确定设立相应的对象/类操作。
(3) 分析对象的状态,确定实现对象状态转换的对象/类操作。

2. 标识对象/类操作的原则

(1) 功能性:对象/类的操作能直接体现系统功能的要求。

(2) 关联性：响应其他对象的操作请求，完成系统功能的要求。

(3) 单一性：一个操作包含多个可独立定义功能时，则应分解为多个操作。

(4) 完整性：一个独立的功能被分解成多个操作时，这些操作应合并为一个操作。

10.5.6 确定对象/类之间的关系

对象/类之间有数量关系、受限关系、归纳和继承关系等多种关系类型。下面仍然以学籍管理系统为例来说明这些关系类型的确定方法与步骤。

1. 确定对象/类之间的数量关系

对象/类之间的数量关系是指 UML 中，一个对象关系中的两端点可能把任意一个重数作为它的数量关系，这种关系分为一对一、一对多和多对多三种关系，识别对象类间的数量关系，使得人们能应用领域或解决获得更多的信息，因此确定对象/类之间的数量关系变得非常重要，一个多对多的关联关系可能会产生一个比实际情况复杂得多的软件系统。

1) 一对一的对象关系

在对象的每一端点都有一个 1，如果两个类之间是一对一关系，这意味着在每个类的实例间恰好只存在一个连接。

2) 一对多的对象关系

在对象的一个端点为 1，另一端点为 n 或 $*$，如果两个类之间是一对多关系，则表示两个类之间是组成关系。

3) 多对多的对象关系

对象的每一端都是 $*$ 或 $1..*$，如果两个类之间是多对多关系，则表示在这两个类的实例间可能存在着任意数目的连接。

2. 确定对象/类之间的受限关系

受限关系是一种用关键字来减少对象数量关系的技术，指定或确定对象之间的数量关系，就称为对象之间的受限关系。利用这种受限关系减少对象访问、控制或交流数量，可以提高系统设计质量。通常，在一个一对多关系的环境下，"多"端的对象可以用一定数量来限制。

3. 确定对象/类之间的归纳和继承关系

归纳把概念组织成层次，在层次的顶端是一个一般概念，在层次的底层是最特殊的概念。继承是一种复用技术，如果一个子类继承一个父类，则在父类中可用的所有属性和方法在子类中都自动地成为可用的。

如果多个类共享相同属性或行为，则它们相同之处就被归纳为同一个父类。

10.5.7 建立系统类图

分析阶段的重要成果是系统的静态模型，也就是对领域进行建模，提取出领域中的众多概念，并发掘这些概念间的关系，最终形成以类图（Class）为主的静态模型，如图 10.26 所示。

类图显示了类、类的内部机构、接口、合作以及它们之间的静态结构和关系。例如，类、包和它们之间的关系以及各自相互连接的内容组成。

第10章 管理信息系统面向对象系统分析

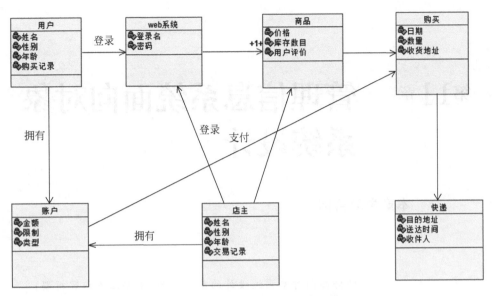

图 10.26 商品在线销售系统的类图模型

本章小结

面向对象系统分析是指按照面向对象思想进行系统分析,根据用户需求提取出系统应该具有的属性和行为。面向对象系统分析属于问题抽象阶段,解决"做什么"的问题。面向对象系统分析的任务首先是进行面向对象的系统需求分析,然后在系统需求分析的基础上,继续识别待开发系统应用领域的对象,分析对象间的关系,建立符合系统需求的对象/类静态模型。

课后练习

10.1 试述面向对象系统分析中 UML 的基本思想与方法。

10.2 试述用例图进行系统需求分析的作用,及其建模的工作步骤。

10.3 试述利用对象/类图进行系统静态建模的工作方法和步骤。

10.4 结合自己所熟悉的业务环境及其工作流程,利用 UML 技术进行系统分析,建立用例图、实体类图、界面类图、对象/类图等。

第11章 管理信息系统面向对象系统设计

本章学习目标

- 领会面向对象系统设计的基本思想,主要工作内容框架;
- 利用时序图、合作图、状态图和活动图进行系统总体设计和详细设计;
- 了解面向对象系统体系结构的任务,掌握系统逻辑体系结构设计与物理体系结构设计的原则与方法;
- 理解子系统分解与功能模块之间的相互关系,掌握面向对象的关系数据库设计的思想和方法;
- 了解系统界面设计原则与设计内容,掌握应用UML技术进行用户界面设计的工作内容。

11.1 面向对象系统设计内容

面向对象系统设计(OOD)阶段主要解决系统如何实现的问题。把分析阶段得到的用户需求转换为问题域精确模型的过程,通过加入新的类用户接口、数据库操作等,最终把分析阶段的结果扩展成技术解决方案。面向对象系统设计同样遵循抽象、信息隐蔽、功能独立、模块化的设计规则,运用面向对象观点建立一个逐渐扩充的求解域模型,其过程如图11.1所示。

面向对象分析(OOA)与面向对象设计(OOD)很难截然分开,一般认为OOA是一个分类活动,即从问题陈述中把直接反映问题域和系统行为的对象、类及类之间的联系孤立出来,而OOD进一步说明为实现需求必须引入的其他类和对象,以及从提高软件设计质量和效率方面考虑如何改进类结构,重用类库中的类。

第11章 管理信息系统面向对象系统设计

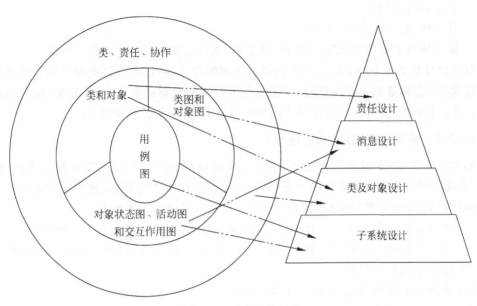

图 11.1 系统设计过程

11.2 面向对象系统总体设计和详细设计

11.2.1 面向对象系统设计的任务

对系统对象的整体结构进行设计,如系统包括哪些子系统、构件与接口之间有什么关系、哪些属于系统软件提供、哪些组件是自己开发的。一般来说系统体系结构包含如下四种子系统:

- 问题域子系统。
- 人机交互子系统。
- 任务管理子系统。
- 数据管理子系统。

OOA 中最常用的方法就是动态建模,是对 OOA 模型中类和对象具体化、详细设计,例如对类的设计就是定义类的属性,定义完成操作的算法或方法。在 UML 中动态建模常用的方法就是时序图(Sequence Diagram)。通过对用例进行时序图描述,可以搞清楚对象间有哪些交互、通过什么消息(Message)进行沟通,从而将每个对象需要进行的操作部署到具体的类。

1. 系统对象设计:建立系统整体结构并确认接口

- 建立更完整的对象静态结构和对象动态结构;
- 建立模型:对象结构模型、对象交互行为模型、对象状态模型;
- 使用图形工具:系统整体功能结构图、对象结构图、合作图、状态图。

2. 系统体系结构设计:系统环境选择与体系结构设计

- 确定软硬件结构、图形用户接口、数据库管理、程序设计语言和系统采用主从结构还是分布式结构；
- 建立模型：对象结构模型；
- 使用图形工具：对象图、合作图、状态图、活动图和系统整体功能结构图。

对象设计是为每个类的属性和操作做出详细的设计，并设计连接类与它相关联类之间的消息规则；目的是加入接口对象，以便建立更完整的对象的静态、动态模型，满足用户的需求；确定子系统，分析各子系统间的相互依存关系，决定系统结构设计。

11.2.2 系统详细设计（动态建模）

面向对象的 UML 动态建模过程，主要完成时序图、合作图、状态图和活动图的建立。对象/类动态模型主要描述系统的动态行为，描述事件在什么时候、以何种序列发生。动态模型包括对象/类状态模型和对象/类交互行为模型。其建立步骤如下：

（1）建立系统对象交互图。对用例进行分析，确定系统中类之间的交互顺序。

（2）建立系统状态图和活动图。确定对象/类状态的迁移及对象交互过程中同步、并行、选择和反复的活动顺序。

（3）审查动态模型，验证其准确性和一致性。

在面向对象设计中，UML 动态建模描述了系统的动态行为，显示对象在系统运期间不同时刻的动态交互。动态建模主要完成时序图、合作图、状态图和活动图的建立。时序图和合作图适合描述多个对象的协同行为；状态图适合描述一个对象跨越多个用例的行；活动图可以描述工作流和并发处理行为，还可以表达从一个活动到另一个活动的控制流。状态图与活动图的区别是：状态图描述的是对象类响应事件的外部行为；活动图描述的是响应内部处理的对象类的行为。

11.2.2.1 时间上的对象间交互关系建模：时序图

时序图描述对象在时间上是如何交互的，以及消息在对象间发送和接收的顺序。时序图的列表示参与用例的对象，列之间的水平箭头表示一个对象传递给另一个对象的消息或操作；时间自上而下垂直进行，表示各个操作的先后顺序。虚线上的长方形表示消息的产生，长度表示该操作处于活动状态的时间界限；操作可以看成是一个对象提供给其他对象的一种服务或请求。时序图主要从以下五方面入手绘制：

（1）识别参与交互的对象；

（2）确定系统对象的交互过程；

（3）为每个对象设置生命线，即确定哪些对象存在于整个交互过程中、哪些对象在交互过程中被创建和撤销；

（4）从引发交互过程的初始消息开始，在生命线之间自顶向下依次画出随后的个别消息；

（5）如果需要表示消息的嵌套或表示时间，则采用控制焦点，并在消息旁加上说明时间约束。

如图 11.2 所示的购物时序图，用户类在商品列表页面类发送"选购商品"消息，将商品 ID 传给购物车类，并调用类 addItem 发送"加入购物车"消息，购物车类向商品类请求商品详细信息，确定订单类获取信息后返回给购物车类，购物车类计算价格后将信息传回给商品详情页面，商品详情页面显示"直接购买"并将购物车信息保存到数据库。

第11章 管理信息系统面向对象系统设计

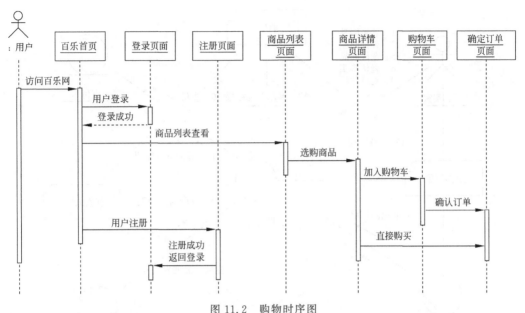

图 11.2 购物时序图

11.2.2.2 链接的对象间交互关系建模：合作图

合作图侧重描述对象、对象间的链接以及链接对象之间如何发送消息。它只对相互之间具有交互作用的对象和对象间的关联建模，而忽略其他对象和关联。绘制合作图主要从以下八方面入手：

(1) 识别参与交互过程的对象；
(2) 确定对象之间的交互过程；
(3) 如果需要，则为每个对象设置初始特性；
(4) 确定对象之间的链，以及沿着链的消息；
(5) 从引发交互过程的初始消息开始，将随后的每个消息附到相应的链上；
(6) 根据需要表示消息的嵌套；
(7) 根据需要说明消息的时间约束；
(8) 根据需要为每个消息附上前置条件和后置条件。

如图11.3所示的网络商品下订单的合作图，买家在购物车管理页面提交查看购物车的请求；B2C系统在购物车页面，显示购物车中的所有商品信息(商品名,价格,数量等)；顾客进行修改购物车中选购商品的数量,并提交此请求；B2C系统检查商品的库存数；更新购物车中选购商品的数量；在购物车页面上,显示更新后的购物车中的商品信息。

11.2.2.3 单个对象动态行为和状态的建模：状态图

状态图主要描述一个对象在其生存期间的动态行为,展示一个对象所经历的状态序列,引起状态转移的事件以及因状态转移而伴随的动作。绘制状态图主要从以下四方面入手：

(1) 识别参与交互过程的对象；

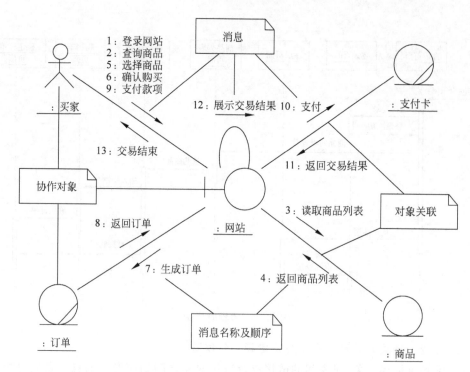

图 11.3 网络商品下订单的合作图

(2) 确定对对象有意义的状态;
(3) 决定对象可能的状态;
(4) 从确定初始状态开始,依次将分析出来的状态画出,直到状态的结束。

如图 11.4 所示的网络购物车的状态图,购物车类向商品类请求商品详细信息,商品类获取信息后返回给购物车类,购物车类计算价格后将信息传回给购物车显示页面,购物车显示页面显示"结账"列表并将购物车信息保存到数据库。

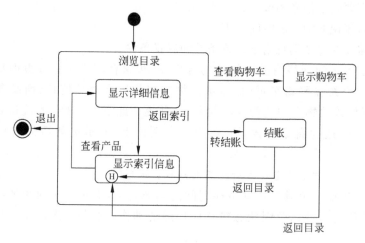

图 11.4 网络购物车的状态图

11.2.2.4 单个操作执行过程的建模:活动图

活动图用来描述一个操作执行过程中所完成的一系列动作,包括采取何种动作"做什么",何时、何处发生,以及操作的活动判定点和分支等部分,其本质就是流程图。UML 的活动图能够被附加到任何建模元素上,以描述其动作行为,这些元素包括用例图或类图的操作和方法上,所以系统设计人员可以用活动图对操作建模,用以重点描述系统的流程,从而描述系统的动态行为。绘制活动图主要从以下五方面入手:

(1) 识别要对其工作流进行描述的类;
(2) 确定各类的动态行为;
(3) 确定动作流;
(4) 对动作流建模;
(5) 对建模结果进行精细化。

顾客在商品详细页面,提交将该商品放入购物车的请求;B2C 系统根据请求检查商品是否有效,如果有效则检查商品的库存数,无效情况下终止活动状态;当库存信息满足要求时,系统将商品放入购物车,并在购物车页面显示顾客的购物车中的商品。商品放入购物车的管理购物车活动图如图 11.5 所示。

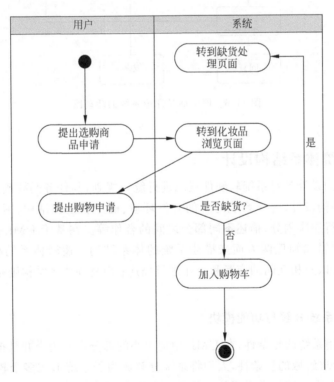

图 11.5 管理购物车的活动图

顾客在 B2C 电商平台选择购买商品后,进入论坛发表商品购物的评论信息,网络商品评论系统的活动图如图 11.6 所示。

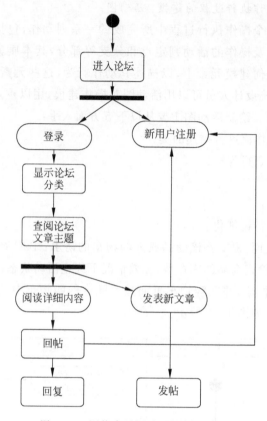

图 11.6 网络商品评论系统的活动图

11.3 系统体系结构设计

系统体系结构设计是对系统软硬件资源进行统一规划,其任务是要确定系统整体结构设计(包括数据结构设计、选择系统适合的开发环境、确定软硬件结构、图形用户接口数据库管理系统),进行层次划分,描述不同部分之间的合作等。在基于 UML 的面向对象系统设计中,主要从逻辑和物理两方面来描述系统的体系结构。逻辑体系结构是对系统的用例、类、对象、接口以及相互间的交互和合作进行描述;而物理体系结构则是对构件、结点的部署进行描述。

11.3.1 子系统分解与功能模块

为了减少应用系统的复杂性,在 UML 中把更小的部分定义为类并且把它们封装成包。类似地,为了减少求解域的复杂性,人们将系统分解成为子系统形成多个较小的组成部分,子系统就是由许多求解域的类组成的。基于这个原理,可以将复杂的子系统分解成较为简单的子系统。

1. 子系统分解

子系统分解指的是用分层与分区的方法,将系统循环地分解成可管理的较小的、简单的部分,直到能让一个人或者一个小组处理为止。系统使用这个方法就可以得到结构化的分解,其中每个子系统或者每一层可以根据低层子系统提供的服务为其高层服务,每一层还可以访问其下一层。

在面向对象的系统设计过程中,系统可以分解为以下三个层次:
(1) 顶层为登录管理和主控界面。
(2) 中间层为各业务处理子系统。
(3) 底层为实体类层和报表层。

2. 确认子系统

在OOA阶段已经将一个复杂系统划分为子系统,在OOD系统设计时,需要确定和完善这些子系统。确定子系统的方法就是将功能相关的对象放在一起,作为独立的功能或共享的模块,被多个子系统所共享;或者把复杂的子系统分解为较为简单的子系统。确定子系统的方法可归纳为以下两方面:

(1) 确定子系统:将一个用例中确定的对象分配到同一子系统中,在同一个子系统内的所有对象必须功能相关,业务处理配合紧密;为两个以上子系统传递数据或提供服务的对象创建一个专用的子系统;将子系统之间的关联关系降到最小,以降低复杂度。

(2) 建立系统整体结构图:描述各个子系统之间彼此的服务关系。

3. 子系统间的通信

子系统之间可以通过建立客户机-服务器连接进行通信,也可以通过端对端连接进行通信,我们必须确定子系统间的合约。合约提供了一个子系统和另一个系统的交互方式。确定合约的步骤如下:

(1) 列出该子系统协作者提出的每个要求,按子系统组织这些请求,并把它们定义到一个或多个适当的合约中,务必要标记到那些从父类中继承的合约;

(2) 对每个合约标记操作(继承的和私有的),这些操作被请求以实现被该合约蕴含的责任,务必将操作和子系统内特定的类相关联;

每个合约应包含合约的类型(客户机-服务器或端对端)、协作者(合约伙伴的子系统名)、类(子系统中支持和蕴含服务的类名)、操作(类中实现服务的操作名)和消息格式(实现协作者间交互所需的消息格式)。

4. 子系统耦合度与聚合度

耦合度描述子系统之间的依赖关系程度。耦合度越低表明子系统之间依赖关系越松散,它们之间的相互独立性越强;反之,耦合度越高,表明子系统之间依赖关系越紧密,当其中一个子系统发生变化时可能对另一个子系统产生很大影响。

聚合度描述子系统内部的依赖关系程度。如果某个子系统含有多个彼此相关对象,并且它们执行类似的任务,它们的相关性就比较高,那么子系统内部聚合度就高。聚合度越高,子系统独立性越强,反之亦然。

在进行子系统与功能模块设计过程中,要坚持低耦合、高聚合的原则,从而保证子系统与功能模块的独立性;通常在聚合度和耦合度之间存在一个平衡,将系统不断分解成子系统以提高系统的聚合度。

11.3.2 系统逻辑体系结构设计

1. 系统架构设计原则

面向对象系统设计的第一步就是确定系统逻辑体系结构,它决定了各子系统如何组织以及如何协调工作。在面向对象系统设计时,将应用系统的每个功能部分都分解到独立的组件中,并将各种组件划分到各个逻辑层中。现在比较流行的是三层架构设计,它将应用系统的功能划分到三个层次中:

(1) 表示层是系统运行的接口界面,包括系统的 UI 元素,负责实现用户和系统业务层之间的交互;

(2) 业务层是整个系统的核心部分,接收来自表示层的请求并通过业务逻辑处理,向表示层返回一个结果;

(3) 数据层负责保存应用系统数据,并且当有请求时发送给业务层。

信息系统三层逻辑体系结构设计是一种成熟并得到普遍应用的程序架构,在三层架构中每一层都对应一个包(Package),将应用程序结构划分三层独立的包,包括用户表示层、业务逻辑层、数据访问层。其中将实现人机界面的所有表单和组件放在表示层,将所有业务规则和逻辑的实现封装在负责业务逻辑的组件中,将所有和数据库的交互都封装在数据访问组件中,即典型的三层结构,如图 11.7 所示。

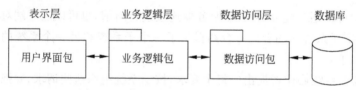

图 11.7 信息系统逻辑体系的三层结构

2. 逻辑体系结构建模:包图设计

在 UML 中一般采用包图对系统逻辑体系结构进行建模,一个包相当于一个子系统,一个包也可以划分为更小的包。根据系统设计原则,将信息系统中比较关心的对象分层,可分为三层:用户界面层、业务处理层、数据访问层;再把各层中的公共部分(权限管理、异常处理)提出来,这样得到的包图如图 11.8 所示。

图 11.8 系统逻辑体系结构建模:包图

1) 用户界面包

用户界面层的职责如图 11.9(a)所示。

第11章 管理信息系统面向对象系统设计

用户界面负责与用户的交互,接收用户的各种输入以及输出各种提示信息或处理结果。

(1) 对于输入的数据进行数据校验,过滤非法数据;

(2) 向业务处理对象发送处理请求。

用户界面包含的类如图11.9(b)所示。

(a) 用户界面层的职责

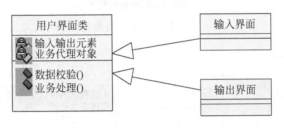

(b) 用户界面包含的类

图11.9 用户界面包

2) 业务处理包

业务处理层的职责如图11.10(a)所示。

具体如下:

(1) 实现各种业务处理逻辑或处理算法;

(2) 验证请求者的权限;

(3) 向数据访问对象发送数据持久化操作的请求;

(4) 向用户界面层返回处理的结果。

业务处理包含的类如图11.10(b)所示。

3) 数据访问包

数据访问层的职责如图11.11(a)所示。

具体如下:

(1) 实现数据的持久化操作;

(2) 实现事务处理。

数据访问包含的类如图11.11(b)所示。

对于每一个业务处理中需要持久化操作的对象都可以对应为一个数据库访问对象,在很多业务处理中需要请求多个数据库访问对象来进行数据的读写操作,而这些操作又必须在同一个事务中,这时需要用同一个数据库连接对象来进行统一的事务处理。这里的数据库连接类的创建用到了单件(Singleton)模式,保证一个类仅有一个实例,一个客户在同一时刻只能用一个数据库连接对象。

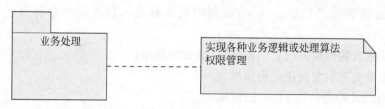

(a) 业务处理层的职责

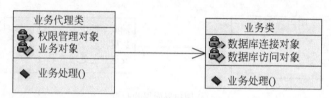

(b) 业务处理包含的类

图 11.10　业务处理包

(a) 数据访问层的职责

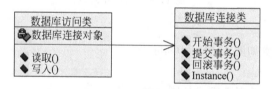

(b) 数据访问包含的类

图 11.11　数据访问包

4）权限管理包

权限管理的职责如图 11.12(a)所示。

具体如下：

(1) 验证请求者的请求权限；

(2) 提供请求者的权限列表。

权限管理包含的类如图 11.12(b)所示。

5）异常处理包

异常处理的职责如图 11.13(a)所示。

具体如下：

(1) 汇报运行时的详细异常信息；

(2) 记录异常处理日志。

异常处理包含的类如图 11.13(b)所示。

(1) 异常处理包；

第11章 管理信息系统面向对象系统设计

(a) 权限管理的职责

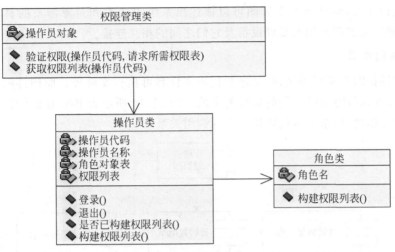

(b) 权限管理包含的类

图 11.12 权限管理包

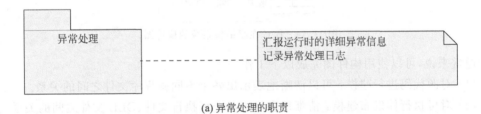

(a) 异常处理的职责

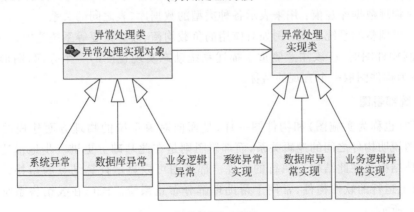

(b) 异常处理包含的类

图 11.13 异常处理包

(2) 异常处理包含的类。

异常处理类型比较多,如系统异常、数据库异常、业务逻辑异常等,针对不同类型的异常,处理方式有显示错误、记录文本日志、记录数据库日志等。

11.3.3 系统物理体系结构设计

系统物理体系结构设计不仅包括不同的结点和这些结点之间的连接方式,还表示了逻辑体系结构和物理结构的依赖关系。在 UML 中,一般采用构件图和部署图来对系统物理体系结构进行建模,构件图和部署图可以描述出系统中的类和对象涉及的具体程序或进程,并表明程序或进程使用的硬件设备及它们之间的相互连接。

1. 系统构件图

通常构件指的是源代码文件、二进制代码文件和可执行文件等。而构件图就是用来显示编译、链接或执行时构件之间的依赖关系的。图 11.14 所示为 B2C 在线销售系统程序代码的实际物理模块,用来显示代码模块间的调用关系。

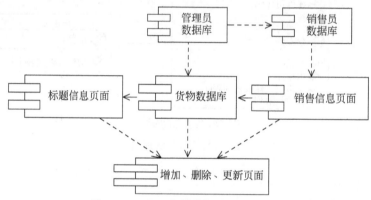

图 11.14 B2C 在线销售系统的构件图

通常来说,可以使用构件图完成以下工作。

(1) 对源代码进行建模:可以清晰地表示出各个不同源程序文件之间的关系。

(2) 对可执行体发布建模:清晰地表示出各个可执行文件、DLL 文件之间的关系。

(3) 对物理数据库建模:用来表示各种类型的数据库、表之间的关系。

(4) 对可调整的系统建模:例如对应用的负载均衡、故障恢复等系统建模。

在绘制构件图时,应该注意侧重于描述系统动态实现视图的一个方面,图形不要过于简化,应该为构件图取一个直观的名称。

2. 系统部署图

部署图(也称为实施图)和构件图一样,是面向对象系统的物理方面建模的两种图之一。构件图说明构件之间的逻辑关系,而部署图则是在此基础上更进一步地描述系统硬件的物理拓扑结构及在此结构上执行的软件。部署图可以显示计算结点的拓扑结构和通信路径、结点上运行的软件构件,常用于帮助理解分布式系统。B2C 在线销售系统的部署图如图 11.15 所示。

图 11.15 中,Web Browser 为个人计算机上的网页浏览器,如 IE 6.0、Firefox 等;Web Server 为 Apache 服务器软件,可以运行在所有广泛使用的计算机平台上,如 Tomcat 6.0

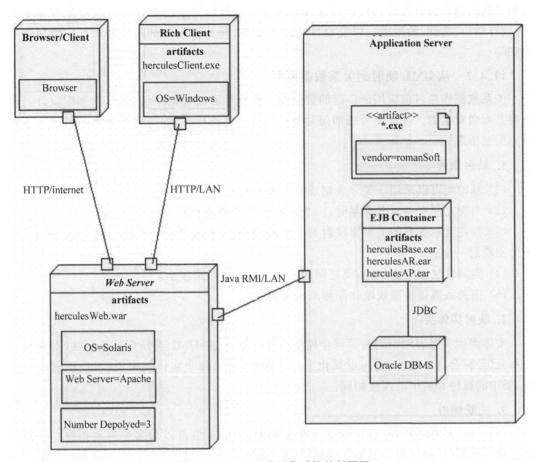

图 11.15 B2C 在线销售系统的部署图

提供 Servlet 容器；Application Server 服务端上 Struts 为一个基于模型-视图-控制器模式应用开发架构，是利用 Java Servlet 和 JSP 构建 Web 应用的一项非常有用的技术。Struts 使用 Action 来接收浏览器表单提交的事件；Hibernate 提供对象关系映射框架，对 JDBC 进行非常轻量级的对象封装，可以使用面向对象编程思维来操纵数据库，完成数据持久化；Oracle DBMS 是大型关系型数据库管理系统。

11.4 系统数据管理设计

11.4.1 数据管理设计

数据管理设计包括设计系统中各种数据对象的存储方式（如数据结构、文件、数据库），以及设计相应的服务，即为要存储的对象增加所需属性和操作。

数据库是系统运行的核心，它实现了数据的存取工作。对应于面向对象的设计，需要对每个类进行映射，即将业务层的各个类映射成为表，所有的基本数据就存储在这些表中。

(1) 数据结构设计：根据系统对象的数据种类和特性，为各对象的属性赋予合适的数据类型。

(2) 数据管理的设计：通常数据管理设计为层次模式，其目的是将操作数据结构的底层需求和处理系统属性的高层次需求加以分离;包括设计系统中各种数据对象存储方式(如内存结构、文件、数据库),以及设计相应的服务,即为要存储的对象增加所需的属性和操作等。

11.4.2 从 UML 映射到关系数据模型

关系数据库是目前应用最广泛的数据库。既然是面向对象系统设计,数据库设计当然也要是面向对象的。现在要考虑如何对类进行持久化操作,即如何将对象类映射到关系数据库的二维表。

1. 映射原因

(1) 基础类可以采用一类一表制或一类多表制的映射原则。

(2) 当类之间有一对多关系时,一个表也可以对应多个类。

(3) 存在继承关系的类可以映射为一个表,用属性来区别不同子类,也可以是不同的子类分别映射一个表。

(4) 类属性映射为表字段,类之间的关联也用表字段来表示。

(5) 按关系数据模型规范化原则来调整表结构。

2. 映射实体类

实体类到关系表的映射必须符合列是不可再分的,在 UML 分析中的类属性(对立与类关系)已经符合这个条件,这一点简化了这个映射,对于每个实体类来说,可以映射成一个表,类中的属性和表中的属性相同。

3. 关联映射

(1) 一对多关联关系:在一对多关联关系中,一个对象可以与多个对象相连。一种方法是将关系的"1"端对象的关键字附加到"多"端的一个列(或多列);另一种方法是用一个独立表来存储一对多的关系。

(2) 多对多关联关系:对于多对多关联关系,需要增加一个表,这个表由具有链接关系的表关键字组成。

(3) 一对一关联关系:零或一对一关联关系,把在"1"端的主键添加到"0"或"1"表;其他一对一关联关系,可以把一个对象的主键添加到另一个对象中。

4. 映射聚集和组合

对于一对一的组合,可将子类与超类组建成一个表;对于一对多的情况,无论聚集还是组合,对子类必须建立一个独立表,将父类主键属性加入子类的表中。

5. 映射泛化

泛化的映射策略有三种:

(1) 父类与子类可各自映射成表,将父类的主键属性加入子类中,建立外键关联。在关系数据模型中用外键参照关系来表示继承关系。

(2) 将子类表的属性添加到父类表的属性中,而不建立子类表。通过这种方式,可以使关系数据模型支持继承关系和多态。

(3) 不建立父类表,而只建立子类表。将子类继承的父类属性加入子类中。

泛化的映射实例如图 11.16 所示。

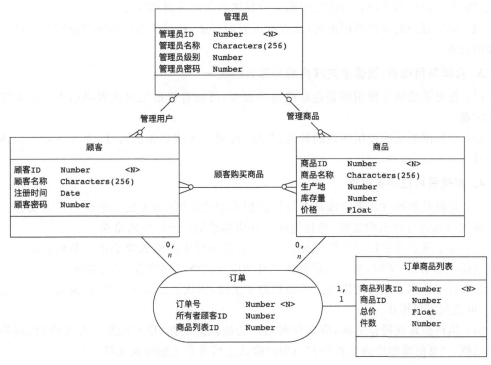

图 11.16 泛化的映射实例

11.5 系统界面设计

对大多数应用系统而言,人机界面是非常重要的子系统,人机界面主要强调人如何与系统交互,以及系统如何向人提供信息,包括窗口、菜单和报告的设计。

系统界面是用户与系统交互的一个窗口,系统界面设计不仅影响到它本身外观的可观性,而且对系统的可操作性也有很重要的影响。一个优秀的系统设计人员在进行界面设计时,总是时时从用户角度出发,以方便用户的使用为目标。用户第一次接触信息系统就是从界面开始的,用户界面的友好程度直接影响管理信息系统的使用效果和生命力。因此,基于用户界面构件图来完成用户界面设计有着非常重要的意义。

1. 界面设计原则

(1) 基于用户需求,适合系统功能。

理解用户要做什么。典型的用户界面设计都要进行任务分析来理解用户任务的性质,需求分析阶段中的用例分析就相当于任务分析。

(2) 让用户在与系统的交互过程中有掌握控制权的感觉。无论何时用户发起的交互都应该可以被响应。

(3) 界面设计要适合系统功能,不能片面追求界面外观漂亮而导致华而不实。

2. 重视可读性和可理解性

(1) 系统应使用主动语气与用户交流想法。

(2) 界面结构能够清晰地反映工作流程,以便用户按部就班地操作。

(3) 文字信息和界面布局应尽量和用户群体的使用习惯相匹配。

(4) 对于复杂的用户界面而言,最好提供界面导航,及时让用户知道自己在界面结构中所处的位置。

3. 合理利用颜色、图像来达成内容与形式的统一

(1) 在必要的地方使用明亮色彩或动画效果,可以有效地突出或者吸引人们对重要区域的注意。

(2) 尽量限制系统使用颜色的种类、数量,控制图像或动画的尺寸,而且色调也应该保持一致。

4. 加强易用性和容错性

(1) 要提供多种方式来完成每个与界面相关的动作(例如关闭一个窗口或者文件),提供对输入数据进行校验的功能,并且能够友好地容忍用户操作中的错误。

(2) 对于重点必填信息要给出标记,对于有特殊要求的输入要给出充分的提示。一般的提示信息要合理、适时,对于错误操作的反馈应注意语气要尊重,风格要统一。

(3) 对于操作者无权使用的菜单项和命令按钮,应该被隐藏或者设为"失效",即显示为灰色,可见但不可操作。

(4) 执行破坏性操作之前,应当获得用户的确认。例如,用户删除一个文件时,应当弹出对话框:"真的要删除该文件吗?"当用户确认之后才真正删除该文件。

本章小结

系统分析主要考虑系统"做什么"的问题,而系统设计主要考虑"如何做"的问题。面向对象系统设计的第一步就是确定系统逻辑体系结构,在 UML 中一般采用包图对系统逻辑体系结构进行建模,包图决定各子系统如何组织以及如何协调工作。系统物理体系结构设计,不仅包括不同的结点之间的连接方式,还表示逻辑结构和物理结构之间的关系。在 UML 中,一般采用构件图和部署图来对系统物理体系结构进行建模。在面向对象的数据库设计中,需要将实体类对象和关系数据库的表格对应起来。这就是从 UML 到关系数据模型的映射,包括实体类映射、关联映射、聚集映射、聚集和组合映射以及泛化映射。系统界面设计要遵循设计原则,按照相关设计内容来进行。

课后练习

11.1 系统逻辑体系结构设计的基本原则是什么?利用 UML 技术中的哪种图表工具进行设计?

11.2 系统物理体系结构设计包含的内容有哪些?利用 UML 技术中的哪种图表工具进行设计?

11.3 什么是耦合度?什么是聚合度?其与模块的独立性有什么联系?

11.4 在面向对象的数据库设计中,为什么从 UML 映射到关系数据模型?具体包括哪些映射?

11.5 基于 UML 技术的用户界面设计,通常使用哪些图表工具来完成?

第12章　电子商务与移动电子商务

本章学习目标

- 电子商务的基本概念与功能；
- 移动电子商务的基本概念与功能；
- 了解电子商务与移动电子商务信息平台、支付平台的特征；
- 了解移动电子商务的特征及多种典型移动服务如移动定位、移动支付等的应用和发展现状。

电子商务(Electronic Commerce)作为新兴的信息系统应用，正在快速发展并深刻影响人们的生活。一个完整的电子商务交易涉及信息流、物流、资金流三个主要方面，这就需要信息平台、物流平台、支付平台或系统的支撑。电子商务信息平台的一个发展趋势是开放平台，支付平台日益成熟，但也带来了一些问题，如虚拟货币监管问题。移动电子商务是随着互联网和移动通信技术的融合而出现的，具有无处不在性、实时性、定位性等特征，包括众多全新的商业模式，如移动支付、移动定位、移动游戏等。

前导案例

阿里巴巴集团创始人马云是最早在中国开拓电子商务应用并坚守在互联网领域的企业家，他和他的团队创造了中国互联网商务众多第一，是"中国人要做世界上最好的站点"和最独创的商业模式的理想者和实干家。他一直以来在互联网商务领域的富有创意的概念和作品，丰富了全球和中国商人的商业内容和行为，并在20世纪末为全球商人贡献了一款经典站点：阿里巴巴(www.Alibaba.com)。

阿里巴巴(Alibaba.com)是全球企业间(B2B)电子商务的著名品牌，

是全球国际贸易领域内领先、最活跃的网上交易市场和商人社区,目前已经成功融合了B2B、C2C、搜索引擎和门户,帮助全球客户和合作伙伴取得成功。做中小型企业的电子商务是阿里巴巴的目标,这也反映了阿里巴巴的目标市场就集中在广大的中小型企业。全世界85%以上的企业都是中小型企业,尤其是亚洲更以中小型企业为主,只有帮助中小企业才是最大的希望。良好的定位、稳固的结构、优秀的服务使阿里巴巴成为全球首家拥有超过800万网商的电子商务网站,遍布220个国家和地区,每日向全球各地企业及商家提供810万条商业供求信息,成为全球商人网络推广的首选网站,曾被《远东经济评论》读者评为"最受欢迎的B2B网站"。

2014年9月19日,阿里巴巴集团在纽约证券交易所正式挂牌上市,创造了史上最大IPO纪录,股票代码为BABA。2019年11月26日,阿里巴巴港股上市,总市值超4万亿元,登顶港股成为港股"新股王"。

2019年9月6日,阿里巴巴集团宣布20亿美元全资收购网易考拉,领投网易云音乐7亿美元融资。2019年10月,2019福布斯全球数字经济100强榜阿里巴巴位列第10位。2019年10月23日,2019《财富》未来50强榜单公布,阿里巴巴集团排名第11位。"一带一路"中国企业100强榜单阿里巴巴排名第5位。11月16日,胡润研究院发布《2019胡润全球独角兽活跃投资机构百强榜》,阿里巴巴排名第7位。2019年12月,阿里巴巴集团入选2019中国品牌强国盛典榜样100品牌。

12.1 电子商务

12.1.1 电子商务概述

中国电子商务协会发布的《中国电子商务发展分析报告》中对电子商务进行了定义:电子商务是以电子形式进行的商务活动。它在供应商、消费者、政府机构之间通过电子方式(如电子函件、报文、万维网技术、电子公告牌、智能卡、电子资金转账、电子数据交换和数据自动采集技术等)实现结构化或非结构化的商务信息的共享,以管理和执行商业、行政和消费活动中的交易。

1. 电子商务的定义

电子商务是指利用计算机技术、网络技术和远程通信技术,实现整个商务(买卖和服务)过程中的电子化、数字化和网络化的交易活动总称。电子商务行为的成功取决于以下两个要素:一是活动要有商业背景;二是活动的各个环节中要含有网络化、电子化因素。

上述概念包含如下含义:
- 电子商务是一种采用先进信息技术的买卖方式。
- 电子商务造就了一个虚拟的市场交换场所。
- 电子商务是"现代信息技术"和"商务"的集合。
- 电子商务是一种理念,而非简单的采用电子设施完成的商务活动。

2. 电子商务的优越性

电子商务提供企业虚拟的全球性贸易环境,大大提高了商务活动的水平和服务质量。它是新型的商务通信通道,其优越性是显而易见的,其优点包括:

(1) 提供 365 天全天候的服务,电子商务增强了企业的竞争力。

(2) 节省了潜在开支,如电子邮件节省了通信邮费,而电子数据交换则大大节省了管理和人员环节的开销。

(3) 增加了客户和供货方的联系。如电子商务系统网络站点使得客户和供货方均能了解对方的最新数据,而电子数据交换(EDI)则意味着企业间的合作得到了加强。

(4) 提高了服务质量,能以一种快捷、方便的方式提供企业及其产品的信息及客户所需的服务。

(5) 提供交互式销售渠道,使商家能及时得到市场反馈,改进本身的工作。

12.1.2 电子商务中信息流、资金流、物流的关系

电子商务以信息流为依据,通过资金流实现商品的价值,通过物流实现商品的使用价值。物流应是资金流的前提与条件;资金流应是物流的依托及价值担保,并为适应物流的变化而不断进行调整;信息流对资金流和物流的活动起着指导和控制作用,并为资金流和物流活动提供决策的依据,直接影响、控制着商品流通中各个环节的运作效率。

商品交易行为贯穿于人类历史的长河,是人类生存、发展成果的重要内容。从最初的"以物易物"到一般等价物货币的出现,再到今天极为庞大、高度复杂的社会交易体系的建立,归根到底还是基本交易活动在发生:商品和服务所有权的转移。它可以简单分为五个环节,如图 12.1 所示。

图 12.1 商品交易的五个环节

从以上五个环节不难发现,伴随商品交易过程的是信息流、资金流和物流的有规律运动。这种运动的实现在最初"以物易物"时是极为简便的,不管是拿猎物换油盐还是以粮食换工具,资金流根本不存在,信息流简单得近乎不用考虑,只需简易的物流即可。到了货币时代,交易方式变为一手交钱一手交货,完成交易依然简单。但是随着社会的进一步发展,特别是社会分工的高度细化,导致商品交易的实现发生了巨大变化,具体表现为:

(1) 交易双方的身份(如个人与企业交易,或企业与政府交易等)不再单纯。

(2) 交易双方所处的环境(如地域)千差万别。

(3) 交易双方需求的复杂性(如期货交易)。

(4) 买方一次性支付能力与卖方预期的差异(如分期付款)。

(5) 大量全新形态的交易物(如信息商品)出现。

因此,大量存在于买卖双方之间的中介机构顺势而生,它们为满足交易双方各种各样的需求而出现:一方面使林林总总的交易得以实现,另一方面也令交易实现的过程高度复

杂化。其中有两个至关重要的特点：一是物流和资金流彻底分离；二是信息价值的凸现，信息流在交易行为中发挥了控制、协调和指导的作用。

物流和资金流的彻底分离缘自商业信用的存在。更多时候，具有买卖双方公认的商业信用的中介机构如银行等承担了交易风险，促成了这种分离的实现。中介机构依靠各种手段获得了交易双方尽可能全面的信息，比如卖方经营状况、卖方品牌、商品价格、商品质量、买方支付能力和买卖双方的以往交易记录等。这些信息尽可能规避了信息不对称的状况以及交易中的各种风险，保障了交易的实现。

（1）信息流是指电子商务交易各主体之间信息的传递过程，是电子商务的核心要素，它是双向的。在企业中，信息流分为两种：一种是纵向信息流，发生在企业内部；另一种是横向信息流，发生在企业与其上下游的相关企业、政府管理机构之间。

（2）资金流是指资金的转移过程，包括支付、转账、结算等，它始于消费者，止于商家账户，中间可能经过银行等金融部门。

（3）物流是因人们的商品交易行为而形成的物质实体的物理性移动过程，它由一系列具有时间和空间效用的经济活动组成，包括包装、装卸、存储、运输、配送等多项基本活动。

12.2 电子商务的发展历程

12.2.1 电子商务的产生

电子商务最早产生于20世纪60年代，大规模发展于20世纪90年代，其产生和发展的重要条件主要有以下五方面。

1. 经济全球化的发展

经济全球化是指世界各国的经济在生产、分配、消费各个领域发生的一体化趋势。经济全球化促进了跨国公司的发展，使国际范围内的商务活动变得频繁，而且使国际贸易成为各国经济发展的重要组成部分。

经济全球化促使人们寻找合适的方式来满足这种商务活动，电子商务由此应运而生，并以其独特的优势成为这场革命中的重要力量，在国际商务活动中扮演着越来越重要的角色。

2. 计算机和网络技术的发展、普及和广泛应用

近30年来，计算机的运行速度越来越快，处理能力越来越强，价格越来越低，应用越来越广泛，这为电子商务的应用提供了基础。

由于国际互联网逐渐成为全球通信与交易的媒体，全球上网用户呈级数级增长趋势，快捷、安全、低成本的特点为电子商务的发展提供了应用条件。

3. 信用卡和电子金融的普及应用

信用卡以其方便、快捷、安全等优点而成为人们消费支付的重要手段，并由此形成了完善的全球性信用卡计算机网络支付与结算系统，使"一卡在手，走遍全球"成为可能，同时也成为电子商务中网上支付的重要手段。

各大银行也都看到了电子商务的发展前景，纷纷推出了支持在线交易的电子金融服务，在安全技术的保障下，电子银行的发展解决了商务活动中的支付问题，成为促进电子商务发展的强大动力。

4. 电子安全交易协议的制定和安全技术的发展

1997年5月31日，由美国VISA和Master Card国际组织等联合指定的电子安全交易协议(Secure Electronic Transfer Protocol,SET)出台,该协议得到了大多数厂商的认可和支持,为在网络上进行电子商务活动提供了一个关键的安全环境。

计算机和网络安全技术的发展为电子商务的开展提供了技术和安全保障,这些技术包括HTML、XML、数据库技术、动态网页技术、SSL协议、SET协议、加密技术、防火墙技术和数字签名技术等。

5. 政府的支持与推动

自1997年欧盟发布欧洲电子商务协议、美国随后发布《全球电子商务纲要》以后,电子商务受到了世界各国政府的重视,许多国家的政府开始尝试"网上采购",这为电子商务的发展提供了有力的支持。同时,各国政府都非常重视电子商务的发展,为电子商务的发展提供良好的生存环境,同时为电子商务制定法律规范和技术标准,这就保障了电子商务的合法进行和长远发展。

12.2.2 我国电子商务的发展

自从20世纪90年代"电子商务"概念引入我国之后,在我国政府及信息化主管部门的指引下,电子商务的发展经历了四个阶段:

1. 认识电子商务阶段(1990—1993年)

我国自20世纪90年代开始开展EDI的电子商务应用,从1990年开始,国家计委、科委将EDI列入"八五"国家科技攻关项目。1991年9月由国务院电子信息系统推广应用办公室牵头,会同国家计委、科委、外经贸部等八个部委局,发起成立"中国促进EDI应用协调小组"。同年10月成立"中国EDIFACT委员会"并参加亚洲EDIFACT理事会。我国政府、商贸企业以及金融界认识到电子商务可以使商务交易过程更加快捷、高效、成本更低,肯定了电子商务是一种全新的商务模式。

2. 广泛关注电子商务阶段(1993—1998年)

在这一阶段电子商务在全球范围迅猛发展,引起了各界的广泛重视,我国也掀起了电子商务热潮。从1994年起,我国部分企业开始涉足电子商务,并取得了喜人的成绩。以现代信息网络为依托的中国商品交易中心(CCEC)、中国商品订货系统(CGOS)等电子商务系统也陆续投入运营。1995年,中国互联网开始商业化;1996年6月,中国公用计算机互联骨干网(CHINANET)工程建成开通;1997年6月,中国互联网络信息中心(CNNIC)完成组建,开始行使国家互联网络信息中心职能;1998年3月6日,我国国内第一笔Internet上电子商务交易成功;1998年10月,国家经贸委与信息产业部联合宣布启动了以电子贸易为主要内容的"金贸工程",这是一项推广网络化应用、开发电子商务在经贸流通领域的大型应用试点工程。因而,1998年甚至被称为中国的"电子商务"年。政府、商家和消费者都意识到,电子商务的兴起,既面临着机遇也面临着诸多的挑战。如何探索一条适合中国国情的电子商务发展模式,是政府、商家和消费者共同考虑的问题。发展电子商务需要政府的推动和企业的积极参与,一是要有完善的信息基础设施,政府对此给予高度重视,从20世纪 90 年代初开始,相继实施了"金桥""金卡""金关"等一系列"金字工程";二是要有安全可靠的保障措施,需要建立必要的法律法规和技术标准;三是要克服文化障碍,提高消费者的网上购物意识。

3. 电子商务应用发展阶段(1999—2009 年)

在这个阶段中,国家信息主管部门开始研究制定中国电子商务发展的有关政策法规,启动政府上网工程,成立国家计算机网络与信息安全管理中心,开展多项电子商务示范工程,为实现政府与企业间的电子商务奠定了基础,为电子商务的发展提供了安全保证,为在法律法规、标准规范、支付、安全可靠和信息设施等方面总结经验,逐步推广应用。同时,企业的电子商务蓬勃发展。1999 年 3 月阿里巴巴网站诞生;同年 5 月,8848 网站推出并成为当年国内最具影响力的 B2C 网站。2000 年 6 月,中国金融认证中心(CFCA)成立,专为金融业务各种认证需求提供证书服务。2001 年,我国正式启动了国家"十五"科技攻关重大项目"国家信息安全应用示范工程"。2005 年,电子商务爆发出迅猛增长的活力。2005 年年初,国务院 2 号文件的发布,为 2005 年中国电子商务市场的持续快速增长奠定了良好的基础;《电子签名法》的实施和《电子支付指引》的颁布,进一步从法律和政策层面为电子商务的发展保驾护航;第三方支付平台的兴起,带动了网上支付的普及,为电子商务应用提供了保障;B2B 市场持续快速发展,中小企业电子商务应用逐渐成为主要动力;B2C 市场尽管略显平淡,但互联网用户人数突破一亿大关为 B2C 业务的平稳增长奠定了坚实的用户基础;C2C 市场则由于淘宝网和易趣网的双雄对立,以及腾讯和当当的进入,进一步加剧了市场竞争。2005 年也因此被称为"中国电子商务年"。

4. 移动电子商务应用发展阶段(2010 年至今)

移动电子商务由电子商务的概念衍生出来,电子商务以 PC 为主要界面,是"有线的电子商务";而移动电子商务是指通过手机、PDA、掌上计算机等手持移动终端从事 B2B 或 B2C 的商务活动,以前这些业务一贯是在有线的 Web 系统上进行的。与传统通过计算机(台式 PC、笔记本计算机)平台开展的电子商务相比,移动电子商务拥有更为广泛的用户基础,有人预言移动电子商务将决定 21 世纪新企业的风貌,也将改变生活与旧商业的地形地貌。近年来,全球电子商务市场快速发展,中国作为全球最大的互联网用户市场,网民规模达 7.72 亿人,普及率达到 55.8%,稳居全球规模最大、最具活力的电子商务市场地位。2020 年,中国电子商务交易总额达 43.8 万亿元,网上零售额将达 9.6 万亿元,B2C 销售额和网购消费者人数均排名全球第一。随着 2019 年工信部正式向中国电信、中国移动、中国联通、中国广电发放 5G 商用牌照,我国正式进入 5G 时代。5G 支撑应用场景由移动互联网向移动物联网拓展,将构建起高速、移动、安全、泛在的新一代信息基础设施。电子商务已成为推动我国社会经济发展的重要活动,在国民经济和社会发展中发挥着日益重要的作用。

12.3 电子商务的特点与运行模式

12.3.1 电子商务的特点

电子商务是综合运用信息技术、以提高贸易伙伴间商业运作效率为目标,将一次交易全过程中的数据和资料用电子方式实现,在整个商业运作过程中实现交易无纸化、直接化。

电子商务可以使贸易环节中各个参与者更紧密地联系，更快地满足需求，在全球范围内选择贸易伙伴，以最小的投入获得最大的利润。

电子商务与传统的商务活动方式相比，具有以下特点。

1．交易虚拟化

通过 Internet 进行的贸易活动，贸易双方从贸易磋商、签订合同到支付等，无须当面进行，均通过计算机在互联网上完成，整个交易完全虚拟化。对卖方来说，可以到网络管理机构申请域名，制作自己的主页，组织产品信息上网。而虚拟现实、网上聊天等新技术的发展使买方能够根据自己的需求选择商品，并将信息反馈给卖方。通过信息的交互传递，签订电子合同，完成交易并进行电子支付。整个交易都在网络这个虚拟的环境中进行。

2．交易成本低

电子商务使得买卖双方的交易成本大大降低，具体表现在：

（1）传统的贸易平台是地面店铺，电子商务贸易平台则是联网的计算机，去除了经营成本。

（2）买卖双方通过网络进行商务活动，无须中介者参与，减少了交易环节，减少了流通成本。

（3）卖方可通过互联网进行产品介绍、宣传，避免了在传统方式下的广告制作及印刷制品等的费用，降低了宣传成本。

（4）电子商务实行无纸贸易，可减少90％的文件处理费用，降低管理成本。

（5）互联网使买卖双方即时沟通供需信息，使无库存生产和无库存销售成为可能，从而使库存成本尽可能为零。

（6）企业利用内部网（Intranet）可实现"无纸办公（OA）"，提高内部信息的传递效率，节省了时间，同时降低管理成本。通过互联网络把公司总部、代理商以及分布在其他地方的子公司、分公司联系在一起，及时对各地市场情况做出反应，及时生产、及时销售、降低存货、快捷配送，从而降低产品成本。

3．交易效率高

由于互联网将贸易中的商业报文标准化，使商业报文在世界各地的传递能在瞬间完成；计算机自动处理数据，使原料采购、产品生产、需求与销售、银行汇兑、保险、货物托运及申报等过程无须专人干预，就能在最短的时间内完成。电子商务克服了传统贸易方式的费用高、易出错、处理速度慢等缺点，极大地缩短了交易时间，使整个交易非常快捷与方便。

4．交易透明化

电子商务使买卖双方从交易的洽谈、签约到货款的支付、交货通知等整个交易过程都在网络上进行。通畅、快捷的信息传输可以保证各种信息之间互相核对自动化、实时化，防止伪造信息的可能性。例如，在典型的许可证 EDI 系统中，由于加强发证单位和验证单位的通信、核对，假许可证就不易漏网。

5．提升企业竞争力

电子商务使得许许多多的中小企业也可以通过网络实现全天候、国际化的商务活动，通过网络进行宣传、营销，可以创造更多的销售机会，从而提升企业的竞争力。

6. 促进经济全球化

电子商务使得世界各地的人们都可以了解到国际上的商业信息,加速了信息沟通和交流,促进了国际商务活动的开展,跨国商务活动变得越来越简易和频繁,适应了经济全球化的发展趋势。

12.3.2 电子商务的运行模式

按电子商务应用服务的领域及对象不同,可分为五种运行模式,即企业对企业电子商务(B2B)、企业对消费者电子商务(B2C)、企业对政府机构电子商务(B2G)、消费者对政府机构电子商务(C2G)、消费者对消费者电子商务(C2C)。

1. B2B

B2B(或 B to B)也称为商家对商家或商业机构对商业机构的电子商务,即 Business to Business。B2B 模式如图 12.2 所示。

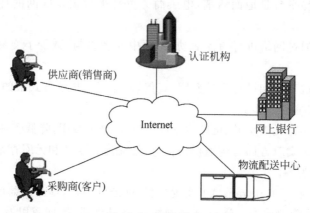

图 12.2　B2B 模式

B2B 模式是电子商务中的重头戏。它是指企业在开放的网络中寻求贸易伙伴、谈判、订购到结算的整个贸易过程。通过电子商务,处于生产领域的商品生产企业可以根据买方的需求和数量进行生产,以及实现个性化的生产;处于流通领域的商贸企业可以更及时、准确地获取消费者信息,从而准确订货,减少库存,并通过网络促进销售,提高效率,降低成本,获取更大的利益。

在 B2B 模式中,参与主体主要包括认证机构、采购商、供应商、B2B 服务平台、物流配送中心、网上银行等。目前企业采用的 B2B 可以分为以下两种模式:

1) 面向制造业或面向商业的垂直 B2B

垂直 B2B 可以分为两个方向,即上游和下游。

(1) 生产商或商业零售商可以与上游的供应商之间形成供货关系,比如 DELL 公司与上游的芯片和主板制造商就通过这种方式进行合作。

(2) 生产商与下游的经销商可以形成销货关系,如 Cisco 与其分销商之间进行的交易。

2) 面向中间交易市场的 B2B

这种交易模式是水平 B2B,它是将各个行业中相近的交易过程集中到一个场所,为企业的采购方和供应方提供一个交易的机会,如阿里巴巴·中国(http://china.alibaba.com)、环球资源网等。

B2B 只是企业实现电子商务的一个开始,它的应用将会得到不断发展和完善,并适应所有行业、企业的需要。

目前企业要实现完善的 B2B 需要许多系统的共同支持,比如企业需要有财务系统、企业资源计划(ERP)系统、供应链管理(SCM)系统、客户关系管理(CRM)系统等,并且这些系统能有机地整合在一起,实现信息共享、业务流程的完全自动化。

2. B2C

B2C 也称商家对个人客户或商业机构对消费者的商务,即 Business to Customer。商业机构对消费者的电子商务基本等同于电子零售商业,B2C 模式是我国最早应用的电子商务模式,以 8848 网上商城的正式运营为标志,目前采用 B2C 模式的主要以当当、卓越等为代表。B2C 模式是企业通过互联网为消费者提供一个新型的购物环境——网上商店,消费者通过网络在网上购物,这里的"物"指实物、信息和各种售前与售后服务。由于这种模式节省了客户和企业的时间和空间,大大提高了交易效率。目前 B2C 的付款方式是货到付款与网上支付相结合,而企业货物的配送大多数选择物流外包方式,以节约运营成本。随着用户消费习惯的改变以及优秀企业示范效应的促进,网上购物用户正在迅速增长,这种商业的运营模式在我国已经基本成熟。B2C 模式如图 12.3 所示。著名的 B2C 网站有卓越(www.joyo.com)、当当(www.dangdang.com)。

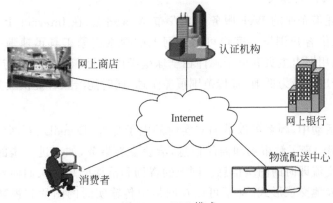

图 12.3　B2C 模式

3. G2B

G2B 模式可以覆盖政府组织与企业间的许多事务,如政府采购。政府采购是一种公共经济行为,其宗旨是降低成本,反腐倡廉,调控市场。通过政府采购可以将政府的管理向透明化、高效率转型,同时在管理上向科学化、服务性靠拢;政府通过提供企业报税、进出口报关、企业办事、招商投资、招标公告、中标公告等服务内容,向企业和个人投资者提供办事、政策、信用、财经、招标、投资、产业等相关服务。

4. G2C

关于 G2C 模式,政府通过各级政府网站,向民众提供市民办事、便民公告、政策答疑、民意调查、福利费发放、个人缴税等服务内容,引导公民方便地获得政务、办事、旅游、生活等方面的信息咨询及服务。

5. C2C

C2C 模式的产生以 1998 年易趣的成立为标志。目前采用 C2C 模式的主要以 eBay 易趣、淘宝等为代表。C2C 模式是一种个人对个人的网上交易行为,目前 C2C 企业采用的运作模式是通过为买卖双方搭建拍卖平台,按比例收取交易费用,或者提供平台方便个人在平台上开设网上商店,以会员制的方式收取服务费。当前著名的 C2C 网站有淘宝(www.taobao.com)、易趣(www.ebay.com.cn)、拍拍(www.paipai.com)。

12.4 电子商务的基本功能

电子商务可提供网上交易和管理等商务活动全过程的服务。因此,它具有企业业务组织、信息发布与广告宣传、咨询洽谈、网上订购、网上支付、网上金融与电子账户、信息服务传递、意见征询和调查统计、交易管理等各项功能。

1. 企业业务组织

电子商务是一种基于信息的商业进程,在这一进程中,企业内外的大量业务被重组,使整个企业更有效地运作。企业对外通过 Internet 加强了与合作伙伴之间的联系,打开了面向客户的窗口;对内则通过 Intranet 提高业务管理的集成化和自动化水平,以实现高效、快速和方便的业务活动流程。

2. 信息发布与广告宣传

电子商务可凭借企业的 Web 服务器来发布 Web 站点,在 Internet 上发布各类商业信息和企业信息,以供客户浏览。客户可借助网上的搜索引擎工具迅速地找到所需商品信息,而商家则可利用网上主页和电子邮件在全球范围内进行广告宣传。与以往的各类广告相比,网上的广告成本最为低廉,宣传范围覆盖全球,同时能给顾客提供最为丰富的信息。

3. 咨询洽谈

在电子商务活动中,顾客可以借助非实时的电子邮件(E-mail)、新闻组(News Group)和实时的论坛(BBS)来了解市场和商品信息,洽谈交易事务,如有进一步的需求,还可用网上的交互平台来交流即时的图文信息。网上的咨询和洽谈能超越人们面对面洽谈的限制,提供多种方便的异地交谈形式,甚至可以在网络中传输实时的图片和视频片段,产生如同面对面交谈的感觉。

4. 网上订购

网上订购通常都是在产品介绍的页面上提供十分友好的订购提示信息和订购单。当客户填完订购单后,系统会通过发送电子邮件或其他方式通知客户确认订购信息。通常,订购信息会采用加密的方式来传递和保存,以保证客户和商家的商业信息不会泄露。

5. 网上支付

对于一个完整的电子商务过程,网上支付是不可缺少的一个重要环节。客户和商家之间可采用电子货币、电子支票、信用卡等系统来实现支付,网上支付比起传统的支付手段更为高效和方便,可节省交易过程中许多人员的开销。不过,由于网上支付涉及机密的商业信息,所以,其需要更为可靠的信息传输安全性控制以防止欺骗、窃听、冒用等非法行为出现。

6. 网上金融与电子账户

网上的支付需要电子金融来支持,即银行或信用卡公司以及保险公司等金融机构为客户提供可在网上操作的金融服务,而电子账户管理是其基本的组成部分,信用卡号或银行账号都是电子账户的一种标志,而其可信度需配合必要的技术措施来保证,如数字凭证、数字签名、加密等手段的应用,为电子账户操作提供了可靠的安全保障。

7. 信息服务传递

交易过程中的信息服务传递,如订货信息、支付信息、物流配送信息等均可通过各种网络服务来实现。另外,信息是交易商品的一种形式,如软件、电子读物、信息服务等,可直接通过网络传递到客户手中。

8. 意见征询和调查统计

在网页上采用"选择""填空"等问卷调查方式收集用户对产品及服务的反馈意见,使企业的市场运营形成一个回路。通过对反馈意见的分析、对交易数据的统计,可以了解用户的需求和爱好,有效地把握市场的发展趋势,使企业获得改进产品、扩大市场的商业机会。

9. 交易管理

在商务活动中,对整个交易过程的管理将涉及人、财、物多个方面以及企业与企业、企业与客户、企业内部等各方面的协调和管理,因此,交易管理涉及商务活动的全过程。电子商务的发展,将会提供一个良好的交易管理的网络环境及多种多样的应用服务系统以促进电子商务获得更广泛的应用。

12.5 电子商务信息平台

电子商务信息平台的发展趋势是开放平台(Open Platform),指将网站的服务封装成一系列计算机易识别的数据接口开放出去,供第三方开发者使用。通过开放平台不仅能提供 Web 网页访问,还可以进行复杂数据交互,第三方开发者可以基于这些已经存在的、公开的 Web 网站而开发丰富多彩的应用。

开放平台对于第三方应用提供商而言,将获得该平台上的大量用户资源,进而创造极大的商业价值。而对于平台企业而言,更多应用的实现将增强其用户黏性,进而巩固自身的市场地位。因此,开放平台的建立将带来双赢的结果。

开放平台主要可以分为两类:其一是应用型开放平台,即基于某一个基础的应用模式,然后开放平台供第三方开发者扩展,如 Facebook、Google App Marketplace、Apple App Store 等。其二是服务型开放平台。没有一个基础的应用模式,而是把计算资源作为一种服务提供给开发者,让开发者能快速拥有大量、稳定的计算或存储资源(云计算),专心做好应用的业务逻辑,实现快速开发和部署,如 Google App Engine、Amazon S3(Simple Storage Service)等。

1. 百度搜索开放平台

百度开放平台是基于"框计算"先进信息技术和服务理念而提供的开放数据分享及对接平台。通过该平台,开发者可以提交结构化的数据或资源,并在搜索结果中直接展现。对用户而言,只要在"框"中输入服务需求,系统就能准确识别,并将其分配给最优的内容提供者,最终返回给用户最精准的结果。这种智能的互联网需求交互模式以及简单可依赖的实现机制称为"框计算"。图 12.4 显示在百度中以"天气"作为关键词搜索的结果,其中第一条直接给出了今后三天的天气预报信息,这就避免了再次单击链接去获取相应信息的麻烦。

图 12.4　百度搜索结果

百度搜索开放平台是一个基于百度网页搜索的开放的数据分享平台,开发者可以直接提交结构化的数据到百度搜索引擎中,实现更强大、更丰富的应用,使用户获得更好的搜索体验,并获得更多有价值的流量。

百度开放平台与框计算的紧密结合使得搜索信息更加走向精细化,"即搜即用"的实现让用户的搜索体验大幅提升。但更重要的是,百度通过开放平台的构建将用户流量进一步引入了百度联盟,将企业更紧密地圈在自己的"势力范围"内确保百度联盟以及百度自身的收益。

2. 淘宝开放平台

淘宝开放平台项目是淘宝面向第三方应用开发者,提供 API 接口和相关开发环境的开放平台。

软件开发者可通过淘宝 API 来获取淘宝用户信息(卖方和买方用户信息、私有信息需要授权)、淘宝商品信息(全淘宝超过一亿个商品的名称、类目、型号、介绍等信息)、淘宝商品类目信息(全淘宝商品索引及分类明细)、淘宝店铺信息(全淘宝店铺信息)、淘宝交易明细信息(在取得用户授权的情况下,查询每笔交易的详细情况)、淘宝商品管理(淘宝商品的上传、编辑、修改等接口)等信息,并建立相应的电子商务应用。

同时,阿里软件平台在其中也扮演着重要的角色,它将为开发者提供整套的淘宝 API 的附加服务:测试环境、技术咨询、产品上架、版本管理、收费策略、市场销售、产品评估等。

3. 第三方支付

电子商务支付平台的主流是第三方支付,主要包括两类:一类是以支付宝、财付通、盛付通为首的互联网型支付企业,它们以在线支付为主,捆绑大型电子商务网站,迅速做大做强。此类支付企业一般采用信用中介模式,实行"代收代付"和"信用担保"。

另一类是以银联电子支付、快钱、汇付天下为首的金融型支付企业,侧重行业需求和开拓行业应用。此类支付企业一般采用支付网关模式,将多种银行的支付方式进行整合,充当了电子商务各方与银行的接口,使银行服务的适用面更广,比如汇付天下集中在航空领域拓展支付市场。

2010 年 6 月,中国人民银行(简称央行)正式对外公布《非金融机构支付服务管理办法》,对国内第三方支付行业实施正式监管。根据该办法,非金融机构提供支付服务需要按规定取得《支付业务许可证》成为支付机构,2011 年 9 月 1 日是第三方支付机构获得许可证的最后期限,逾期未取得的企业将不能继续从事支付业务。2011 年 5 月中旬,支付宝、财付通等 27 家非金融机构获得首批发放牌照。这对于中国金融结算市场发展以及金融服务体系的完善有着深远的影响。

随着 2016 年首批支付牌照到期续展,央行监管"零容忍"在续牌时就将货币汇兑业务纠正过来,监管部门修订《非金融机构支付服务管理办法》(简称"2 号令")旨在修订该管理办法存在的一些不适当的条款,并收回了之前拿到许可的几家支付机构的货币汇兑许可,规范了所有第三方支付平台公司。

电子支付将逐渐应用到生活的方方面面,不仅包括网上购物,而且包括传统行业电子商务化转型市场,比如传统零售企业、航空旅游、电信缴费、行政教育、保险基金等。例如汇付天下发现了航空领域的 B2B、B2C 细分市场。在机票分销的产业链中,最上游是航空公司,接下来是一级、二级、三级等代理商,再往下是大量售票终端,乘客位于产业链的最下游。在做批发生意的一级代理商那里,资金周转效率是实现利润的重要条件。

汇付天下的创新模式是垫资嵌入:当一级代理下单给航空公司,汇付天下先根据它的信用等级将部分机票款垫付给航空公司,一级代理可在回笼资金后偿还;汇付天下在每一笔交易中向航空公司收取一定佣金。这样航空公司的现金流变得充沛了,代理的资金压力得到缓解,汇付天下也获得了自己的利润。

艾瑞咨询的统计数据显示,汇付天下在航空业领域与中国国际航空、中国南方航空、中国东方航空等国内 18 家主要航空公司建立合作,覆盖 5000 多家代理商和数万零售商的业务,打通产业上下游资金支付链,助推代理商的资金周转率从原来每年不超过 20 次提升至 140 次。据统计,目前国内每 7 张机票中即有 1 张由汇付天下的系统处理支付结算。

4. 超级网银和银联在线支付

超级网银全名为"网上支付跨行清算系统",是中国人民银行研发的标准化跨银行网上金融服务产品。

与传统网银的"多个账户需多次登录"有所不同,超级网银可以让客户只登录一家银行的网银,就可查询到自己在不同商业银行的全部账户信息,包括活期存款、定期存款、基金甚至理财产品。使用超级网银,还可直接向各家银行发送交易指令并完成汇款操作。因此,超级网银最大的受益者将是广大银行储户和中小企业客户。

与支付宝等第三方支付平台相比,超级网银提供了更多的功能:具备了实时跨行的账户管理、资金汇划、资金归集等,此外还包括统一身份验证、直联平台、财务管理流程、数据格等服务。

2011年6月8日,中国银联联合相关各方正式推出"银联在线支付"和"银联互联网手机支付"两项业务。和普通的第三方支付平台相比,"银联在线支付"平台具有两个功能优势:一是用户在网上支付时,无须开通网银即可支付,货到付款时无须提前向第三方账户划款,交易资金在个人银行账户内冻结,由银行完成预授权担保(金融级预授权担保),避免了用户利息损失和资金挪用风险;二是该平台已经与铁路网上售票电子支付系统对接,开通在中国铁路客户服务中心网站(www.12306.cn)的客票电子支付服务,人们在网上通过12306网站购买火车票时,可在支付页面直接选择银行进行铁路票款网上支付。

5. 虚拟货币

随着电子商务的发展,虚拟货币日渐盛行。第一类是游戏币。自从互联网建立起门户和社区、实现游戏联网以来,虚拟货币便有了"金融市场",玩家之间可以交易游戏币。

第二类是门户网站或者即时通信工具服务商发行的专用货币,用于购买本网站内的服务。使用最广泛的当属腾讯公司的Q币,可用来购买会员资格、QQ秀等增值服务。腾讯Q币可通过银行卡充值,与人民币的"汇率"是1:1,不过官方渠道只允许单向流动,Q币不能兑换人民币。在腾讯公司的网络游戏里,Q币可以兑换游戏币;如果用户养了只QQ宠物,Q币还可以兑成宠物使用的"元宝"。

第三类是电子现金。美国贝宝公司(PayPal)发行一种网络货币,可用于网上购物。消费者向公司提出申请,就可以将银行账户里的钱转成贝宝货币——这相当于银行卡付款,但服务费要低得多,而且在国际交易中不必考虑汇率。目前类似贝宝这样的公司还有CyberCash、E-Cash等,国内尚未出现此类公司,其货币也未普及。

12.6 移动电子商务

移动电子商务是互联网、通信网、IT技术和手持终端技术融合发展的必然产物,是一种全新的数字商务模式,是电子商务朝着大众化、便捷化发展的一种延伸和扩展,是一种整合电子商务、沟通传统商务的创新营销应用潮流,是网络经济新的利润增长点。

12.6.1 移动电子商务的定义

移动电子商务的定义为:在网络信息技术和移动通信技术的支撑下,在手机等移动通信终端之间,或移动终端与PC等网络信息终端之间,通过移动电子商务解决方案,在移动状态下进行的、便捷的、大众化的、具有快速管理能力和整合增值能力的商务实现活动。

移动电子商务从本质上归属于电子商务的类别,是由移动通信技术推动下产生和形成的一种创新的、便捷的、大众化的、能够使移动电子商务主体在移动中进行、适应市场发展与变化而出现的新商务模式。移动电子商务将随着网络信息技术和移动通信技术的不断普及和发展成为未来中国电子商务增长的新领域和创富运动的新行业。

第12章 电子商务与移动电子商务

从技术角度来看,移动电子商务是技术的创新。移动电子商务以网络信息技术和创新的现代通信技术为依托,把手机、传呼机、个人数字助理(PDA)和笔记本计算机等移动通信终端,与互联网和移动通信网有机地结合起来,突破了互联网的使用局限和性能局限。

12.6.2 移动电子商务的特征

(1) 移动电子商务主体的移动性。认识和把握移动电子商务的特点,必须从审视移动电子商务的主体开始。移动电子商务的主要特征不是"服务对象的移动性",而是服务主体的移动性。

(2) 移动终端和商务主体的对应性。移动电子商务手机号码与移动电子商务主体之间存在着对应关系。而且这种对应性具有随身性特点,使每个手机号码都代表着一个确定的移动电子商务主体。移动通信终端的号码在事实上已成为移动电子商务主体的商业符号,这是以往任何通信方式都不具备的一种更紧密的对应关系。

依托这种对应关系,不仅使移动电子商务具有了比网络商务更高的安全性,特别是由于移动终端一般都属个人使用,这就为移动电子商务带来了独有的优势。即使出现借用手机的情况,也都具有可追索性。

(3) 获取商机的及时性。网络信息时代,生活节奏的快捷化,要求我们在商务运作中要争取第一反应速度和具有快速决策能力。移动电子商务恰恰提供了这种动态反应能力,这对于及时获取商机处理商务具有重要的作用。它已经成为现代企业的一种竞争能力、一种速度优势。

(4) 资源的整合性。正是由于移动电子商务具有资源整合特性,才能把分散资源变成综合资源,把不完全信息变成完全信息,把网上商机转换成移动商机。同样,也可以把移动支付的决策传递到网上,通过整合网络资源来完成和实现。特别是利用这种整合能力,可以实现电子商务和传统商务之间的整合,从而创造出巨大的商业价值。

(5) 客户资源的准确性。移动电子商务具有交易主体身份的可确认性和交易客体身份的可追溯确认性。这种双向可确认性,不仅有利于保障交易安全,而且具有更重要的商务开发价值和作用。

依托这种身份可确认性,可以帮助企业建立起稳定的客户关系,并逐步扩展这种关系,建立起庞大的客户群。电子商务中有价值客户的获得,需要由交易初期的"模糊信息"经过"智能提取""信息挖掘"才能实现。

12.6.3 移动电子商务的分类

(1) 按照商务实现的技术不同进行分类,可分为移动通信网络(GSM/CDMA)的移动电子商务、无线网络(WLAN)的移动电子商务、其他技术(如超短距通信、卫星通信、集群通信等)的移动电子商务。

(2) 按照商务服务的内涵不同进行分类,可分为内容提供型移动电子商务(包括下载和定制服务两种类型)、信息消费型移动电子商务、企业管理型移动电子商务(如"移动商宝"就具有进、销、存、网上支付等多种管理职能)、资源整合型移动电子商务、快速决策型移动电子商务、公益宣传型移动电子商务、定位跟踪型移动电子商务、信息转移型移动电子商务、集成管理型移动电子商务、扫描收费型移动电子商务(如二维码电影票等)。

(3) 按照确认方式不同进行分类,可分为密码确认型移动电子商务、短信回复确认型移动电子商务。

（4）按照用户需求的不同进行分类，可分为搜索查询型移动电子商务、需求对接型移动电子商务、按需定制型移动电子商务、预约接受型移动电子商务（如移动看病挂号系统）。

（5）按照移动电子商务的难易程度进行分类，可分为浅层应用移动电子商务、深层应用移动电子商务、移动转移对接型移动电子商务等。

12.6.4 移动终端操作系统

相对于 PC 端的操作系统由 Windows"一统天下"，移动终端（主要是手机）的操作系统呈现出多样化的特点，这对移动电子商务模式发展有着重要影响。目前手机的操作系统主要有 Symbian（塞班）、Windows Mobile、Android（安卓）、iPhone OS 等。

1. Symbian

Symbian 是由摩托罗拉、西门子、诺基亚等几家大型移动通信设备商共同出资组建的一个合资公司（后由诺基亚全额收购）所研发的手机操作系统。而 Symbian 操作系统的前身是 EPOC(Electronic Piece Of Cheese)，其原意为"使用电子产品可以像吃乳酪一样简单"，这就是它在设计时所坚持的理念。Symbian 是一个实时性、多任务的纯 32 位操作系统，具有功耗低、内存占用少等特点，非常适合手机等移动设备使用。最重要的是，它是一个标准化的开放式平台，任何人都可以为支持 Symbian 的设备开发软件。

2. Windows Mobile

Windows Mobile 是微软为手持设备推出的"移动版 Windows"，是基于 Microsoft Windows CE 内核的嵌入式操作系统，分为 Professional Smartphone（有触摸屏）和 Standard Smartphone（无触摸屏）两种版本。Windows Mobile 将熟悉的 Windows 桌面扩展到了个人设备中，提供与微软 Windows 操作系统相似的视窗界面与操作方式，它与 Windows 操作系统一样拥有强大的系统功能。其主要特点是：界面和操作都和计算机中的 Windows 十分接近，对于使用者来说容易上手；强大的硬件扩展支持，拥有高速 CPU 和大容量内存，以及高品质的屏幕，红外、蓝牙、USB 连接等技术使其具有优异的硬件扩展性；多媒体功能强大，借助第三方软件可播放大部分主流格式的音视频文件；良好的网络功能，系统内置 IE 浏览器，可使用 GPRS 连接互联网，WiFi 无线传输技术的支持，使得它的网络连接功能更加强大。

3. Android

Android 一词的本义指"机器人"，是 Google 公司开发的基于 Linux 平台的开源手机操作系统。该平台由操作系统、中间件、用户界面和应用软件组成，号称是首个为移动终端打造的真正开放和完整的移动软件。Android 采用 WebKit 浏览器引擎，具备触摸屏、高级图形显示和上网功能，用户能够在手机上查看电子邮件、搜索网址和观看视频节目等，比 iPhone 等其他手机更强调搜索功能，界面更强大，可以说是一种融入全部 Web 应用的单一平台。其特色在于 Android 手机系统的开放性和服务免费。

Android 是一个对第三方软件完全开放的平台，开发者在为其开发程序时拥有更大的自由度，突破了 iPhone 等只能添加为数不多的固定软件的枷锁；同时与 Windows Mobile、Symbian 等厂商不同，Android 操作系统免费向开发人员提供，可节省开发成本。

2011年年初数据显示,仅正式上市两年的操作系统Android已经超越称霸十年的Symbian系统,跃居全球最受欢迎的智能手机平台。现在,Android系统不但应用于智能手机,也在平板计算机市场急速扩张。采用Android系统的主要厂商包括中国台湾的HTC,中国大陆的华为、中兴、联想,以及美国的摩托罗拉等。

4. iPhone OS

iPhone OS从2007年10月面世以来,其精美的操作界面吸引了全世界的用户。iPhone OS的操作系统基于苹果公司的Mac OS,该操纵系统比较成熟且稳定。在系统的拓展性方面,苹果公司开放了SDK平台,让更多的团体和个人加入到iPhone OS软件的开发,并联合著名风投KPCB设立总额高达一亿美金的iFund,用来支持在iPhone平台创业的开发商,这大大提高了iPhone OS的拓展性。同时苹果公司也对这些软件进行审核,保证了Apple Store的健康发展。iPhone OS的用户界面的特色是支持多点触控直接操作,例如滑动(Swiping)、轻按(Tapping)、挤压(Pinching)及旋转(Reverse Pinching)。通过其内置的加速器,可以令其旋转装置改变其y轴以令屏幕改变方向,这样的设计令iPhone更便于使用。

12.6.5 移动定位服务

定位服务(Location-Based Services,LBS,或称为位置服务)是通过移动通信网,获取移动客户的位置信息(经纬度坐标数据),然后提供相应服务的一种增值业务。开通这项服务,手机客户可以方便地获知自己目前所处的位置,并用手机查询或收取附近各种场所的信息。位置服务的巨大魅力正是在于能在正确的时间、正确的地点把正确的信息发送给正确的人,因此成为移动电子商务的"杀手级服务"(Killer Application)。

位置服务首先从美国发展起来。1996年,美国联邦通信委员会(FCC)下达了指示,要求移动运营商提供给手机客户E911(紧急求援)服务,它能够定位呼叫者以提供客户及时救援,这实际上就是位置服务的开始。位置服务的应用广泛,包括娱乐消息、交通报告、地图和向导、目标广告、交互式游戏、车辆跟踪、远程信息处理和网络管理系统。

位置服务在移动电子商务中已得到了广泛的应用。在美国,以Foursquare(四方)为代表的位置签到服务(Location Check-in Service)掀起了新一轮移动互联网产业发展热潮。用户可以向好友分享自己当前所在地理位置等信息。利用Foursquare服务,手机用户可签到某个地点,该地点可为任何一家饭店、好友家庭居住地或一家商店等。相应签到过程非常迅速。用户完成签到过程后,Foursquare将根据用户签到时的位置,向用户返回该地点附近的其他信息,并通过Twitter、Facebook等流行的社交网络平台把自己的位置发布出去。

随着Foursquare商业模式的成功,国内也出现了众多同类网站。大众点评是中国老牌的本地生活消费类网站,覆盖上海、北京、广州等全国30多个主要城市,首创了消费者点评模式,以餐饮为切入点,全面覆盖购物、休闲娱乐、生活服务、活动优惠等城市消费领域。大众点评除了可以通过计算机版网页访问,还提供了多个手机客户端访问,大众点评的手机应用提供GPS定位查找、签到、优惠券等功能,界面也更加美观和易操作。2015年10月8日,大众点评网与美团网联合发布声明,宣布达成战略合作并成立新公司美团大众点评。2016年1月,美团-大众点评旗下APP"大众点评"荣登"2015腾讯应用宝星APP榜",喜获

"年度十大最受欢迎 APP"。同时,"大众点评"也是唯一一款获评该奖的美食健康类 APP。

12.6.6 移动支付

移动支付作为移动电子商务的基础服务,得到了众多企业的关注。从支付场景来看移动支付可以分为现场支付和远程支付。

现场支付是指消费者在购买商品或服务时,即时通过手机向商家进行支付,支付的处理在现场进行并且是在线下进行的,支付完毕,消费者即可得到商品或服务。在这种场景下,移动支付实际上是取代了现金支付和刷卡支付,消费者只需"刷手机"即可。既然是"刷手机",那么就需要手机具备这项功能。目前,主流的技术是 NFC(近距离通信)技术。手机终端需要内置 NFC 芯片,并且植入用户信息、银行卡号信息等,这样,消费者就可以像刷银行卡一样"刷手机"了。当然,这还需要商家具备兼容的读卡器,即"POS 机"。现场支付的使用场景通常是在商场、超市、便利店等。

远程支付是指消费者用手机进行支付时,支付的处理是在远程的服务器中进行的,支付的信息需要通过移动网络传送到远程服务器中才可完成支付过程。用户需要将手机号和银行卡绑定,在购买商品时,可以用短信、WAP 或客户端的方式将支付信息传递到支付平台的后台服务器,支付平台就会在银行账户中扣除相应的费用,并且向商家发出支付确认信息,商家再向使用者确认,这样一次支付就完成了。

还有一些远程支付不需要使用银行账户。比如,可以直接用手机话费账户来支付,支付的金额就直接在手机话费账户中扣除。手机话费账户支付通常都是用在小额支付中,而银行卡账户的支付则可用于大额支付。

在移动支付市场,银行、移动运营商、第三方支付平台三大阵营都已介入,形成了一些有着各自特色的服务模式,三方既有竞争也有合作,关系较为复杂。

移动运营商主推"手机钱包"模式,允许用户以预存的手机话费消费,能方便地买车票、电影票、景点门票等,但其消费额受限于用户"话费总额",目前并不适合用于支付大额消费。上海移动开通的"世博通"手机钱包功能,可在上海刷手机坐轨道交通、购买世博会门票、在世博园购物等。中国联通则选择了上海的公交系统作为突破口,用户只要购买内置 NFC(近距离通信)芯片的联通手机。这种手机内置了公交卡账户,在上海可"刷手机"乘公交车、地铁和出租车。

各大银行推出手机银行业务,产生的数据流量费用由移动运营商收取;账户业务费用由银行收取。与"手机钱包"不同,银行主推的是"手机银行"模式,实质是金融机构与移动运营商合作,将用户的手机号码和银行卡号等支付账号绑定,通过手机短信、手机 WAP 上网等移动通信技术传递支付账号等交易信息。

至于互联网第三方支付平台,则主要是借助手机的移动上网功能实现随时随地的无线支付,例如支付宝推出的手机客户端软件,这种通过第三方构筑的转接平台,具有查询、交费、消费、转账等主要业务项目。

12.6.7 移动游戏

移动游戏主要是指手机游戏。从目前国内市场情况来看,移动互联网的终端主要包括手机以及平板计算机,而手机在移动终端用户中的覆盖率更广,接近 100%。

案例:2010 年《愤怒的小鸟》可谓是在全平台火爆的游戏,在 iOS 平台的 App Store 下载量连续数周排名榜首。依照 Rivio（游戏开发商）与苹果（平台提供商）的分账协议，Rivio 每月能盈利约 120 万美元。之后《愤怒的小鸟》被移植到免费的 Android 平台，在这一平台上，Rivio 通过游戏内植入式广告（In-Game Advertising，IGA）的方式每月获利约 100 万美元。而《愤怒的小鸟》各种周边玩具的销量再次给产品盈利添了一把火，2016 年 5 月，动画电影《愤怒的小鸟》被索尼影业搬上银幕，截止 2016 年 6 月 5 日，全球累计票房 2.83 亿美元。《愤怒的小鸟》可以说是移动终端产品成功的典范。

这个案例表明了手机游戏的盈利方式，包括一次性下载付费模式、增值服务收费模式和 IGA 模式。

一次性下载付费模式，收费行为发生在下载行为之前。例如 iOS 平台上的游戏由于苹果平台的特殊性，所有应用程序均通过 App Store 下载，付费也可以直接通过信用卡转账进行；又如在中国移动的游戏基地平台上有 2000 余款单机游戏，使用者基本都是通过一次性付费下载获取游戏安装包。此类收费下载行为多数是通过游戏平台进行的，如 iOS 平台上的 App Store，国内中移动手机游戏基地、当乐网等。

增值服务收费模式指的是游戏免费下载，通过激活关卡、完整版游戏等方式收费或通过游戏道具收费的模式，收费行为发生在下载行为之后。这一模式是目前国内手机游戏使用较多的。对于手机单机游戏来说，用户可以免费获得产品并进行游戏试玩体验，但玩完整版游戏或是享受一些增值服务需要先付费进行激活才可以。而对手机网游来说，免费提供完整版游戏程序下载，在游戏中通过对道具收费盈利。这也是目前国内手机游戏较稳定的盈利方式。

本章小结

电子商务、移动电子商务都代表着新兴的信息系统应用。电子商务信息平台、支付平台是电子商务系统的构成基础。移动电子商务随着移动通信技术的发展正在快速普及，而 5G 技术作为未来网络生活发展的趋势也得到了政府和企业的高度重视。

课后练习

12.1 电子商务的定义和主要应用领域有哪些？
12.2 在我国开展电子商务活动还存在哪些问题？
12.3 试列举你认识的电子商务站点，并指出该站点属于什么商务模式。
12.4 什么是移动电子商务？
12.5 移动电子商务的本质特征是什么？

第13章　物流信息技术与系统

本章学习目标

- 掌握物流信息的定义、特点和作用；
- 掌握物流信息技术的概念、组成；
- 了解物流信息系统平台；
- 理解物联网的作用、影响及应用。

前 导 案 例

顺丰速运（以下简称顺丰）于1993年3月26日在广东顺德成立，是一家主要经营国际、国内快递业务的港资快递公司，公司创始人为王卫。顺丰创始初期主要针对珠三角的工厂和香港之间的速递业务。在1996年，随着国内经济的发展，顺丰才开始开拓国内快递的业务。1996—2000年，国内的快递公司如雨后春笋般地出现，申通、圆通、中通等快递公司纷纷成立，开始抢占国内的快递市场。2000年期间，王卫做了一个重大的举措，把顺丰各个加盟店逐步收拢，改为直营。物流行业早期的扩张靠的是加盟，但是加盟店往往会导致服务质量水平不一，无法很好的保证沟通，丢件儿的事件时有发生。为了提高工作效率和工作的规范性，王卫下了相当大的工夫，把国内的顺丰网点改成直营。这一举措，为顺丰后来的发展奠定了坚实的基础。2003年，顺丰成为国内首家，也是目前唯一一家拥有全货运专机的物流公司。这也奠定了顺丰在国内成为物流界龙头地位的基础。2012年，顺丰参照国外物流行业的发展模式，开始在社区里开设便利店，让物流和便利店很好地结合在一起。2015年，在各大物流公司打价格战、降低运费的时候，顺丰也做出了价格调整，对于某些核心业务进行提价。2017年2月24日，顺丰控股在深交所举行重组更名暨上市仪式，正式登入A股。

顺丰以全部自主经营、自有资源规模化发展的模式在全国稳步推进网络建设,为了满足快件时效性和流量的要求,顺丰构建了一张全国性的以各级分拨中心为结点,以航空、公路干线为弧线,以自动识别系统和运营信息系统为神经中枢的干线网络。长期以来顺丰不断投入资金加强公司的基础建设,先后与IBM、Oracle等国际知名企业合作,积极研发和引进具有高科技含量的信息技术与设备,建立了庞大的信息采集、市场开发、物流配送、快件收派、客户服务等业务快递物流管理信息系统,涉及的业务管理系统种类大体分为以下四个方面:

(1) 营运类业务管理系统。面向对象为营运本部用户,通过此类系统可对顺丰全网的营运业务做出有效的调度配置和管理。主要包括:资源调度系统(SCH),主要完成快递物品在收取、中转、运输、派送环节的资源调度。自动分拣系统(ASS),主要根据快递物品所要寄送的目的地区位编码,自动完成分类。第二代手持终端系统(HHT),主要完成收件订单信息的下发、个人订单管理工作、收派人员管理等工作。第二代手持终端系统利用先进的2.5G通信技术(GPRS),管理全国4万余个同时在线的用户,在业务高峰时段平均每分钟处理超过3500条的订单信息,同时也为调度环节需要处理的快递物品件数及目的地提供了准确的信息。路由系统(EXP),主要完成快递物品的路由运算,记录快递物品在快递周期中的路由与实际路由,从而可以进行快件状态追踪。

(2) 客服类业务管理系统。面向对象为客户服务部门及其全国呼叫中心,通过与顾客的信息交流互动,实现顺丰的快速及时服务。客服系统包括:呼叫中心,共拥有3000余座席位,引进先进的CTI综合信息服务系统,客户可通过呼叫中心系统快速实现人工或自助下单、快件查询等服务;下单系统,能为客户提供信息管理、系统维护、订单取件等服务;在线客服系统,顺丰拥有专业的在线客服系统及服务团队,帮助线上客户解决任何关于快件的咨询、查询、建议等需求。

(3) 管理报表类管理系统。面向对象为综合本部、公共事务本部、财务本部、人力资源本部等相关部门,将其业务规划、管理计划、月度数据、日常工作信息汇总表等资料形成电子单据,统一制度标准,及时实现管理政令的上传下达,并以清晰规范的形式完善报表考核制度。

(4) 综合类管理系统。此类管理系统涉及营运、客服、管理报表的三项业务类系统整合,是对前三类管理系统的业务整合,同时也是对前三类管理系统的有效补充。多个业务管理系统整合统一化、平台化管理是顺丰发展的重点。

顺丰集团投入巨资在信息系统建设上,不断提升作业自动化水平、信息处理系统的科技含量,实现了对快件流转全过程、全环节的信息监控、跟踪、查询及资源调度工作,促进了快递网络的不断优化,确保了服务质量的稳步提升,奠定了业内客户服务满意度的领先地位。

13.1 物流信息概述

13.1.1 物流信息的定义

对物流信息的定义,有狭义和广义两个方面。狭义的物流信息是指物流活动进行过程中所必需的信息。这些信息是在物流过程中产生或被使用的。物流信息和运输、仓储等环节都有着密切的关系,它在物流活动中起着神经系统的作用。只有加强物流信息的管理才能够更好地使物流成为一个有机的整体,而不是各个环节孤立的活动。广义的物流信息则是指与整个物流活动相关的各种信息,可以是直接相关的信息,也可以是间接相关的信息。例如,市场预测信息,它们并不直接与物流环节有关,但是通过市场预测,会对某种产品的市场需求有所规划,从而会影响到相关的仓储、运输等物流工作。类似这样的信息,被称为广义的物流信息。

一些物流产业发达的国家都把加强物流信息工作作为改善物流状况的关键而给予充分的重视。在物流活动中不仅要对各项活动进行计划预测、动态分析,还要及时提供物流费用、生产状况、市场动态等有关信息。只有及时收集和传输有关信息,才能使物流通畅化、定量化。

信息对物流所表现出来的重要性,在以前并没有得到过充分的重视。这种疏忽起因于缺乏适当的技术来产生和分析所需要的信息,管理部门也很难理解及时、准确的信息交流是如何对物流表现和产生深远影响的。而现在,随着各种技术的不断发展和完善,以前的这些缺陷都已被排除了,目前的技术能够处理绝大多数所需信息的各种要求,一旦需要,人们随时都能获得基于事实的信息。因而信息技术在物流中的作用也被越来越广泛地关注。管理者们正在学习如何使用这些新的信息技术去设计新颖和独特的物流解决方案。

然而,这些新的信息技术是否能充分发挥应有的作用,为企业家提供合理、准确的解决方案,是与信息的质量密切相关的。信息质量上的缺陷将会造成无数个作业上的问题,这是单纯的信息技术所无法解决的。典型的信息缺陷可以划分成下述两大类。

(1)所收到的信息可能会在趋势和事件方面不准确。由于大量的物流信息是在未来的需求之前产生的,不准确的判断或预测都会引起存货短缺或过剩,过分乐观的或悲观的预测都会导致不恰当的存货定位,从而导致决策失误。

(2)有关订货的信息会在具体的顾客需求方面不准确。处理不准确的订货会产生所有的物流成本,而实际上并没有完成销售。由于退回存货的费用往往会增加物流成本,即使另外存在着销售机会,设法向其他顾客提供所需的服务也会再次产生费用。

信息迅速流动的好处直接关系到工作过程的平衡。对一个厂商来说,要想实现快速的交付,可以采用两种方法:其一,在当地的销售办事处积累一段时间的订单,把它们邮寄到地区办事处,在批量的基础上对订单进行处理,再把订单分配给配送仓库,然后通过航空进行装运;其二,通过来自顾客的电子数据交换(Electronic Data Interchange,EDI),随时可取得订单,然后使用速度较慢的水上运输。两者相比,显然前者是没有多大意义的,而后者则可能实现甚至更快地在较低的总成本下全面交付。由此可见,关键的目标是要平衡物流系统的各个组成部分。

整个物流过程是一个多环节的复杂系统。物流系统中的各个子系统通过物质实体的运动将它们联系在一起,一个子系统的输出就是另一个子系统的输入。合理地组织物流活动,就会使得各个环节相互协调,根据总目标的需要适时适量地调度系统内的基本资源。物流系统中的相互衔接是通过信息予以沟通的,基本资源的调度也是通过信息的传递来实现的。例如,物资调运是根据供需数量和运输条件来进行的,装卸活动的组织是按运送货物的数量、到货方式以及包装情况来决定的。因此,组织物流活动必须以信息为基础,一刻也不能离开信息。为了使物流活动正常而有规律地进行,必须保证物流信息的畅通。

一个厂商的物流系统的设计越有效,它对信息的准确性越敏感,而协调的、准时的物流系统是不可能用过度的存货来适应作业上的差错的,这是因为安全库存已被控制在最低限度。信息流反映了一个物流系统的动态,不准确的信息和作业过程中的延迟都会削弱物流表现。因此,物流信息的质量和及时性是物流作业的关键因素。

13.1.2 物流信息的特点

物流信息具有以下特点。

(1) 物流信息量大、分布广,信息的产生、加工、传播和应用在时间、空间上不一致,方式也不同。物流是联系生产和消费(生产消费和生活消费)的桥梁,任何生产和消费的情况都可以称为物流信息的组成部分。

(2) 物流信息动态性强,时效性高,信息价值衰减速度快,因而对信息管理的及时性和灵活性提出了很高的要求。

(3) 物流信息种类多,不仅本系统内部各个环节有不同种类的信息,而且由于物流系统与其他系统(如生产系统、供应系统等)密切相关,因而还必须搜集这些物流系统外的有关信息,使得物流信息的搜集、分类、筛选、统计、研究等工作的难度增加。

(4) 物流信息趋于标准化。随着信息处理手段电子化,要求物流信息标准化。

13.1.3 物流信息的作用

计划信息流(协调信息流)先于物流产生,它们控制着物流产生的时间、流动的大小和方向,引发、控制、调整物流,例如,各种决策、计划、用户的配送加工和分拣及配货要求等;作业信息流则与物流同步产生,它们反映物流的状态,例如,运输信息、库存信息、加工信息、货源信息、设备信息等。图 13.1 中的各种计划(如战略计划、物流计划、制造计划、采购计划)、存货配置以及预测产生的信息都是计划信息流,而运输和装车信息、配送作业信息、订货处理信息等则都是作业信息流。

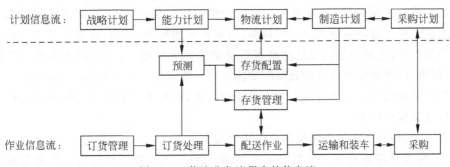

图 13.1 物流业务流程中的信息流

因此,物流信息除了反映物品流动的各种状态外,更重要的是控制物流的时间、方向和发展进程。无论是协调信息流,还是作业信息流,物流信息的总体目标都是要把物流涉及企业的各种具体活动综合起来,加强整体的综合能力。

物流管理需要大量准确、及时的信息和用以协调物流系统运作的反馈信息。任何信息的遗漏和错误都将直接影响物流系统运转的效率和效果,进而影响企业的经济效益,物流系统产生的效益来自于整体物流服务水平的提高和物流成本的下降,而物流服务水平与物流信息在物流过程中的协调作用是密不可分的。

253

物流信息系统是把在作业层、管理控制层、战略管理层三个层次上的各种物流活动建立在一体化的物流活动和决策过程中。物流信息在各层次上的作用如图13.2所示，物流信息管理系统的管理控制、决策分析和战略计划需要以作业层为基础。

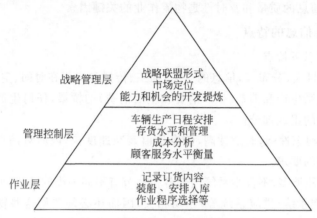

图 13.2　物流信息在各层次上的作用

第一层是作业层，它是用于启动和记录个别物流活动的最基本的层次。作业层的活动包括记录订货内容、装船、安排入库、作业程序选择、定价、开发票以及消费者查询等。在这一层中要求信息的特征是：格式规则化、通信交互化、交易批量化以及作业规范化。作业层上的各种过程和大批量交易相结合主要强调了信息系统的效率。

第二层次是管理控制层，要求把主要精力集中在功能衡量和分析报告上。功能衡量对于提供有关服务水平和资源利用等的管理反馈来说是必要的。因此，管理控制以策略上的、中期的焦点问题为特征，它涉及评价过去的功能和鉴别各种可选方案。普通功能的衡量包括金融、顾客服务、生产率以及质量指标等。

第三层次是战略管理层，要求把主要精力集中在信息支持上，以期开发和提炼物流战略。这类决策往往是决策分析层次的延伸，但通常更加抽象、松散，并且注重于长期。作为战略计划的例子，决策中包括通过战略联盟使协作成为可能，（厂商的）能力和（市场）机会的开发、提炼，以及顾客对改进的鼓舞所做的反应。物流信息系统的制定和战略层次，必须把较低层次的数据结合进范围很广的交易计划中去，以及结合有助于评估各种战略的概率和损益的决策模型中去。

因此，可以得出以下关于物流信息作用的结论。

第一，物流管理活动是一个系统工程，采购、运输、库存以及销售等各项业务活动在企业内部互相作用，形成一个有机的整体系统。物流系统通过物质的流动、所有权的转移和信息的接收、发送，与外界不断作用，实现对物流的控制。整个物流系统的协调性越好，内部损耗越低，物流管理水平越高，企业就越能从中受益。而物流信息在其中则是充当着桥梁和纽带的作用。

例如，企业在接收到商品的订货信息后，要检查商品库存中是否存在该种商品。如果有库存，就可以发出配送指示信息，通知配送部门进行配送活动；如果没有库存，则发出采购或生产信息，通知采购部门进行采购活动，或者安排生产部门进行生产，以满足顾客的需要。在配送部门得到配送指示信息之后，就会按照配送指示信息的要求对商品进行个性化包装,并反馈包装完成信息;同时,物流配送部门还要开始设计运输方案,进而产生运输指示信息,对商品实施运输;在商品运输的前后,配送中心还会发出装卸指示信息,指导商品的装卸过程;当商品成功运到顾客手中之后,还要传递配送成功的信息。因此,物流信息的传送连接着物流活动的各个环节,并指导各个环节的工作,起着桥梁和纽带的作用。

第二,物流信息可以帮助企业对物流活动的各个环节进行有效的计划、组织、协调和控制,以达到系统整体优化的目标。物流活动的每一个步骤都会产生大量的物流信息,而物流系统则可以通过合理应用现代信息技术(EDI、MIS、POS、电子商务等)对这些信息进行挖掘和分析,从而可以得到对于每个环节之后下一步活动的指示性信息,进而能够通过这些信息的反馈,对各个环节的活动进行协调与控制。

例如,根据客户订购信息和库存反馈信息安排采购或生产计划;根据出库信息安排配送或货源补充等。因此,利用物流信息,能够有效地支持和保证物流活动的顺利进行。

第三,物流信息有助于提高物流企业科学的管理和决策水平。物流管理通过加强供应链中各种活动和实体间的信息交流与协调,使其中的物流和资金流保持畅通,实现供需平衡。在物流管理中存在着一些基本的决策问题,例如:

(1) 位置决策——即物流管理中的设施定位,包括物流设施、仓库位置和货源等,在综合考虑需求和环境条件的基础上,通过优化进行决策。

(2) 生产决策——主要根据物流的流动路径,合理安排各生产成员间的物流任务分配。良好的决策可以使得各成员间实现良好的负荷均衡,从而保持物流畅通。

(3) 库存决策——库存决策主要关心的是库存的方式、数量和管理方法,是降低物流成本的重要依据。

(4) 采购决策——根据商品需求量和采购成本合理确定采购批次、时间间隔和采购批量,以确保在不间断供应的前提下实现成本最小化。

(5) 运输配送决策——包括运输配送方式、批量、路径以及运输设备的装载能力等。

通过运用科学的分析工具,可以对物流活动所产生的各类信息进行科学分析,从而获得更多富有价值的信息。通过物流系统各结点间的信息共享,能够有效地缩短订货提前期,降低库存水平,提高搬运和运输效率,减少传递时间,提高订货和发货速度,以及及时、高效地响应顾客提出的各种问题,从而极大地提高顾客满意度和企业形象,提高物流系统的竞争能力。

物流系统是由多个子系统组成的复杂系统,物流信息成为各个子系统之间沟通的关键,在物流活动中起着中枢神经系统的作用。多个子系统是通过物质实体的运动联系在一起的,一个子系统的输出就是另一个子系统的输入。加强对物流信息的研究才能使物流成为一个有机的系统,而不是各自孤立的活动。物流系统的信息模型,如图13.3所示。

13.1.4 物流信息的分类

物流中的信息流是指信息供给方与需求方进行信息交换从而产生的信息流动,它表示了产品的品种、数量、时间、空间等各种需求信息在同一个物流系统内、不同的物流环节中所处的具体位置。物流系统中的信息种类多、跨地域、涉及面广、动态性强,尤其是运作过程中受到自然的、社会的影响很大,根据对物流信息研究的需要,可以从以下三方面对物流信息进行分类。

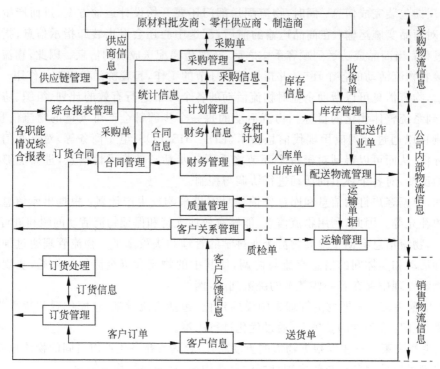

图 13.3　物流系统的信息模型

1. 按照信息沟通联络方式分

（1）口头信息：通过面对面交谈所进行交流的信息。它可以迅速、直接地传播，但容易失真，与其他传播方式相比速度较快。物流活动的各种现场调查和研究，是获得口头信息最简单、直接的方法。

（2）书面信息：物流信息表示的书面形式，可以重复说明或进行检查。各种物流环节中的报表、文字说明、技术资料等都属于这类信息。

2. 按照信息的来源分

（1）外部信息：在物流活动以外发生但提供给物流活动使用的信息，包括供货人信息、客户信息、订货合同信息、交通运输信息、市场信息、政策信息；还有来自企业内生产、财务等部门的与物流有关的信息。通常外部信息是相对而言的，对物流子系统，来自于另一个子系统的信息也可称为外部信息。例如，物资存储系统从运输系统中获得的运输信息，也可相对称为外部信息。

（2）内部信息：来自于物流系统内部的各种信息的总称，包括物流流转信息、物流作业层信息、物流控制层信息和物流管理层信息。这些信息通常是协调系统内部人、财、物活动的重要依据，也具有一定的相对性。

3. 按照物流信息的变动度分

（1）固定信息：这种信息通常具备相对稳定的特点。有如下三种表述形式：一是物流生产标准信息，这是以指标定额为主体的信息，如各种物流活动的劳动定额、物资消耗定额、固定资产折旧等；二是物流计划信息，物流活动中在计划期内一定任务所反映的各项指标,如物资年计划吞吐量、计划运输量等;三是物流查询信息,在一个较长的时期内很少发生变更的信息,如国家和各主要部门颁布的技术标准,物流企业内的职工人事制度、工资制度、财务制度等。

(2) 流动信息:与固定信息相反,流动信息是物流系统中经常发生变动的信息。这种信息以物流各作业统计信息为基础,如某一时刻物流任务的实际进度、实际完成情况、各项指标的对比关系等。

13.2 物流信息技术

现代物流是伴随着信息时代的发展而不断发展的,可以说,没有信息技术就没有现代物流,两者是相伴相生、相辅相成的关系。物流信息技术(Logistics Information Technology,LIT)指的是现代信息技术在物流各作业环节中的应用,包括 Bar Code(条形码)、RFID(无线射频识别技术)、GIS(地理信息系统)、GPS(全球卫星定位系统)、EDI、EOS(电子订货系统)等,都是物流现代化的重要标志。物流信息技术是物流现代化的重要标志,也是物流技术中发展最快的领域,从数据采集的条形码系统到办公自动化系统中的计算机、互联网,各种终端设备等硬件以及计算机软件都在日新月异地发展,只有应用物流信息技术,完成物流各作业流程的信息化、网络化、自动化的目标才有可能实现。同时,随着物流信息技术的不断发展,产生了一系列新的物流理念和新的物流经营方式,推进了物流的变革。在供应链管理方面,物流信息技术的发展也改变了企业应用供应链管理获得竞争优势的方式,成功地令企业通过应用信息技术来支持它的经营战略并选择其经营业务,通过利用信息技术来提高供应链活动的效率性,增强整个供应链的经营决策能力。

13.2.1 物流信息技术的概念

物流信息技术是指运用于物流领域的信息技术。

物流信息技术是物流现代化的重要标志,也是物流技术中发展最快的领域之一。

据国外统计,物流信息技术的应用,可为传统的运输企业带来以下实效:降低空载率15%~20%;提高对在途车辆的监控能力,有效保障货物安全;网上货运信息发布及网上下单可增加商业机会20%~30%;无时空限制的客户查询功能,有效满足客户对货物在运情况的跟踪监控,可提高业务量40%;对各种资源的合理综合利用,可减少运营成本15%~30%。对传统仓储企业带来的实效表现在:配载能力可提高20%~30%;库存和发货准确率可超过99%;数据输入误差减少,库存和短缺损耗减少;可降低劳动力成本约50%,提高生产力30%~40%,提高仓库空间利用率20%。

因此,物流信息技术在现代企业的经营战略中占有越来越重要的地位。建立物流信息系统,充分利用各种现代化信息技术,提供迅速、及时、准确、全面的物流信息是现代企业获得竞争优势的必要条件。

13.2.2 物流信息技术的组成

根据物流的功能以及特点,现代物流信息技术主要包括自动识别类技术(如条码技术与射频技术、自动语音识别技术等)、自动跟踪与定位类技术(如全球卫星定位技术、地理信息技术等)、物流信息接口技术(如电子数据交换等)、企业资源信息技术(如物料需求计划、制造资源计划、企业资源计划、分销资源计划等)、数据管理技术(如数据库技术、数据仓技术等)和计算机网络技术等现代高端信息科技。

在这些高端技术的支撑下，形成了由移动通信、资源管理、监控调度管理、自动化仓储管理、运输配送管理、客户服务管理、财务管理等多种业务集成的现代物流一体化信息管理体系。

现代信息技术是物流信息平台建设的基础，也是物流平台的组成部分。当越来越多的现代物流信息技术进入物流领域后，必然使得物流企业构架其更完善的物流管理体系，达到进货、加工、仓储、配车、配送等活动的高效运行，进一步推动物流业的高效率化，从而使其真正成为现代物流企业。

从构成要素上看，物流信息技术作为现代信息技术的重要组成部分，本质上都属于信息技术范畴，只是因为信息技术应用于物流领域而使其在表现形式和具体内容上存在一些特性，但其基本要素仍然同现代信息技术一样，可以分为以下四个层次。

1. 物流信息基础技术

物流信息基础技术即有关元器件的制造技术，它是整个信息技术的基础。例如微电子技术、光子技术、光电子技术、分子电子技术等。

2. 物流信息系统技术

物流信息系统技术即有关物流信息的获取、传输、处理、控制的设备和系统的技术，它是建立在信息基础技术之上的，是整个信息技术的核心。其内容主要包括物流信息获取技术、物流信息传输技术、物流信息处理技术及物流信息控制技术。

3. 物流信息应用技术

物流信息应用技术即基于管理信息系统、优化技术和计算机集成制造系统(CIMS)技术设计出的各种物流自动化设备和物流信息管理系统，例如自动化分拣与传输设备、自动导引车(AGV)、集装箱自动装卸设备、仓储管理系统(WMS)、运输管理系统(TMS)、配送优化系统、全球定位系统、地理信息系统等。

4. 物流信息安全技术

物流信息安全技术即确保物流信息安全的技术，主要包括密码技术、防火墙技术、病毒防护技术、身份鉴别技术、访问控制技术、备份与恢复技术和数据库安全技术等。

13.2.3 典型的现代物流信息技术

1. 自动识别技术(条码与射频技术)

条码技术是 20 世纪在计算机应用中产生和发展起来的一种自动识别技术，是集条码理论、光电技术、计算机技术、通信技术、条码印制技术于一体的综合性技术。条码技术具有制作简单、信息收集速度快、准确率高、信息量大、成本低和条码设备方便易用等优点，所以从生产到销售的流通转移过程中，条码技术起到了准确识别物品信息和快速跟踪物品历程的重要作用，它是整个物流信息管理工作的基础。条码技术在物流数据采集、快速响应、运输中的应用极大地促进了物流业的发展。例如，在货物保管环节中，由于使用了条码技术，使商品的出入库、库存保管、商品统计查询、托盘利用等所有保管作业实现了自动检测、自动操作和自动管理，大幅度降低了保管成本，提高了仓储的效率；在装卸搬运和包装环节中，由于使用了条码信息技术，实现了自动化装卸搬运、模块化单元包装、机械化分类分拣和电子化显示作业,大幅度提高了装卸搬运和包装作业效率,提高了对用户的服务水平。

射频技术(RF)是一种基于电磁理论的通信技术,适用于物料跟踪、运载工具和货架识别等要求非接触数据采集和交换的场合。它的优点是不局限于视线,识别距离比光学系统远。射频识别卡具有可读写功能,可携带大量数据,难以伪造,且有智能。目前通常利用便携式的数据终端,通过非接触式的方式从射频识别卡上采集数据,采集的数据可直接通过射频通信方式传送到主计算机,由主计算机对各种物流数据进行处理,以实现对物流全过程的控制。

2. 全球定位技术

全球定位系统是利用空中卫星全天候、高准确度地对地面目标的运行轨迹进行跟踪、定位与导航的技术。GPS 最初只运用于军事领域,近年来,GPS 已在物流领域得到了广泛的应用,如应用在汽车自定位及跟踪调度、铁路车辆运输管理、船舶跟踪及最佳航线的确定、空中运输管理、防盗反劫、服务救援、远程监控、轨迹记录和物流配送等领域。例如,利用卫星对物流及车辆运行情况进行实时监控。用户可以随时"看到"自己的货物状态,包括运输货物车辆所在位置(如某城市的某条道路上)、货物名称、数量、重量等,同时可实现物流调度的即时接单和即时排单以及车辆动态实时调度管理。GPS 提供交通气象信息、异常情况报警信息和指挥信息,以确保车辆、船只的运营质量和安全;客户经授权后也可以通过互联网随时监控运送自己货物车辆的具体位置。GPS 还能进行各种运输工具的优化组合、运输网络的合理编织,如果货物运输需要临时变化线路,可随时指挥调动,大大降低了车辆的空载率,提高了运输效率,做到资源的最佳配置。

3. 地理信息技术

地理信息系统是人类在生产实践活动中,为描述和处理相关地理信息而逐渐产生的软件系统。GIS 以地理空间数据为基础,以计算机为工具,采用地理模型分析方法,对具有地理特征的空间数据进行处理,实时地提供多种空间和动态的地理信息。它的诞生改变了传统的数据处理方式,使信息处理由数值领域步入空间领域。通过各种软件的配合,地理信息系统可以建立车辆路线模型、网络物流模型、分配集合模型、设施定位模型等,更好地为物流决策服务。GIS 用途十分广泛,除应用于物流外,还应用于能源、农林、水利、测绘、地矿、环境、航空、国土资源综合利用等领域。

4. 电子数据交换技术

电子数据交换技术是计算机、通信和管理相结合的产物。EDI 按照协议的标准结构格式,将标准的经济信息,通过电子数据通信网络,在商业伙伴的电子计算机系统之间进行交换和自动处理。由于使用 EDI 可以减少甚至消除贸易过程中的纸面文件,因此 EDI 又被人们通俗地称为"无纸贸易"。

EDI 能让货主、承运人及其他相关的单位之间,通过系统进行物流数据交换,并以此为基础实施物流作业活动。物流 EDI 的参与单位有货主(如生产厂家、贸易商、批发商、零售商等)、承运人(如独立的物流承运企业或代理等)、实际运货人(铁路企业、水运企业、航空企业、公路运输企业等)、协助单位(政府有关部门、海关、金融企业等)和其他物流相关单位(如仓库业者、专业配送者等)。

EDI 的基础是信息，这些信息可以由人工输入计算机，但更好的方法是通过扫描条码获取数据，因为速度快、准确性高。EDI 的运用改善了贸易伙伴之间的联系，使物流企业或单位内部运作过程合理化，增加了贸易机会，改进了工作质量和服务质量，降低了成本，获得了竞争优势。例如，物流活动的各参与方通过 EDI 交换库存、运输、配送等信息，使各参与方一起改进物流活动效率，提高客户满意度。对于全球经营的跨国企业来说，EDI 技术的发展可以使它们的业务延伸到世界的各个角落。

13.3 物流信息系统平台

13.3.1 第三方物流平台

1. 国内第三方物流及其经营模式

国内电子商务物流的主体是第三方物流，包括"四通一达"：申通、圆通、中通、汇通、韵达。此外，还有中国邮政、顺丰等。

第三方物流的经营模式包括直营和加盟两种。除中国邮政快递、顺丰快递、宅急送属于典型直营型快递企业，其余包括申通、圆通、中通、韵达、海航天天等企业均为加盟型企业。

直营指的是快递企业从总部到分支机构到受理点统一经营的模式，共同盈亏。直营型企业一般都设立全国统一客服电话，客户发件、查件、投诉均可通过拨打该电话很快得到解决。直营型企业设立呼叫中心，客服分工明确，受理、投诉、查询一条龙，同时各分公司、营业所、厅、运转中心工服、车辆等均统一标识。客户可以通过统一客服、114 查询到当地服务机构的联系方式。

加盟指的是使用总部品牌，分支机构自负盈亏。加盟型企业基本无全国统一客服电话，员工服务水平参差不齐。

加盟的特点是相对直营资金投入小、发展速度快、利润相对低，在发展过程中，以价格优势抢占了大部分市场份额。加盟模式的缺点是片面追求扩张网点，分站点和运营中心缺乏合作，导致核心价值缺失，服务质量很难保障。这种加盟模式抗风险能力极低，一旦出现中心站点运营困难，这种快递公司就会瞬间倒闭。

2. 国际四大快递

1) 联合包裹（United Parcel Service，UPS）

UPS 成立于 1907，是世界最大的包裹快递公司，总部位于美国佐治亚州亚特兰大。UPS 以"最好的服务、最低的价格"为业务原则，是北京 2008 年奥运会物流和快递服务赞助商。

2) 联邦快递（Federal Express，FedEx）

FedEx 是一家国际性速递集团，提供隔夜快递、地面快递、重型货物运送、文件复印及物流服务，总部设于美国田纳西州。

3) 敦豪（DHL）

DHL 是德国邮政全球网络旗下的知名品牌，其服务网络覆盖全球 220 多个国家和地区，在全球拥有 285 000 名员工，为客户提供快捷、可靠的专业化服务。DHL 这个名称来自于三个公司创始人姓氏的首字母,他们是 Adrian Dalsey、Larry Hillblom 和 Robert Lynn。

4) 荷兰国际快递(Thomas Nationwide Transport,TNT)

TNT 集团是全球领先的快递和邮政服务提供商,成立于 1946 年,总部设在荷兰。其国际网络覆盖世界 200 多个国家和地区,提供一系列物流解决方案。1988 年 TNT 快递进入中国,受当时相关政策的限制,TNT 快递与中外运合资建立了"中外运一天地快件有限公司",开拓在中国的快递业务。

13.3.2 电子商务自营物流

由于第三方物流存在服务质量较差等问题,众多电子商务网站越来越重视自营物流。

京东集团 2007 年开始自建物流,2012 年注册物流公司,2017 年 4 月 25 日正式成立京东物流集团。截至 2019 年年底,京东物流在全国运营约 650 个仓库、25 座大型智能化物流中心,投用了全国首个 5G 智能物流园区。包含云仓在内,京东物流运营管理的仓储总面积达到 1600 万平方米。京东物流大件和中小件网络已实现大陆行政区县几乎 100% 覆盖,自营配送服务覆盖了全国 99% 的人口,90% 以上的自营订单可以在 24 小时内送达,90% 区县可以实现 24 小时达。

京东物流越来越重视信息技术的应用,从而提高服务质量,给用户带来更好的体验。例如订单的可视化跟踪系统。京东商城的配送人员全部配备 PDA 设备,用户可在地图上实时跟踪所购商品在道路上移动等投递情况,只要在订单详情里点击"订单轨迹"即可实现。

京东物流是全球唯一拥有中小件、大件、冷链、B2B、跨境和众包(达达)六大物流网络的企业,凭借这六张大网在全球范围内的覆盖以及大数据、云计算、智能设备的应用,京东物流打造了一个从产品销量分析预测,到入库出库,再到运输配送各个环节无所不包、综合效率最优、算法最科学的智能供应链服务系统。

13.3.3 云物流

云物流借鉴云计算的观点,指的是建立一个平台,汇集来自全国的为数众多的发货公司的货单,将海量的运单信息按地域、时间、类别、紧急程度等进行分类,然后指定运输公司发送给快递公司,最后送达收件人手中。通过建立一个"云计算"平台,小快递公司只需要一个计算机就可以访问"云物流"平台,获得客户,并通过这个平台取货、送货。

云物流模式提供三方面价值:一是社会化,快递公司、派送点、代送点等终端成千上万,这个平台能充分利用这些社会资源;二是节约化,每个公司都建立一个小型云计算平台非常浪费,集中建设能享受规模效应;三是标准化,通过统一的平台,其运单查询流程、服务产品(国内、同城、省内)、收费价格、售后服务(晚点、丢失赔偿)以及保险等都能做到标准、透明。

发货公司通过这个平台,能方便地找到物流公司;物流公司通过这个平台,能方便地找到订单与运单。对于消费者来说,可能会有这样的经历:从不同的商家买东西,即便选了同一家快递,也可能是上午取一趟货,下午再取一趟货。如果某一天用户订购四个不同商家的四种不同商品在一个包裹里同时送达,用户可能会更满意。这种方式被称作"实体分仓"。

云物流模式将根据全国各地消费者分布的特征,在各地区设立仓储,让商家把部分货送到区域仓库中,实现就近配送。此外,以往买家如果拒绝收货时,快递公司只好将货物退回,大量的积压造成了物流的浪费。云物流设计的模式是,客户如果拒收,快递员可以拿回来免费放在当地仓库。

13.4 RFID 技术

13.4.1 RFID 的基本概念

RFID 是 Radio Frequency Identification 的缩写,即无线射频身份识别,俗称电子标签。它主要由三部分构成:标签(Tag),由耦合元件及芯片组成,每个标签具有唯一的电子编码,附着在物体上标识目标对象;阅读器(Reader),读取(有时还可以写入)标签信息的设备,可设计为手持式或固定式;天线(Antenna),在标签和读取器间传递射频信号。

RFID 技术的基本工作原理是:标签进入磁场后,接收解读器发出的射频信号,凭借感应电流所获得的能量发送出存储在芯片中的产品信息(Passive Tag,无源标签或被动标签),或者主动发送某一频率信号(Active Tag,有源标签或主动标签,自带电池);解读器读取信息并解码后,送至中央信息系统进行有关数据处理。

13.4.2 RFID 的具体应用

1. ETC 系统

ETC(Electronic Toll Collection)系统意为不停车电子收费系统。该系统通过安装在车辆挡风玻璃上的车载电子标签与在收费站 ETC 车道上的微波天线之间的通信,利用计算机联网技术与银行进行后台结算处理,从而达到车辆通过路桥收费站时不需要停车就能缴费的目的。

通过该系统,只要把记录有车辆"身份"信息的 IC 卡与银行账户绑定,车辆在通过收费站时,不用停车,应支付的高速公路通行费金额就能从绑定银行账户中自动扣除。具体流程是:汽车以 20km/h 的速度驶向 ETC 专用道口,系统自动读取信息后,"滴答"一声,读取、扣款一步到位,过程只需两三秒。而按照正常的车流量计算,司机通过收费站时完成"停车、递钱、找零、离开"这一套流程需要十二三秒。通过实行不停车收费,车道通行能力能提高 3~5 倍,对个人用户而言,主要是免除了停车、付现金的麻烦。对于全社会而言,由于减少了停车时间,尾气排放也大大减少。

2. 麦德龙的"未来商店"

早在 2006 年举行的第八届中国连锁店展会上,德国麦德龙集团就向中国媒体展示了"未来商店"。麦德龙"未来商店"的核心就是装有 RFID 系统的"聪明芯片"。在 RFID 技术的支持下,科幻影片中的场景变成现实。在未来商店,顾客将感受一次颠覆传统的购物体验。顾客推着一个带有液晶显示屏的购物车,将选购的物品放进去,屏幕立即显示出商品的名称、价格、数量;缺货商品还可读取代用品等信息,食品类商品则可获取烹饪方法、推荐菜单等个性化信息,顾客甚至可以打印这份菜单或定制手机短信,把商品信息带回家。

在"智能试衣间"里,顾客不用把衣服穿上再脱下,里面的大屏幕就可以显示出试穿这件衣服的上身效果;摄像头被用来自动识别水果和蔬菜,顾客借助触摸屏找到隐没在货架中的商品;收款系统会自动显示购物需付款项的总额,收银机前不再出现长长的付款"人龙"。

"未来商店"的仓库也暗藏玄机。每一个进出仓库的商品仓板都被贴上RFID标签,这些仓板经过"RFID门"时会被自动读取,并自动传输到商品管理系统。同时,售货员可通过终端了解这个商品的库存情况。如果库存数量过少,系统会自动生成订单,并通知商品供货商补货。供货商可在第一时间发货补充库存,避免断档缺货等意外发生。供应商发出的货物在通过仓板上的RFID标签时,其信息又被传输到商店的管理系统,售货员同时收到到货信息。

3. RFID在食品安全领域的应用

随着经济的发展、人民生活水平的提高和消费观念的转变,全球消费者、制造商、供应商和销售商等都对食品安全提出了更高的要求,保证食品质量、降低生产成本、缩短交货周期、准确获取食品安全信息等要求使得RFID技术在食品安全管理中有了发挥的空间。

将RFID技术应用于食品安全,能建立准确、完整的食品供应链信息。RFID技术凭借其无线传输特性与物品标识的唯一性和安全性,在标签上能覆盖食品供应链全过程的所有信息数据,完成了100%追溯食品来源的解决方案,可以回答消费者关于"食品从哪里来,中间处理环节是否完善"等问题,并给出详细可靠的答案。RFID的解决方案对每一件物品提供高效、详尽的控制,在从农场到消费者餐桌的整个食品供应链中,创建一系列可靠的食品信息。至此,RFID技术的应用可以完成两大食品安全管理目标:食品安全"源头"追溯和食品供应链透明化管理。

RFID在食品安全追溯体系中能够在基本不影响生产作业效率的前提下,快速、自动、准确地采集各种信息,以保证追溯的可能性和有效性,严把食品生产的每一个环节,实现居民"放心餐"。作为一种新兴技术,RFID有其发展优点,但也有其局限性。食品安全追溯涉及整个产业链,受到环境、成本等诸多因素的限制,在整个追踪过程中需要用到各种不同的自动识别技术,既包括UHF(超高频)RFID技术,也包括HF(高频)RFID技术,还包括条码技术。如何科学、合理地在不同的环节部署不同的技术,同时又能让这些不同的技术各自发挥出自己的优势并相互衔接融为一体,则需要一个很好的完整的自动识别技术应用解决方案。这个解决方案的好坏,会直接影响到食品安全追溯的有效性和可靠性。

同时,所有的自动识别技术都只有以管理信息系统为基础和依托才能发挥作用,要实现整个产业链过程的跟踪,需要建立一套完整的、相互衔接的、能够覆盖整个产业链的、符合食品行业特点的信息系统,其中包括:生产管理系统、仓库管理系统和供应链管理系统等。这将是一个庞大的系统工程,同时也是最严峻的困难和挑战。

13.5 物联网技术

13.5.1 物联网的基本概念

物联网就是"物物相连的互联网",是指通过各种信息传感设备,实时采集任何需要监控、连接、互动的物体或过程等各种需要的信息,与互联网结合形成的一个巨大网络。其目的是实现物与物、物与人、所有的物品与网络的连接,方便识别、管理和控制。这有两层意思:第一,物联网的核心和基础仍然是互联网,是在互联网基础上的延伸和扩展的网络;第二,其用户端延伸和扩展到了任何物品与物品之间,进行信息交换和通信。

物联网的概念最早出现于比尔·盖茨1995年《未来之路》一书,在《未来之路》中,比尔·盖茨已经提及Internet of Things的概念,只是当时受限于无线网络、硬件及传感设备的发展,并未引起世人的重视。目前,物联网应用涉及国民经济和人类社会生活的方方面面,因此,"物联网"被称为是继计算机和互联网之后的第三次信息技术革命。物联网是一个基于互联网、传统电信网等信息承载体,让所有能够被独立寻址的普通物理对象实现互联互通的网络。其具有智能、先进、互联的三个重要特征。在物联网应用中有以下三项关键技术:

(1) 传感器技术:这也是计算机应用中的关键技术。大家都知道,到目前为止绝大部分计算机处理的都是数字信号。自从有计算机以来就需要传感器把模拟信号转换成数字信号,计算机才能处理。

(2) RFID标签:也是一种传感器技术。RFID技术是融合了无线射频技术和嵌入式技术为一体的综合技术,在自动识别、物品物流管理有着广阔的应用前景。

(3) 嵌入式系统技术:综合了计算机软硬件、传感器技术、集成电路技术、电子应用技术为一体的复杂技术。

物联网是通过射频识别、红外感应器、全球定位系统、激光扫描器等信息传感设备,按约定的协议,把任何物品与互联网连接起来,进行信息交换和通信,以实现智能化识别、定位、跟踪、监控和管理的一种网络。具体地说,物联网就是把感应器嵌入和装备到电网、铁路、桥梁、隧道、公路、建筑、供水系统、大坝、油气管道等各种物体中,然后将"物联网"与现有互联网整合起来,实现人类社会与物理系统的整合,在这个整合的网络当中,存在能力超级强大的中心计算机群,能够对整合网络内的人员、机器、设备和基础设施进行管理和控制。

13.5.2 物联网的作用与影响

(1) 物联网是信息网络从虚拟世界向现实世界延伸的表现,实现了从思想到行动的飞跃。物联网主要解决的就是虚拟世界与现实世界之间的信息交流的问题,虚拟世界和现实世界在关于信息的交流上是存在着一定的断层的,作为解决这个问题的一种具体手段,物联网要实现的是建立在虚拟世界和现实世界上的信息交流的一个桥梁,使信息可以真正、有效地将虚拟世界和现实世界进行融合,让信息不再仅仅局限于虚拟世界中,而要让它走出虚拟世界,也可以进入现实世界的领域中,真正冲破虚拟世界的牢笼,让人们的思想也可以得到改变,将人们的思想火花也真正转换为一种"物"的自主行动的产物,这是一种巨大的突破。

(2) 物联网使物品具有智慧性。通过对物品全面感知的实现,物联网会大大拓宽人类对于这个世界的认知和感知的广度。当然,随着物联网开发技术和应用的发展,我们也能更加看得懂一些动物、植物甚至是非生命自然物品的思想和反应。

举个例子来说,当我们面前摆着一份水果的时候,在我们第一眼看到它的时候,我们的头脑中就会有一个信息的反馈,这是一个自动的过程,这是关于它的来源、特征、功能或者其他的一些我们所关心的信息,当我们对这些信息有一个回复的时候,它还会将我们关心的这些内容的信息再一次反馈给我们,由此我们就可以得到我们真正想要的信息了。不难看出,这个过程是一个充满智慧的过程。

第13章 物流信息技术与系统

（3）物联网将真正实现对人类的沟通范围、模式、渠道和效率的改变。物联网使人类的沟通范围变大了，不仅实现了物品和物品之间的沟通，还实现了人和物品之间的沟通，使人类更加能够在较于之前更加广阔的范围内达到沟通活动的实现。这个沟通范围的增大不仅表现在更加广泛的对象范围，还表现在更加广泛的空间范围。不仅如此，物联网也使人类的沟通模式、沟通渠道和沟通效率都发生了深刻的变革。相比之前的面对面的沟通方式而言，现在的沟通更多的是依赖于网络，这样就可以有效地避免地域的问题，但这种依赖于网络的沟通方式也仅仅只是一种选择而已。

物联网最初主要是一种物和物之间相连的网络，现在它既实现了物和物之间的联系，也实现了人和物之间的联系，但是还有一点不完善，那就是物联网虽然将人也进行了联系，但并没有将"人"和"物"区别开，只不过是将"人"也看作是一种可以进行自动化识别的"物"而已，比如现在运用得非常普遍的门禁就是将"人"作为一个物品来进行识别和自动处理的，并没有将"人"和"物"真正区别开来，没有真正把人当作一个生命体来对待。所以就目前来说，物联网连接的主要对象依然是物和物，而人和物的连接将是下一步的重点发展方向。

（4）物联网的价值主要在于对智慧的应用。物联网不仅仅表现在对生活方式的改变上，还表现在提高生活质量方面。不仅如此，它还可以改变社会的生产过程，甚至是提高生产力。比如，物联网可以通过对一些市场领域的应用，包括家庭个人、产业经济、公共服务等市场，使这些市场领域的主体实现一些改变，进而提升效率，从而实现对生产力的提高。处于物联网下的沟通的效率也将大幅度提高，从而可以实现人们的沟通理念和沟通方法的极大改变。

13.5.3 物联网的应用

百度是一家专注于人工智能的科技公司，拥有全球领先的大规模神经网络，有4万员工、2000多AI核心研发人员、万亿级搜索数据、百亿级定位数据。百度云率先提出ABC（AI、Big Data、Cloud Computing）融合战略。天工平台是依托于百度云ABC，承载着大数据、人工智能，以及行业应用的场景化行业物联网平台，利用百度ABC真正实现连接万物、理解万物、唤醒万物，如图13.4所示。

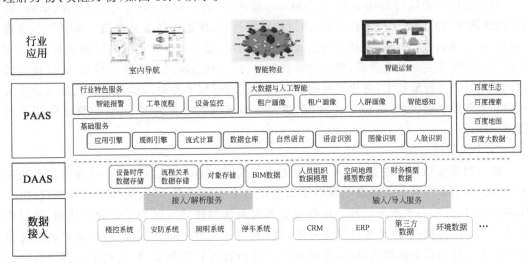

图13.4 百度天工平台支撑行业应用

目前,全球已经有将近 100 亿台设备完成了物联网接入,下一代智能物联网将拥有更加强大的 AI 能力。以百度智能云为例,其率先在业内宣布天工物联网平台全新升级,并在边云融合、时空洞察和数据智能等三大领域一口气发布了九大新产品,分别是边云融合领域的智能边缘 BIE 2.0,以及三款物联网智能边缘硬件;时空洞察领域的地图空间服务、货运路径规划和智能调度 ROS;在数据智能领域的时序洞察和小度企业音箱行业解决方案。

1) 智能物流

百度云物流解决方案通过对人、车、物的统一接入,获取大量实际运行数据,结合百度地图、百度商情以及其他类型的大量数据积累,在调度智能化、服务标准化、全程透明化、价格市场化等方面进行持续改进。通过与传统的铁路物流以及大宗物流的伙伴合作,正在赋能传统物流企业提升调度水平,增加货运收入。

2) 自动驾驶车联网

在自动驾驶行业,百度智能云通过边云融合技术有效支撑了百度 V2X 产品在 5G 和 MEC 条件下的落地。在路侧通过百度智能边缘(Baidu Intelligent Edge,BIE)实现了路面状况和行驶车辆的结构化信息实时上传,在平台侧通过百度智能云天工平台实现了大规模时序数据的整合,并借助流式计算完成道路和交通信息的分析整合。边和云的融合对应了车和路的协同,帮助自动驾驶走向开放路段的落地。

(1) 车辆连接。百度云提供从车载设备端的 SDK 到云端接入、协议解析、设备管理、存储、大数据、人工智能等全线产品,支持各种类型车辆的大批量连接,轻松接入千万辆车。

(2) 智能监控平台。可对车辆全景数据进行监控,对故障信息进行记录,结合地图、天气和路况对相关信息进行分析,并进行车辆健康度评估;还可提供远程车辆升级等服务。

(3) 提供一站式 App 服务。为厂商提供相应 App,方便车主通过终端对车辆进行访问,大大降低开发者的开发周期。

(4) 提供大数据营销服务。可根据用户的驾驶行为,进行精准营销、精准广告投放以及车型迭代分析,使整个车厂可快速搭建一个满足车联网行业诉求的解决方案。

3) 智慧楼宇

通过物联网手段(Modbus 接入、BACnet 接入等)将不同业态(住宅、办公楼、商场、酒店)的建筑物内的设备运行数据上云,通过物联网连接,保证设备整体在线。通过设备建模进行云端设备画像,并将设备和设备之间的连接关系、设备和空间之间的供给关系、空间和空间之间的包含关系做成逻辑,建立设备到系统、系统到空间的云端建筑模型,更好地了解建筑。通过人工智能技术,将建筑里的设备、系统、空间模型和建筑运行、运维、运营的实际经验和业务逻辑融合,唤醒整个建筑,让建筑告诉运维者自身情况,并自行满足使用者的需求。

4) 个人健康应用

随着物质生活水平的提高,人们越来越关注健康问题,个人健康设备市场将迎来快速发展期。目前常用的个人健康状况电子监测设备主要包括电子秤、人体脂肪分析仪、电子体温计、血压计和心率监测仪等。这些设备都对身体健康状况起到了监测的作用,可以看作是一个个的传感点,但并没有形成网络,如果能在医院建立一个局端,然后通过各种传输方式将个人健康信息传输到局端,并通过"云"进行智能管理和监测,这对个人健康监测无疑是划时代的变革。

5）环保监控

环保监控是物联网应用的重要方面。为了帮助政府应对太湖的蓝藻危机，中科院在太湖中放置若干传感装置，一旦蓝藻素升高，或水温有变化、有暴发蓝藻的可能，传感器会及时发出预警，这样决策机关就能及时得到信息，并做出应对。在环保监测上，如发生气体泄漏、水体污染等事件，工作人员可随身携带一箱生化传感器，像播种那样在一定范围内随机散布，数十个传感器就能无线联网，随时"跟踪"有害物质的扩散路径，实时向指挥部"发报"。

本章小结

物流系统包括运输系统、仓储保管系统、装卸搬运系统、流通加工系统、物流信息系统等方面，其中物流信息系统是高层次的活动，是物流系统中最重要的组成之一，涉及运作体制、标准化、电子化及自动化等方面的问题。由于现代计算机技术及网络技术的广泛应用，物流信息系统的发展有了一个坚实的基础，计算机技术、网络技术及相关的关系型数据库、条形码技术、EDI 等技术的应用使得物流活动中的人工、重复劳动及错误发生率减少，效率增加，信息流转加速，使物流管理发生了巨大变化。

课后练习

13.1 什么是物流信息？它具有哪些特点？

13.2 什么是物流信息技术？它主要应用在哪些领域？

13.3 什么是物联网？物联网技术由哪些内容构成？

13.4 常用的物流信息技术有哪些？

13.5 信息技术对物流的发展有哪些影响？

13.6 物流信息技术在国内的应用状况如何？

第14章 客户关系管理系统

本章学习目标

- 理解客户关系管理的定义及作用；
- 掌握客户关系管理系统的组成及分类；
- 了解数据挖掘的相关概念及功能分类；
- 进一步了解数据挖掘的主要方法；
- 理解和掌握基于数据挖掘的客户关系管理系统体系结构及系统功能。

随着市场的发展成熟和竞争的日益激烈，"以产品为中心"的商务模式逐渐向"以客户为中心"转变，客户关系管理（Customer Relationship Management，CRM）的理念已深入人心，CRM系统作为管理信息系统的一个重要内容，其应用也日益普遍。销售管理、呼叫中心等操作型和协作型CRM系统，在当前大数据应用背景下已无法满足企业对于客户关系管理的需求，基于大数据分析型CRM系统的应用越来越受到重视。数据挖掘技术作为最常用的数据分析手段，在CRM系统中也得到了广泛应用。

前 导 案 例

假设你是一位电信公司的地区销售经理，负责处理与公司的移动电话客户之间的关系。你现在关心的问题是如何吸引客户的注意力，因为这个问题已经严重影响了公司的利润。你明白留住一个客户所花费的代价要比吸引一个离开的客户再重新回来的代价少得多，也比吸引一个新客户花费的代价要小得多。所以你必须要想一个回报率比较高的办法。

> 传统的解决这一问题的办法是挑选出你的好客户,或者称为大客户,说服他们续签一年的服务合同。为了达到目的,可能要送某些礼物(如一种新的手机或优惠的购机政策),或提供话费打折的优惠政策。礼物的价值往往取决于客户所消费的价值——最大的买主得到最好的礼物。这种解决方案很浪费。因为很多"好"客户即使没有得到昂贵的礼物也会继续留下来。真正需要重视的是那些想要离开的客户,而不是要留下来的。
>
> 让我们换一种方式思考。你提供给客户的礼物不再取决于他们对公司的价值,而是取决于公司对于他们的价值。给你的客户真正需要的东西。客户之间是有差异的,你首先必须了解这一点才能改善与他们的关系。一个大客户可能很看重与你的关系,因为他们觉得你是可以信赖的。这样你就不必用礼物维系关系。另外,对于一个使用最新技术和特殊服务的客户,可能需要提供一个新的手机或别的礼物使他留下来。例如客户可能仅仅希望降低夜间通话的费用,因为手机由老板提供,而他们必须自己支付下班时间的话费。总之,关键是确定与你打交道的是哪一类客户。在这个案例中,基于数据挖掘的分析型客户关系管理系统就可以通过分析客户数据,进而对不同客户群体进行分类,来帮助销售经理解决准确识别客户的问题。

14.1 客户关系管理概述

14.1.1 客户关系管理的定义

1. 关于 CRM 定义的不同表述

关于 CRM 的定义,不同的研究机构或公司及个人有着不同的表述。

1) IBM 公司对 CRM 的理解

IBM 公司所理解的客户关系管理包括企业识别、挑选、获取、发展和保持客户的整个商业过程。它把客户关系管理分为三类:关系管理、流程管理和接入管理,包括两个层面的内容:

一是企业实施 CRM 的商务目标就是通过一系列的技术手段了解客户目前的需求和潜在客户的需求。

二是企业要整合各方面的信息,使得企业所掌握的每一位客户的信息是完整一致的。

2) Gartner Group 的描述

Gartner Group 认为客户关系管理是企业的一项商业策略,它按照客户的细分情况有效地组织企业资源,培养以客户为中心的经营行为以及实施以客户为中心的业务流程,并以此为手段来提高企业的获利能力、收入以及客户满意度。

该定义的要点如下:
- 明确指出 CRM 是企业的一个商业策略,而不是某种 IT 技术。
- 指出 CRM 是为了提高企业的获利能力,而不只是为了提高客户的满意度。
- 提出以客户为中心的经营机制的建立是实现 CRM 目的的重要手段。
- 提出区别对待客户,分割群体,有效组织企业资源的重要性。

3) Hurwitz Group 的描述

Hurwitz Group 认为,CRM 的焦点是信息自动化并改善与销售、市场营销、客户服务和支持等领域的客户关系有关的商业流程。CRM 既是一套原则制度,也是一套软件和技术。它的目标是缩减销售周期和销售成本、增加收入、寻找扩展业务所需的新市场和渠道以及提高客户的价值、满意度、赢利性和忠实度。

因此,CRM 是一个不断加强与顾客交流、不断了解顾客需求,并不断对产品及服务进行改进和提高以满足顾客需求的连续过程。CRM 注重的是与客户的交流,企业的经营是以客户为中心,而不是传统的以产品或以市场为中心。为方便与客户的沟通,CRM 可以为客户提供多种交流的渠道。企业希望通过 CRM 系统能够了解更多的客户化的需求,从而为客户提供个性化的产品和服务,提高客户满意度,与此同时也能够获得更大的利润。

2. 对 CRM 的完整理解和定义

1) CRM 的概念内涵

现实中 CRM 的概念可以从以下三个层面来表述:

第一个层面:CRM 是一种现代经营管理理念。

第二个层面:CRM 集合了当今最新的信息技术。

第三个层面:CRM 意味着一套应用软件系统。

CRM 就是一种以信息技术为手段,对客户资源进行集中管理的经营策略。可从战略和战术两个角度来看待它。

(1) 从战略角度来看,CRM 将客户看成是一项重要的企业资源,通过完善的客户服务和深入的客户分析来提高客户的满意度和忠诚度,从而吸引和保留更多有价值的客户,最终提高企业利润。

(2) 从战术角度来看,将最佳的商业实践与数据挖掘、数据仓库、网络技术等信息技术紧密结合在一起,为企业的销售、客户服务和决策支持等领域提供了一个业务自动化的解决方案。

2) CRM 的定义

综合上述分析可以给出对 CRM 的完整理解和定义。客户关系管理是企业为了提高核心竞争力,以客户为中心,通过改进对客户的服务水平,提高客户的满意度与忠诚度,进而提高企业赢利能力的一种管理理念;是通过优化企业组织体系和业务流程,实施于企业的市场营销、服务与技术支持等与客户相关的领域,旨在改善企业与客户之间关系的新型管理机制;也是企业通过技术投资,建立能收集、跟踪和分析客户信息的系统,是先进的信息技术、软硬件和优化的管理方法、解决方案的总和。

14.1.2 客户、关系和管理概念的再认识

为了理解 CRM 可以把客户关系管理拆分为三个关键词:管理、关系、客户。

1. 管理

管理(Management)就是对资源进行有效的整合,以实现特定管理单位所确定的既定目标与责任的动态创造性活动。其核心是对现实资源的有效整合。

CRM 中的管理指的是对客户资源以及客户关系的生命周期要积极地介入和控制,使客户关系能最大限度地帮助企业实现它所确定的经营目标。

2. 关系

1) 关系的含义

关系(Relationship)意味着 CRM 是一种关系管理。在进入后工业化时代,企业与企业、企业与人的关系就日益复杂重要,尤其是经济全球化进程加快后,企业所处的内外关系状态越来越影响着企业的发展,所以形成了关系管理的范畴。

2) 客户关系的内涵

以下是对客户关系的理解:

- 企业同客户的行为和感受是相互的,关系的双方无所谓谁大谁小的问题。
- 客户对企业有好的感受便更有可能触发相应的购买行为,相互强化和促进之后便可以产生良好的客户关系。
- 如果客户对企业有购买行为,但具有很坏的感受,那么就有可能停止未来的购买行为,从而导致关系破裂或关系消失的结果。只有回到产品供不应求的卖方市场时代,客户才有可能维持这种"无奈的关系"。
- 如果一个潜在客户对企业有很好的感受,但从没有向企业购买过什么东西,那么可以说,这个客户和这个企业之间不存在关系。

3. 客户

客户(Customer)意味着 CRM 是围绕客户为中心的关系管理,客户是焦点。

企业与客户的关系不是静止的、固定的,它是一种互动的学习型关系,企业与客户之间要进行互动的沟通和交流,互相了解和影响,并能够在接触过程中进行学习从而更好地了解客户并提供更适合的产品或服务。

14.2 客户关系管理系统

14.2.1 客户关系管理系统的组成

客户关系管理系统是本着对客户进行系统化研究的指导思想,完整地认识整个客户生命周期,管理与客户之间的所有交互关系,提供与客户沟通的统一平台,改进对客户的服务水平,提高员工与客户接触的效率和客户忠诚度,并因此为企业带来更多的利润。一个有效的 CRM 应用系统通常由接触活动(客户交互)子系统、业务功能子系统、数据库子系统和企业应用集成子系统四部分组成,如图 14.1 所示。一个完整的 CRM 应用系统应当具有如下特点:

1. 综合性

客户关系管理应用系统必须综合企业客户服务、销售和营销行为优化和自动化的要求,能够在统一的信息库下开展有效的客户交流管理,使得交易流程管理成为综合性的业务操作方式。完整意义上的 CRM 系统不仅使企业拥有灵活有效的客户交流平台,而且使企业具备综合处理客户业务的基本能力,从而实现基于 Internet 和电子商务应用的新型客户管理模式。

2. 集成性

在电子商务背景下,CRM 系统应该具有与其他企业级应用系统(ERP、SCM 等)的集成

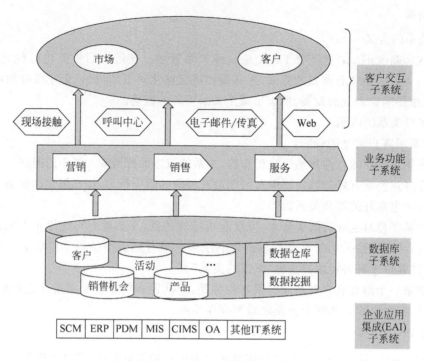

图 14.1 客户关系管理系统基本架构

能力。对于企业来说,只有实现了前后端应用系统的完全整合,才能真正实现客户价值的创造。例如,CRM 的销售自动化子系统能够及时向 ERP 系统传送产品数量和交货日期等信息,而营销自动化和在线销售功能则使 ERP 的订单与配置功能发挥出最大潜力,使客户可以真正按需配置产品,并实现现场订购。因此,CRM 解决方案必须具备强大的工作流引擎,以确保各部门、各系统的工作流程无缝衔接。

3. 智能化

成熟的客户关系管理系统不仅能完全实现商业流程的自动化,而且还能为管理者决策提供强大的支持。CRM 系统拥有大量有关客户的信息,通过数据仓库的建设和数据挖掘,可以对市场和客户进行深度分析,使企业具备商业智能的动态决策和分析能力,从而提高管理者经营决策的有效性。

4. 高技术含量

先进的客户关系管理系统必须充分借助现代信息技术,实现对各种客户关系的有效互动和优化管理。从技术应用的角度看,客户关系管理应用系统是一个多技术的复杂集成体。它所涉及的技术不仅包括各种功能应用所需要的数据仓库、网络、语音、多媒体等多种先进信息技术,而且这些不同的技术标准和不同规则的功能模块要被整合成为一个统一的客户关系管理应用环境,还需要不同类型的资源和专门的技术支持。

14.2.2 客户关系管理系统的分类

美国的调研机构 Meta Group 把 CRM 分为操作型、分析型和协作型三类,这一分类方法已得到了业界的认可,是目前市场上流行的功能分类方法,其功能说明如图 14.2 所示,下

第14章 客户关系管理系统

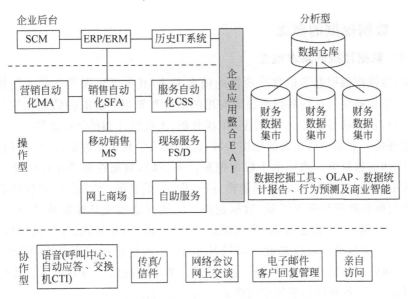

图 14.2 客户关系管理系统的功能说明

面分别进行阐述。

1) 操作型 CRM

操作型 CRM(Operational CRM)系统也称为营运型系统,目的是提供自动化的业务流程,为各个部门的业务人员的日常工作提供客户资源共享,减少信息流动滞留点,为客户提供高质的服务,使客户就像在和一个虚拟个人做交易一样。操作型 CRM 系统目前主要有销售自动化、市场营销、服务支持、现场服务、移动销售等模块组。

2) 分析型 CRM

分析型 CRM(Analytical CRM)系统不需要直接同客户打交道,它的作用是从操作型 CRM 系统应用所产生的大量交易数据中提取有价值的各种信息。它主要是面向客户数据分析,针对一定的业务主题设计相应的数据仓库和数据集市,利用各种预测模型和数据挖掘技术对大量的交易数据进行分析,对将来的趋势做出必要的预测或寻找某种商业规律,用来指导企业的生产经营活动,提高经营决策的有效性和成功度。如果把 CRM 比作一个完整的人的话,操作型 CRM 是 CRM 的四肢,而分析型 CRM 则是 CRM 的大脑,是一种处理大容量客户数据的方法,使企业管理人员获得可靠的信息支持策略和战略商业决策。

3) 协作型 CRM

英文 Collaborative 的意思指两个以上的人同时做一项工作。协作型 CRM(Collaborative CRM)的参与对象也是由两种不同类型的人共同完成的,即企业客户服务人员和客户共同参与。如支持中心人员通过电话指导客户修理设备,在修理这个活动中同时有员工和客户共同参与,他们之间是协作的;而操作型 CRM 和分析型 CRM 只是企业员工自己单方面的业务工具,在进行某项活动时客户并未一起参与。

14.3 数据挖掘的概念

14.3.1 数据挖掘的基本概念

近年来,数据挖掘引起了信息产业界的极大关注,其主要原因是存在大量数据可以广泛使用,并且迫切需要将这些数据转换成有用的信息和知识。获取的信息和知识可以广泛用于各种应用,包括商务管理、生产控制、市场分析、工程设计和科学探索等。

数据挖掘是一个多学科交叉的应用领域,这些交叉学科包括数据库系统、机器学习、统计学、可视化和信息科学。此外由于数据挖掘任务不同,数据挖掘系统还可能采用其他学科的一些技术方法,如神经网络、模糊逻辑、粗糙集、知识表示、推理逻辑编程或高性能计算等。根据所挖掘的数据和应用背景,数据挖掘系统还可能集成其他领域的一些技术方法,其中包括空间数据分析、信息检索、模式识别、图像分析、信号处理、计算机图形学、互联网技术、经济学、心理学等。通过如此丰富的技术手段,数据挖掘可以获取有价值的领域知识,并可从不同应用角度对知识进行查看和管理。数据挖掘已成为数据库系统理论研究的热点,并在信息产业各领域的应用中发挥着日益重要的作用。

许多人把数据挖掘视为另一个常用的术语"数据库中知识发现"的同义词。而另一些人只是把数据挖掘视为数据库中知识发现过程的一个基本步骤。当把数据挖掘用来指代数据库中的知识发现(Knowledge Discovery from Database,KDD)时,其基本过程如图 14.3 所示。

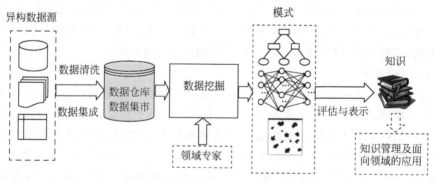

图 14.3 知识发现基本过程示意图

从数据和知识的存在形态来看,其在知识发现的整个过程中是从异构数据源——数据仓库(数据集市)——模式——知识的变化过程,经过了数据清洗和集成、数据挖掘、模式评估和表示以及知识管理和面向领域的应用等步骤。

(1) 数据清洗和集成:数据可以来源于不同结构的数据库或数据集,例如不同的关系型数据库、文本数据库、多媒体数据以及互联网信息等,其中往往包含不完整、不一致的数据或者噪声数据。数据清洗和集成的作用就是清除数据噪声并将各种数据源中的数据组合到一起,构建成数据仓库或与挖掘主题相关的数据集市。

(2) 数据挖掘:知识发现过程的关键步骤,利用智能方法从数据仓库或数据集市中挖掘出数据模式和规律。通常根据数据挖掘任务对数据仓库中的历史数据进行采样,并分为训练集和测试集两部分,分别用于模型的建立和测试,最后应用建立的模型对新数据进行预测和分析。根据挖掘主题和应用领域的不同,有时需要领域专家的参与。

(3) 模式评估与表示:从是否易于理解、是否有潜在价值、是否有效、是否新颖等角度,对挖掘出的模式进行评估,得到兴趣度高的知识,并利用可视化和知识表达技术,将其展示给用户。

(4) 知识管理及面向领域的应用:用户可以通过良好的人机界面,对知识进行查询和管理,并针对不同的领域需求进行应用。

数据挖掘视为知识发现过程的一个步骤。这种数据挖掘的步骤可以与用户或知识库交互。有趣的模式提供给用户,或作为新的知识存放在知识库中。注意,根据这种观点,数据挖掘是整个过程中最重要的一步,因为它发现隐藏的模式。

在工业界、媒体和数据库研究界,"数据挖掘"比术语"数据库中知识发现"更流行。因此,在本书中我们采用数据挖掘的广义观点:数据挖掘是从存放在数据库、数据仓库或其他信息库中的大量数据中挖掘有趣知识的过程。

14.3.2 数据挖掘的功能分类

数据挖掘功能用于指定数据挖掘任务中要找的模式类型。数据挖掘任务一般可以分两类:描述性任务和预测性任务。描述性挖掘任务刻画数据库中数据的一般特性,预测型挖掘任务根据从当前数据中获取的知识进行推断及预测。数据挖掘的主要功能包括概念描述、分类和预测分析、聚类分析、关联规则分析、孤立点分析以及演变分析等。所采用的方法和算法根据数据挖掘任务的不同而多种多样。目前比较成熟的方法有用于关联知识分析的 Apriori 算法、用于分类知识分析的决策树方法、遗传算法、神经网络,用于聚类分析的划分方法等。数据挖掘功能及其可以发现的模式类型介绍如下。

1. 概念/类描述:特征和区分

数据库中存储的往往是微观的海量记录,而用户通常需要对数据的宏观描述,这就需要从相互关联的数据中提取出汇总的、简洁的、精确的类或概念的描述,概括出一类数据的特征和概貌,或者对多个类进行对比和区分。概念描述产生数据的特征化和比较描述,特征化提供给定数据集的一般特征或特性的简洁汇总,而概念或类的比较提供两个或多个数据集的比较描述。

数据的概念描述可以通过下述方法得到:

(1) 数据特征化,汇总所研究类的数据;

(2) 数据区分,将目标类与一个或多个比较类进行比较;

(3) 数据特征化和比较的方法相结合。

2. 分类和预测

分类是数据挖掘中一项非常重要的任务,目前在商业上应用最多。分类的目的是提取出一个分类函数或分类模型,该模型能够把数据库中的数据项映射到给定类别中的某一个。由于每个训练样本的类标号已知,所以分类一般被称为有指导的学习。

分类器的构造方法有统计方法、机器学习方法、神经网络方法等。统计方法包括贝叶斯法和非参数法,对应的知识表示则为判别函数和原型事例。机器学习方法包括决策树法和规则归纳法,前者对应的表示为决策树或判别树,后者则一般为产生式规则。神经网络方法主要是 BP 算法,它的模型表示是前向反馈神经网络模型。另外还有较新的粗糙集方法,其知识表示是产生式规则。分类的效果一般和数据的特点有关,有的数据噪声大,有的有缺值,有的分布稀疏,有的字段或属性间相关性强,有的属性是离散的,而有的是连续值或混合式的。目前普遍认为不存在某种方法能适合于各种特点的数据。

3. 聚类分析

聚类是根据数据的属性特征,将其划分为不同的数据类,使同一类别中的个体之间的相似性尽可能地大,而不同类别中的个体间的相似性尽可能地小。聚类分析数据对象,而不考虑已知的类标记。在机器学习中聚类称作无监督学习,因为分类学习的例子或数据对象有类别标记,而要聚类的例子则没有标记,需要由聚类算法来产生这种标记。聚类分析方法主要分为以下五类:划分方法、层次方法、基于密度的方法、基于网格的方法以及基于模型的方法。

4. 关联规则分析

关联规则分析可以从大量事务记录中发现数据项集之间有趣的关联。关联规则的概念由美国 IBM 公司的 Almaden Research Center 和 Agrawal 等人于 1993 年提出,是数据挖掘中一种简单但很实用的规则。关联规则分析的主要对象是事务数据库,典型例子是购物篮分析,能够发现顾客一般同时购买哪些物品,分析结果可以用于市场规划、广告策划和分类设计等。

5. 孤立点分析

数据库中可能包含一些数据对象,它们与数据的一般行为或模型不一致,这些数据对象是孤立点。大部分数据挖掘方法将孤立点视为噪声或异常而丢弃。然而,有时通过发现异常,可以引起人们对特殊情况的加倍注意。异常包括如下几种可能引起人们兴趣的模式:不满足常规类的异常例子;出现在其他模式边缘的奇异点;与父类或兄弟类不同的类;在不同时刻发生了显著变化的某个元素或集合;观察值与模型推测出的期望值之间有着显著差异的事例等。在一些应用(例如欺诈分析、疾病检测等)中,罕见的事件可能比正常出现的那些事件更有意义。

孤立点可以使用统计试验检测,它假定一个数据分布或概率模型,并使用距离度量,到其他聚类的距离很大的对象被视为孤立点。基于偏差的方法通过考查一群对象主要特征上的差别识别孤立点,而不是使用统计或距离度量。孤立点分析的一个重要特征就是它可以有效地过滤大量不感兴趣的模式。

6. 演变分析

数据演变分析对随时间变化的对象的规律或趋势进行建模和描述,包括时序数据分析、序列或周期模式匹配以及基于相似性的数据分析。其中,时序数据是指随时间变化的序列值或事件,值通常是在等时间间隔测得的数据,如股票市场的每日波动、科学实验数据等。序列数据是由有序事件序列组成的,可以有时间标记,也可以没有,例如 Web 页面遍历序列是一种序列数据,但可能不是时序数据。在时序数据库和序列数据库中进行挖掘,可以进行趋势分析、相似性搜索、与时间有关数据的序列模式挖掘和周期模式挖掘。

14.4 数据挖掘的方法

上面提到的各类数据挖掘功能都有多种实现方法。这里对关联规则分析、分类分析、聚类分析这三类功能中常用的基本方法进行简要介绍。

14.4.1 关联规则挖掘功能及方法

关联规则挖掘的一个典型例子是购物篮分析。该过程通过发现顾客放入其购物篮中不同商品之间的联系,分析顾客的购买习惯。通过了解哪些商品频繁地被顾客同时购买,可以帮助零售商制定营销策略。

如果将全域想象成商店中可利用的商品集合,则每种商品有一个布尔变量,表示该商品的有无。每个篮子则可用一个布尔向量表示。可以分析布尔向量,得到反映商品频繁关联或同时购买的购买模式。这些模式可以用关联规则的形式表示。例如,购买计算机也趋向于同时购买财务管理软件,可以用以下关联规则表示:

$$\text{computer} \Rightarrow \text{financial management software} \quad [\text{support}=2\%, \text{confidence}=60\%] \tag{14.1}$$

其中,规则的支持度 support 和置信度 confidence 是两个规则兴趣度度量。它们分别反映发现规则的有用性和确定性。关联规则(14.1)的支持度2%意味分析事务的2%同时购买计算机和财务管理软件。置信度60%意味购买计算机的顾客60%也购买财务管理软件。关联规则是满足最小支持度阈值和最小置信度阈值。这些阈值可以由用户或领域专家设定。

设 $I=\{i_1, i_2, \cdots, i_m\}$ 是项的集合。设任务相关的数据 D 是数据库事务的集合,其中每个事务 T 是项的集合,使得 $T \subseteq I$。每一个事务有一个标识符,称作 TID。设 A 是一个项集,事务 T 包含 A 当且仅当 $A \subseteq T$。关联规则是形如 $A \Rightarrow B$ 的蕴涵式,其中 $A \subset I, B \subset I$,并且 $A \cap B = \varnothing$。规则 $A \Rightarrow B$ 在事务集 D 中成立,具有支持度 S,其中 S 是 D 中包含事务 A 和 B(即 $A \cup B$)的百分比。它是概率 $P(A \cup B)$。规则 $A \Rightarrow B$ 在事务集 D 中具有置信度 C,如果 D 中包含 A 的事务同时也包含 B 的百分比是 C。这是条件概率 $P(B|A)$。即

$$\text{support}(A \Rightarrow B) = P(A \cup B) \tag{14.2}$$

$$\text{confidence}(A \Rightarrow B) = P(B|A) \tag{14.3}$$

同时满足最小支持度阈值(min_sup)和最小置信度阈值(min_conf)的规则称作强规则。为方便计量,我们用0~100%的值,而不是用0~1的值表示支持度和置信度。

项的集合称为项集。包含 k 个项的项集称为 k-项集。集合 {computer, financial_management_software} 是一个 2-项集。项集的出现频率是包含项集的事务数,简称项集的频率、支持计数或计数。项集满足最小支持度 min_sup,如果项集的出现频率大于或等于 min_sup 与 D 中事务总数的乘积。如果项集满足最小支持度,则称它为频繁项集。频繁 k-项集的集合通常记作 L_k。

如何进行大型数据库挖掘关联规则?关联规则的挖掘分两步:

(1) 找出所有频繁项集:根据定义,这些项集出现的频繁性至少和预定义的最小支持计数一样。

(2) 由频繁项集产生强关联规则:根据定义,这些规则必须满足最小支持度和最小置

信度。如果愿意,也可以使用附加的兴趣度度量。这两步中,第二步最容易。挖掘关联规则的总体性能由第一步决定。

Apriori 算法就是一种最有影响的挖掘布尔关联规则频繁项集的算法。Apriori 使用一种称作逐层搜索的迭代方法,k-项集用于探索$(k+1)$-项集。首先,找出频繁 1-项集的集合。该集合记作 L_1。L_1 用于找频繁 2-项集的集合 L_2,而 L_2 用于找 L_3,如此下去,直到不能找到频繁 k-项集。找每个 L_k 需要一次数据库扫描。在搜索过程中,为提高频繁项集逐层产生的效率,一种称作 Apriori 性质的重要性质用于压缩搜索空间。

Apriori 性质:频繁项集的所有非空子集都必须也是频繁的。

Apriori 性质基于如下观察:根据定义,如果项集 I 不满足最小支持度阈值 s,则 I 不是频繁的,即 $P(I)<s$。如果项 A 添加到 I,则结果项集(即 $I \cup A$)不可能比 I 更频繁出现。因此,$I \cup A$ 也不是频繁的,即 $P(I \cup A)<s$。

该性质属于一种特殊的分类,称作反单调,意指如果一个集合不能通过测试,则它的所有超集也都不能通过相同的测试。称它为反单调的,因为在通不过测试的意义下,该性质是单调的。

"如何将 Apriori 性质用于算法?"为理解这一点,我们必须看看如何用 L_{k-1} 找 L_k。下面的两步过程由连接和剪枝组成。

(1) 连接:为找 L_k,通过 L_{k-1} 与自己连接产生候选 k-项集的集合。该候选项集的集合记作 C_k。设 l_1 和 l_2 是 L_{k-1} 中的项集。记号 $l_{i[j]}$ 表示 l_i 的第 j 项(例如,$l_{1[k-2]}$ 表示 l_1 的倒数第 3 项)。为方便计,假定事务或项集中的项按字典次序排序。执行连接 $L_{k-1} \bowtie L_{k-1}$,其中,L_{k-1} 的元素是可连接的,如果它们前$(k-2)$个项相同;即 L_{k-1} 的元素 l_1 和 l_2 是可连接的,如果$(l_{1[1]} = l_{2[1]}) \wedge (l_{1[2]} = l_{2[2]}) \wedge \cdots \wedge (l_{1[k-2]} = l_{2[k-2]}) \wedge (l_{1[k-1]} < l_{2[k-1]})$。条件$(l_{1[k-1]} < l_{2[k-1]})$是为了保证不产生重复。连接 l_1 和 l_2 产生的结果项集是 $l_{1[1]}, l_{1[2]}, \cdots, l_{1[k-1]}, l_{2[k-1]}$。

(2) 剪枝:C_k 是 L_k 的超集;即它的成员可以是,也可以不是频繁的,但所有的频繁 k-项集都包含在 C_k 中。扫描数据库,确定 C_k 中每个候选的计数,从而确定 L_k(根据定义,计数值不小于最小支持度计数的所有候选是频繁的,从而属于 L_k)。然而,C_k 可能很大,这样所涉及的计算量就很大。为压缩 C_k,可以用以下办法使用 Apriori 性质:任何非频繁的$(k-1)$-项集都不是可能是频繁 k-项集的子集。因此,如果一个候选 k-项集的$(k-1)$-子集不在 L_{k-1} 中,则该候选也不可能是频繁的,从而可以从 C_k 中删除。这种子集测试可以使用所有频繁项集的散列树快速完成。

一旦从数据库 D 中的事务找出频繁项集,由它们产生强关联规则是直截了当的(强关联规则满足最小支持度和最小置信度)。对于置信度,可以用下式,其中条件概率用项集支持度计数表示。

$$\text{confidence}(A \Rightarrow B) = P(A \mid B) = \frac{\text{support\_count}(A \cup B)}{\text{support\_count}(A)} \tag{14.4}$$

其中,support_count$(A \cup B)$是包含项集 $A \cup B$ 的事务数,support_count(A)是包含项集 A 的事务数。根据该式,关联规则如下:

- 对于每个频繁项集 l,产生 l 的所有非空子集。

- 对于 l 的每个非空子集 m，如果 $\dfrac{\text{support\_count}(l)}{\text{support\_count}(m)} \geqslant \text{min\_conf}$，则输出规则 $m \Rightarrow (l-m)$。

其中，min_conf 是最小置信度阈值。

由于规则由频繁项集产生，每个规则都自动满足最小支持度。频繁项集连同它们的支持度预先存放在 Hash 表中，使得它们可以快速被访问。

14.4.2 分类分析功能及方法

数据库内容丰富，蕴藏大量信息，可以用来做出智能的商务决策。分类和预测是两种数据分析形式，可以用于提取描述重要数据类的模型或预测未来的数据趋势。然而，分类是预测分类标号（或离散值），而预测建立连续值函数模型。例如，可以建立一个分类模型，对银行贷款的安全或风险进行分类；可以建立预测模型，给定潜在顾客的收入和职业，预测他们在计算机设备上的花费。

数据分类是一个两步过程。第一步，建立一个模型，描述预定义的数据类或概念集。通过分析由属性描述的数据库元组来构造模型。假定每个元组属于一个预定义的类，由一个称作类标号的属性确定。对于分类，数据元组也称作样本、实例或对象。为建立模型而被分析的数据元组形成训练数据集。训练数据集中的单个元组称作训练样本，并随机地由样本群选取。由于提供了每个训练样本的类标号，该步也称作有指导的学习（模型的学习在被告知每个训练样本属于哪个类的"指导"下进行）。它不同于无指导的学习（或聚类），那里每个训练样本的类标号是未知的，要学习的类集合或数量也可能事先不知道。

第二步，使用模型进行分类。首先评估模型（分类法）的预测准确率。保持（Holdout）方法是一种使用类标号样本测试集的简单方法。这些样本随机选取，并独立于训练样本。模型在给定测试集上的准确率是正确被模型分类的测试样本的百分比。对于每个测试样本，将已知的类标号与该样本的学习模型类预测比较。如果认为模型的准确率可以接受，就可以用它对类标号未知的数据元组或对象进行分类。

判定树归纳分类是一种分类分析典型方法。判定树是一个类似于流程图的树结构；其中，每个内部结点表示在一个属性上的测试，每个分枝代表一个测试输出，而每个树叶结点代表类或类分布。树的最顶层结点是根结点。一棵典型的判定树如图 14.4 所示。

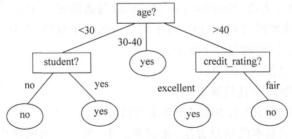

图 14.4 一棵典型的判定树

它表示概念 buys_computer，它预测 All Electronics 的顾客是否可能购买计算机。内部结点用矩形表示，而树叶用椭圆表示。为了对未知的样本分类，样本的属性值在判定树上测试，路径由根结点到存放该样本预测的叶结点，判定树容易转换成分类规则。下面给出判定树的基本算法（见算法 14.1）

算法 14.1：Generate_decision_tree。由给定的训练数据产生一棵判定树。

输入：训练样本集 D，由离散值属性表示；候选属性的集合 attribute_list。
输出：一棵判定树。
方法：
(1) 创建结点 N；
(2) if D 中的元组都是同一类 C then
(3)   return N 作为叶结点，以类 C 标记；
(4) if attribute_list 为空 then
(5)   return N 作为叶结点，标记为 D 中的多数类；   //多数表决
(6) 选择 attribute_list 中具有最高信息增益的属性 test_attribute；
(7) 标记结点 N 为 test_attribute；
(8) for each test_attribute 中的未知值 a_i //划分样本集
(9)   由结点 N 长出一个条件为 test_attribute = a_i 的分枝；
(10)   设 D_i 是 D 中 test_attribute = a_i 的样本的集合； //一个划分
(11)   if D_i 为空 then
(12)   加一个树叶，标记为 D 中的多数类；
(13)   else 加一个由 Generate_decision_tree(D_i, attribute_list - test_attribute) 返回的
             结点；
(14) end for
(15) 返回 N；

14.4.3 聚类分析功能及方法

设想要求对一个数据对象的集合进行分析，但与分类不同的是，它要划分的类是未知的。聚类（Clustering）就是将数据对象分组成为多个类或簇（Cluster），在同一个簇中的对象之间具有较高的相似度，而不同簇中的对象差别较大。相异度是基于描述对象的属性值来计算的。距离是经常采用的度量方式。聚类分析源于许多研究领域，包括数据挖掘、统计学、生物学以及机器学习。

聚类算法包括划分方法、层次方法、基于密度的方法、基于网格的方法以及基于模型的方法。算法的选择取决于数据的类型、聚类的目的和应用。本节将重点介绍一种基于划分方法的聚类算法。划分方法（Partitioning Method）是指给定一个 n 个对象或元组的数据库，一个划分方法构建数据的 k 个划分，每个划分表示一个聚类，并且 $k \leqslant n$。也就是说，它将数据划分为 k 个组，同时满足以下要求：

(1) 每个组至少包含一个对象；
(2) 每个对象必须属于且只属于一个组。

注意，在某些模糊划分技术中第二个要求可以放宽。

k-means 算法是最基本的划分方法，在该算法中，每个簇用该簇中对象的平均值来表示。下面首先给出 k-means 算法（见算法 14.2）的一般描述。给定一个包含 n 个数据对象的数据库，以及要生成的簇的数目 k，k-means 算法将数据对象组织为 k 个（$k \leqslant n$）划分，其中每个划分代表一个簇。通常会采用一个划分准则（经常称为相似度函数，Similarity Function），例如距离，以便在同一个簇中的对象是"相似的"，而不同簇中的对象是"相异的"。

算法 14.2：*k*-means 算法。

输入：簇的数目 k 和包含 n 个对象的数据库 D。
输出：k 个簇。
方法：(1) 从 D 中任意选择 k 个对象作为初始的簇中心；
   (2) repeat
   (3) 根据与每个中心的距离,将每个对象赋给"最近"的簇；
   (4) 重新计算每个簇的平均值,作为新的簇中心；
   (5) until 不再发生变化

k-means 算法以 k 为参数,把 n 个对象分为 k 个簇,以使类内具有较高的相似度,而类间的相似度最低。相似度的计算根据一个簇中对象的平均值(被看作簇的中心)来进行。

k-means 算法是怎样工作的？

k-means 算法的处理流程如下。首先随机地选择 k 个对象,每个对象初始地代表了一个簇中心。对剩余的每个对象,根据其与各个簇中心的距离,将它赋给最近的簇。然后重新计算每个簇的平均值。这个过程不断重复,直到准则函数收敛。

这个算法尝试找出使平方误差函数值最小的 k 个划分。当结果簇是密集的而簇与簇之间区别明显时,它的效果较好。对处理大数据集,该算法是相对可伸缩的和高效率的,因为它的复杂度是 $O(nkt)$,n 是所有对象的数目,k 是簇的数目,t 是迭代的次数。通常 $k \ll n$,且 $t \ll n$。这个算法经常以局部最优结束。

但是,k-means 算法只有在簇的平均值被定义的情况下才能使用。这可能不适用于某些应用。例如,涉及有分类属性的数据,要求用户必须事先给出 k(要生成的簇的数目),这可以算是该方法的一个缺点。k-means 算法不适合于发现非凸面形状的簇,或者大小差别很大的簇。而且,它对于噪声和孤立点数据是敏感的,少量的该类数据能够对平均值产生极大的影响。

14.5 基于数据挖掘的企业客户关系管理

目前在大数据分析的背景下,分析型 CRM 系统的应用与操作型和协作型 CRM 系统影响相比还有所不足,主要体现在：

(1) 缺乏最大限度地将专家知识和专业经验嵌入到产品与服务中去的能力,也就是缺乏实现知识与技术商品化的能力；

(2) 难以使企业和客户建立更密切的关系,从而使企业更好地理解和服务于客户需求,并及时识别具有共同利益的商业机会,从事交易活动；

(3) 缺乏对客户信息的分析,不能针对客户反馈信息进行及时准确的经营决策。

基于数据挖掘方法的分析型 CRM 系统能针对企业的业务特征,帮助企业解决这些问题。数据挖掘是一种具有智能性的信息技术,它能从海量数据中用自动或半自动的方法获取知识,用以辅助和支持决策。企业在经营过程中积累了大量客户数据,其中蕴含着丰富的信息和知识。数据挖掘可以帮助企业通过对客户数据的分析,掌握客户消费模式,了解客户需求,对客户进行细分,并在此基础上,为客户提供个性化产品和服务,获取潜在客户,维持已有客户,促进客户消费,对市场进行合理规划,从而提高企业竞争力,增加企业效益。

14.5.1 客户关系管理与数据挖掘功能映射

数据挖掘可为大量企业的业务需求提供答案,包括:区分客户特征,针对不同客户群体采取相应的营销策略;预测哪些客户可能会流失,如何留住他们;评价客户真实价值,对不同价值的客户群体采取不同策略;利用客户信息判断新的商业机会,进一步拓展企业业务;寻找可为其开发新型产品的客户群,促进客户消费;确定交叉销售和纵深销售的候选客户,有针对性地进行促销活动……

上述问题可以归纳为客户关系管理的五个业务应用领域,分别是客户细分、客户流失预测、客户价值分析、交叉销售和纵深销售、客户转移模式分析。每一个应用领域中用相应的评价指标作为标准,使用相应的数据挖掘功能来实现。业务应用、评价指标与数据挖掘功能间的映射关系如图 14.5 所示。

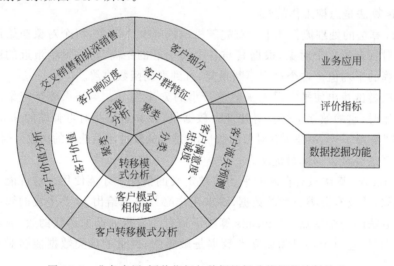

图 14.5 业务应用、评价指标与数据挖掘功能间的映射关系

14.5.2 客户关系管理数据挖掘应用体系

上述各个业务应用领域之间并非是彼此孤立的,而是相互关联的。只分析其中的某一方面,不能形成完整的客户关系管理体系,无法为企业提供全面的决策支持。而且,各应用领域中所涉及的评价指标在分析过程中还会有交叉应用。因此,在上面给出的业务应用、评价指标以及数据挖掘功能间的映射关系基础上,提出了客户关系管理中的数据挖掘应用体系,如图 14.6 所示。

1. 客户细分模块

客户细分是用数据挖掘方法发现客户共同特征,将客户划分为若干客户群的过程。客户细分使企业能够了解客户群体特征,有针对性地制定市场营销策略,同时也是获取新客户的基础,可以针对客户特征采取有效的促销方式。客户细分模块以客户交易数据、人口统计数据和促销记录数据作为输入。其中人口统计数据往往不易收集或不准确,因此只作为辅助变量。

客户细分模块使用数据挖掘聚类方法对输入数据进行分析处理。对聚类结果的评估

第14章 客户关系管理系统

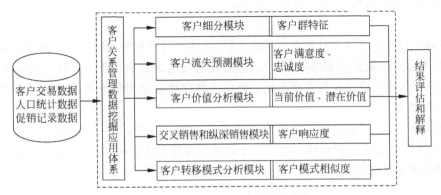

图 14.6 客户关系管理中的数据挖掘应用体系

与解释是客户细分的关键步骤。通过分析各客户群中的各个属性的取值分布情况,并与整个客户数据集该属性的取值分布情况对比,得出不同客户群的特征。通过对聚类结果的解释得到客户细分模块输出的各客户群特征,可以帮助企业针对不同的客户群体,采取相应的市场营销策略。

2. 客户流失预测模块

由于市场日趋饱和,企业竞争日益激烈,获取新客户的成本比留住原有客户的成本高得多,对客户流失进行预测并采取有效措施留住客户成为企业面临的重要问题。由于正常情况下流失客户在整个客户数据集中所占比例较小,如果从所有数据集中随机抽取样本作为客户流失预测模块输入的样本数据集,将影响预测效果。因此在抽取样本数据集时将流失客户数据的比例设定为适当值(例如 30%),并只针对某类客户进行流失预测,如制造企业某类型产品的客户,这样预测的针对性更强,效果会更好。

客户流失预测模块采用数据挖掘中的分类方法。客户流失预测模块的输出分为两种形式:一种是规则形式;另一种是客户忠诚度。规则形式可解释性好,能使用户易于理解,辅助决策者采取相应的措施预防客户流失。

客户忠诚度作为客户流失预测模块的另一种输出形式,可以用神经网络方法获得。用样本数据集作为输入,经过训练和测试得到一个预测客户流失的神经网络模型,它输出的结果是客户的流失概率 T。则忠诚度 L 可表示为 $L=1-T$。根据实际应用的经验,给出一个忠诚度阈值 λ,当 $L<\lambda$ 时则认为该客户可能流失,并根据客户特征采取相应措施。

此外,在客户流失预测中还涉及客户满意度。但需要注意的是,满意并不代表忠诚。满意度通常是通过市场调查得出的,它并不能直接预测客户是否会流失,只有忠诚度才能较准确地反映客户流失的可能性。但满意度可以作为对可能流失客户采取相应措施的依据,例如忠诚度低、满意度高的客户,应该是企业挽留的重点。

3. 客户价值分析模块

正确地评估客户的真正价值,可以使企业在基于客户的市场活动中采取主动和适当的策略,维持已有客户,发掘潜在客户,促进客户消费。客户价值并不等同于客户生命周期价值,因为通常所说的客户生命周期价值并未考虑客户的信用风险,即客户的流失可能性。这里所说的客户价值加入客户信用风险的因素,包括三个方面:当前价值、潜在价值以及客户信用风险。客户价值 V 表示为如下函数：

$$V = f(c, p, r) \tag{14.5}$$

其中，当前价值 c 代表客户对企业过去的贡献，用客户给企业带来的收入来衡量；客户信用风险 r 代表客户的流失可能性，用客户满意度及忠诚度来衡量；潜在价值 p 代表客户对企业未来的贡献，用客户活跃程度来衡量。客户活跃程度定义为最近某段时间内客户的单位时间平均消费额。

根据如上定义，计算出客户价值后，客户价值分析模块采用聚类分析方法，使用当前价值 c、潜在价值 p 以及客户信用风险 r 三个属性作为聚类的依据，对客户价值进行分析。最后的聚类结果分布于以 c、p、r 为坐标的三维坐标系中，如图 14.7 所示。

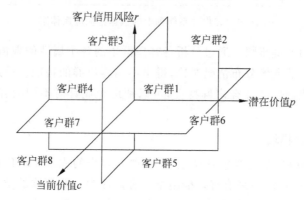

图 14.7　客户价值分析聚类结果

对聚类结果的评估和解释与客户细分中的方法类似，可以得出分布于不同象限的客户群的特征。针对不同象限中的客户群，采取相应的措施。例如客户群5，其当前价值与潜在价值较高，但其客户忠诚度低，客户信用风险大，因此可以对其采取优惠策略、加强客户关怀等措施，以增加其客户忠诚度。

4. 交叉销售和纵深销售模块

企业客户关系管理的一个重要方面就是要促进客户消费，使客户为企业带来更大的价值，这就要依靠企业对客户的交叉销售和纵深销售来实现。交叉销售是指向合适的客户群推销相关产品或服务，纵深销售是指向合适的客户群追加销售价值更大的同种产品或服务。

交叉销售和纵深销售模块的输入是交易数据和促销记录数据，采用数据挖掘中的关联分析方法进行分析。关联分析能够发现给定数据集中某些频繁的一起出现的属性与值之间的关联规则，因此可以用于客户交叉销售和纵深销售分析。具体采用的关联分析方法是 Apriori 算法。用该算法来发现客户所购买的产品和服务间的关联规则，以指导交叉销售和纵深销售策略。交叉销售和纵深销售模块的输出是客户响应度，用 Apriori 算法中得到的规则最小置信度作为客户响应度。

5. 客户转移模式分析模块

由于市场环境处于不断的变化之中，客户的需求和选择也在不断地改变，因此就产生了客户转移模式的概念。所谓客户转移模式，是指客户消费模式的改变及其变化规律。客户转移模式分析的任务,就是发现客户消费模式的改变,揭示其中的变化规律,得出变化产生的原因,用于辅助企业决策者做出正确的市场营销策略。

客户转移模式分析模块以两个不同时间段的客户数据集作为输入,首先生成各自所对应的规则集,然后采用相应数据挖掘方法,发现两个规则集所包含的规则及其所覆盖的客户的变化规律。

客户转移模式分析的结果可以在以下两方面为企业提供决策支持。一方面,企业决策者根据市场的变化情况,制定了相应的市场策略,可以根据分析结果预测客户在新的市场策略下的客户转移模式;另一方面,根据分析客户在两个不同时期的客户转移模式,发现其中的规律和原因,从而制定新的相应的市场策略。

本章小结

本章介绍了客户关系管理的概念,说明了客户关系管理系统的组成和分类,并对数据挖掘方法进行了简要介绍,最后给出了基于数据挖掘技术的企业客户关系管理系统。

客户关系管理是企业为了提高核心竞争力,以客户为中心,通过改进对客户的服务水平,提高客户的满意度与忠诚度,进而提高企业赢利能力的一种管理理念。客户关系管理集合了当今最新的信息技术,并体现为一套 CRM 应用软件系统。客户关系管理系统包括三种类型:操作型、分析型和协作型。数据挖掘技术作为最常用的数据分析方法,在分析型 CRM 中发挥着重要作用。其中分类分析、聚类分析、关联规则分析等功能和方法在分析型 CRM 中均有所应用。结合这些数据挖掘方法,重点介绍了分析型 CRM 如何在企业客户关系管理中发挥作用,并给出了基于数据挖掘的企业客户关系管理系统体系结构。

课后练习

14.1 什么是客户关系管理?

14.2 客户关系管理系统由哪些部分组成?它具有哪些特点?

14.3 客户关系管理系统分为哪些类别?

14.4 当把数据挖掘用来指代"数据库中的知识发现",其完整过程是什么?请画出相应的过程示意图。

14.5 数据挖掘功能包括哪些?各自的实现方法有哪些?

14.6 基于数据挖掘的客户关系管理系统由哪些功能模块构成?每个功能模块的作用是什么?

第15章 智能制造系统

本章学习目标

- 掌握柔性制造系统的相关概念、优点及组成;
- 了解计算机集成制造系统的概念及功能组成;
- 理解掌握智能制造系统的产生背景、相关概念及研究内容。

制造业是国民经济的基础产业,是决定国家发展水平的最基本因素之一。随着计算机的问世与发展,制造业大体沿两条路线发展:一是传统制造技术的发展;二是借助计算机系统和自动化技术的科学制造发展。先进的计算机技术和制造技术向产品、工艺和系统的设计人员和管理人员提出新的挑战,传统的设计和管理方法不能有效地解决现代制造系统中所出现的问题,这就促使我们利用现代工具和方法以及最新研究成果,通过集成传统制造技术、计算机技术以及人工智能技术发展出新型智能制造技术与智能制造系统。

前 导 案 例

广东劲胜智能集团股份有限公司(以下简称广东劲胜)是国内领先的智能制造系统解决方案服务商,主要为客户提供智能装备、自动化集成与系统集成服务。广东劲胜基于多年3C制造行业经验以及国家智能制造示范车间建设的应用与积累,总结出3C行业的四层架构智能制造系统解决方案,如图15.1所示。

第15章 智能制造系统

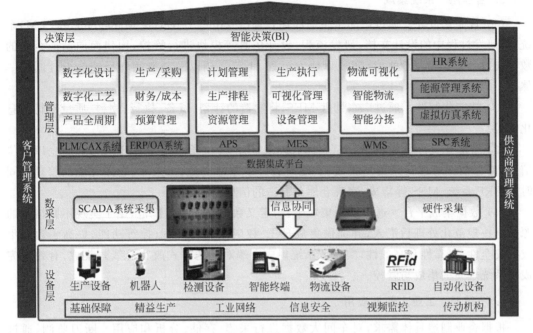

图 15.1　3C 行业的四层架构智能制造系统解决方案

1．设备层：设备智能化与自动化

用智能化的设备与自动化的应用替代人工，提高生产效率降低制造成本，同时为数据采集与信息集成打好基础。

（1）自动化立体仓库，通过将传统的仓库货架改为多层立体货架、堆垛机自动上下料、条码信息化管理等，大幅提高仓库利用率，减少仓库管理人员。

（2）自动物流，车间内部物流运转，根据生产需求将人工物流周转改造成自动引导小车（AGV）自动运转、流水线流转或者倒挂式物流等自动物流。

（3）自动上下料，通过用各种机器人替代人工上下料、人工打磨、人工检测。

（4）自动包装，自动化装箱、自动化包装等应用很好地解决了包装用人过多、效率过低的问题。

在自动化生产线及 AGV 物流引入 RFID 物联传感装置，同时在车间构建工业以太网和无线网络，实现生产过程的物联化。

2．数采层：设备数据采集

制造数据之所以不准确、生产现场之所以难以管控，是由于生产车间的数据采用人工采集、人工录入，这些延迟的数据让管理者难以管理。

（1）硬件采集。广东劲胜数据采集器直接与设备接口互连，通过配置相应接口协议，采集现场的生产设备、检测设备、物流设备等有以太网、串口、I/O 等接口设备的数据。

（2）SCADA 系统采集。广东劲胜 SCADA 系统则是通过接口程序采集数据，还能将 MES（制造执行系统）的生产指令下达到生产现场。

3. 管理层：系统集成

（1）智能化设计。通过产品全生命周期管理（Product Lifecycle Management，PLM）系统，将研发过程中的设计文档、研发流程、设计仿真等模块进行管控，构建面向制造企业的数字化设计与制造集成平台，实现以研发流程、工艺文档以及制造闭环反馈的设计制造一体化。

（2）智能化制造。通过广东劲胜MES，将制造的计划、设备、执行、物料、质量进行信息化管控。

（3）智能化仓库。通过WMS（仓库管理系统）的库位条码化与RFID应用，对仓库库位信息、库存数据等进行采集与集成，实现对仓库中制造资源、出入库、仓库环境的管理。同时与ERP系统、MES等集成，实现仓库与制造的信息化管理。

（4）数据集成平台。通过数据集成平台，定义数据集成接口规范，用于实现不同格式的源数据按规范化处理后汇入，并提供集成日志、权限控制、性能监控等功能，提高了数据集成的安全性、可靠性和高效性，实现了系统集成由端对端的方式改为总线式集成，有效地完成了系统之间的集成与管控。

4. 决策层：工业大数据应用

根据企业制造具体需求，对车间大数据进行采集、存储、分析和应用。断刀监测，通过实时采集毫秒级数控机床主轴负载电流等相关数据，并对这些数据进行建模分析，实时监控刀具状态，降低由于断刀造成的不良品和刀具成本；数控（Numerical Control NC）技术代码优化，通过采集数控机床的转速、进给速度等设备参数，优化分析NC代码，提高加工效率；设备健康诊断等工业大数据应用，通过大数据解决制造问题。

15.1 柔性制造系统

柔性制造系统（Flexible Manufacturing System，FMS）和计算机集成制造系统（Computer Integrated Manufacturing System，CIMS）是智能制造系统的重要发展阶段和支撑技术，本节首先介绍柔性制造系统。

15.1.1 柔性制造系统的定义

柔性制造系统是由数控加工设备、物料储运装置和计算机控制系统等组成的自动化制造系统。它包括多个柔性制造单元，能根据制造任务或生产的变化迅速进行调整，适用于多品种中小批量生产（依据《中华人民共和国国家军用标准——武器装备柔性制造系统》术语）。

美国国家标准局（United States National Bureau of Standards）认为柔性制造系统是"由一个传输系统联系起来的一些设备（通常是具有换刀装置的加工中心）。传输装置把工件放在托盘或其他连接装置上送到各加工设备，使工件加工准确、迅速和自动。中央计算机控制机床和传输系统，可同时加工几种不同的工件"。

柔性制造系统的出现标志着制造行业进入一个新的发展阶段，克服了原来机械生产线只适合于大批量生产的刚性特征，能够适应中小批量、多品种的柔性生产方式，而且将手工操作减少到最低，具有很高的自动化特征。随着社会对多品种、中小批量产品的认同，对短生产周期、低制造成本的需求增加,加上微电子技术、计算机技术、通信技术、机械与控制设备技术的日益成熟,柔性制造技术得到了广泛的应用。

15.1.2 柔性制造系统的功能及优点

1. 柔性制造系统的功能

(1) 能自动控制和管理零件的加工过程,包括制造质量的自动控制、故障的自动诊断和处理、制造信息的自动采集和处理;

(2) 通过简单的软件系统变更,便能制造出某一零件族的多种零件;

(3) 自动控制和管理物料(包括工件与刀具)的运输和存储过程;

(4) 能解决多机床下零件的混流加工,且无须增加额外费用;

(5) 具有优化的调度管理功能,无须过多的人工介入,能做到无人加工。

2. 柔性制造系统的优点

柔性制造系统有许多优点,主要有以下九方面:

(1) 设备利用率高。一组机床编入柔性制造系统后的产量,一般可达这组机床在单机作业时的三倍。柔性制造系统能获得高效率的原因,一是计算机把每个零件都安排到加工机床,一有机床空闲,即刻将零件送上加工,同时将相应的数控加工程序输入这台机床。二是由于送上机床的零件早已装卡在托盘上(装卡工作是在单独的装卸站进行),因而机床不用等待零件的装卡。

(2) 减少设备投资。由于设备的利用率高,柔性制造系统能以较少的设备来完成同样的工作量。把车间采用的多台加工中心换成柔性制造系统,其投资一般可减少 2/3。

(3) 减少直接工时费用。由于机床是在计算机控制下进行工作,无须工人去操纵,唯一用人的工位是装卸站,这就减少了工时费用。

(4) 减少了工序中在制品量,缩短了生产准备时间。和一般加工相比,柔性制造系统在减少工序间零件库存数量上有良好效果,有的减少了 80%,这是因为缩短了等待加工时间。

(5) 改进生产要求有快速应变能力。柔性制造系统有其内在的灵活性,能适应由于市场需求变化和工程设计变更所出现的变动,进行多品种生产,而且还能在不明显打乱正常生产计划的情况下,插入备件和急件制造任务。

(6) 维持生产的能力。许多柔性制造系统设计成具有当一台或几台机床发生故障时仍能降级运转的能力。即采用了加工能力有冗余度的设计,并使物料传送系统有自行绕过故障机床的能力,系统仍能维持生产。

(7) 产品质量高。减少零件装卡次数,一个零件可以少上几种机床加工,设计更好的专用夹具,更加注重机床和零件的定位,这些都有利于提高零件的质量。

(8) 运行的灵活性。运行的灵活性是提高生产率的另一个因素。有些柔性制造系统能够在无人照看的情况下进行第二班和第三班的生产。

(9) 产量的灵活性。车间平面布局规划合理,需要增加产量时,增加机床以满足扩大生产能力的需要。

3. 柔性制造系统柔性的体现

(1) 机床的柔性,系统中的机床通过配置相应的刀具、夹具、NC 程序等,即可加工给定零件族中的零件。生产需求发生变化时,系统可以方便地扩展、收缩或重构。

(2) 加工柔性,以不同加工工序和工艺加工一个零件的能力或在给定的一个工艺规划下以不同的加工路线实现零件的加工(制造工作站间和加工功能间的互换和替代)。

(3) 产品的柔性,能够经济和迅速地转变生产产品。

(4) 零件流动路线柔性,系统在加工零件过程中出现局部故障时,能重新选择工件路径并继续加工。

(5) 产量柔性,运行系统适应不同产量并具有好的操作效益。

(6) 扩展的柔性,能够在需要时容易地、模块化地扩展系统的可能性。

(7) 操作柔性,能对每一种零件都改变工序顺序。

(8) 生产柔性,柔性制造系统能够生产各类零件。

(9) 故障控制柔性,当系统中设备出现故障时,制造系统对故障的处理能力。

15.1.3 柔性制造系统的划分

按系统的规模,柔性制造系统可以划分为柔性制造单元(Flexible Manufacturing Cell,FMC)、柔性制造生产线(Flexible Manufacturing Line,FML)和柔性制造工厂(Flexible Manufacturing Factory,FMF)。此外,还可以按应用对象对柔性制造系统进行划分。

1. 柔性制造单元

柔性制造单元一般是由1~2台数控机床、加工中心、工业机器人及物料运输存储设备等组成。数控加工设备间由小规模的工件自动运输装置连接,并由计算机对它们进行生产控制和管理,具有适应加工多品种产品的灵活性。可将其视为一个规模最小的柔性制造系统,系统对外设有接口,可与其他单元组成柔性制造系统。它是柔性制造系统向廉价化、小型化方向发展的一种产物。柔性制造单元问世并应用于生产比柔性制造系统晚6~8年。其特点是实现单机柔性自动化,迄今已进入普及应用阶段。

2. 柔性制造生产线

柔性制造生产线是处于单一或少品种大批量非柔性自动生产过程与中小批量多品种柔性制造系统之间的生产线。它是以离散型生产中的柔性制造系统和连续性生产过程中的分散型控制系统(DCS)为代表,其特点是实现生产线柔性化及自动化,但柔性较低,专用性较强、生产率较高、生产量较大,相当于数控化的自动生产线,一般用于少品种、中批量生产。因此,可以说柔性制造生产线相当于专用柔性制造系统,对物料系统的柔性要求低于柔性制造系统,但生产效率更高。

3. 柔性制造工厂

柔性制造工厂是以柔性制造系统为子系统构成,柔性制造由柔性制造系统扩大到全厂范围,配以自动化立体仓库,用计算机系统进行有机的联系,采用从订货、设计、加工、装配、检验、运送至发货的完整柔性制造系统。实现全厂范围内的生产管理过程、设计过程、制造过程和物料运储过程的全盘自动化,即实现自动化工厂的目标。

15.1.4 柔性制造系统的组成

柔性制造系统主要包括工作站、物料传送系统、计算机控制设备、管理及控制软件、其他重要单元。它可以分为硬件系统和软件系统两大部分。

1. 硬件系统

制造硬件系统设备如下:数控加工设备(如加工中心)、测量机、清洗机等;自动化储运设备,如传送带、有轨小车、AGV、搬运机器人、立体库、中央托盘库、物料或刀具装卸站、中央刀库等;计算机控制系统及网络通信系统。

柔性制造加工系统采用的设备由待加工工件的类别决定,主要有加工中心、车削中心或计算机数控(CNC)车、铣、磨及齿轮加工机床等,用以自动地完成多种工序的加工。磨损的刀具可以逐个从刀库中取出更换,也可由备用的子刀库取代装满待换刀具的刀库。车床卡盘的卡爪、特种夹具和专用加工中心的主轴箱也可以自动更换。

物料系统用以实现工件及工装夹具的自动供给和装卸,以及完成工序间自动传送、调运和存储工作,包括各种传送带、自动导引小车、工业机器人及专用起吊运送机等。存储和搬运系统搬运的物料有毛坯、工件、刀具、夹具、检具和切屑等;存储物料的方法有平面布置的托盘库,也有存储量较大的巷道式立体仓库。

毛坯一般先由工人装入托盘上的夹具中,并存储在自动仓库中的特定区域内,然后由自动搬运系统根据物料管理计算机的指令送到指定的工位。固定轨道式台车和传送轨道适用于按工艺顺序排列设备的柔性制造系统,自动引导台车搬送物料的顺序则与设备排列位置无关,具有较大灵活性。

工业机器人可在有限的范围内为1~4台机床输送和装卸工件,对于较大的工件常利用托盘自动交换装置(APC)来传送,也可采用在轨道上行走的机器人,同时完成工件的传送和装卸。

2. 软件系统

系统支持软件:操作系统、网络操作系统、数据库管理系统等。

FMS运行控制系统:动态调度系统、实时故障诊断系统、生产准备系统,物料(工件和刀具)管理控制系统等。

软件系统各组成部分简单介绍如下。

计算机控制系统用以处理柔性制造系统的各种信息,输出控制 CNC 机床和物料系统等自动操作所需的信息。通常采用三级(设备级、工作站级、单元级)分布式计算机控制系统,其中单元级控制系统(单元控制器)是柔性制造系统的核心。

系统软件用以确保柔性制造系统有效地适应中小批量、多品种生产的管理、控制及优化工作,包括设计规划软件、生产过程分析软件、生产过程调度软件、系统管理和监控软件。

性能完善的软件是实现柔性制造系统功能的基础。除支持计算机工作的系统软件外,更多数量的软件是根据使用要求和用户经验所开发的专门应用软件,大体上包括控制软件(控制机床、物料储运系统、检验装置和监视系统)、计划管理软件(调度管理、质量管理、库存管理、工装管理等)和数据管理软件(仿真、检索和各种数据库)等。

15.2 计算机集成制造系统

计算机集成制造系统(Computer Integrated Manufacturing System,CIMS)是随着计算机辅助设计与制造的发展而产生的,是在信息技术、自动化技术和制造技术的基础上通过计算机技术把分散在产品设计与制造过程中各种孤立的自动化子系统有机地集成起来,形成适用于多品种、小批量生产,实现整体效益的集成化和智能化制造系统。同其他具体的制造技术不同,计算机集成制造系统着眼于从整个系统的角度来考虑生产和管理,强调制造系统整体的最优化,它像个巨大的中枢神经网络,将企业的各个部门紧密联系起来,使企业的生产经营活动更加协调、有序和高效。实践证明,计算机集成制造系统的正确实施将给企业带来巨大的经济效益和社会效益。

15.2.1 计算机集成制造系统概念的发展

计算机集成制造系统最早由美国约瑟夫·哈林顿博士于1973年提出,计算机集成制造系统是利用计算机技术将企业的生产、经营、管理、计划、产品设计、加工制造、销售及服务等环节和人力、财力、设备等生产要素集成起来,进行统一控制,求得生产活动最优化的思想方法。

1987年,我国863计划计算机集成制造系统主题专家组认为:"计算机集成制造系统是未来工厂自动化的一种模式。它把以往企业内相互分离的技术和人员通过计算机有机地综合起来,使企业内部各种活动高速地、有节奏、灵活和相互协调地进行,以提高企业对多变竞争环境的适应能力,使企业经济效益持续稳步地增长。"

1991年,日本能源协会提出:"计算机集成制造系统是以信息为媒介,用计算机把企业活动中多种业务领域及其职能集成起来,追求整体效益的新型生产系统。"

1992年,ISO TC184/SC5/WG1提出:"计算机集成制造系统是把人、经营知识和能力与信息技术、制造技术综合应用,以提高制造企业的生产率和灵活性,将企业所有的人员、功能、信息和组织诸方面集成为一个整体。"

1993年,美国SME提出计算机集成制造系统的新版轮图。轮图将顾客作为制造业一切活动的核心,强调了人、组织和协同工作,以及基于制造基础设施、资源和企业责任之下的组织、管理生产的全面考虑。

经过十多年的实践,我国863计划计算机集成制造系统主题专家组在1998年提出的新定义为"将信息技术、现代管理技术和制造技术相结合,并应用于企业产品全生命周期(从市场需求分析到最终报废处理)的各个阶段。通过信息集成、过程优化及资源优化,实现物流、信息流、价值流的集成和优化运行,达到人(组织、管理)、经营和技术三要素的集成,以加强企业新产品开发的T(时间)、Q(质量)、C(成本)、S(服务)、E(环境),从而提高企业的市场应变能力和竞争能力"。

计算机集成制造系统一般由集成工程设计系统、集成管理信息系统、生产过程实时信息系统、柔性制造工程系统及数据库、通信网络等组成,学科跨度大,技术综合性强,它跨越与覆盖了制造技术、信息技术、自动化及计算机技术、系统工程科学、管理和组织科学等学科与专业。早期的计算机集成制造系统研究主要是针对离散工业,相应的生产体现为决策支持、计划调度、虚拟制造、数字机床、质量管理等,核心技术难题在于计划调度和虚拟制造等。而随着计算机集成制造系统研究的进一步发展,人们将计算机集成制造系统的思想应用到流程工业中,也获得良好的设计效果。由于流程工业区别与离散工业的特征,使得流程工业的计算机集成制造系统技术主要体现在决策分析、计划调度、生产监控、质量管理、安全控制等,其中核心技术难题在于生产监控和质量管理等。

15.2.2 计算机集成制造系统的功能组成

计算机集成制造系统一般由六部分组成：管理信息子系统、工程设计子系统、制造自动化子系统、质量保证子系统、计算机网络子系统和数据库子系统，如图 15.2 所示：

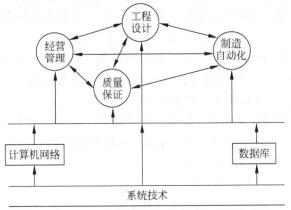

图 15.2 计算机集成制造系统功能组成示意图

1. 管理信息子系统

管理信息子系统的核心是 MRP（物料需求计划）、ERP（企业资源计划）。MRP 是根据物料清单、库存数据和生产计划计算物料需求的一套技术。

MRP 把主生产计划、物料清单和库存量分别存储在计算机中，经过计算，就可以输出一份完整的物料需求计划。除此之外，它还可以预测未来一段时间里会有什么物料短缺。

ERP 具有很多的功能，它有超越 MPR Ⅱ 范围的基础功能，支持混合范式的制造环境，支持能动的监控能力，支持开放的客户机-服务器计算环境。除此之外还有主生产计划（MPS）、物料清单（BOM）等。管理信息子系统如图 15.3 所示。

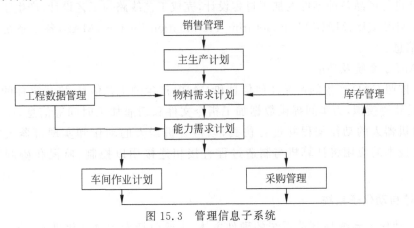

图 15.3 管理信息子系统

2. 工程设计子系统

工程设计子系统（CAD/CAPP/CAM 系统）集成特征建模技术和产品数据交换标准。CAD/CAPP/CAM 系统是在分布式数据和计算机网络系统支持下，由集成数据管理、组成技术、并行工程以及工程数据信息系统（Engineering Data Information System，EDIS）的子系统外部接口所组成。

1) CAD 子系统及功能

CAD 完成产品的方案设计、工程分析及优化和详细设计,通过设计评价决策在设计的有限次迭代,不断优化直到获得满意的设计结果。其主要功能包括:

(1) 三维几何造型。对设计对象用计算机能够识别的方式进行描述。

(2) 有限元分析。在产品几何模型基础上,通过单元网络划分确定载荷及约束条件,自动生成有限元模型,并用有限元方法对产品结构的静/动态特性、强度、振动、热变形、磁场强度、流场等进行计算分析,用不同颜色描述结构应力、磁力热的分布情况,为设计人员精确研究产品结构的受力、变形提供一种重要手段。

(3) 优化设计。按设计对象建立优化的数学模型,包括目标函数和约束条件,然后选择合适的优化方法对产品的设计参数、方案或结构行进优化设计。这也是保证现代化产品设计达到周期短、质量高的重要技术手段。

CAD 的鲜明特征主要有以下方面:

(1) 强调产品设计过程中计算机的参与和支持。

(2) 强调计算机的辅助作用。

(3) 不可能也没有必要设计产品的所有环节。

CAD 的实现涉及以下关键技术:

(1) 产品的造型建模技术。

(2) 单一数据库与相关性设计。

(3) NURBS 曲面造型技术。

(4) CAD 与其他 CAX 系统的集成技术。

(5) 标准化技术。

2) CAPP 子系统及功能

CAPP 进行产品各种零件的加工过程设计,完成工艺线路与工艺设计,产生工序图和工艺文件,向 MIS、QIS、MAS(Manufacturing Automation System,MAS)各子系统提供所需要的工艺信息。

3) CAM 子系统及功能

CAM 按照 CAD 产生的产品几何信息和 CAPP 产生的工艺信息,完成零件的数控加工编程及刀具轨迹模拟,为车间提供数据加工指令文件和切屑加工时间等信息,以及人机交互方式,对机器人的动作编程并进行仿真,以检查机器人的动作和实现机器人的在线控制。CAM 技术的应用将计算机与制造过程直接相连接用以控制、监视和协调物料的流动过程。

3. 制造自动化子系统

制造自动化子系统是制造系统的硬件主体,主要包括专用自动化机床、分布式数控系统(DNC)、柔性制造单元(FMC)、柔性制造系统等。它主要有以下几部分组成:控制及信息处理部分、伺服装置部分、机械本体部分、传感检测部分。它的优越性在于提高了劳动生产率,提高加工精度和产品质量,易于实现生产过程的柔性化,改善了劳动条件。

MAS 子系统运行过程的本质是产品的物化(形成)过程,MAS 中的数据是连接产品设计、生产过程控制和实际产品加工制造之间的桥梁,即计算机集成制造系统中的产品设计方案和工艺规划等工程信息是通过 MAS 信息转换为实际产品的。

4. 质量保证集成子系统

质量保证集成子系统的功能主要有:

(1) 质量计划功能,包含检测计划生成、检测规则生成以及检测程序生成。

(2) 质量检测功能。

(3) 质量评价与控制功能。

(4) 质量信息管理功能。

企业计算机集成制造系统的建立不仅通过质量保证子系统提高产品的质量,还通过其他子系统改善工作、提高产品质量。质量保证集成子系统结构如图 15.4 所示。

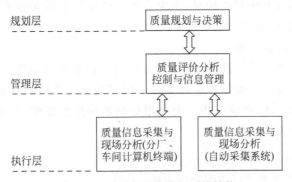

图 15.4 质量保证集成子系统结构

5. 计算机网络子系统

计算机集成制造系统网络也是计算机网络,计算机集成制造系统网络的特点:第一,计算机集成制造系统网络是在一个企业内部运行的计算机网络,它应归属计算机局部网络的范畴。第二,计算机集成制造系统集成的子系统包含工程设计、制造过程企业管理与决策三类职能性质不同的领域,它们对通信的要求,如吞吐量、时延、实时性、可靠性等都是不同的,相应的通信协议、拓扑结构、局域网存取控制方法和网络介质等也往往都是各异的。第三,由于计算机集成制造系统是一个多层体系结构,子网和通信网的选择还要考虑适应系统结构层次上更具体的需求。第四,即使在同一服务类型、同一系统结构层次上,计算机集成制造系统用户也面临着各种各样局域网和通信产品的选择。它的组建应同企业的其他通信设施和今后的综合业务数字网(ISDN)的发展统筹兼顾。

CIMS 网络包含计算机集成制造系统的子网单元技术、计算机集成制造系统网络的工厂主干网、网络系统的分析与设计方法以及 CIMS 网络协议软件。CIMS 网络协议软件主要是适于生产环境的 MAP/TOP 协议,我国上海交通大学计算机系历时七年开发的 Min MAP/EAP 协议是我国具有自主版权的网络协议软件。MAP/TOP 是实现 CIMS 的 LAN 协议,随着网络的扩大,后来的 MAP/TOP 网络协议得到了扩充和扩展。例如 Min MAP/EAP 及现场总线(Field Bus)等就是其中的一部分。

6. 数据库子系统

数据库系统是计算机集成制造系统环境中重要的支持系统。企业在计算机网络系统的支持下,能实现各功能子系统之间的互联和信息传输,但必须采用数据库技术才能有效地对企业中的设计、生产和管理活动提供信息支持。计算机集成制造系统对数据库技术的需求主要表现在对异构硬件、软件环境下的分布数据管理、工程技术领域内的数据管理;计算机集成制造系统各单元具有不同的管理能力,分区自治和统一运行,用户接口和数据标准化以及实时操作。

15.2.3　开发应用计算机集成制造系统的主要方法

计算机集成制造系统是信息技术、先进的管理技术和制造技术在企业中的综合应用。计算机集成制造系统将企业经营活动中销售、设计、管理、制造各个环节统一考虑,在信息共享基础上,实现功能集成。其内容包括管理信息系统、工程设计集成系统、制造自动化系统和质量管理系统(QMS)四个应用分系统及数据库和网络两个技术支持系统。在工业发达国家计算机集成制造系统起步较早,不少企业广泛应用了单元技术,但形成了自动化孤岛,要在异构环境下把这些孤岛集成起来,技术上有很大难度。由此可见,计算机集成制造系统的关键技术及核心是集成。

计算机集成制造系统不仅是现有生产模式的计算机化和自动化,它是在新的生产组织原理和概念指导下形成的一种新型生产实体。因而发展计算机集成制造系统决不能采用一般的开发技术应用方法,而应采用一套能很好地解决组织管理、技术开发应用和人员培训等一系列问题的新方法。

1. 组织管理方面

1)领导部门或工业系统的组织管理方法

(1)要建立强有力的领导班子。

(2)要认真制定目标、政策并加强宣传。

(3)要有必要的资金保证。

(4)要建立信息交流渠道。

(5)要重视建立各种集成标准。

(6)要重视吸引和保留计算机集成制造技术人才。

(7)要强调多方面技术合作。

2)企业开发应用计算机集成制造系统的组织管理方法

(1)要建立有职权的计算机集成制造领导班子。

(2)要符合公司战略发展方向。

(3)要建立相适应的组织管理机构。

(4)要坚持使用已建立的新系统,推动它向前发展。

2. 规划设计方面

(1)在规划设计时不要对计算机集成制造系统提出不切合实际的过高要求,应认真分析整个生产过程,根据实际情况进行规划设计,否则会出现欲速则不达的后果。

(2)不可机械地照搬别人的系统。什么系统都不能原封不动地照搬,因为即使是完全相同的计算机集成制造系统,由于实施的时间、地点、技术、财力和组织等诸因素的改变,方案也必然会有所变化。

(3)全面规划分期实现。原因之一是计算机集成制造系统本身的特性——工厂全盘集成自动化。另一个原因是因为它需要巨额资金,因而往往采用分阶段实施方法。

(4) 要高度重视各种标准的应用。对于任何一个计算机集成制造系统规划设计方案来说,必须使用预先建立的评价标准来评价,如果没有评价标准就很难确定所选择的规划设计方案是否是最佳方案,因而就不能保证计算机集成制造系统的成功。

3. 技术实施方面

(1) 为保证顺利地实施,首先应编制全面而详细的实施计划并使计划公开。应根据具体情况不断修改计划,以保证用所能得到的人力、物力达到预期目的。

(2) 采取由小到大、先简后繁的分阶段实施方法以减少甚至避免实施风险。

(3) 定期收集实施工作进展情况,总结经验、吸取教训、改善管理。

(4) 技术人员不可频繁调动。

4. 人员培训方面

1) 要高度重视人员培训问题

要开发应用计算机集成制造系统,就要有自己的专家、技术人员和熟练的操作人员,就要改变管理人员对计算机集成制造系统的不正确看法消除阻力;除此,还需要提高规划、设备和实施人员的工作效率,因此就必须对各类人员进行培训。

2) 采取多种人员培训方式

一方面企业本身负责培训和提高计算机集成制造系统人员的业务水平;另一方面,选择专门的教育机构负责培训,例如美国 IBM 公司在美国选择 48 所 2 年制专科学校和 4 年制大学作为计算机集成制造系统教育基地。

15.3　智能制造系统

15.3.1　智能制造的概念

先进的计算机技术和制造技术向产品、工艺及系统的设计和管理人员提出了新的挑战,传统的设计和管理方法不能有效地解决现代制造系统中所出现的问题,这就促使我们通过集成传统制造技术、计算机技术与人工智能等技术,发展一种新型的制造模式——智能制造(Intelligent Manufacturing,IM)。智能制造包含智能制造技术(Intelligent Manufacturing Technology,IMT)和智能制造系统(Intelligent Manufacturing System,IMS)。

智能制造技术是指利用计算机模拟制造专家的分析、判断、推理、构思和决策等智能活动,并将这些智能活动与智能机器有机地融合起来,将其贯穿应用于整个制造企业的各个子系统(如经营决策、采购、产品设计、生产计划、制造、装配、质量保证和市场销售等),以实现整个制造企业经营运作的高度柔性化和集成化,从而取代或延伸制造环境中专家的部分脑力劳动,并对制造业专家的智能信息进行收集、存储、完善、共享、继承和发展的一种极大地提高生产效率的先进制造技术。

智能制造系统是指基于智能制造技术,利用计算机综合应用人工智能技术(如人工神经网络、遗传算法等)、智能制造机器、代理(Agent)技术、材料技术、现代管理技术、制造技术、信息技术、自动化技术、并行工程、生命科学和系统工程理论与方法,在国际标准化和互换性的基础上,使整个企业制造系统中的各个子系统分别智能化,并使制造系统形成由网络集成的、高度自动化的一种制造系统。

智能制造系统是智能技术集成应用的环境,也是智能制造模式展现的载体。智能制造系统理念建立在自组织、分布自治和社会生态学机制上,目的是通过设备柔性和计算机人工智能控制,自动地完成设计、加工、控制管理过程,旨在解决适应高度环境变化的制造有效性。

由于智能制造模式突出了知识在制造活动中的价值地位,而知识经济又是继工业经济后的主体经济形式,所以智能制造就成为影响未来经济发展的重要生产模式。

15.3.2 智能制造系统的特点

智能制造系统作为一种模式,它是集自动化、柔性化、集成化和智能化于一身,并不断向纵深发展的先进制造系统,具有以下特点。

(1) 自组织能力。智能制造系统中的各种组成单元能够根据工作任务的需要,自行集结成一种超柔性最佳结构,并按照最优的方式运行。其柔性不仅表现在运行方式上,还表现在结构形式上。完成任务后,该结构自行解散,以备在下一个任务中集结成新的结构。自组织能力是智能制造系统的一个重要标志。

(2) 自律能力。智能制造系统具有搜集与理解环境信息及自身信息,并进行分析判断和规划自身行为的能力。强有力的知识库和基于知识的模型是自律能力的基础。智能制造系统能根据周围环境和自身作业状况进行监测和处理,并根据处理结果自行调整控制策略,以采用最佳运行方案。这种自律能力使整个制造系统具备抗干扰、自适应和容错等能力。

(3) 自学习和自维护能力。智能制造系统能以原有的专家知识为基础,在实践中不断进行学习,完善系统的知识库并删除库中不适用的知识,使知识库更趋合理;同时,还能对系统故障进行自我诊断、排除及修复。这种特征使智能制造系统能够自我优化并适应各种复杂的环境。

(4) 整个制造系统的智能集成。智能制造系统在强调各个子系统智能化的同时,更注重整个制造系统的智能集成。这是智能制造系统与面向制造过程中特定应用的"智能化孤岛"的根本区别。智能制造系统包括各个子系统,并把它们集成为一个整体,实现整体的智能化。

(5) 人机一体化智能系统。智能制造系统不单纯是人工智能系统,而是人机一体化智能系统,是一种混合智能。人机一体化一方面突出人在制造系统中的核心地位,同时在智能机器的配合下,更好地发挥了人的潜能,使人机之间表现出一种平等共事、相互"理解"、相互协作的关系,使两者在不同的层次上各显其能,相辅相成。因此,在智能制造系统中,高素质、高智能的人将发挥更好的作用,机器智能和人的智能将真正地集成在一起。

(6) 虚拟现实。这是实现虚拟制造的支撑技术,也是实现高水平人机一体化的关键技术之一。人机结合的新一代智能界面,使得可用虚拟手段智能地表现现实,它是智能制造的一个显著特征。

15.3.3 智能制造的支撑技术

智能制造的实现需要多个层次上技术产品支持,主要包括工业机器人、3D 打印、工业物联网、云计算、工业大数据、虚拟现实和人工智能等。下面就其中重要的支撑技术进行简要介绍,如图 15.5 所示。

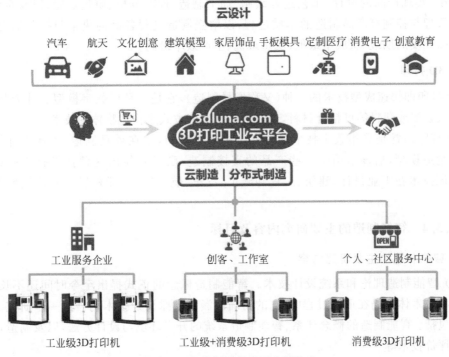

图 15.5 智能制造的重要支撑技术

1. 人工智能技术

IMT 的目标是利用计算机模拟制造业人类专家的智能活动,取代或延伸人的部分脑力劳动,而这些正是人工智能技术研究的内容。因此,智能制造系统离不开人工智能技术(如专家系统、人工神经网络、模糊逻辑)。智能制造系统的智能水平的提高依赖于人工智能技术的发展。同时,人工智能技术是解决制造业人才短缺的一种有效方法。当然,由于人类大脑活动思维的复杂性,人们对其认识还很片面,人工智能技术目前尚处于低级阶段。目前智能制造系统中的智能主要是人(各专业领域专家)的智能,但随着人们对生命科学研究的深入,人工智能技术一定会有新的突破,最终在智能制造系统中取代人脑进行智能活动,并将智能制造系统推向更高阶段。

2. 云制造

云制造是先进的信息技术、制造技术以及新兴物联网技术等交叉融合的产品,是制造即服务理念的体现。它采取包括云计算在内的当代信息技术前沿理念,支持制造业在广泛的网络资源环境下,为产品提供高附加值、低成本和全球化制造的服务。在理想情况下,云制造将实现对产品开发、生产、销售、使用等全生命周期的相关资源的整合,提供标准、规范、可共享的制造服务模式。这种制造模式可以使制造业用户像用水、电、煤气一样便捷地使用各种制造服务。

3. 虚拟制造技术

虚拟制造技术(Virtual Manufacturing Technology,VMT)是实际制造过程在计算机上的本质实现,即采用计算机仿真与虚拟现实(Virtual Reality,VR),在计算机支持的协同工作环境中,实现产品的设计、工艺过程编制、加工制造、性能分析、质量检验,以及企业各级过程的管理与控制等产品制造的本质过程,以增强制造过程各级的决策与控制能力,以此达到产品开发周期最短、成本最低、质量最优、生产效率最高。

4. 3D打印

3D打印即快速成型技术的一种(又称增材制造),它是一种以数字模型文件为基础,运用粉末状金属或塑料等可粘合材料,通过逐层打印的方式来构造物体的技术。

3D打印通常是采用数字技术材料打印机来实现的,常在模具制造、工业设计等领域被用于制造模型,后逐渐用于一些产品的直接制造,已经有使用这种技术打印而成的零部件。该技术在工业设计、建筑、工程和施工、汽车、航空航天、牙科以及其他领域都有所应用。

15.3.4 智能制造的主要研究内容及目标

1. 智能制造的主要研究内容

(1)智能制造理论和系统设计技术。智能制造概念的正式提出至今时间还不长,其理论基础与技术体系仍在形成过程中,它的精确内涵和支撑设计技术仍需进一步研究。其研究内容包括:智能制造的概念体系、智能制造系统的开发环境与设计方法,以及制造过程中的各种评价技术等。

(2)智能制造单元技术的集成。在以往的工作中,人们以研究人工智能在制造领域中的应用为出发点,开发出了许多面向制造过程中特定环节、特定问题的智能单元,形成了一个个"智能化孤岛"。为使这些"智能化孤岛"面向智能制造,使其成为智能制造的单元技术,必须研究它们在智能制造系统中的集成,并进一步完善和发展这些智能单元,从而形成智能型的集成自动化。它们包括:

- 智能设计:应用并行工程和虚拟制造技术,实现产品的并行智能设计;
- 智能工艺过程编制:在现有的检索式、半创成式CAPP系统的基础上,研究、开发、创建成CAPP系统,使之面向智能制造系统;
- 生产过程的智能调度;
- 智能监测、诊断及补偿;
- 加工过程的智能控制;
- 智能质量控制;
- 生产与经营的智能决策。

(3)智能机器的设计。智能机器是智能制造系统中模拟人类专家智能活动的工具之一,因此,对智能机器的研究在智能制造系统研究中占有重要的地位。智能制造系统常用的智能机器包括智能机器人、智能加工中心、智能数控机床和自动引导小车(AGV)等。

2. 智能制造的主要研究目标

（1）整个制造过程的全面智能化，在实际制造系统中以机器智能取代人的部分脑力劳动作为主要目标，强调整个企业生产经营过程大范围的自组织能力。

（2）信息和制造智能的集成与共享，强调智能型的集成自动化。

总之，智能制造的研究与开发目标是要实现将市场适应性、经济性、人的重要性及适应自然和社会环境的能力、开放性和兼容能力等融合在一起的生产系统。

15.3.5 智能制造与人工智能、计算机集成制造系统的关系

1. 智能制造与人工智能

人工智能的研究一开始就未能摆脱制造机器生物的思想，即"机器智能化"。这种以"自主"系统为目标的研究路线，严重地阻碍了人工智能研究的进展。许多学者已意识到这一点，Feigenbaum、Newel、钱学森等从计算机角度出发，提出了人与计算机相结合的智能系统概念。目前国外对多媒体及虚拟技术研究进行了大量投资，这就是智能系统研究目标有所改变的证明。

智能制造系统的研究是从人工智能在制造中的应用开始的，但又有所不同。人工智能在制造领域中的应用，是面向制造过程中特定对象的，研究结果导致了"自动化孤岛"的出现，这时人工智能在其中仅起辅助和支持的作用。而智能制造系统是首次以部分取代制造中人的脑力劳动为研究目标的，而不再仅起辅助和支持作用，并且要求系统能在一定范围内独立地适应周围环境，开展工作。

2. 智能制造与计算机集成制造系统

计算机集成制造系统发展的道路不是一帆风顺的。在计算机集成制造系统深入发展和推广应用的今天，人们已经逐渐认识到，要想让计算机集成制造系统真正发挥效益和大面积推广应用，需要解决两大问题：人在系统中的作用和地位；在对现有设备不做很大投资进行技术改造的情况下也能应用计算机集成制造系统。但是，现有的计算机集成制造系统概念是解决不了这两个难题的。今天，人力和自动化是一对技术矛盾，不能集成在一起，所能做的选择，或是昂贵的全自动化生产线，或是手工操作，而缺乏的是人力和制造设备之间的相容性。人在制造中的作用需要被重新定义和加以重视。

应当指出的是，计算机集成制造系统和智能制造系统都是面向制造过程自动化的系统，但两者又有区别：计算机集成制造系统强调的是企业内部物流的集成和信息流的集成；而智能制造系统强调的则是更大范围内的整个制造过程的自组织能力。虽然后者难度更大，但比计算机集成制造系统更实际、更实用。计算机集成制造系统中的众多研究内容是智能制造系统的发展基础，而智能制造系统也将对计算机集成制造系统提出更高的要求。集成是智能的基础，而智能也将反过来推动更高水平的集成。有人预言，21世纪的制造业将以双I(Intelligent 和 Integration)为标志。集成化反映了自动化的广度，而智能化则体现了自动化的深度。智能制造的研究成果将不只是面向21世纪的制造业，不只是促进计算机集成制造系统达到高度集成，而是对于FMS、CNC以及一般的工业过程自动化或精密生产环境来说，均有潜在的应用价值。有识之士对人工智能、计算机科学和计算机集成制造系统技术进行了全面的反思。他们在认识到机器智能化局限性的基础上，特别强调人在系统

中的重要性。如何发挥人在系统中的作用，建立一种新型的人机协同关系，从而产生高效、高性能的生产系统，这是当前众多学者都面临的问题，也正是计算机集成制造系统所忽略的关键因素。

15.4 智能制造系统案例——高端变压器产品智能制造数字化车间

15.4.1 项目概述

特变电工股份有限公司联合中国科学院沈阳自动化研究所，组织了昌吉、沈阳和衡阳三个加工制造基地联合申报"高端变压器产品智能制造数字化车间"大型项目，纳入国家智能制造装备专项计划，是 2015 年智能制造试点示范项目中唯一的输变电行业项目。项目通过撑条集成式自动加工生产线、协同制造系统、虚拟仿真系统等装备的智能化升级，通过各层级网络的完善，构建了昌吉、衡阳、沈阳三地协同的数字化企业平台，提高了生产效率，降低了生产成本，提高了产品质量。

项目的研究与应用涉及新兴传感、工业机器人、先进控制与优化、协同制造、物联网等多类关键智能技术，提升了变压器核心智能测控部件的自主创新和应用集成能力，在变压器行业具有显著的推广、示范意义。

15.4.2 实施企业背景

特变电工股份有限公司为世界能源事业提供系统解决方案的服务商，是大型能源装备制造企业。在 26 年里，通过自强不息，创新求变，从一个资不抵债、濒临倒闭的街道小厂，成长为中国最大的能源装备制造企业、世界输变电制造行业的骨干企业，其中变压器年产能达到 2.5 亿 kVA，居中国第一位，世界前三位。该公司已形成了以能源为基础，包括输变电高端制造、电力系统集成解决方案、新能源、新材料等五大产业集群。

特变电工股份有限公司参股控股 9 个企业，国内建有 14 个制造园区，在世界八大区域设立多个海外办事处，拥有两个海外基地，产品销往 30 余个国家和地区，实现高端产品向美国、加拿大、俄罗斯等国的批量出口，实现了从"装备中国"到"装备世界"的飞跃。

15.4.3 智能制造建设思路

特变电工股份有限公司以中国制造 2025 为纲领，以工业 4.0 理念为指导，以智能制造为企业转型升级的主攻方向，以管理信息化、生产数字化、产品智能化为抓手，积极创新实践，深入推动产品数字化设计、智能化制造、网络化协同。项目以 1100kV 超高压直流变压器等高端产品为制造试点对象，在集团现有信息化基础上，完善昌吉、沈阳和衡阳三个加工制造基地的生产网络，以制造过程自动化解决方案的开发和应用为基础，逐步构建具有统一设计和生产协同管控能力的数字化企业平台，建成三地数字化协同制造的高端变压器产品智能制造数字化车间。

特变电工股份有限公司依据工业 4.0 理念打造集成制造，举措包括：
(1) 设计标准化、工艺结构化与制造模组化；
(2) 推动装备智能化升级、工艺流程改造、基础数据共享等应用；
(3) 建立车间级工业互联网，推动 PLM、ERP、MES、机台控制、智能化物流五大系统集成；

第15章 智能制造系统

（4）通过虚拟与现实的结合，全面构建贯穿产品生命周期的数据采集、集成、分析、调度及应用的数字化企业平台。

在虚拟制造方面，基于世界领先的虚拟仿真平台成功地实现了从车间、生产线、物流的规划设计及过程优化；基于统一产品研发平台的产品设计过程，实现了产品的模块化、参数化设计过程，产品 3D 设计及装配过程虚拟仿真技术的应用确保了产品研发过程及生产过程的标准化；同时机器人仿真及数字样机技术在各个工厂不断扩大应用，将实际生产过程中的场景在虚拟世界中再现，提高了实际生产过程的效率和质量稳定性。

在智能应用方面，实现产品销售、定制化设计、智能生产、质量控制、售后服务全寿命周期的智能管理；大量应用数字化生产线、数字化物流、智能机器人、自动导引车、数字化质检设备等智能设备；依托云技术及统一平台的 PLM 系统做到了多生产基地的协同研发、协同制造，实现生产数字化及信息化应用；基于制造执行系统（MES）的智能化管理将各车间的生产、计划、物料、质量、设备等各业务环节相互协同管控，产品各类数据完全可追溯，实现车间数字化；高端产品从运输、安装、日常运维、直到寿命结束均在特变电工股份有限公司统一的监控平台下管理，确保了产品运行稳定，实现了产品智能化。

针对高端变压器产品智能制造数字化车间项目，特变电工股份有限公司建立了覆盖设计、加工（处理）、装配、检测、质控、物流、服务等环节的智能制造成套装备/数字化车间，建设精益生产信息化管理系统，帮助企业实现从大规模半自动生产模式向数字化、网络化、智能化生产模式转化；从各生产基地单打独斗向集团统一协调、协同生产的精细化协同生产管理方式转型升级，缩短重大工程项目的交货周期，提高了企业核心竞争力，如图 15.6 所示。

图 15.6　智能制造数字化车间项目

15.4.4　项目具体建设内容

1. 数字化油箱车间

本项目通过更新与升级车间现有装备，研发和应用金属件加工机床智能联动系统、焊接机器人、焊缝跟踪系统、智能焊材库系统、喷抛一体化生产线、涂装机器人等智能装置与系统,提高了产品质量与生产效率,降低了工人的工作强度。

2. 数字化绝缘车间

本项目通过改造、研制和应用油隙垫块集成化加工生产线、自动上下料系统、端圈自动化粘接生产线、纵向油道自动粘接机、数控机加中心等智能装置和部件,大幅替代了人工,降低了劳动强度。

3. 数字化铁心车间

本项目通过实施钢板智能下料分拣系统、自动化硅钢片立体仓库等辅助性智能装置,突破了铁心叠片这个变压器生产过程中的大瓶颈,提升了铁心的加工质量和生产效率。

4. 数字化装配车间

装配车间是离散程度最高的生产车间,无法实现流程化生产。因此,本项目通过研制和应用干燥处理智能监控系统和真空处理过程专家系统,对两大关键质量点提供辅助监控能力;同时建立设备运行参数智能采集系统,对关键设备实现实时在线监控,保证生产过程中设备运行状态的稳定,从而实现各干燥罐数据自动采集、集中实时管控、提升干燥效率及质量;真空处理过程采用全液压自动控制、自动反馈,实现压力恒定,偏差率小于3%。

5. 制造执行系统

通过制造执行系统,实现了生产计划管理、过程管理、质量管理、成本管理、采购管理及物流管理等功能;通过工业网络,完成从现场层、控制层到管理层的信息集成和应用。同时,利用面向服务的 SOA 架构,贯通从数字化设计到数字化制造的数据语义,消除信息孤岛,真正实现 CAD/CAPP/CAM 的一体化。

6. 数字化企业平台

在集团管控层面,特变电工股份有限公司所设计开发的数字化企业平台是以协同管控平台为核心,搭载了统一技术平台和制造协同平台两大功能的集团层级软件与数据平台。该平台将建于特变电工股份有限公司总部,采用云数据中心模式,实现与昌吉、沈阳、衡阳三大生产基地的协同,并预留接口,未来可将天津基地和印度基地纳入平台服务范围。

15.4.5 项目实施效果

高端变压器产品智能制造数字化车间项目已于 2016 年 4 月竣工验收,验收委员会认为该项目实施与应用效果显著,实现的关键绩效指标包括装配间洁净度不低于 10 万级、关键设备数控化率达到 70% 以上、关键智能部件与装备国产化率达到 60% 以上、生产效率提高 45% 以上、生产人员减少 25% 以上、缩短交货周期达到 35% 以上、能耗降低 15% 以上、100% 产品及关键部件质量可追溯。

本章小结

智能制造是一种集自动化、柔性化、集成化和智能化于一身的制造模式,具有不断向纵深发展的高技术和高水平的先进制造系统,同时也是需要投入巨大科研力量去突破一个个技术难点的先进制造系统。目前研究的重点为虚拟企业、分布式智能系统、并行工程和智能制造系统。同时也可以看到,这是一个人机一体化智能系统,只要努力追求人的智能和机器智能的有效结合,这样的系统就有可能实现。当然,这种实现是一个从初级到高级的发展过程。总之,随着智能产品价值的日益攀升,在可以预见的未来,智能制造模式将成为下一代重要的生产模式。

课后练习

15.1 什么是柔性制造系统?
15.2 根据系统规模可以如何划分柔性制造系统?
15.3 什么是计算机集成制造系统?
15.4 计算机集成制造系统由哪几部分组成?
15.5 什么是智能制造系统?
15.6 智能制造系统的特点是什么?
15.7 简述智能制造系统与计算机集成制造系统的区别。

附录 A 系统分析工具介绍

A.1 Visio 软件简介

Microsoft Office Visio(简称 Visio)是微软公司出品的一款专业制作各类图纸的软件,利用它可以帮助用户创建系统的业务和技术图表、说明复杂的流程或设想、展示组织结构或空间布局等,它有助于 IT 和商务专业人员轻松地可视化、分析和交流复杂信息。它能够将难以理解的复杂文本和表格转换为一目了然的 Visio 图表。该软件通过创建与数据相关的 Visio 图表(而不使用静态图片)来显示数据,这些图表易于刷新,并能够显著提高生产效率。使用 Visio 中的各种图表可了解、操作和共享企业内组织系统、资源和流程的有关信息。所以,它越来越成为管理信息系统开发中不可缺少的工具。Visio 视图如图 A.1 所示。

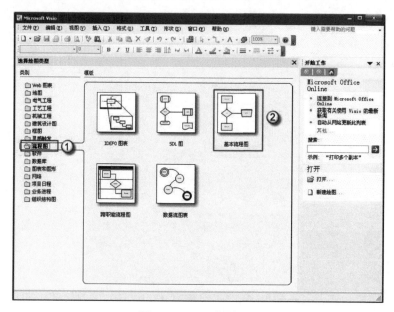

图 A.1 Visio 视图

在管理信息系统的开发中,需要绘制很多的图,比如数据流图、业务流程图、组织结构图、配置图、用例图、类图等,这些图形的绘制相当复杂,要求也比较高。使用 Visio 可以完成复杂的绘图工作,它不但将信息开发中的绘图过程加以简化,而且通过融入图形化绘图管理的工具,有助于更充分地理解开发的流程和细节,形成清晰的思路和标准的文本。

A.2 Visio 在管理信息系统分析中的应用

1. 组织结构图在 Visio 中的实现

组织结构图是管理信息系统开发中经常用到的图,该类图使用户能够用图形方式直观地表示组织结构中人员、操作、业务、职能以及活动之间的相互关系。图 A.2 所示为 Visio 中的组织结构图。

绘制步骤:

(1)新建文件:选择"文件"→"新建"→"基本流程图"→"组织结构图"命令。

(2)添加图件:将"进程"形状拖到绘图页上,再拖动长方体矩形状放到"部门经理"图形上……拖动"多个形状"图件到"部门"图形上。

(3)布局排版:单击"组织结构图"工具栏中的"重新布局""水平布局""垂直布局""调整布局""增大图形间间距"命令。

(4)文字排版:给图形添加文字并进行排版、定义线条颜色。

(5)标注时间:将"名称/日期"图件拖到绘图页中。

(6)颜色调整:为不同图形填充颜色。

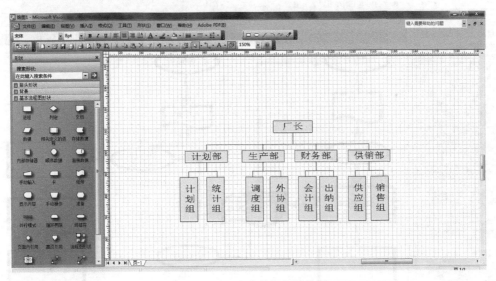

图 A.2　Visio 中的组织结构图

2. 业务流程图在 Visio 中的实现

业务流程图在管理信息系统开发中应用范围很广,绘图工作量比较大。Visio 还提供了基本流程图、工作流程图的模板。通过基本流程图可以帮助管理者和他人理解进程是如何发挥作用的以及如何才能改进流程。使用工作流程图可以以图解的方式表示物理工作流程或信息流程，以便促进部门之间的交流。在 Visio 中业务流程图中的部分符号如图 A.3 所示。

图 A.3　Visio 中业务流程图的部分符号

在 Visio 中绘制业务流程图的具体实现步骤如下：

（1）绘制流程图可以选择"业务进程"中的"基本流程图形状"。

（2）识别系统逻辑结构。

在具体绘制流程图之前系统设计人员需要知道业务的基本流程，并且形成一个逻辑结构。例如画物流发货流程图，需要先知道组织结构大致分为销售科、库存科、财务科、办公室等几部分，然后再进行下一步的业务分工。

（3）流程图的绘制及调整。在前面的基础工作完成后即可以开始绘制流程图，如企业物流仓库系统业务流程图如图 A.4 所示。

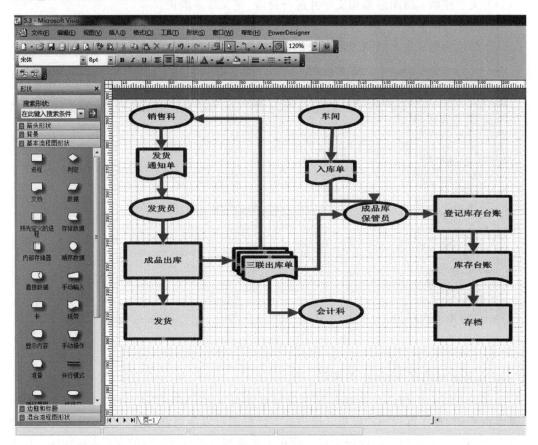

图 A.4　企业物流仓库部门业务流程图

3. 数据流图在 Visio 中的实现

数据流图(DFD)是组织中信息运动的抽象,是信息逻辑系统模型的主要形式,是系统分析人员与用户之间交流的有效手段。Visio 中数据流图的部分符号如图 A.5 所示。

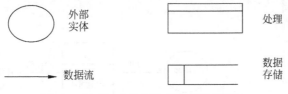

图 A.5　Visio 中数据流程图的部分符号

以图书预订系统为例来说明数据流图的画法。出版社向顾客发放订单,顾客将所填订单交由系统处理,系统首先依据图书目录对订单进行检查并对合格订单进行处理,处理过程中根据顾客情况和订单数目将订单分为优先订单与正常订单两种,随时处理优先订单,定期处理正常订单。最后系统根据所处理的订单汇总,并按顾客要求发给出版社。

第一步:新建模具。打开 Visio 2013 软件环境,选择"文件"→"新建"→"业务流程"命令或选择"流程图"→"数据流图表"命令,系统自动打开与"数据流图表"相关的四个模具。

分析人员首先要在数据流图表形状模具中创建一个新模具,然后添加外部项、数据加工、数据存储三个新图件。步骤如下:

① 新建模具:选择"文件"→"形状"→"新建模具"命令。

② 添加属性:右击新模具的标题栏,在弹出的快捷菜单中选择"属性"命令,在弹出的"属性"对话框的"摘要"选项卡中,可以对模具的标题、作者等进行设置。

③ 添加新图件:右击模具窗口空白部分,在弹出的快捷菜单中选择"混合流程图形状"命令,在弹出的"混合流程图形状"对话框中,指定主控形状的名称、提示信息、图标等特征,分别建立外部项、数据加工、数据存储三个新形状。

④ 编辑图件:右击新建的形状,在弹出的快捷菜单中选择"编辑主控形状"命令,在模具编辑窗口中进行绘图、组合、添加连接点等操作来绘制形状。

第二步:识别系统的输入和输出,画出顶层图即确定系统的边界。在系统分析初期,系统的功能需求还不很明确,为了防止遗漏,不妨先将范围定得大一些。系统边界确定后,那么越过边界的数据流就是系统的输入或输出,将输入与输出用加工符号连接起来,并加上输入数据来源和输出数据去向就形成了顶层图,如图 A.6 所示。

绘制步骤如下:

① 新建文件:选择"文件"→"新建"→"流程图"→"数据流图表形状"命令。

② 选择模具:选择"文件"→"形状"→"打开模具"→"数据流图模具"命令。

③ 添加图形:拖动"数据加工""数据存储"形状到绘图页上,并输入文字。

④ 调整对齐:调整主干和分支路上的图形分别对齐。

⑤ 图形连接:单击工具栏上的"连接线工具",拖动鼠标对图形进行连接,双击连接线输入数据流的名字。

⑥ 外观排版:选中图形,调整文字的字体、字号,调整图形的颜色和线条。

⑦ 添加标题:单击工具栏上的"文本工具",给图形输入标题。

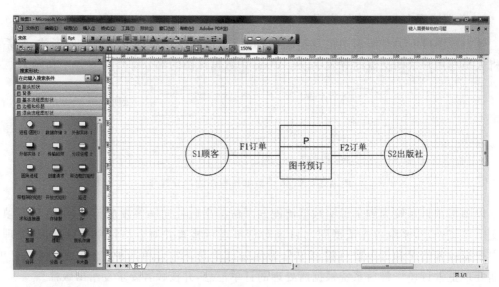

图 A.6　图书预订管理信息系统顶层 DFD

第三步：画系统内部的数据流、加工与文件符号，画出多级细化图。从系统输入端到输出端，逐步用数据流和加工符号连接起来，当数据流的组成或值发生变化时，就在该处画一个加工符号。数据流图的文件反映各种数据的存储位置，表明数据流是流入还是流出文件。最后，检查系统边界补上遗漏但有用的输入输出数据流。图书预订管理信息系统一层DFD如图 A.7 所示。

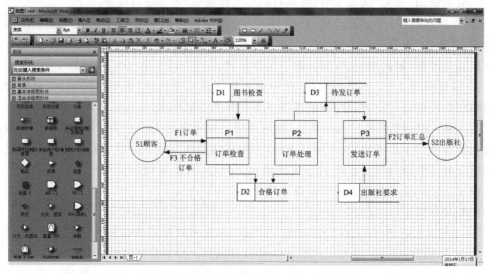

图 A.7　图书预订管理信息系统一层 DFD

第四步：加工的进一步分解，画出二级细化图。同样运用"由外向里"方式对每个加工进行分析，如果在该加工内部还有数据流，则可将该加工分成若干个子加工，并用一些数据流把子加工连接起来，即可画出二级细化图。二级细化图可在一级细化图的基础上画出，二级细化图也称为该加工的子图。图书预订管理信息系统二层DFD如图 A.8 所示。

附录A　系统分析工具介绍

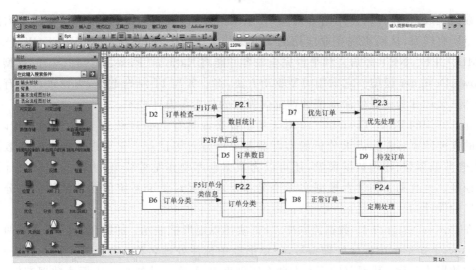

图 A.8　图书预订管理信息系统二层 DFD

第五步：根据图书预订管理信息系统数据库的 E-R 图，建立相关数据库表，如图 A.9 所示。

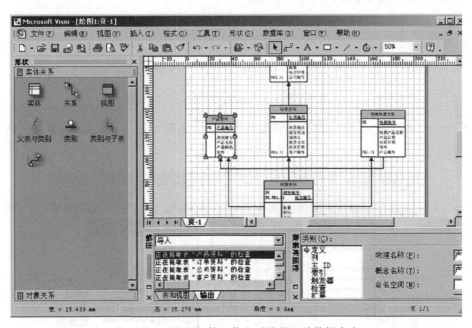

图 A.9　图书预订管理信息系统的相关数据库表

A.3　PowerDesigner 软件简介

PowerDesigner 最初由 Xiao-Yun Wang（王晓昀）在 SDP Technologies 公司开发完成，之后发展为全球数据库巨擘 Sybase 公司的 CASE 工具集。它是一个涵盖需求模型、企业架构模型、业务处理模型、概念数据模型、逻辑数据模型、物理数据模型、XML 模型、面向对象模型的全方位系统分析与建模工具。从 PowerDesigner 15 起，它加强了横贯所有建模技术的元数据集成,在设计时使用诸如对象/关系映射及"链接和同步"技术将任何模型内的改动传至所有模型,从而实现企业应用的无缝集成。PowerDesigner 15 与 BPEL4WS、SOA、ebXML、J2EE、.NET 等语言和平台完全兼容并能将 Rational Rose、ERwin、Visio 模型导入为 PowerDesigner 模型。它采用模型驱动方法,将业务与 IT 结合起来,可帮助部署有效的企业体系架构并为研发生命周期管理提供强大的分析与设计技术。

此处使用的 PowerDesigner 15 对于初学者来说具有上手容易、实体图例简单清晰、对数据的规范约束可根据需求分析的实际需要灵活设置等优点。它可以方便地制作数据流图、概念数据模型、物理数据模型,还可以为数据仓库制作结构模型,也能对团队设计模型进行控制。这有助于初学者根据实际情况和要求把握对整个系统的功能结构的划分和模块接口的设计。

在 PowerDesigner 15 数据流图中,外部实体以矩形框表示;加工(处理)用上下两个矩形框表示,上矩形框中标注处理编号,下矩形框中标注处理名称;数据流用箭头线表示,线上标注数据流名称;数据存储用左右两个矩形框表示,在右边矩形框中标注数据存储名称。在数据流图中应该描绘所有可能的数据流向,而不应该描绘出现某个数据流的条件。为清晰显示数据流合并与分流,PowerDesigner 15 的 DFD 在四种基本图形元素之外新增小圆点表示数据流的合并或者分流,参见图 A.10。

图 A.10 PowerDesigner 15 的 DFD 的图例

用 PowerDesigner 15 绘制 DFD 是借鉴其可进行正确性检验与错误提示,参见图 A.11～图 A.13。

图 A.11 PowerDesigner 15 绘制数据流图 DFD 的示意图(含图例和模型检验界面)

使用 DFD 建模是传统的结构化方法的一个重要工具。一般的工作顺序是从顶层设计开始,通过对模块的不断展开和细化,将系统的功能模块由抽象到具体,直至完善底层各个子模块的功能和数据流,数据项的描述足够细致,参见对图 A.13 进行细化的一层分解图 A.14 和二层分解图 A.15。因此,使用 DFD 可以帮助信息管理专业学生对系统的完整

附录A 系统分析工具介绍

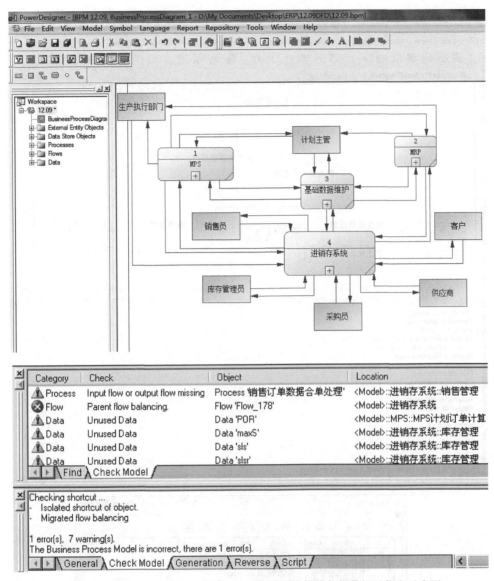

图 A.12　PowerDesigner 15 检查 DFD 模型时的报错与报警提示信息示意图

性和复杂性有一个完整的认识和了解,有助于设计者在用户的需求基础上更进一步细化业务流程,完善各个子业务流程。

采用 PowerDesigner 15 软件进行 DFD 的设计有以下好处：首先,它对于 DFD 的数据流、数据处理和数据存储等实体的约束比较严格,这可以帮助初次使用者在没有较多设计经验的情况下较快地完成系统 DFD 的框架。同时,它支持设计人员自行修改对数据流、数据处理和数据存储等实体的约束规则(通过修改检查时的勾选项目),这又确保了粗略、快速、灵活的出图活动成为可能,可以帮助项目开发人员加快开发速度。其次,它采用了对数据项分层定义和管理的方式,对于一些子模块的内部处理数据项,设计人员可以在该子模块中进行定义,则内部数据项将只在所属的模块内可见。这样就更进一步在数据项层面上明晰了系统功能点之间的边界定义,同时方便了设计人员在设计过程中对数据项的管理。

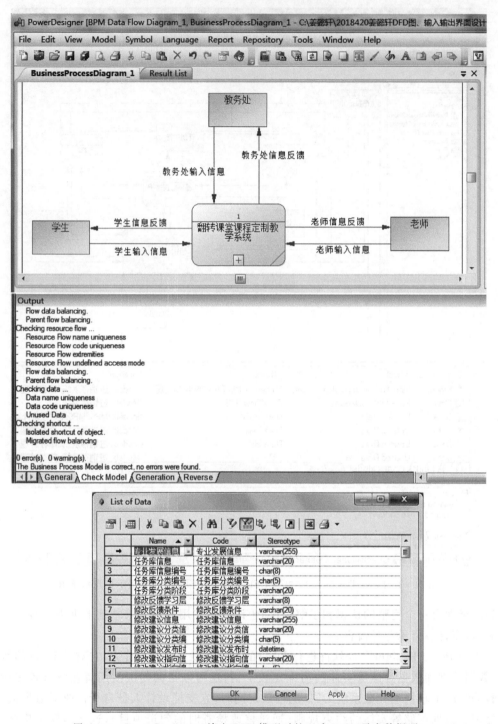

图 A.13　PowerDesigne15 检查 DFD 模型时的正确 DFD(需含数据项)

当然,在系统边界比较大、功能比较复杂,或者系统的设计时分步骤完成的时候,DFD 支持设计人员将系统分为较小的若干个子系统分别设计,然后再通过系统整合成一张完整的 DFD。

附录A 系统分析工具介绍

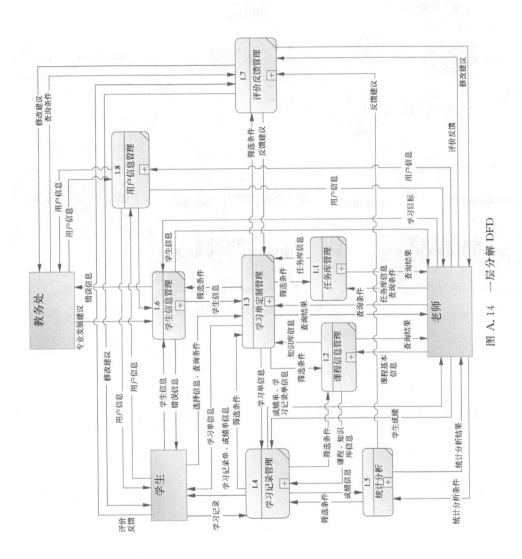

图 A.14 一层分解 DFD

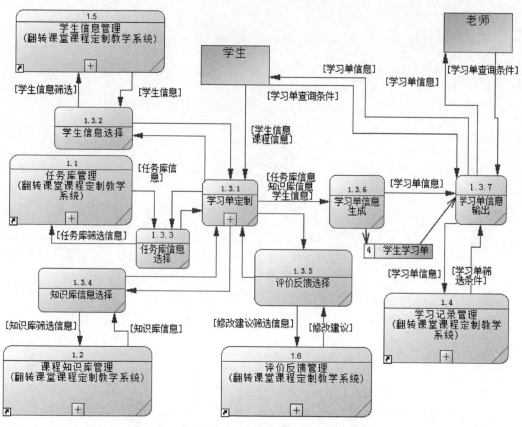

图 A.15 二层分解 DFD

附录 B　管理信息系统分析与设计案例

B.1　龙泉青瓷生产管理信息系统概述

B.1.1　系统开发的目的

陶瓷行业属于典型的劳动密集型、外向型产业。传统的生产采用人为控制的方式,依靠现场工作人员的经验来操作判断,且生产过程连续、稳定,工艺独特而较为复杂,对质量控制和物流的管理十分严格。然而由于近年来从业人才紧缺,招工困难,需要使用有效的信息化管理手段介入以填补。

建立一套功能完善的青瓷生产管理信息系统,填补生产管理过程中信息化的缺位,赋予生产排程及时变更的灵活性,积极调用有限的人力资源,推进青瓷生产系统化管理进程,优化生产设备与管理模式,将有效提高生产效率与质量。此外,订单将满足顾客个性化定制需求,方便其随时查看生产进度,打破顾客与厂家间信息不对称的隔阂,在提升顾客满意度的同时,提升企业品牌效应与知名度。这样既能满足业务人员日常处理的需要,增强企业经营全过程的数字化管理水平;又能满足管理人员决策分析的需要,提高零售企业包括商场对企业经营反馈信息的响应速度,从而加快公司资金的流通,减少库存的积压,提高经济效益。

B.1.2　系统开发的可行性分析

1. 管理可行性分析

本系统的应用使龙泉青瓷工厂生产过程相对于传统的手工作业,在生产管理层面优化企业生产运行状况,提高生产效率。运用信息系统优化窑烧生产制造中的薄弱部分,如窑位升温速度过慢导致的成品率低下,判断问题所在并准确及时反馈给管理者,加强对设备劣化趋势、寿命的分析,以此为依据,为后续革新技术以保障成品率、实现规范化管理提供强有力的支持。管理者还可以通过进程管理实时把握订单生产进度,控制生产实际运行状态,实现管理高效化、精细化,有利于增加经济效益。

2. 经济可行性分析

本系统仅涵盖原料和生产部分，系统规模不大，对计算机的软件及硬件要求不高，且使用开源框架，因此在开发和维护方面成本费用适中。随着技术的不断发展，业务的不断丰富和扩张，系统的后续开发能有足够的经济基础和技术基础。此外，系统中涉及的功能使用和操作方法贴合生产流程，有关工作人员只需查看文档或说明书便可熟练上手，因此管理和培训成本较低，系统具有经济可行性。

3. 技术可行性分析

系统采用 Eclipse 作为开发工具、MySQL 作为数据库层、Tomcat 作为服务器部署运行。Eclipse 是一个基于 Java 的、开放源码的可扩展应用开发平台，为编程人员提供了一流的 Java 集成开发环境，插件功能十分强大。MySQL 作为高性能且相对简单的数据库系统，与一些更大系统的设置和管理相比，复杂程度较低，在安全性与连接性上都十分有保障。Tomcat 是 Apache 免费开放源代码的一个轻量级的应用服务器，作为开发和调试 JSP 程序的首选，适合访问量和并发量不是很大的开发环境。

B.2 青瓷生产管理信息系统分析

B.2.1 系统业务流程分析

由顾客选购青瓷，并提交客户需求单。再经由系统管理员审核需求单中青瓷的参数、数量等是否满足生产要求。审核通过后，生成的客户订单总表交由生产主管负责，并制定手工生产流程。完成手工制作后，同步生成一次质检通知及窑烧预约，前者的目的主要在于检查坯体美观及完好程度，而后者则进入窑烧生产环节。瓷器出窑后，进行第二次质检，主要检查成品成色及纹路并据此判断产品等级，完成以上步骤后安排入库。系统整体业务流程如图 B.1~图 B.3 所示。

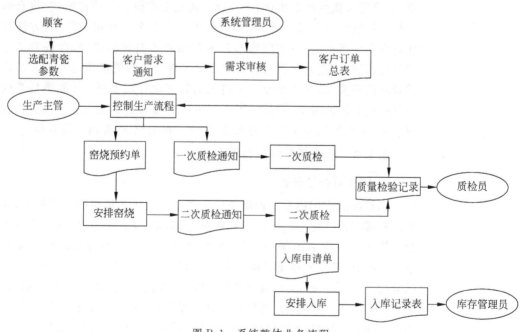

图 B.1　系统整体业务流程

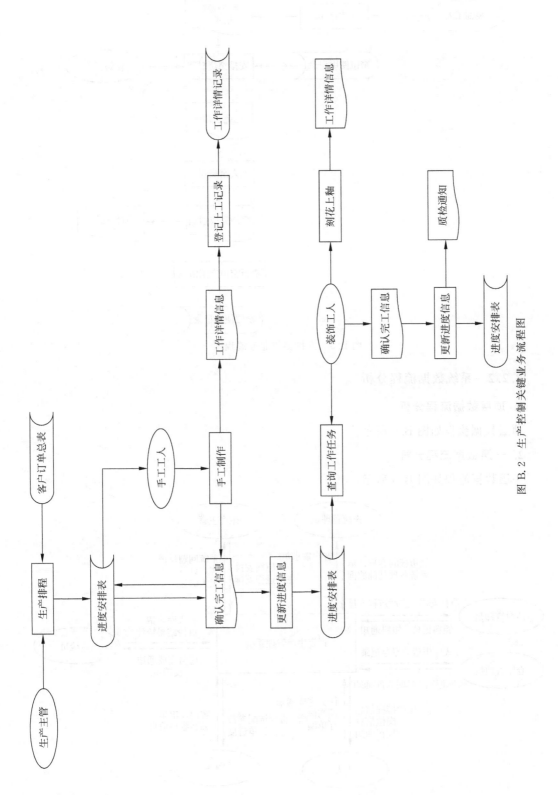

图 B.2 生产控制关键业务流程图

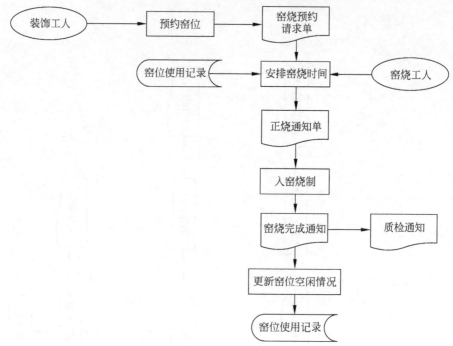

图 B.3　安排窑烧业务流程图

B.2.2　系统数据流程分析

1. 顶层数据流程分析

顶层数据流程如图 B.4 所示。

2. 一层数据流程分析

一层数据流程如图 B.5 所示。

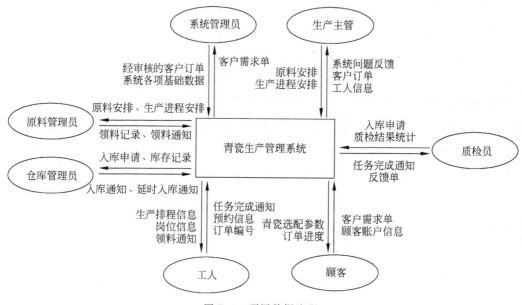

图 B.4　顶层数据流程

附录B 管理信息系统分析与设计案例

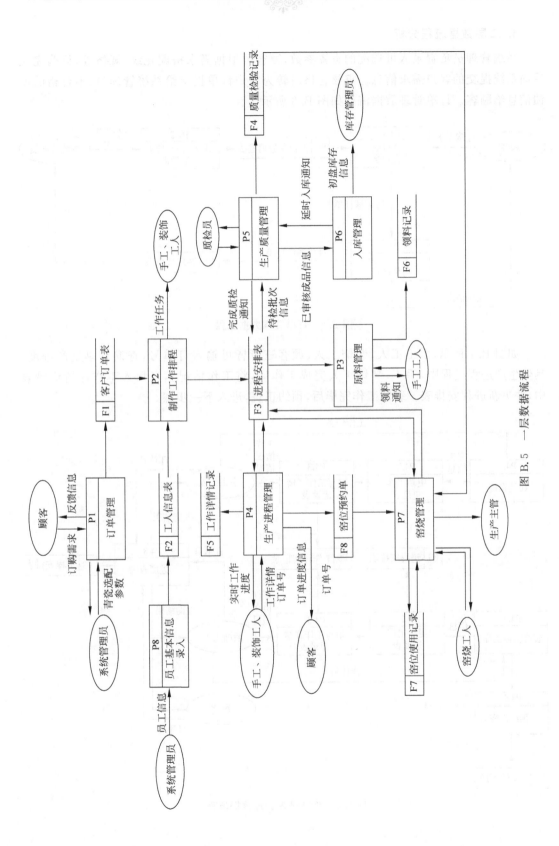

图 B.5 一层数据流程

3. 二层数据流程分析

系统管理员负责录入可选配的青瓷参数,顾客可根据需求搭配花纹、规格等,订购完成后向系统提交的客户需求信息。审核合格后转为客户订单提交给系统管理员,不合格的反馈信息给顾客。订单管理数据流程如图 B.6 所示。

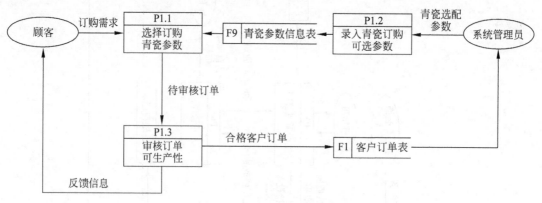

图 B.6　订单管理数据流程

如图 B.7 所示,手工工人、装饰工人、顾客三者皆可输入订单号,查询订单生产进度。具体生产进程过程中,手工、装饰工人完成工作后,将工作情况信息填入工作详情记录表中,并更新进程安排表。装饰工作完毕后,预约正烧,进入下一步骤。

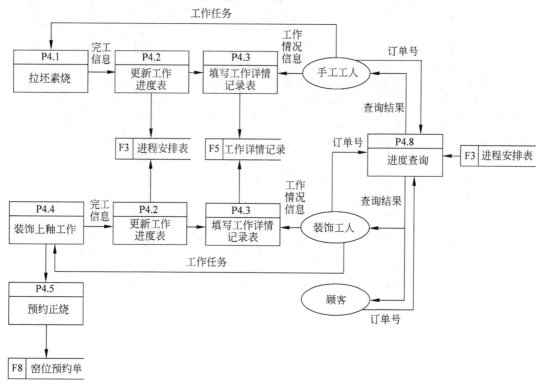

图 B.7　生产进程管理数据流程

附录B 管理信息系统分析与设计案例

窑烧管理中,窑烧工人可根据订单号查询进程安排表中的进度信息。此外,窑烧工人拿到窑位预约单后,根据窑位使用记录安排正烧位置及时间,之后入窑正烧。窑烧管理数据流程如图 B.8 所示。

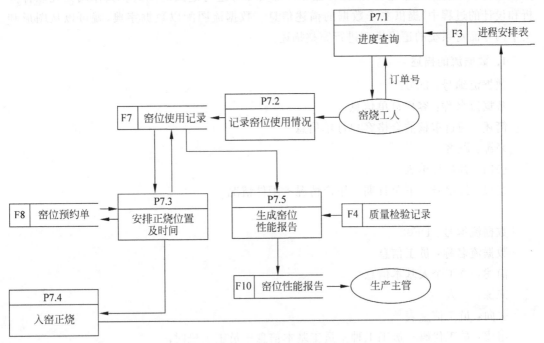

图 B.8 窑烧管理数据流程

质检员根据进程安排表中的待检批次信息,分别有两次质检过程。质检完成后将各自批次的质检结果填入质量检验记录中存储。其中二次质检完成后将已审核信息导入入库管理,并将入库记录存储。若有库存饱和情况,将延时入库通知返还质检员。质检管理数据流程如图 B.9 所示。

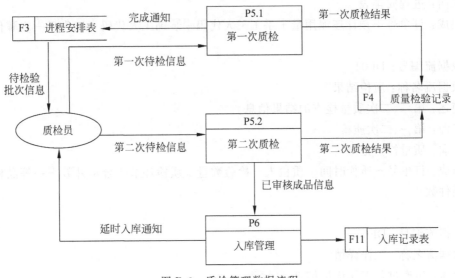

图 B.9 质检管理数据流程

B.2.3 数据字典

数据字典是关于数据信息的集合,是在数据流图的基础上,对其中出现的每个数据项、数据结构、数据流、处理逻辑、数据存储和外部实体等进行定义的工具。其作用是在软件分析和设计的过程中,提供关于数据的描述信息。数据流图配以数据字典,就可以从图形和文字两方面对系统的逻辑模型进行完整描述。

1. 数据流的描述

数据流编号:DF01
数据流名称:客户订单信息
简述:通过审核的合格客户订单信息
来源:顾客
去向:客户订单表
组成:订单号+下单日期+用户情况+配件情况

数据流编号:DF02
数据流名称:员工信息
简述:员工个人基本信息
来源:工人
去向:员工信息表
组成:员工代码+员工工种+员工基本信息+员工上班时段

数据流编号:DF03
数据流名称:制作进程安排
简述:系统生成的青瓷制作进程安排
来源:客户订单表
去向:进程安排表
组成:订单号+预计坯泥用量+手工工人代码+装饰工人代码+工作量+步骤代码

数据流编号:DF04
数据流名称:质检结果
简述:第一、二次质量检查的结果信息
来源:第一、二次质检
去向:质量检查记录
组成:订单号+质检时间+质检人+检验数量+质检环节+合格件数+一等品件数+二等品件数

数据流编号:DF05
数据流名称:工作详情
简述:生产过程工作详情信息

来源：各生产步骤
去向：工作详情记录
组成：员工代码＋制作步骤代码＋开工时间＋完工时间＋完成件数＋备注

数据流编号：DF06
数据流名称：领料信息
简述：工人领取原材料的信息
来源：原料管理
去向：领料记录
组成：领料单号＋订单号＋发单日期＋发料信息＋领料信息

数据流编号：DF07
数据流名称：入库信息
简述：不同等级青瓷入库信息
来源：库存管理员
去向：库存记录
组成：入库单号＋订单号＋入库时间＋等级信息＋件数＋库位代码＋员工代码

数据流编号：DF08
数据流名称：青瓷参数信息
简述：青瓷制作所需的参数信息
来源：销售人员
去向：订单管理
组成：参数代码＋类别代码＋类别名称＋数据项代码＋数据项名称

数据流编号：DF09
数据流名称：窑位使用信息
简述：青瓷烧制时窑的使用信息
来源：生产进程管理
去向：窑位使用记录
组成：窑位代码＋预约单号＋员工代码＋件数

数据流编号：DF10
数据流名称：窑位预约信息
简述：青瓷烧制前提供以预约窑位的信息
来源：生产进程管理
去向：窑位预约单
组成：预约单号＋订单号＋员工代码＋填单日期＋预约状态＋件数

数据流编号：DF11
数据流名称：仓库库位信息
简述：仓库的库位等基本信息
来源：库存管理员
去向：仓库库位信息表
组成：仓库号＋仓库地址＋库位号＋储货等级＋库位总容量＋现存容量

数据流编号：DF12
数据流名称：工资提成信息
简述：当月工人绩效及工厂总出品率生成的工资提成信息
来源：工资提成表
去向：财务部
组成：日期＋员工代码＋接单数量＋完工数量＋领料重量＋一等品数量＋预期工资提成

2. 数据处理逻辑定义（Data Process，DP）

DP 编号：P1.1
DP 名称：选择订购青瓷参数
简述：顾客根据需求，选择想要的青瓷参数
输入：订购需求
处理：顾客根据系统给出的青瓷参数，如瓷器大小、颜色、花纹等，结合需求填写订购单
输出：待审核订单信息

DP 编号：P1.2
DP 名称：审核订单可生产性
简述：系统审核顾客提交的订单是否符合生产条件
输入：待审核订单信息
处理：系统审核顾客提交的订单是否符合生产条件，若符合则生成客户订单表，并反馈给顾客；若不符合则提交不合格订单反馈信息
输出：反馈信息，合格客户订单

DP 编号：P4.3
DP 名称：填写工作详情记录表
简述：手工、装饰工人在工作前，标明开始工作等详情
输入：工作情况信息
处理：工人在得知自己需要负责的订单进度后，开始工作前，填写工作详情记录表
输出：工作详情记录

DP 编号：P4.2
DP 名称：更新工作进度表

简述：手工、装饰工人完成工作后，更新工作进度表
输入：完工信息
处理：记录手工、装饰工人的工作进度，并反映到进程安排表上
输出：进度安排表

DP 编号：P4.8
DP 名称：进度查询
简述：查询某批订单的生产进度
输入：进程安排表
处理：查询某批订单的生产进度，以便后续生产及时跟进
输出：查询结果

DP 编号：P4.5
DP 名称：预约正烧
简述：装饰工人完成工作后，预约下一步骤正烧需要的窑位
输入：完成装饰上釉信息
处理：查询系统可用窑位，预约正烧窑位
输出：窑位预约单

DP 编号：P7.5
DP 名称：生成窑位性能报告
简述：系统根据质量检验数据自动计算窑位性能情况
输入：质检记录，窑位使用记录
处理：系统根据质检记录及窑位使用记录，统计窑位所产出的成品率，并以此作为窑位性能指标
输出：窑位性能报告

DP 编号：P7.3
DP 名称：安排正烧位置及时间
简述：系统根据窑位当时使用情况及预约单安排半成品正烧
输入：窑位使用记录，窑位预约单
处理：系统根据窑位当时使用情况，及窑烧预约单信息安排半成品正烧位置及时间，安排完毕后在预约单及使用记录上标明反馈信息
输出：窑位使用记录，窑位预约单

DP 编号：P5.1
DP 名称：第一次质检
简述：质检员完成第一次质检并记录相关信息

输入：第一次待检信息

处理：质检员对半成品进行第一次质检,完毕后在系统内输入质检结果,并在进程安排表上标注进程

输出：完成通知,第一次质检结果

DP 编号：P5.2

DP 名称：第二次质检

简述：质检员完成第二次质检并记录相关信息

输入：第二次待检信息

处理：质检员在窑烧环节后,对半成品进行第二次质检,完毕后在系统内输入质检结果,通知入库管理

输出：第二次质检结果,已审核成品信息

3. 数据存储(Data Store, DS)

DS 编号：F1

DS 名称：客户订单表

简述：客户根据需求,在系统提交订单后生成的表

数据存储组成：订单号＋日期＋客户姓名＋客户电话＋客户地址＋客户银行账号＋规格代码＋釉色代码＋花纹代码＋用泥重量等级＋数量

关键字：订单号

相关联的处理：P1.3

DS 编号：F2

DS 名称：工人信息表

简述：记录系统内所有工人基本信息

数据存储组成：员工代码＋员工工种＋员工姓名＋员工年龄＋员工上班时段

关键字：员工代码

相关联的处理：P8.1

DS 编号：F3

DS 名称：进程安排表

简述：记录青瓷生产进程管理中生产环节开始结束信息

数据存储组成：进程安排单号＋订单号＋预计坯泥用量＋员工代码＋工作量＋制作步骤代码

关键字：进程安排单号

相关联的处理：P3.1、P4.2、P4.8、P5.1

DS 编号：F4

DS 名称：质量检验记录

简述：记录质检员两次质检结果

数据存储组成：质检记录单号＋订单号＋质检时间＋质检人＋检验数量＋质检环节＋合格件数＋一等品件数＋二等品件数

关键字：质检记录单号

相关联的处理：P5.1、P5.2

DS 编号：F5

DS 名称：工作详情记录

简述：记录生产进程环节中工人的工作详情记录

数据存储组成：详情记录编号＋员工代码＋制作步骤代码＋开工时间＋完工时间＋完成件数＋备注

关键字：详情记录编号

相关联的处理：P4.3

DS 编号：F6

DS 名称：领料记录

简述：记录原料管理中领料详情记录

数据存储组成：领料单号＋领料员工工号＋发料重量＋通知日期＋领料日期＋经办人＋订单号＋领料状态

关键字：领料单号

相关联的处理：P3.1、P3.2

B.3　青瓷生产管理信息系统设计

B.3.1　功能结构图设计

1. 订单管理模块

本模块中，用户可根据自身实际需求，自由选配不同样式、花纹、釉色的青瓷。确认后提交订单，生成的客户需求单需要经过系统管理员的审核。其中符合生产要求条件的转为正式的客户订单，并可在系统中查询；否则生成退单反馈理由返还给客户。

2. 原料管理模块

生产主管根据订单情况制定相应工人工作任务，即生产排程每日生产任务后，规划所需原料安排，并通知原料管理员制备原料。原料管理员备料完成后，根据进程安排单上的工人安排，通知相应工人领料，更新并保留相关领料记录。

3. 基础信息管理模块

本模块主要由系统管理员负责系统内各项基础数据的存储或更新，包括以下三大部分：员工信息、流程信息、系统参数。其中，员工信息包括编号、姓名、是否在岗工作，若在岗则标明具体工种；流程信息为各生产流程步骤及说明；系统参数包括可供顾客自由选配青瓷参数和窑位信息参数等。

4. 生产进程模块

在该模块中,生产主管根据客户订单制定进程安排单,从员工信息中查找可供调配的工人进行工作排程。工人接到任务单后在指定岗位完成相应任务后,通知下一步骤的工人,并更新生产进度。客户及生产主管可以通过进程安排单来实时监控订单的相应进度。本模块中工人制作流程划分为两部分:第一部分是从泥料开始制作到素烧成型,即将坯泥拉坯进行手工塑形;第二部分是从素烧结束后到进窑正式烧制之前,这一部分工人主要需对坯体进行装饰。

5. 窑位管理模块

在正式烧窑环节,考虑的窑位使用的调配问题,装饰工人在完成上釉后需预约窑烧位置,窑烧工人在查阅窑位使用记录后,根据预约单上的有关信息,安排合适的窑位,发出正烧通知单,告知窑烧开始的时间,并在正烧开始后更新有关的窑位使用记录。此外,本模块还可根据质检员所输入到系统的质检结果信息,计算每个窑位的平均成品率,比较分析及判断窑位性能质量好坏,确定最适合的窑烧温度范围。若出现异常成品率的情况则考虑更换窑烧机器,优化生产设备,也可加以革新技术,其结果返还给生产主管供其决策。

6. 青瓷质检模块

本模块根据青瓷的生产制作流程特点,设计两次质量检查环节。第一次介于手工工人与装饰工人工作之间,由于手工工人塑坯质量的好坏,将影响素烧后可用来继续进行装饰的半成品个数,过脆或不均匀的坯件可能在素烧过程中破损,故第一次质检在素烧结束后,此时统计可用于进行下一步骤的件数;第二次质检安排在正烧结束后,需检查冷却后的瓷器釉色是否均匀,表面是否有气泡等,并划分一、二等品。当质检员完成第二次审核并更新有关的生产进程表后,该订单的所有生产进程结束,发出入库申请给仓库管理员。

7. 入库管理模块

据现行大多数工厂的存储习惯,成品青瓷一般需按成品等级分开存放,在本模块中,仓库管理员需要查阅有关库存记录确认是否有空位,若可以入库,则开出入库单进行入库,否则发出延时入库通知给质检员。同时库存管理员也应将日常复盘数据录入系统,更新有关库存数据。

青瓷生产管理信息系统功能图如图 B.10 所示。

B.3.2 数据库设计

1. 概念结构设计

总体 E-R 图如图 B.11 所示。

2. 逻辑结构设计

根据上述 E-R 图,将其转换为相应的关系模型:

1) 顾客(<u>顾客编号</u>,顾客名称,顾客电话,地址)
2) 青瓷(<u>青瓷编号</u>,釉色编号,花纹编号,规格编号)
3) 客户订单(<u>订单号</u>,下单日期,青瓷编号,顾客编号,审核状态,数量)
4) 生产排程(<u>排程单号</u>,订单号,件数,预计坯泥用量,手工工人工号,装饰工人工号,现行步骤编号)

附录B 管理信息系统分析与设计案例

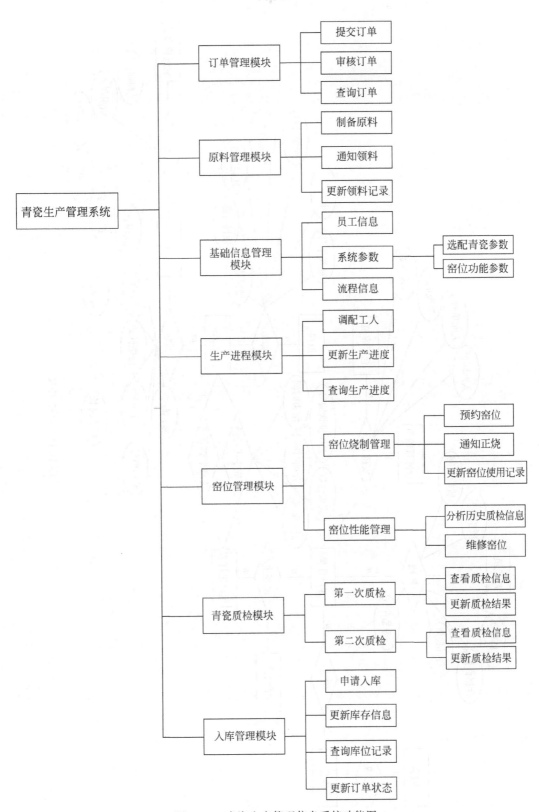

图 B.10 青瓷生产管理信息系统功能图

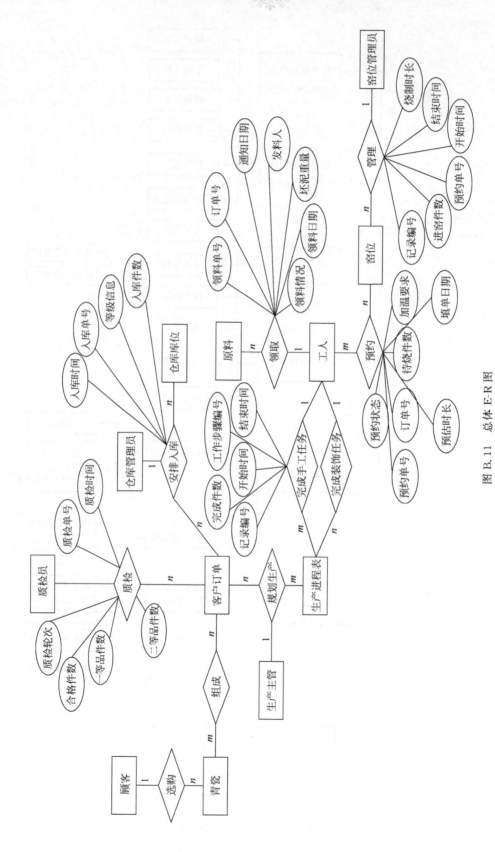

图 B.11 总体 E-R 图

5) 员工(员工工号,姓名,年龄,工种,在岗时间)
6) 领料记录(领料单号,领料员工工号,发料重量,通知日期,领料日期,经办人,订单号,领料状态)
7) 工作详情记录(工作详情记录编号,员工工号,完成的工作步骤代码,开始时间,结束时间,完成件数)
8) 窑位预约单(预约单号,装饰工人工号,订单号,进窑件数,预约状态,填单日期,备注)
9) 窑烧记录(窑位使用记录编号,预约单号,进窑件数,开始时间,结束时间,烧制时间,窑烧工人工号,窑位编号)
10) 窑炉(窑位编号,窑位容量,窑位的位置,加温范围,类别)
11) 质检记录(质检记录编号,订单号,质检员工号,质检时间,质检环节,合格件数,一等品数量,二等品数量)
12) 入库记录(入库单号,订单号,申请入库员工工号,经办人工号,入库时间,入库件数,库位代码,等级信息)
13) 仓库库位(库位代码,库位地址,储货等级,库位容量,现存容量)
14) 窑位性能表(性能表编号,窑位编号,类别,升温性能,平均成品率)

3. 数据库表设计

数据库表设计如表 B.1～表 B.4 所示。

表 B.1 客户订单表

属 性 名	数据类型	可否为空	含 义
Id_ord	varchar(10)	否	订单号(主键)
Id_para	varchar(15)	否	青瓷编号(外键)
Id_client	varchar(30)	否	顾客编号
ordertime	varchar(15)	是	下单日期
isCheck	varchar(2)	否	审核状态,默认为"否"
number	int	是	定制数量

表 B.2 顾客信息表

属 性 名	数据类型	可否为空	含 义
Id_client	varchar(10)	否	顾客编号(主键)
clientName	varchar(30)	是	客户名称
clientPhone	varchar(15)	否	客户电话
clientAddress	varchar(30)	是	客户地址

表 B.3 选购青瓷信息表

属 性 名	数据类型	可否为空	含 义
Id_para	varchar(10)	否	青瓷编号(主键)
Id_color	varchar(10)	否	釉色编号(外键)
Id_flower	varchar(10)	否	花纹编号(外键)
Id_size	varchar(10)	否	规格编号(外键)

表 B.4　窑位信息表

属 性 名	数 据 类 型	可 否 为 空	含　义
Id_kiln	varchar(5)	否	窑位编号（主键）
address	varchar(20)	是	窑位的位置
volume	int	是	窑位容量
rangeMax	int	是	加温上限
rangeMin	int	是	加温下限

B.3.3　输入输出设计

1. 输出设计

根据不同角色划分，系统的输出信息内容及对应表格设计分别如下。

对于手工、装饰、窑烧工人，工作详情记录信息如图 B.12 所示。

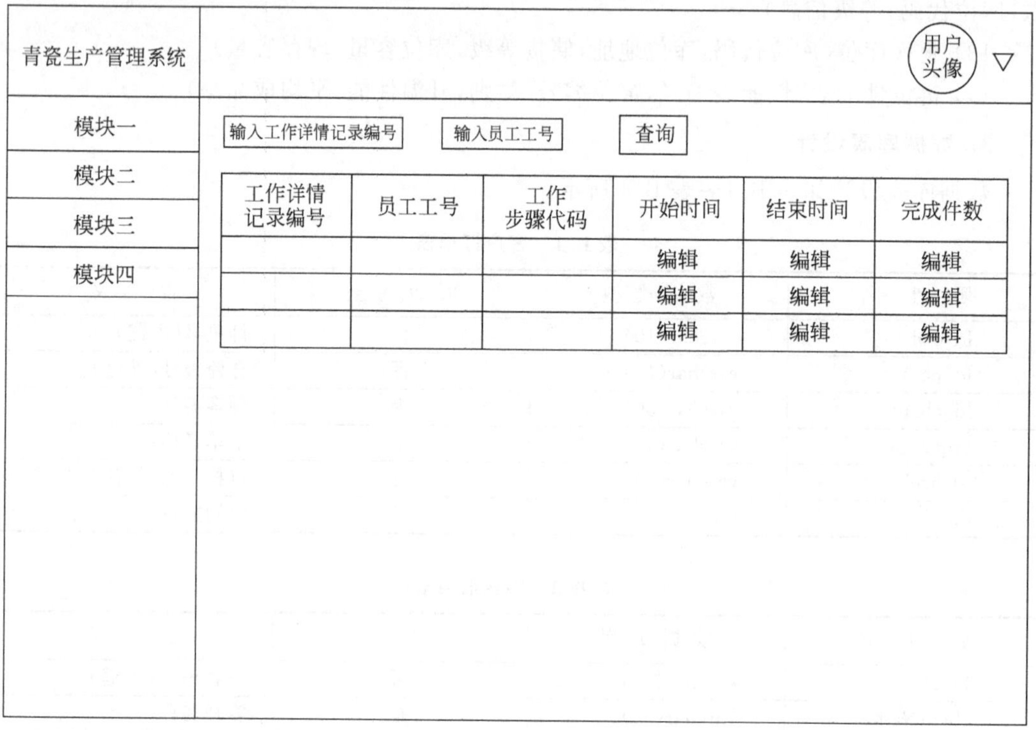

青瓷生产管理系统					用户头像 ▽
模块一	输入工作详情记录编号　　输入员工工号　　查询				
模块二	工作详情记录编号	员工工号	工作步骤代码	开始时间	结束时间	完成件数
模块三				编辑	编辑	编辑
模块四				编辑	编辑	编辑
				编辑	编辑	编辑

图 B.12　工作详情记录信息

对于生产主管，窑位性能信息如图 B.13 所示。

对于质检员，第一次质检信息、第二次质检信息（根据订单号，记录在同一张质检记录表上）如图 B.14 所示。

2. 输入设计

对于顾客，客户订单信息如图 B.15 所示。

对于系统管理员，青瓷参数及员工信息如图 B.16 所示。

对于装饰工人，窑位预约记录信息如图 B.17 所示。

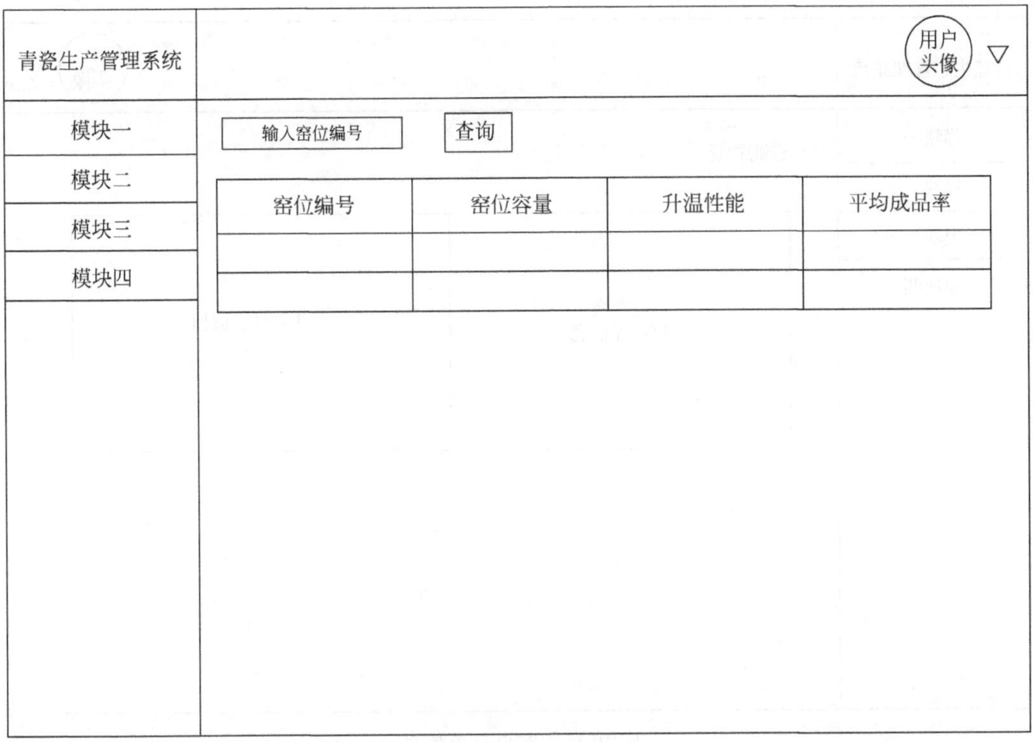

附录B 管理信息系统分析与设计案例

青瓷生产管理系统				用户头像 ▽
模块一	输入窑位编号 查询			
模块二				
模块三	窑位编号	窑位容量	升温性能	平均成品率
模块四				

图 B.13 窑位性能信息

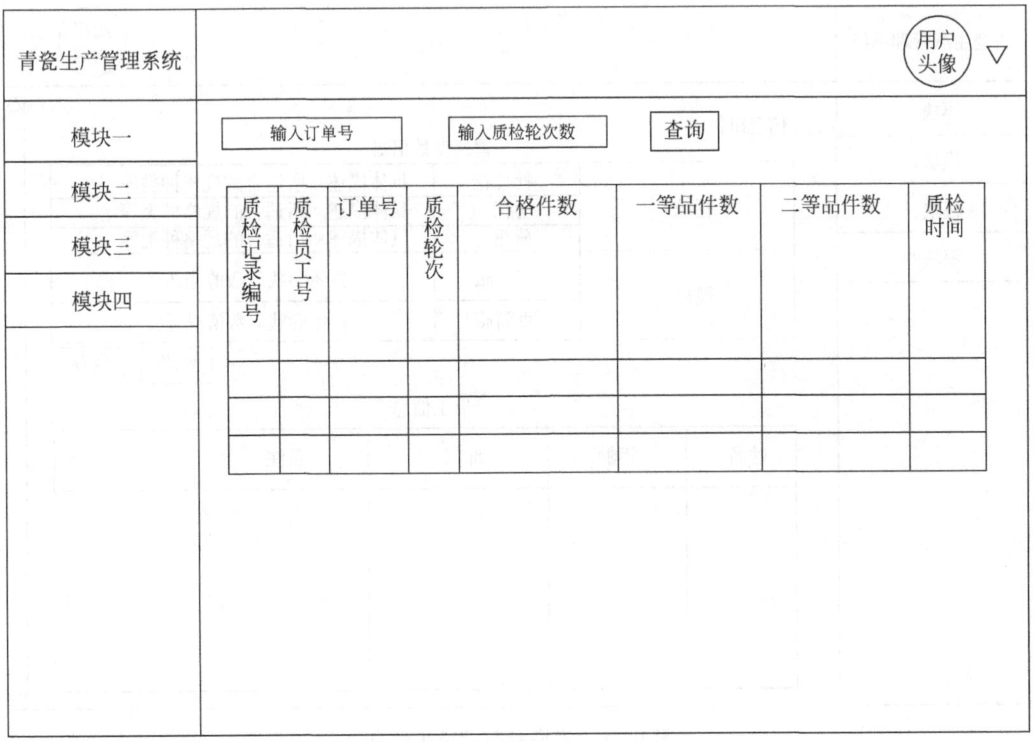

青瓷生产管理系统							用户头像 ▽
模块一	输入订单号		输入质检轮次数		查询		
模块二	质检记录编号	质检员工号	订单号	质检轮次	合格件数	一等品件数	二等品件数	质检时间
模块三								
模块四								

图 B.14 质检记录信息

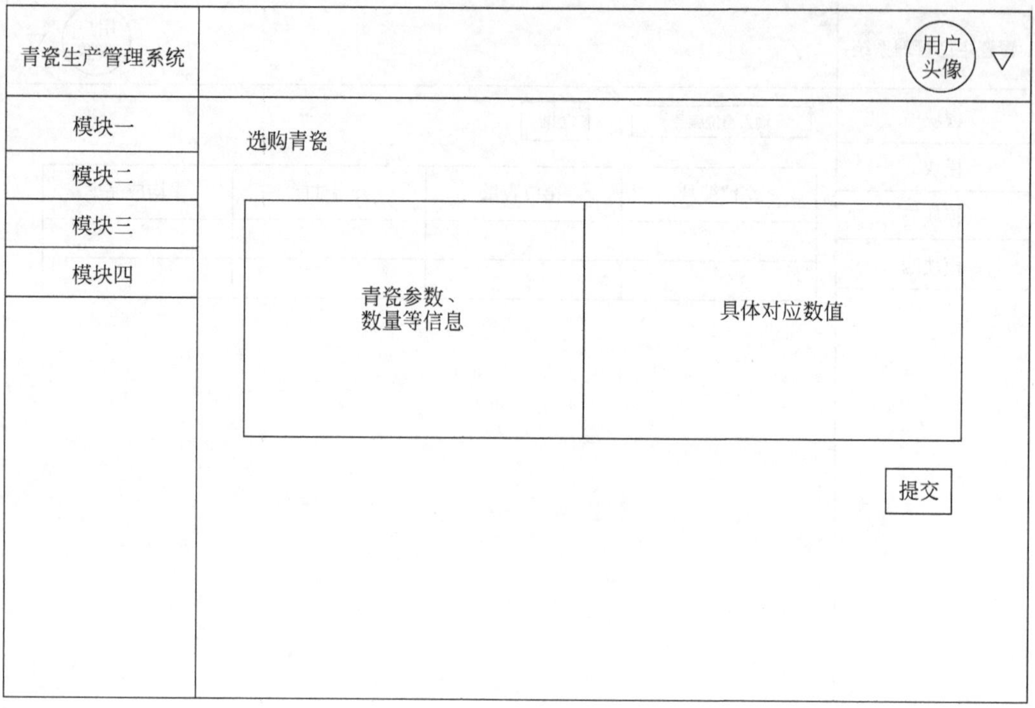

```
┌─────────────────────────────────────────────────────────────────┐
│ 青瓷生产管理系统                                      ┌用户┐  ▽ │
│                                                       │头像│     │
│   ┌──────┐  选购青瓷                                  └──┘     │
│   │模块一│                                                      │
│   ├──────┤   ┌─────────────────┐  ┌─────────────────┐          │
│   │模块二│   │                 │  │                 │          │
│   ├──────┤   │   青瓷参数、    │  │   具体对应数值  │          │
│   │模块三│   │   数量等信息    │  │                 │          │
│   ├──────┤   │                 │  │                 │          │
│   │模块四│   └─────────────────┘  └─────────────────┘          │
│   └──────┘                                         ┌────┐      │
│                                                    │提交│      │
│                                                    └────┘      │
└─────────────────────────────────────────────────────────────────┘
```

图 B.15　客户订单信息

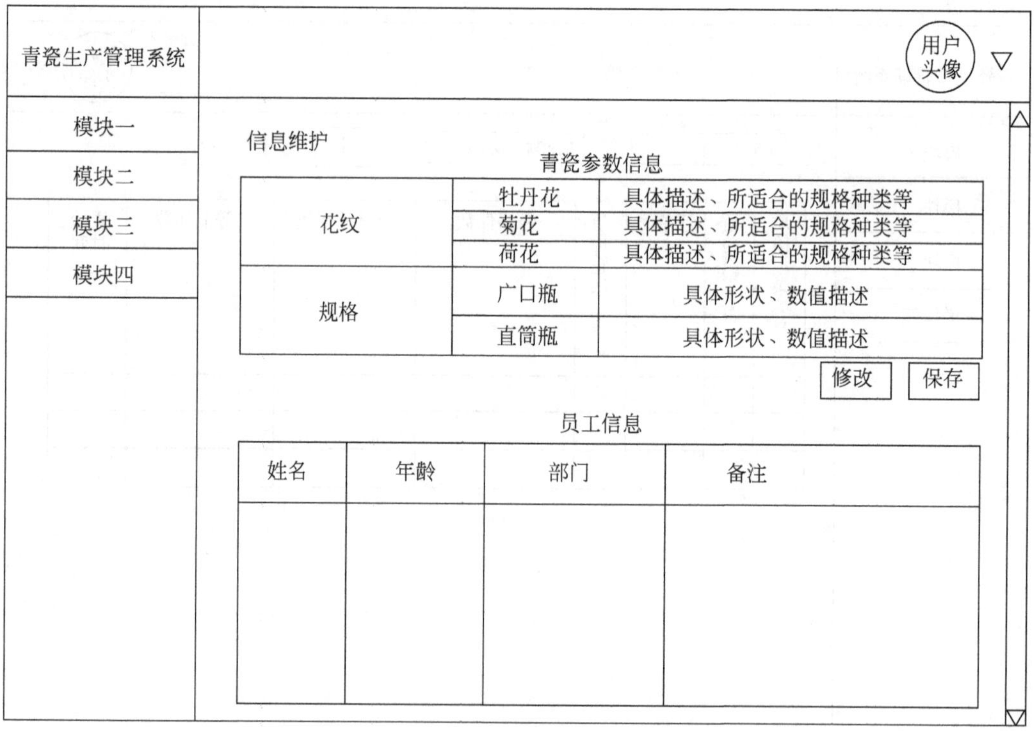

```
┌─────────────────────────────────────────────────────────────────┐
│ 青瓷生产管理系统                                      ┌用户┐  ▽ │
│                                                       │头像│     │
│   ┌──────┐  信息维护                                  └──┘     │
│   │模块一│                     青瓷参数信息                    │
│   ├──────┤   ┌──────┬──────┬─────────────────────────┐        │
│   │模块二│   │      │牡丹花│具体描述、所适合的规格种类等│      │
│   ├──────┤   │ 花纹 │菊花  │具体描述、所适合的规格种类等│      │
│   │模块三│   │      │荷花  │具体描述、所适合的规格种类等│      │
│   ├──────┤   ├──────┼──────┼─────────────────────────┤        │
│   │模块四│   │ 规格 │广口瓶│具体形状、数值描述       │        │
│   └──────┘   │      │直筒瓶│具体形状、数值描述       │        │
│              └──────┴──────┴─────────────────────────┘        │
│                                              ┌──┐ ┌──┐         │
│                                              │修改│ │保存│       │
│                                              └──┘ └──┘         │
│                       员工信息                                  │
│              ┌──────┬──────┬──────┬──────────┐                │
│              │ 姓名 │ 年龄 │ 部门 │   备注   │                │
│              ├──────┼──────┼──────┼──────────┤                │
│              │      │      │      │          │                │
│              │      │      │      │          │                │
│              └──────┴──────┴──────┴──────────┘                │
└─────────────────────────────────────────────────────────────────┘
```

图 B.16　青瓷参数及员工信息

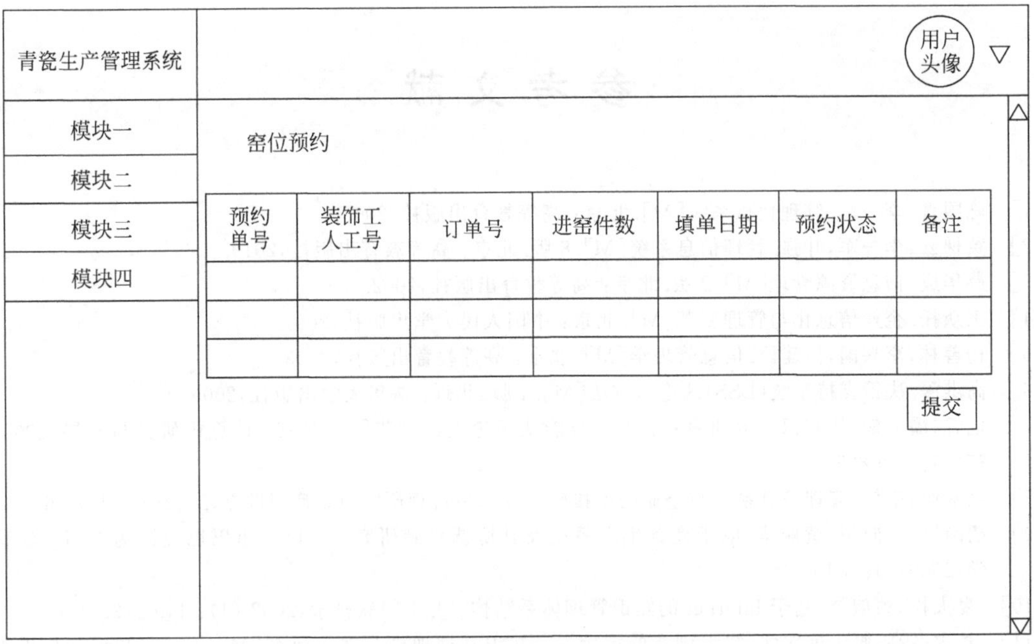

附录B 管理信息系统分析与设计案例

青瓷生产管理系统							用户头像 ▽
模块一	窑位预约						
模块二							
模块三	预约单号	装饰工人工号	订单号	进窑件数	填单日期	预约状态	备注
模块四							
							提交

图 B.17 窑位预约记录信息

参 考 文 献

[1] 陈国青,李一军.管理信息系统[M].北京:高等教育出版社,2005.
[2] 黄梯云,李一军,叶强.管理信息系统[M].8版.北京:高等教育出版社,2019.
[3] 薛华成.信息资源管理[M].2版.北京:高等教育出版社,2002.
[4] 王众托.企业信息化与管理变革[M].北京:中国人民大学出版社,2001.
[5] 杨善林,李兴国,何建民.信息管理学[M].北京:高等教育出版社,2003.
[6] 高洪深.决策支持系统(DSS)理论与方法[M].4版.北京:清华大学出版社,2009.
[7] 危辉,潘云鹤.从知识表示到表示:人工智能认识论上的进步[J].北京:计算机研究与发展,2000,37(7):819-825.
[8] 毛基业,王伟.管理信息系统与企业的不接轨以及调适过程研究[J].管理世界,2012(8):147-160.
[9] 胡岗岚,卢向华,黄丽华.电子商务生态系统及其协调机制研究——以阿里巴巴集团为例[J].软科学,2009(8):5-10.
[10] 夏火松,蔡淑琴.基于Internet的知识管理体系结构[J].中国软科学,2002(4):119-123.
[11] 竹内弘高,野中郁次郎.知识创造的螺旋——知识管理理论与案例研究[M].北京:知识产权出版社,2006.
[12] 祁连.企业建模框架及其在知识管理中应用的研究[M].杭州:浙江大学出版社,2000.
[13] 张润彤,蓝天.知识管理导论[M].北京:高等教育出版社,2005.
[14] P R S.软件工程——实践者的研究方法[M].北京:机械工业出版社,2001.
[15] 闪四清.中文版SQL Server 2005数据库应用实用教程[M].北京:清华大学出版社,2009.
[16] 谢希仁.计算机网络[M].北京:电子工业出版社,2007.
[17] GARY P S.电子商务[M].北京:机械工业出版社,2008.
[18] HAAG S,CUMMINGS M,DAWKINS J.信息时代的管理信息系统[M].北京:机械工业出版社,2000.
[19] 陈国青,卫强.商务智能原理与方法[M].2版.北京:电子工业出版社,2014.
[20] MICHAEL J A B,GORDON S L. Data Mining Techniques:For Marketing,Sales and Customer Relationship Management[M]. Indianapolis:Wiley,2004.
[21] 朱岩,荀娟琼.企业资源规划教程[M].北京:清华大学出版社,2007.
[22] 王海林,吴沁红,杜长任.会计信息系统[M].北京:电子工业出版社,2006.
[23] 陈启申.ERP——从内部集成起步[M].北京:电子工业出版社,2005.
[24] 杨路明,巫宁.客户关系管理[M].北京:电子工业出版社,2004.
[25] 常广庶,盛吉虎.信息系统规划与企业电子商务[M].西安:西北工业大学出版社,2006.
[26] TURBAN E.电子商务管理视角[M].北京:机械工业出版社,2008.
[27] SHUEN A. Web 2.0策划指南[M].南京:东南大学出版社,2009.
[28] 周虹.电子支付与结算[M].北京:人民邮电出版社,2009.
[29] 秦成德,王汝林.移动电子商务[M].北京:人民邮电出版社,2009.
[30] 洪国彬.电子商务安全与管理[M].北京:清华大学出版社,2008.
[31] YOURDON E,ARGILA C. Case Studies in OO Analysis and Design[M]. New York:Yourdon Press,1996.
[32] SCHWABER K. Scrum敏捷项目管理实战[M].北京:清华大学出版社,2009.
[33] HAGAR F. Development of Information System Design[M]. New York:Ray Publishing&Science,2004.

参考文献

[34] VAN B J. IT Service Management, an Introduction Based on ITIL[M]. Zaltbommel: Van Haren Publishing, 2004.

[35] 王小铭. 管理信息系统及其开发技术[M]. 北京: 电子工业出版社, 2003.

[36] 萨师煊, 王珊. 数据库系统概论[M]. 北京: 高等教育出版社, 2000.

[37] 黄叔武, 杨一平. 计算机网络工程教程[M]. 北京: 清华大学出版社, 2004.

[38] T E, ARONSON J E, LIANG T P. Decision Support Systems and Intelligent Systems[M]. New Jersey: Prentice Hall, 2005.

[39] ROBERT B H, ERNEST L N Jr. 供应链管理导论[M]. 北京: 社会科学文献出版社, 2003.

[40] 张铎, 周建勤. 电子商务物流管理[M]. 北京: 高等教育出版社, 2006.

[41] 刘少英. 软件开发的形式化工程方法: 结构化+面向对象+形式化[M]. 北京: 清华大学出版社, 2008.

[42] SHARI L P. 软件工程: 理论与实践[M]. 北京: 高等教育出版社, 2001.

[43] 麻志毅. 面向对象分析与设计[M]. 2版. 北京: 机械工业出版社, 2013.

[44] 袁红清, 韩明华. 管理信息系统: 电子商务视角[M]. 上海: 立信会计出版社, 2003.

[45] 权巍, 李莉, 徐晶. 基于模型的软件开发方法[M]. 北京: 国防工业出版社, 2011.

[46] JOEY F G. 面向对象的系统分析与设计[M]. 梁金昆, 译. 北京: 清华大学出版社, 2005.

[47] 冀振燕. UML系统分析设计与应用案例[M]. 北京: 人民邮电出版社, 2003.

[48] 邓正宏, 薛静, 郑玉山. 面向对象技术[M]. 北京: 国防工业出版社, 2004.

[49] MIKE D. 面向对象分析与设计(UML2.0版)[M]. 俞志翔, 译. 北京: 清华大学出版社, 2006.

[50] SCHNEIDER G P. 电子商务[M]. 北京: 机械工业出版社, 2008.

[51] 刘在云. 电子商务与信息系统规范化开发[M]. 北京: 人民邮电出版社, 2007.

[52] 张淑奇, 王齐庄. 电子商务环境的信息系统[M]. 武汉: 武汉大学出版社, 2010.

[53] 赵林度. 电子商务物流管理[M]. 北京: 科学出版社, 2006.

[54] 盛业华. 物流管理信息系统[M]. 北京: 科学出版社, 2008.

[55] 牛东来. 现代物流信息系统[M]. 北京: 清华大学出版社, 2011.

[56] 严冬梅. 电子商务物流与配送[M]. 北京: 中国劳动社会保障出版社, 2003.

[57] 王建伟, 王小建. 电子商务物流信息系统分析与设计[M]. 北京: 首都经济贸易大学出版社, 2008.

[58] 马建. 物联网技术概论[M]. 北京: 机械工业出版社, 2011.

[59] 王喜富. 物联网与物流信息化[M]. 北京: 电子工业出版社, 2011.

[60] 李虹. 物联网与云计算: 助力战略性新兴产业的推进[M]. 北京: 人民邮电出版社, 2011.

图书资源支持

感谢您一直以来对清华版图书的支持和爱护。为了配合本书的使用,本书提供配套的资源,有需求的读者请扫描下方的"书圈"微信公众号二维码,在图书专区下载,也可以拨打电话或发送电子邮件咨询。

如果您在使用本书的过程中遇到了什么问题,或者有相关图书出版计划,也请您发邮件告诉我们,以便我们更好地为您服务。

我们的联系方式:

地　　址:北京市海淀区双清路学研大厦A座701

邮　　编:100084

电　　话:010-83470236　010-83470237

资源下载:http://www.tup.com.cn

客服邮箱:2301891038@qq.com

QQ:2301891038(请写明您的单位和姓名)

用微信扫一扫右边的二维码,即可关注清华大学出版社公众号"书圈"。

资源下载、样书申请

书圈

扫一扫,获取最新目录

课程直播